研究叢書48

中華民国の模索と苦境

1928～1949

中央大学人文科学研究所 編

中央大学出版部

まえがき

本書は、中央大学人文科学研究所「国民党期中国研究」チーム（責任者　深町英夫）による、五年間におよぶ共同研究の成果である。

当研究所における中国近現代史の共同研究は、すでに三〇年以上の歴史を持つ。本学専任教員である研究員や、学外から招かれた客員研究員のみならず、広く研究者・学生一般に開放された研究会として、初期には「五・四運動研究会」、やがて「民国史研究会」と通称され、学術交流の場として学界に少なからぬ貢献をなしてきたと自負する。

共同研究の成果としては、一九八六年に『五・四運動史像の再検討』、一九九三年に『日中戦争――日本・中国・アメリカ』を刊行し、さらに一九九九年の『民国前期中国と東アジアの変動』、そして二〇〇五年の『民国後期中国国民党政権の研究』により、中華民国史に関する多角的な検討を行なった。

五冊目の論文集として上梓される本書は、前著に引き続き中華民国後期（一九二八～四九年）を対象とする。

第一部「憲政の模索」は、この時期に進行した政治体制改革の試みを、憲法制定に焦点を当てて考察する。法治・民主は近代的政治体制の指標であり、清朝末期から一貫して追求されてきた理念であるが、その確立に失敗したのが民国前期であった。それゆえに、北京政府を打倒して成立した国民党政権のみならず、これに対抗した共産党根拠地政権も、憲政の実現による法治・民主の制度化に努めることが、「革命」における課題の一つとなったのである。さらにこのような憲政の追求は、国家としての中華民国の範囲を越えて、外国の植民地となっていた香港の中国人社会においても、共有されることになった。

第一章「訓政開始と訓政の構想――孫文の『建国大綱』構想と胡漢民の訓政構想――」（光田論文）は、国民党政権の最も基本的な建国構想であった、孫文の「建国大綱」の「訓政」規定を検討し、これがきわめて曖昧でさまざまな解釈の可能な構想であり、また孫文自身によっても絶対視されていたわけではないと論じる。そして、これを「遺教」として継承・実施することになった後継者たちの内、北伐直後の国民党を代表する理論家であった胡漢民の「訓政」解釈を考察し、彼が孫文と三民主義の絶対性・完全性を基礎として、それを全国民に内面化・血肉化させることが訓政の内実だと捉えたと説く。

第二章「国民党『党治』下の憲法制定活動――張知本と呉経熊の自由・権利論――」（中村論文）は、憲政への移行を目指す過渡期としての「訓政」が、サルトーリ理論で言う「政党国家システム（party-state system）」とは異なっており、国民党政権は当時の世界的思潮であったリベラリズムの影響を受けつつ、憲法制定に努めていたと述べる。その代表的人物であった張知本と呉経熊の思想の分析に基づいて、三民主義・五権憲法といった国民党のイデオロギーと西洋的な自由・権利論とが、決して相互に矛盾していたわけではないことが明らかにされる。

第三章「共産党根拠地の憲政事業」（味岡論文）は、このように国民党政権によって憲政への移行が試みられていた時期に、独自の根拠地を擁する共産党が憲政に対してどのような認識を持ち、またどのように憲政事業に取り組んだのかを検討する。それによると、共産党の憲政思想は「党の指導」の絶対性を前提とするもので、その点で公権力を制限して個人の人権を保障するという憲政の西欧的意義とは異なり、また指導する党員と指導される非党員との間に、身分的区別を設ける外形的憲政であり、その憲政事業には国民党側への対抗という性格が強かったという。

第四章「戦後香港における憲政改革と香港社会――一九四七年から四八年――」（塩出論文）は、第二次世界大戦終結後に中国や日本における憲政の進展の影響を受けて、英国植民地である香港においても「憲政改革」の名の下に、住民の政治参加が次第に進んだ経緯を、住宅・税・ストライキといった具体的政治課題とあわせて分析する。そして、広東省を中心とする華南の一部であると同時に、英国コモンウエルスの一員でもある、多民族・多文化社会としての香港の多面的性格が描き出される。

第二部「戦争・外交・革命」は、政治体制改革を含む近代国家建設を推進するには、いかに不利な状況下に中華民国が置かれていたのかを多角的に論じる。日本の膨張・侵略に抵抗して独立・統一を守ることは国是であったが、そのために「弱国」たる中華民国は列国に支援を求めざるをえず、他方それらの盟邦との間で国権が争われることもあった。国内では体制改革を阻害する一因となっていた国民統合の遅れのために、徴兵制度の確立による近代的国軍の編制が進まぬまま、八年におよぶ全面戦争を戦うことになる。かろうじて第二次世界大戦の戦勝国とはなったものの、中華民国そのものの転覆を図る共産党が内戦を発動し、社会各層の支持も次第に失った国民党政権は、最終的に台湾への脱出を余儀なくされ、この国家は中国大陸から姿を消すことになる。

第一章「顧維鈞とブリュッセル会議――『条約の神聖』を求めて――」（服部論文）は、盧溝橋事件への対応を協議すべく、中国に加えて米・英・仏・ソなど各国から、有力な代表が参加したブリュッセル会議を取り上げる。顧維鈞をはじめとする中国代表団は各国の説得に努め、特に米国は同情的だったとはいえ、日中戦争と距離を置こうとする各国は具体的な対中支援行動に出ることを拒み、会議は抽象的な対日批判声明を出すにとどまった。九か国条約調印国を代表して日本と戦っているという、中国の唱える「条約の神聖」という理念は、現実の国際政治を動かしえなかったのである。

第二章「誰が国に体を捧げるか——日中戦争期の『傷兵之友』運動——」（深町論文）は、負傷兵に対する救済事業として実施された「傷兵之友」運動を検討する。この運動は負傷兵の身体的・精神的な苦痛や不快を癒やして、その反社会的行動を予防するとともに、彼らが早急に快癒して前線に戻るよう促すものであった。しかし、これは徴兵制度の不備による「身体の徴発／供出」の不公平・不平等を、根本的に解決する方策ではけっしてなく、むしろ愛国主義・民族主義を高唱する官製大衆運動によって、中国社会に潜在する亀裂・格差を追認・隠蔽するものであった。

第三章「国民政府のヤルタ『密約』への対応とモンゴル問題」（吉田論文）は、第二次世界大戦末期にソ連が極東地区における安全保障のために、「ヤルタ密約」を具体化すべく「中ソ友好同盟条約」を、国民党政権と締結するに至った経緯を考察する。この過程で「弱国」たる中国は、一方的にソ連の提出する条件を受け入れたわけではなく、モンゴルの独立承認を取引材料として、東北・新疆の領土・主権を確保するとともに、中国共産党を支持させないという方針を貫いていたことが、重慶交渉・モスクワ交渉の分析を通じて明らかにされる。

第四章「戦後国共内戦起因考」（斎藤論文）は、日中戦争終了後の国共内戦が、国民党と共産党のいずれの側から攻撃をしかけたことによって開始されたのかを、米国・ソ連との国際関係をも視野に入れつつ検証する。それによると、内戦は共産党の革命の論理と国民党の統治の論理との激突であったが、国民党による東北地区の収復を共産党が阻止し、同地区を確保しようとしたことが、その主因であった。これに対して国民党は、憲政の実現を目指して共産党にも参加を求めており、内戦を発動する動機は乏しかったはずであると論じる。

第五章「戦後内戦とキリスト教——雑誌『天風』記事の考察——」（石川論文）は、内戦期に国民党と共産党が、それぞれキリスト教会にどのような姿勢をとり、これに教会側はどのように対応したのかを分析する。バチカンの指示に基づき共産主義に反対したカトリックに対して、プロテスタントの動向は米中関係の影響を受けやすかったが、他方で『天風』に見られるように国民党や帝国主義を批判し、共産党に接近していく勢力もあり、これがやがて人民共和国における、宗教界の統合と一元化につながっていったという。

このような本論文集の検討を通じて、六〇年前に中国大陸から姿を消した中華民国という国家の、さまざまな側面が描き出されたとはいえ、まだ明らかにしえていない部分も多々あろうと思われる。今後の課題として、いっそうの検討を試みたい。

研究チーム「国民党期中国研究」
責任者　深　町　英　夫

目次

目　次

目　次

第一部　憲政の模索

れており、その時期の財政や外交のあり方については十分に規定していない[8]。また、「建国大綱」は、国民政府による建国の手順を規定しながら、国民政府自体の組織をどのようなものにするかについての定めがない。「憲政開始」の時期に五院や八部が設立されることは定めているが、それ以前の中央政府の構成はまったく定めていないのである。そのことも訓政像を曖昧にする結果につながった。

第三に、「建国大綱」で訓政について定めた孫文が一九二五年に死去したことが挙げられる。その後の国民党の有力指導者は、その孫文の「遺教」を守って政治を行なうことを標榜していた。訓政についても孫文の「遺教」に基づいて構想し実行しなければならないわけであるが、いま述べたように、訓政に関してはその孫文の「遺教」の内容自体にかなり曖昧な点があった。しかも、国民党の有力指導者は、自らの構想し実行しているものが孫文の「遺教」に忠実であることをアピールし続けなければならなかった。そのため、孫文の「遺教」に忠実に従ったと称する、互いに内容の異なる複数の訓政構想が出現する結果となった。そのことによって、かえって、孫文の訓政構想と国民党が実際に行なった訓政との関係が錯綜したものになったのである[9]。

第四に、そのことに関連して、訓政解釈の違いが、国民党の有力指導者相互の権力闘争、ことに内戦と結びついたことが挙げられる。一九二八～二九年当時、蔣介石は、訓政時期に約法は不要と考える胡漢民とともに国民党を指導した。その胡漢民の訓政期の地方自治論は、元アナーキストで、国民党元老の地位にいた李石曾とは大きく異なるものであったが、李石曾は蔣介石支持の立場であったため、胡漢民は李石曾の議論を正面から非難することを避けなければならなかった[10]。ところが、一九三〇年、蔣介石が中原大戦に勝利すると、蔣介石は敗者である汪精衛の主張を受け入れて約法制定に乗り出した[11]。一九三一年、約法制定問題は蔣介石と胡漢民の対立を決定的なものとし、蔣介石による胡漢民監禁事件を経て、蔣介石主導の下で訓政時期約法が制定されることになった。さらに、九・一八事変が勃発し、東北三省の陥落（淪陥）が決定的となると、蔣介石と胡漢民・汪精衛との妥協が図られ、国民政府組織法が改正されて、訓政時期約法で定められたのとは異なる政治体制が行なわれることとなった[12]。指導層の対立と妥協に合わせて、国民党・国民政府の訓政に対する解釈は変遷し、実際の運用も変化したのである。

第五に、ここまで挙げた問題とは性格の異なる問題としては、国民党・国民政府が支配しなければならなかった現実の中国社会が、必ずしも国民党の訓政を理解して受け入れようとはしなかったことである。国民党による北京政府打倒を支持し、国民党に期待を寄せたリベラルや社会民主主義者は、国民党が実際に訓政を行なおうとすると、それに強い抵抗と反発を示した[13]。また、知識人・政治思想家のみでなく、中国社会全般を見渡しても、都市社会・農村社会ともに訓政の理念への理解は十分でなかったと思われる。さらに、建国大綱の定める訓政の手順では県自治の実現が重要であったが、国民党・国民政府は全国の県の政治をコントロールするだけの力量に欠けていた。そのような中国社会の現実と自らの非力さとに直面して[14]、国民党・国民政府は、たとえ明確な訓政構想を確立していたとしても、その構想通りに訓政を行なうことはできなかったのである。

本章では、このような曖昧さのある下で、北伐後の国民党・国民政府の指導者が訓政体制をどのように構想したか、それがどのような思想に支えられていたかについて検討する。そのために、まず、広東大元帥府期に孫文が制定した「建国大綱」の訓政構想について概観した後、訓政開始期、つまり一九二八～三〇年の南京国民党で訓政理論の理論家として活発に活動した胡漢民の訓政観と訓政構想について検討する。第一節では、孫文が、訓政についてどのような構想を持っていたか、それが孫文にとってどの程度の重要性を持っていたかを簡単に検討する。第二節では、胡漢民の訓政構想を、孫文と三民主義の至高性の認識、革命の過程の中での訓政の位置づけ、国民党の役割、党治の構想、党員観と国民観に分けて検討し、胡漢民の思想の特徴についても総合的に論じる。

なお、当時の国民党指導者の中で特に胡漢民[15]を取り上げるのには三つの理由がある。

第一に、胡漢民は、中原大戦期までの南京国民党・国民政府の主要指導者であった。蒋介石とは緊張関係をはらみつつも、汪精衛や陳公博のように反蒋運動に関わることなく、南京国民党・国民政府を支持し続け、国民政府の立法院長として積極的な役割を果たし続けた。

第二に、胡漢民は、この時期の国民党・国民政府の軍事的指導者として活動した蒋介石よりも理論家としての性格が強く、国民党「訓政大綱」の提案者になっていることからもわかるように、中原大戦期までの南京国民党・国民政府の訓政構想には胡漢民の影響が大きいと考えるからである[16]。

第三に、胡漢民は断定的な表現を好むのに反して、その思想には複雑で込み入ったところがあり、その重要性に比して理解が難しく、従来、その思想が十分に理解されてきたとは言い難い面があることである。たとえば、胡漢民は、一方で「党は政府の霊魂である」[17]と言いながら、他方では党権が（政府を含む）全てに優越すると考えるのは誤りであるとも発言しており[18]、その発言だけ見れば、胡漢民が党と政府の関係をどう考えていたかがなかなか理解できない。本章では、そのような胡漢民の断定的な表現と複雑な思考の関係をいくらかでも解き明かすことを目指す。

なお、訓政自体は、中華民国憲法が施行される一九四七年まで続くものであり、五五憲草発表までの時期を考えても、一九三〇年までの検討では国民党の訓政構想の全体像を十分に理解することはできない。また、胡漢民以外にも、国民党の政治制度構想に関与した指導者は多い。現実に憲法の起草に関わった専門家の思想については第二章で検討されるが、ほかにも、国民党内部だけを考えても、蒋介石・胡漢民の政治運営に理論的にも実際の行動でも厳しく対立し続けた汪精衛、後に胡漢民と対立する蒋介石のほか、国民党内で憲政運動を積極的に推進した孫科、謝持・鄒魯らのいわゆる西山会議派のグループ、鄧演達・宋慶齢らの左派グループ、現実政治ではおおむね蔣介石を支持した張継・李石曾らの元アナーキストのグループなどがあった。閻錫山・馮玉祥・李宗仁・白崇禧などの「地方実力派」やそれに近い理論家・知識人の存在も無視しがたい。しかし、これらの指導者・理論家・知識人の訓政論の検討や、中原大戦によって訓政時期約法の制定が現実の政治過程に載る一九三〇年後半以後の訓政論・訓政構想の検討は今後の課題としたい。そのようにきわめて限定された時期の限定された対象に関する検討であるが、それでも、北伐期から訓政時期約法制定までの時期に訓政について、その推進者の一人がどのような思想の下にどのような構想を抱いたかは、訓政時期約法制定後にも、いわば政策遺産[19]として、大きい意味を持ったと思うからである。

この時期の訓政構想をめぐる最近の先行研究としては、家近亮子、味岡徹、土屋光芳、岩谷將の研究が重要である。家近は、訓政開始期の政治体制の成立を、最高権力の所在に主な関心を置きつつ、国民党内の政治力学を参照しつつ明らかにした。味岡は、訓政下での政治改革・制度の改良をその研究の重点に据えつつ、訓政の出発点の問題を明らかにした。ことに、「問題とされるべきは、むしろ、孫文が一九二四年以前にその当時の政治情勢に影響されつつ書いた政権や不完全な計画を、状況の異なる五年後にそのまま国家「最高の基本法」としたことであろう[20]」という指摘は重要である。また、一九二八〜一九三一年の南京国民政府に即して訓政問題を見る場合、蔣介石・胡漢民ら南京派の幹部に分析が集中してしまうが、土屋の研究は、そこでは抜け落ちてしまう反蔣派の中心理論家汪精衛について、「政治の民主化」という問題関心から取り上げている。そして、特に、岩谷の研究は、訓政開始期の蔣介石と胡漢民の訓政構想を検討し、その齟齬がその後の国民党の政治に大きな影響を与えたとする[21]。本章では、これらの先行研究を踏まえつつ、より胡漢民の訓政論の構造に即してその特徴を見ていきたいと考えている。

一　孫文の訓政体制構想

国民党が訓政を実行する根拠として引照するのはほとんどが孫文が一九二四年に発表した「国民政府建国大綱」である。「建国大綱」は、孫文没後の国民党指導部にとっては、遵守すべき「遺教」の中でも根本的なものとして位置づけられていた(22)。

しかし、国民党が現実に施行した訓政には、孫文の定めたものとは異なる点があった。実際に施行する前の机上の計画と、施行後の現実の制度とが異なるのは、何についても当然のことである。しかし、胡漢民は、「総理の遺教」を、「純粋理論」と「採用・実行可能な部分」に分けて、後者のみを実現すればよいという考えを厳しく批判し、「総理の遺教」は全てその字句に忠実に実行しなければならないと主張していた(23)。蔣介石・汪精衛も孫文理論を絶対化することについては胡漢民と同様の立場だった(24)。「建国大綱」を文字通りに実行することはできないから、現状に合わせて適当に修正したということは、たとえ現実にはそうだったとしても、少なくとも国民党指導層の主観ではありえないのである。そこで、国民党の訓政を評価するためには、その違いがどういう性格のもので、それがどう正当化されたかの検討が必要である。

同時に、逆に「建国大綱」から遡って、孫文の辛亥革命前からの革命プランとどのように関係しているかも検討しておきたい。国民党（中国国民党）は、興中会以来、孫文の組織した結社や政党の後継組織を自任しており、また、国民党が掲げる「総理の遺教」には辛亥革命以前のものも含まれるからである。辛亥革命前以来の孫文のプランと国民党の訓政との整合性もやはり検討しておくべきであろう。

さらに、孫文没後の国民党指導層は「建国大綱」を孫文の建国プランとして絶対化した。少なくとも胡漢民・

蔣介石・汪精衛にとっては、「建国大綱」の定めに沿って訓政を行なうことは、国民党・国民政府指導者に課せられた絶対の要件であった。しかし、孫文自身にとって、「建国大綱」に示された構想はどの程度重要なものだったのだろうか。つまり、孫文は、その「国事遺囑」に「建国大綱」の名を挙げてその実現を求めているとはいえ、(25)孫文自身は「建国大綱」を唯一の将来構想と考えていたのだろうか。この点についても、検討しておく必要があるだろう。

そこで、第一の点について、まず「建国大綱」に定められた訓政の手順についてまとめてみたい。

「建国大綱」は「軍政—訓政—憲政」の三段階による民選政府樹立の手順を定めている。しかし、軍政期と憲政期についての規定は簡略なもので、そのほとんどがその中間の（広義の）訓政期についての規定にあてられている。「建国大綱」の規定によれば、国民政府は憲政を実現するまでの政府であり、憲法が制定されて国民が「四つの政治権力（選挙、罷免、創制、複決）」を行使できるようになれば解散することとされていた。(26)

軍政期については、全てが軍政の下に置かれ、政府が兵力を用いて障害を排除するとともに三民主義の宣伝を行う時期とされているだけで、政府の体制を含めて具体的なことは定められていない。

次に、「建国大綱」は、ある省が軍事的に平定された段階で、その省で軍政が停止され、訓政が開始されるとする（「七」）。(27)訓政はまず各県が単位となり、県自治の実現が目標となる。国民政府は、各県に訓練を経て試験に合格した人員を派遣し、人口調査と土地測量を行ない、警備と道路の修築を行なった後に、政府から派遣された人員が、県の人民の「四つの政治権力」行使を訓練する。その目標が達成され、その県で県の人民が「四つの政治権力」を行使するようになったならば、その県は「完全自治の県」となる（「八」）。「完全自治」の段階に達した省は「国民代表」を選任して中央に派遣し、中央の政治に参与させることができる（「十四」）。ある省内の県が全て「完全自治」を実現すると「憲政開始」期が始まる（「十六」）。(28)「憲政開始」期には国民政府に「五つの統治権力（五つの治権）」に対応した行政・立法・司法・考試・監察の五院が設立され（「十九」）、行政院の下には内政部・外交部など八つの部が設立される（「二十」）。この内立法院は憲法の草案を起草する役割を担う（「廿二」）。

全国過半数の省が「憲政開始」期に入り、全ての省で地方自治が完全に成立する時期に達すると、国民大会が開かれて、国民大会で憲法が決定され、頒布される（「廿三」）。国民大会で憲法が制定されると、国民の「四つの政治権力」は国民大会が担うことになり（「廿四」）、民選政府が樹立されて国民政府は解散する（「廿五」）。[29]

この内の、県での訓政開始から省内の全ての県の「完全自治」の達成までの時期（狭義の訓政期）、「憲政開始」期と憲法制定の時期が（狭義の訓政期に対して広義の）訓政期に相当する。

さて、この「建国大綱」の規定を読むならば、まず、国民政府が実際に行なったような、全国一律の訓政期への移行が想定されていたかどうかは疑問である。むしろ、条文を見る限りでは、ある省が「平定」された段階で、省ごとに「訓政」が開始されると想定されているように読める。

また、「建国大綱」は、狭義の訓政期の国民政府の組織については何も定めておらず、広義の訓政期の後半、憲政開始期に入って、初めて中央の国民政府に五院が設立されることになっている。それ以前の国民政府の組織については軍政期も含めて具体的には何も定めていない。狭義の訓政期については県に自治を訓練するための人員を派遣すること、その人員を訓練し試験することなどを定めているだけである。これらの点から見ると、狭義の訓政期、つまり憲政開始期までの国民政府は、統治の主体としては簡素で、県自治運動を指導し推進する運動体の性格の強いものとして想定されているように読める。

さらに、「建国大綱」には国民党については何の規定もないから、当然、「党治」の原則も「建国大綱」には記されていない。さらに、訓政の時期の年限も、「建国大綱」には定めがない。

「建国大綱」を、訓政を省ごとに開始し、憲政開始期までの国民政府は県自治を指導する運動体で、統治機構として五院なども持たない簡素なものとし、党治も定めていないものと読むならば、全国の軍事的統一の段階で一律に訓政開始を宣言し、訓政期の最初から五院を設立して統治機構を整え、「党治」を実行し、年限を六年と定めた国民党の訓政は、「建国大綱」の定めるものとは大きく異なっていた可能性がある。もちろん、「建国大綱」のは多義的な解釈を許すから、解釈によって国民党の実際の訓政を正統と位置づけることは可能ではあり、実際に国民党はそうした。だが、このような解釈が唯一の正しい解釈だとする根拠は薄弱で、それが、次の点ともあいまって、たとえば胡適のようなリベラルの訓政批判を招くことになる。(30)

第二に、「建国大綱」より前の孫文の革命構想と「建国大綱」の訓政構想との関係である。

孫文は、辛亥革命前から、現存政府（辛亥前ならば清朝、民国期には北京政府）打倒から新政府による憲政の実現までの間に、革命政府が新しい政治を定着させるための移行期を設定する構想を一貫して抱いていた。その構想と名称には「建国大綱」前にも変遷は見られるが、ここでは辛亥革命前の「軍法の治―約法の治―憲法の治」の三段階で代表させておきたい。

「軍法の治」では、満洲政府（清朝）に対する軍事決起の後に、軍政府が地方行政を「総摂」し、政治・風俗の刷新と教育、道路修築、警察・衛生制度の整備、農工商の実業の利源の振興などを行なう。期限は三年で、三年以内でも目標が達成されれば「軍法の治」は終わり、約法が公布される。(31)後の「建国大綱」では訓政初期に県ごとに行なうとされる事業が、一部、この「軍法の治」に規定されているわけである。また「建国大綱」の軍政期にある三民主義の宣伝についての記述はない。「軍法の治」は、軍政府が国民を率いて古い時代の「汚れ」を一掃する時代とされていた。

「約法の治」については次のように定める。「第二期は約法の治である。毎一県で軍法を解除した後には、軍政府は地方自治権をその土地の人民に帰属させなければならず、地方議会議員と地方行政官は全て人民の選挙によらなければならない。軍政府の人民に対する権利・義務と、人民の軍政府に対する権利・義務とは、全て約法に規定されなければならず、軍政府と地方議会および人民はこれを遵守しなければならず、違法者はその責任を負う。天下平定後六年を期限として、初めて約法を解き、憲法を公布する」。また、「約法の治」については、「軍政府が地方自治権を人民に授け、自ら国事を総攬する時代」とも定められていた[32]。

「憲法の治」では、軍政府が兵権と行政権を解き、国民が大総統を公選し、議員を公選して国会を組織する[33]。「軍法の治―約法の治―憲法の治」三段階（三序）論は、辛亥革命後の南京臨時政府にも、また一九一〇年代以降の護法運動にも影響を与え、現実政治を支える政治思想としても一定の機能を果たした。特に、護法運動は、南京臨時政府の定めた臨時約法（旧約法）を擁護して北京政府の違法性を指弾することで北京政府に対抗した運動であり、孫文はその指導部の一員であったわけであるから、この時期の孫文の運動にとって「軍法の治―約法の治―憲法の治」の三段階論は理論的な支柱の一つであった[34]。

さて、訓政期の国民党を論じる上で重要な問題は、孫文の「軍法の治―約法の治―憲法の治」三段階論と「建国大綱」の「軍政―訓政―憲政」の三段階論が同じものなのか、それとも別のものなのかという点である。国民党の有力指導者は、後に見るように解釈に違いはあるものの、基本的にこれを同じものとして捉えていた。蔣介石・胡漢民が指導部に参加する国民政府が「訓政綱領」で訓政期を六年としたのも、「建国大綱」に依拠したものではなく、「約法の治」の期限の六年を採ったのである。「建国大綱」に訓政期間の期限についての定めはない。また、汪精衛は、訓政期には約法が必要だと主張したが、これも「建国大綱」に定めはなく、「約法の治」を参照したものである[35]。

しかし、孫文が「建国大綱」を制定した際に発表した「建国大綱制定宣言」を読むと、孫文は「軍法の治―約法の治―憲法の治」の三段階論と「軍政―訓政―憲政」の三段階論を少なくとも同じとは考えていなかったように読める。「建国大綱制定宣言」で、孫文は、臨時約法制定後の民国が混乱を続けたのは、軍政・訓政の時期を経ず、人民が旧時代の悪習を脱することができなかったためであるとする。軍政による革命の障害の一掃と、訓政による人民の自治の訓練を欠いたために、「約法」を制定してもその約法は機能せず、「反革命」派の攻撃を受けて効力を失ってしまった。そのため、ここに「建国大綱」を制定するというのがこの「宣言」の内容である。[36]「法」を「軍法―約法―憲法」と変えることよりも人民に自治の訓練を施すことに主眼を置いたのが「軍政―訓政―憲政」三段階論であり、人民の自治の訓練は「法」を変えるよりも根本的なことであるというのが孫文の問題意識であった。問題意識の所在がまったく違うのである。実際に、「約法の治」では、人民は「軍法の治」の下での政治・社会変革と環境整備を受けて、すぐに自治権を行使することになっており、人民を訓練するという段階は予定されていない。もし「軍法の治―約法の治―憲法の治」三段階論に「訓政」の時期を強いて当てはめるとすれば、それは「軍法の治」の後半から開始され、「訓政」が一定の段階に達して「県の完全自治」が実現した段階以後が「約法の治」に属することになるのではないだろうか。孫文自身に即して言えば、「軍法の治―約法の治―憲法の治」三段階論と「軍政―訓政―憲政」三段階論は別のものとして構想されたものだった可能性が高い。

したがって、「軍法の治―約法の治―憲法の治」三段階論と「建国大綱」の「軍政―訓政―憲政」三段階論を連続したものとして捉える国民党有力指導者の孫文解釈も、少なくとも「唯一の正しい解釈」とは言えないものであった。

さらに、第三の、孫文にとっての「建国大綱」構想の重要性である。

孫文は、国民党一全大会では採択されなかった「建国大綱」を大元帥府の命令として制定するなど、「建国大綱」を重視していたことはうかがえる。

だが、一方で、「建国大綱」構想は、省を軍政下に置き、「平定」した省から訓政を開始するというもので、あくまで、敵勢力の軍事的打倒、つまり北伐を前提とした構想である。ところが、「建国大綱」制定の直後、北京で、馮玉祥のクーデターにより直隷派政府が打倒された。孫文は馮玉祥の招きに応じて北京へと北上することとし、「中国国民党総理」の肩書きで「北上宣言」を発表した。

「北上宣言」では、北伐の目的を軍閥打倒と帝国主義打倒であるとし、今後の目的を帝国主義の打倒、具体的には不平等条約の撤廃と「外債の性質を変更すること」に移すことを主張している。その一方で、対内政策として、中央と省の権限の確定、それによって国家統一と省自治の双方を発達させること、県を自治単位として民権の基礎を深く根づかせること、それによる人民の自由の保障と農工商業の実業団体の発達、経済・教育状況の改善などを打ち出している。その内容は、「建国大綱」とも重なっているが、他方で、「省自治」の発達、人民の自由の保障など、「建国大綱」では抑制されていた項目も明文で記されている。また、「北上宣言」では、中国の統一と建設を図るために国民会議の召集を呼びかけている。この国民会議は、現代的な実業団体、商会、教育会、大学、各省学生連合会、工会（労働組合）、農会、共同して曹錕・呉佩孚と戦った各軍、政党の各団体から、団体メンバーの直接選挙によって代表を選出し、組織するものとされていた(37)。

また、孫文は、「北上宣言」に次のように記す。「今日の国内の環境を以て論ずれば、本党の主張は、中国救済の良薬であると自ら信じるところであるが、国民の了解を得ようとすれば、それは容易なことではない。ただ、本党は、国民の自決こそが国民革命の要道であると深く信ずるものである。本党の主張する国民会議の実現の後に、本党は、第一次全国代表大会宣言が列挙する政綱を国民会議に提出する。国民の徹底した理解と賛助とを得んことを期するものである」(38)。では、その「第一次全国代表大会宣言」に挙げられた政綱とは何であったか。その「対内政策」について概略を記すと、(一) 中央と地方の権限は均権制度とし、中央集権、地方分権のどちらにも偏らない、(二) 各省人民は自ら憲法を定め、省長を選挙しうる、(三) 県を自治の単位とし、「自治の県」の人民は県の政治に対して「四権」を行使する (その他県についての規定が続く)、(四) 普通選挙制を実行する、(五) 選挙制度の欠点を補うために各種の考試制度を定める、(六) 人民の自由権を確定する、(七) 兵制改革、(八) 土匪・遊民対策と租界対策、(九) 田賦・地税の法定、(十) 戸口調査と耕地整理など、(十一) 農村組織の改良、(十二) 労工法の制定、(十三) 男女平等、女権の発展の促進、(十四) 教育の普及、(十五) 土地法の制定、(十六) 独占的企業などの国家経営である。(一) から (三) には「建国大綱」と重なる部分もあるが、「第一次全国代表大会宣言」には「訓政」の規定はない。さらに「北上宣言」の文章からは「党治」への志向は読み取ることができない。国民党は国民会議の提案主体ではあるが、国民会議では一参加主体にすぎず、「党治」はもとより「訓政」すら含まない一全大会宣言をその国民会議に提案するにすぎないのである。

このような点を考えれば、孫文没後の国民党が絶対化したほどの重要性を「建国大綱」に与えていたかどうかは疑問である。

以上で検討したように、孫文没後の国民党が、訓政を全国同時に開始し、五院を訓政期の最初から設立し、党治を実行し、訓政期間を六年と定めたことは、「建国大綱」からの逸脱とまでは言えないが、「建国大綱」の特殊な一つの解釈に依拠するにすぎないということができる。また、「建国大綱」を孫文の「遺教」として絶対化したほどに、孫文が訓政を含む「建国大綱」構想を絶対視していたとも考えられない。そうである以上、現実の訓政体制は、実際には訓政を開始した時期の国民党指導層や有力指導層の創作に依拠する部分が大きかった。しかも、現実にそうであっても、また、そうであるからこそ、逆に、国民党有力指導者は、それが孫文の「遺教」に照らして正統であることを強調しなければならなかったのである。

それでは、その制度の創作、それも「孫文の「遺教」の忠実な実行」としての制度の創作はどのように行なわれたか。それを、南京国民政府樹立期の国民党の有力指導者であった胡漢民に即して、次に検討したいと思う。

二　胡漢民の訓政論

胡漢民は、辛亥革命以前から孫文に従ってきた革命家であり、同盟会の機関誌『民報』にもたびたび寄稿している。孫文の没後の国民党幹部としては、汪精衛・廖仲愷と並ぶ孫文の高弟であった。その後は一時出国し、帰国後は蔣介石の南京国民政府を支持して、南京国民党の重要な理論家として、また、立法院長として活動することになる。立法院長としては、不平等条約改正の前提となる基本法典の編纂に尽力した。岩谷將の研究が明らかにしているように、蔣介石とは、ここで問題にする訓政構想を含めてさまざまな対立を抱えていたが、一九三〇年の中原大戦期まで、胡漢民は政治的にはともかくも蔣介石と協力し続ける。一九三〇年の中原大戦終結後、張学良の国民党加入や、蔣介石による訓政時期約法制定をめぐって対立を深め、一九三一年二月、蔣介石が胡漢民を湯山に軟禁することで、この協力関係は終わった。以後の胡漢民については本章の主題ではないが、その後は香港に居を移して、広州の国民党西南執行部・西南政務委員会に結集した反蔣介石的な元老党員の指導者として活動し[39]、一九三六年に死去している。この節では、「一」で検討した孫文の「建国大綱」構想と国民党の訓政構想の違い・ずれも意識しつつ、北伐後、一九三〇年までの胡漢民の訓政論を検討する。

この時期の胡漢民の訓政論と言っても、胡漢民の当時の立場も反映して、三民主義の原理論から外交論・文化論に至るまで多岐にわたっている。ここでは、その中でも比較的原理論に近い部分から、訓政をめぐる胡漢民の議論の大枠を取り出してみたい。それを、１　三民主義と孫文の至高性に関する議論、２　革命の中での訓政の位置づけ、3　運動論・政治論と国民党の役割、4　党治をめぐる構想、5　国民観・党員観の五点に分けて整理してみたい。

1　三民主義と孫文の至高性

胡漢民によれば、三民主義は世界の先端に位置する革命理論である。議会制民主主義はもちろん、ソ連共産党のマルクス—レーニン主義革命理論も、社会民主主義理論も、孫文の三民主義には及ばない。その理由を、胡漢民は、孫文の偉大さと三民主義の完全性と実行可能性から説明する。

胡漢民によれば、三民主義が優れているのは、まず、三民主義を提唱した孫文が偉大だからである。孫文は世界的視野で革命を考察し、三民主義理論を組み立てた。また、胡漢民によれば、ルソーにせよ、マルクスにせよ、レーニンにせよ、従来の革命理論家はみな理論家であって、実行家ではなかった（と胡漢民は断定する）。しかし孫文は理論家でありかつ実行家であった。その孫文が自らの革命実践の成果を経て練り上げられたのが三民主義であるから、その理論は世界最先端の最も優れた革命理論だというのである(40)。

また、胡漢民は、三民主義の優れている点として、その完全性と「連環性」を挙げる。三民主義は民族主義・民権主義・民生主義の三つの主義から構成されるが、この三つは全てが揃ってこそ革命を成功させることができるのであり、どの一つを欠いても、その民族・国家は欠点を抱えることになる。ことに、一つの主義だけが突出すると、大きな弊害を導くことがある。民族主義だけが突出すると帝国主義につながり、民権主義だけが突出すると資本家の階級的専制を生み、民生主義だけが突出するとソ連のような独裁国家になりかねない。三つの主義がそれぞれの役割を果たしつつ進められることで、国家・民族は健全な状態を保つ。中国の革命では、孫文の定めた通り、民生主義、民権主義、民族主義の優先順位で革命を進めることで、革命は健全なものとなり、成功する[41]。

さらに、胡漢民は、三民主義の優れている点として、その実行可能性を挙げる。理想的な世界は、国家・民族の区別のない「大同」の社会であり、世界主義はそれを目指す。理想的な国家は、統治がなくても自然と治まる無政府の国家であり、アナーキズム（「無治主義」）はそれを目指す。理想的な社会は、階級差のない世界であり、共産主義はそれを目指す。だが、世界主義、アナーキズム、共産主義は、理想はよいが、現在の世界でそれを実現するための手段を欠いている。たとえば、共産主義の理想だけを取り出して無理に実行しようとすれば、「奪取すること」だけが正しい行ないとなるソ連のような革命（と胡漢民は言う）になってしまい、弊害が大きい。しかし、三民主義は、実際に現在の世界で実行可能である。すなわち、世界主義の理想を実現するためにはまず民族主義の実行が必要だし、同じように、アナーキズムの理想を実現するには民権主義が、共産主義の理想を実現するためには民生主義が必要である。そして、民族主義・民権主義・民生主義は現実の世界で実行可能である[42]。

以上の点から、三民主義は、世界の数ある革命理論の中で、完全無欠の唯一の革命理論だと胡漢民は結論するのである。

したがって、三民主義の理論に対しては、堅く信仰するべきであって、理論を研究すべきではないと胡漢民は言う。他の理論は三民主義に較べて不完全であるか、理想はよくても現在は実行できないものであるから、そのような理論を持ち出して三民主義の理論を研究すれば、三民主義の完全無欠さが損なわれるからである。特に党員が「党義」となった三民主義の理論を研究してはならない。三民主義に関する「研究」は、その実行方法の研究に限定されるべきだというのが胡漢民の論理であった[43]。

そして、三民主義革命の実行の手順について定めたのが「建国大綱」なので、軍政―訓政―憲政の三段階も定められている通りに実行しなければならないとする。したがって、国民党・国民政府が訓政を行なうのは当然のことであった。なお、孫文は「国民党が」訓政を行なうとは定めておらず、「国民政府建国大綱」というタイトル通り、訓政の主体は国民政府である。この点についての胡漢民の考えは後で検討する。

なお、このように胡漢民は孫文を絶対化し、三民主義を「信仰」すべきだと主張はしたが、孫文を「神格化」したわけではないことにも注意しなければならない。胡漢民によれば、孫文が偉大なのは、その努力と犠牲の精神によるのであり、また、内外の革命理論を研究して、実践によってその革命理論を確立したからである[44]。いわば人間として最も偉大だったのであり、人間を超越して偉大だったという議論は胡漢民はしていない。

2　訓政の性格

胡漢民は、孫文のことばと辛亥革命以来の自らの経験を参照しつつ、革命には破壊と建設の両面があると論じる。胡漢民によれば、革命の「破壊段階」が軍政であり、訓政は革命の「建設の着手の段階」である。憲政が本格的な大規模な建設の段階として想定される[45]。

したがって、胡漢民の論理によれば、憲政も「三民主義による革命」の延長上に位置するものである。三民主義に合わない世論（輿論）は世論ではない。憲政へ移行する条件は、三民主義が人民の「共信」になることである。だから即時の憲政への移行は行なってはならない。また、胡漢民は「総理の遺教」が「先天憲法」であると言っており、成文憲法はその範囲で定められなければならないものであった[46]。胡漢民によれば、憲政下でも三民主義からの離脱は許されない、もしくは、憲政下の国民が三民主義からの離脱を考えること自体がありえないということになる。

胡漢民にとって、訓政は、そのような憲政下の国民を育成する事業として位置づけられるのである。

では、胡漢民のその「訓政」像は、孫文の構想とどのような関係にあったのだろうか。ここでは、先に問題にした、「約法の治」と「訓政」の関係、「憲政開始」の時期以前の五院の設立、国民会議の開催の三点について検討する。

まず、第一点の「約法の治」と「訓政」との関係についてである。胡漢民は、この「軍政―訓政―憲政」の「建国大綱」の三段階論と「軍法の治―約法の治―憲法の治」という辛亥革命前以来の三段階論との関係をどのように捉えていたのだろうか。胡漢民はやはり連続的なものとして捉えていたようであり、旧三段階論の「約法の治」が「訓政」に相当すると位置づけていたようである。(47)

だが他方で胡漢民は訓政段階での約法制定の必要を否定する。汪精衛や、中原大戦後の蔣介石と胡漢民とが最も鋭く理論的に対立した点がこの点である。(48)しかし、「訓政」は「約法の治」に当たるとしながら、なぜその「約法」制定を否定するのであろうか。

この点について、胡漢民は、旧来の、また汪精衛や、党外から訓政を批判した胡適らの「約法」の概念がまちがっているのだとする。その違いについて、胡漢民は、孫文の考えた「約法」は劉邦（漢の高祖）の「法三章（人を殺した者は殺す、傷つけた者と盗みをした者は処罰する）」のような簡素なものであって、実際に制定された臨時約法のような「憲法的な約法」ではないとする。(49)胡漢民は、先に触れたように、孫文の「遺教」自体が中国の「先天憲法」であって、憲政期に定められる憲法とはそれを明文化したものにすぎないと考えていた。したがって、「建国大綱」を含む孫文の「遺教」がある以上、「約法」の役割はその孫文の「遺教」で尽くされており、それに加えて訓政期に「憲法的な約法」の制定は必要ないという論理である。(50)

次に、第二点の、訓政下の五院についてである。胡漢民の参加した国民政府は訓政開始の時期にすでに五院を創設し、自ら立法院長に就任している。「建国大綱」では五院の創設は憲政開始期と明確に定めている。これは

「遺教」に反することにならないのだろうか。

胡漢民は、この疑問に、（狭義の）訓政期の五院は憲政開始期以降の五院とは異なるとする論理で答えようとする。

憲政下での五院については、国民大会が「国民の政治権力」を行使するのに対して、共同して「政府の統治権力」を行使するという原則を認め、イギリスのような議会制民主主義とは異なるとしながらも、一方では「抑制と均衡」の原理が五院の間に働くことも想定している。立法院の議員の民選の可能性も否定してはいない。だが、それは憲政下（憲制開始期以降）の五院についてであって、訓政期の五院の役割はそれとは異なる。訓政期の五院は、共同して革命を推進する機関というのが本質である。孫文が「建国大綱」で憲政開始期に設置すると定めたのはあくまで「憲政下の五院」のことであり、訓政期の五院については「建国大綱」には何も定めていない。また、三民主義の実行手段として「五権憲法」を強調した孫文が、訓政下とはいえ五院の存在を否定したとは思われないと胡漢民は言う。したがって、訓政下での五院の存在は、胡漢民によれば、孫文の遺教を裏切っていることにはならないのである(51)。

胡漢民にはそう主張する根拠はあった。それは自らが院長を務め、その活動を主導する立法院の役割である。孫文の革命は不平等条約の改正を重要な目標とする。その不平等条約について、列強諸国が中国の法体系の未整備と監獄の劣悪さを挙げるのは不当だと胡漢民は非難しながらも、法典の未整備が不平等条約改正を拒否する列強の口実に使われていることを認める。そこで、胡漢民は、民法などの基本的な法典の整備を急ぐことを「革命」の重要な一環として位置づけ、不眠不休で法典整備を急ぐよう立法院を叱咤するのである。胡漢民にとって、訓政下の立法院の活動は革命の一環であった。それは「革命の建設段階」という胡漢民の訓政解釈にも一致するものであった。「不平等条約改正」という革命の重要な目標は立法院の存在なしには果たせないものである以上、不平等条約改正を重視した孫文が、訓政期に立法院が存在しなくてよいと考えたとは考えられない。その「革命遂行の機関としての立法院」という構想を、胡漢民は他の四院にも及ぼし、胡漢民は「訓政下の五院体制」を正当化したのである[52]。

では、胡漢民の訓政論を検討する第三点として、「国民会議」についての胡漢民の姿勢はどうだっただろうか。胡漢民は、孫文が提案した「国民会議」の開催を否定することはせず、それどころか、国民会議の開催を積極的に推進する立場であった。胡漢民は、中原大戦後の一九三一年一月、立法院での演説で、同年五月に予定されていた国民会議開催の意義を強調する演説を行なっている。そこでは、国家統一と並行して省自治を発達させること、人民の自由の保障などの論点に触れることを慎重に避けつつ、「北上宣言」をはじめとする孫文の国民会議論を詳細に紹介している。だが、この演説で、国民会議の目的について、胡漢民は次のように強調する。「まとめると、国民会議の召集開催は、完全に総理の遺教を体現実行するためのものであり、この会議において、私たちは国民の政治に対する関心を喚起し、本党の主張、確定した政綱を国民に公告することによって、国民の徹底した理解と賛助を期するものである。また、国民の今後の政治に対する意見を広く募り、中国統一建設の実現を図るものである。本党の抱いているものは、純粋に包み隠すところのない大いなる公であり、人民のために教師・保姆となるという心理である。本党が努力しているのは純粋に自由平等の三民主義国家の確立なのである」。胡漢民の国民会議論は、孫文の「北上宣言」と現実の南京国民党・国民政府の支配を整合させようという苦心の跡は見られるが、訓政を前提として国民党の主張・政綱を国民に理解させるための国民会議であり、孫文の姿勢とは大きく異なるように思われる[53]。

胡漢民にとって、訓政期とは、「破壊と建設」の内「建設」を主とする革命の段階であり、辛亥革命前の孫文の「約法の治」には当たるものの「憲法的な約法」が存在してはならない時期であり、また、「憲政下の五院」

とは異なる性格の「訓政下の五院」が存在して統治と革命の遂行とに当たるべき時期であった。

3　運動論・政治論と国民党の役割

胡漢民は、なぜ国民党が議会制民主主義を採用しないかについて、議会制民主主義は「民権主義」から着手することのできたイギリスの幸運な事例であり、しかもそのイギリスにおいてすら議会制民主主義は機能を失いつつあると述べる。イギリスが議会制民主主義を確立できたのは、歴史的経緯で「民権」の問題が最初に政治の対立点になったからであった。しかも、胡漢民は、議会は同じ階級の代表の間でしか機能せず、異なる階級間では議会制は機能しないと考える。さらに、胡漢民は、現代は階級内の分化・対立が激しくなっているとする。同一階級内ですら議会政治による利害の調停は機能しなくなりつつある。このような時期に議会制民主主義体制は十分に機能を果たすことは期待できないと胡漢民は考える(54)。

では、そのような認識を前提にして、三民主義下の革命政党、つまり国民党はどのような役割を果たすと構想されるのだろうか。胡漢民は、国民のさまざまな利害を、運動をリードすることによって調整し、また、国民の中にあるさまざまな意見を「整序」する役割を革命政党に求めていたようである。革命の過程で運動は欠かせない。しかし、破壊段階（軍政期）の運動と違って、建設段階（訓政期）の運動は、無計画に破壊に走る過激な運動であってはならない。国民の世論や利害を見極めつつ（もちろん三民主義に反するものはあらかじめ排除する）、革命のために、正しい、効果的な運動方式を選び、それをリードする役割を担うのが、胡漢民にとっての革命政党であった(55)。

胡漢民は私人の利害は一致しないものであり、そうである以上、思想が一致することも永遠にありえないと考えていた。マルクス主義的に考えれば、他の階級に対して一つの階級内部で利害は一致し、したがって一つの階級の思想は一つに一致するものとされる（と胡漢民は解釈する）。しかし、現代は、その一階級の内部ですら利害は対立し、思想も区々に分立すると胡漢民は考える。たとえば、同じ労働者階級の内部でも、自由貿易を有利とする業種の労働者と保護貿易を有利とする業種の労働者は厳しく対立するのである。利害のあり方の多様化した現代社会を組織化し、自治を可能にするのが、胡漢民の考える国民党の役割であった。また、このような現代の社会では、人民の直接投票よりも、人民が一人ひとり三民主義に対して服従を誓う「直接発誓」のほうが優れていると考え、投票とそれによって成り立つ議会制民主主義の有効性には大きな限界があると胡漢民は考えるのである。[56]

この点が、次に検討する党治論にも関係していくこととなる。

4　党治をめぐる構想

胡漢民は、憲政期の政治を「民有、民治、民享」の政治と規定した上で、訓政期の党治とは「民有、党治、民享」の政治であると性格づける。「民有、民治、民享」は、リンカーンの「人民の、人民による、人民のための統治」を言い換えた概念で、「民有」が「人民の」、「民治」が「人民による」、「民享」が「人民のための」に相当する。さらに、それは、「民有」を担うのが民族主義、「民治」を担うのが民権主義、「民享」を担うのが民生主義として、三民主義の理念として読み替えられるのである。[57] これは特に胡漢民独自の解釈ではなく、当時の国民党指導部に共通する三民主義理解であった。

胡漢民は、この「民有、民治、民享」の内、訓政下で国民党が託されているのは、「民治」の部分だけだとする。政治は「民有」であり、また政治は国民のためのもの（民享）でなければならない。ただ、中国人は政治的成熟度が低いので「民治」が行なえない。したがって「党治」を実行しなければならないというのが胡漢民の理論である。「党治」とはあくまで「人民の（民有）、国民党による（党治）、人民のための（民享）」政治でなければならなかった[58]。

では、その「党治」はどのように進められるか。

党と政府は分業関係にあるというのが胡漢民の構想の基本である。「党治」とは、「党義」つまり三民主義による統治の意味であり、三民主義の下で国民党と国民政府は対等の関係にある。党は運動を担当し、政府は統治を担当するという分業関係である。ただし、党に属する政治会議が国民政府を指導するのであるから、「党が国民政府を指導する」という形式にはなる。けれども、まず、政治会議は党と政府の関係を保つ唯一の機関であり、政治会議以外のルートでは国民党の党部は政府に対する指導を行なってはならない。また、政治会議は、党に属する機関であるが、党の事務を処理する機関ではない。この「党の事務を処理する機関ではない」という表現で胡漢民が何を表現したいのかは曖昧であるが、文脈から見て、政治会議は国民党のその時々の内部事情からは独立した組織であるべきだということであろう。政治会議は、国民党の長期的な方針（つまり訓政の完成）と三民主義とを参照しつつ、国民党内のその時々の党議や党内世論、さらに党利党略などからは独立して統治について決める機関だと想定されているのである[59]。

5　国民観・党員観

胡漢民は孫文と三民主義の至高性を主張し、党治を「党義である三民主義による統治」と性格づけた上で訓政の正当性を主張する。だが、そうすることによって、胡漢民の議論では、党組織としての国民党になぜ訓政を行なう資格があるのかという説明が曖昧になっている[60]。

それにかわって、胡漢民の議論にしばしば見られるのは、国民党組織が訓政の主導組織にふさわしいものになるために、党員の修養が必要であると強調する議論である。つまり、国民党が訓政を行なうことを前提として、その党員がその訓政の実行者にふさわしい人間性を身につけるべきことを強調するのである。特に努力と犠牲の精神が強調され、党員には自由・権利はなく、革命のために尽くす義務だけが存在すると繰り返される。胡漢民にとって、革命のためには、私的なものごとを犠牲にし、公的な目的である革命のために努力することが統治者の資格であった。国民党員はその努力・犠牲の精神に富んでいるからこそ訓政期の「党治」の担当者になりうる。逆に言えば、それ以外に国民党員が「党治」を行なう資格はないのであり、したがって、国民党員の努力・犠牲の精神が強調されることになるのである。(61)

胡漢民の場合には、この努力・犠牲の精神の強調が、国民像にもはね返ってくる。

胡漢民の訓政期の国民像にも分裂が見られる。一面では、国民は「民治」を行なう能力を持たない愚昧な存在である。だが、一面では、国民は三民主義を理解し、支持している存在であった。胡漢民にとって、共産党ではなく国民党が革命の担い手になれるのは、この国民の理解と支持があるからなのである。ここには、「民治」を担うことのできない愚昧な国民と、正しく三民主義と国民党を選択することのできる賢明な国民という二つの国民像が併存している。この分裂は、抽象的には三民主義の真理性を理解してはいるが、具体的な政治についての知識と方法論は持たないという国民像であると一応理解することができるだろう。革命の「建設」の段階（つまり訓政以後の段階）では、国民は、三民主義の真理性を理解し、革命を支持しているだけでは不十分で、どのような精神によって運動すべきであり、どのように運動するのが革命にとって有益であるかをきちんと理解し、整然と行動することができなければならない。その要素が欠けているから、「党治」が必要であるとするのが胡漢民の議論である。胡漢民の発言を一貫したものとして理解しようとするならば、そのような理解が成り立ちうる。(62)

この国民像は、胡漢民の憲政像にも関係する。胡漢民にとっての憲政は、国民が訓政を通じて「努力と犠牲の精神」を共有し、訓政下での理想の国民党員と同じになることによって達成されるのである。私的な利害を犠牲にして、公的な目的、革命的な「建設」のために努力する精神を身につけ、それを実行する国民を育成することこそが、胡漢民にとっての訓政の目的であった。胡漢民によれば、「公―私」の「私」自体は悪ではないが、決定と目的によって束縛しなければ「私」は害しかなさない。したがって、胡漢民の国民像によれば、個人の「昇官発財」を目指す国民性は克服されなければならない障害であった。胡漢民は、孫文の人格に倣って国民党を建設し、その党のあり方に倣って国家を建設しなければならないと論じている。つまり、胡漢民の構想では、理想とする国民党のあり方が、そのまま理想的な国家なのであった(63)。

以上、三民主義と孫文の至高性、訓政像、国民党の役割、党治の性格、党員観・国民観の各点から胡漢民の訓政論について検討してきた。この節の最後に、その全体から特徴を抽出してまとめておこう。

胡漢民の革命論・訓政論の基本をなすのは、やはり三民主義と孫文の至高性・絶対性である。胡漢民は、現実の国民政府の訓政体制を、できるだけ三民主義をはじめとする孫文の「遺教」によって根拠づけようとした。そこから、訓政期の約法の性格、訓政下の五院の性格、党治の下での国民党の役割、国民政府と国民党の関係（および各級政府と各級党部の関係）などについての議論が導き出されてくるのである。

イデオロギーとその創始者の至高性を強調し、政治体制を革命運動に従属させようとし、「私」・個人に対する「公」・全体の優位を主張するなど、本章の議論で強調してきた点を並べれば、胡漢民は「全体主義」的な思想の持ち主であるという印象が強まるかも知れない。確かにそのような一面は否定できないのだが、ただし、胡漢民の議論をあまりに「全体主義」的に捉えすぎるのも適切ではない。

まず、胡漢民は、憲政下の体制については、ソ連やファシズム体制下のイタリアのような一党独裁制よりは、議会制に近いものを考えていたようである。胡漢民は、中国の革命について論じる際にも、常に国際的な視座を失わなかった。胡漢民は、訓政期の中国革命を論じる際に、しばしばイギリス、フランス、ドイツ、イタリア、トルコ、ソ連などの情況を引き合いに出す。その中で、胡漢民が比較的理想に近いとしているのが、社会民主党（SPD）主導下のドイツのワイマール共和国と、共和人民党指導下のトルコである（最終的には両者とも孫文の構想する三民主義体制には及ばないとするのだが）。ことにドイツの社会民主党体制については高く評価している。社会民主党による政治的教育が行き届き、また、社会民主党が労働者のための政策を行っているので、ドイツの労働者はソ連や共産党の宣伝に迷わされることはない。胡漢民は、自らが見たドイツのあり方に中国のあり方を重ね合わせ、訓政の到達点の理想を見出していたのであろう。ドイツは議会制民主主義であり、トルコも、共和人民党以外の政党の存在は許されなかったが、ともかくも議会（大国民議会）を中心とした政体であった。そのことを考えると、胡漢民の理想は、議会制に近いものであって、ソビエト体制のような全体主義的性格の高い体制を理想にしていたとは考えがたい(64)。

また、胡漢民は「私」に対する「公」のコントロールを重視した。それは、一定の道徳的基盤を共通に持っていれば、社会の中の個人の「私」的利害が総体として公益を増進するという「見えざる手」的な考え方とは相容れないものだった。リベラリズムが「見えざる手」への一定の信頼の上に成り立っていることを考えれば、国民党訓政がリベラリズムからの厳しい批判を受けたのは当然と言える(65)。ただし、胡漢民は理念的に、また一方的に「私」を否定したわけではない。胡漢民は、三民主義の党治の下での私法立法の精神は「公によって私をたすける（以公済私）」であるとし、立法院の制定する民法典に即して、私権と公的コントロールとの関係を逐一論じている。胡漢民は「私」を否定したのではなく、三民主義的な「公」のコントロール下に「私」に適切な領域を与

えることを目指したのである。(66)

おわりに

国民党の訓政は、支持する側からは、それは孫文の「遺教」に忠実なものであるとされ、肯定的に評価され、非難する側からは、国民党が孫文の思想を恣意的に変更した一党独裁であったと評価されることが多かった。本章では、孫文の構想自体をまず検討した後、訓政初期に南京国民党・国民政府にあって訓政体制を主導した胡漢民に即して、その訓政構想がどのようなものであったかを検討した。

国民党が依拠した孫文の訓政構想は「建国大綱」で述べられたものである。しかし、「建国大綱」は、国民党の役割や、訓政が省単位で行なわれるものか国家単位で行なわれるものかなどの重要な点を明確には定めておらず、解釈に大きな余地を残すものであった。また、「建国大綱」の「軍政―訓政―憲政」三段階の規定は、辛亥革命前の孫文の「軍法の治―約法の治―憲法の治」とは異なるものであったし、「北上宣言」を見る限り、孫文が「建国大綱」に示された構想を絶対視したかどうかにも疑問があるものであった。

しかし、胡漢民は、「建国大綱」構想を解釈し直し、南京国民党・国民政府の訓政体制を正当化した。それは、孫文のテキストを文脈に沿って逐語的に忠実に追うことによって行なわれたのではなく、孫文と三民主義の絶対性・完全性を基本にして「建国大綱」構想を組み替え、補完することによって行なわれたのである。それこそが胡漢民にとっての孫文の「遺教」の「忠実な読みかた」だったのであろう。そこに示されたのは、個々の中国国民が三民主義と努力・犠牲の精神を内面化・血肉化し、そのような国民性の改変の上に憲政を実行する、そのような憲政を可能にするための訓政という訓政像であった。議会制を否定はしないが、議会制を基礎づける投票よりも三民主義への絶対服従（「発誓」）を優先することによって、区々に分かれた利益と思想によって分散しがちな国民を統合する憲政国家という構想であったと思われる。

なお、本章では胡漢民を検討対象としたが、その胡漢民と厳しく対立した汪精衛の訓政論はもとより、本章で対象にした時期には胡漢民と協調していた蔣介石の訓政論も胡漢民と大きく異なる点を抱えていた。同じように孫文を絶対化したと言っても、孫文やその「遺教」への言及のしかたはそれぞれ異なっている。国民党の訓政は、その有力指導者の間ですら、あるべき訓政像の一致を見ないままスタートしたという一面がある。その相違点などの検討は今後の課題としたい。

（1）孫文は、「国家の政治大権」を、「政権」と「治権」に分け、「政権」として選挙権・罷免権・創制権・複決権の四種、「治権」として司法権・立法権・行政権・考試権・監察権（『三民主義』ではこの順序。なお後で触れる「国民政府建国大綱」では行政院・立法院・司法院・考試院・監察院の序列になっている）の五種を挙げ、「政権」は人民が握る「民権」、「治権」は政府が握る「政府権」であるとして、「政権」によって人民が政府をコントロールするという原理を構想していた。孫文『三民主義』「民権主義」第六講、（中華民国各界紀念国父百年誕辰籌備委員会学術論著編纂委員会・中国国民党中央党史史料編纂委員会『国父全集』第一冊、中華民国各界紀念国父百年誕辰籌備委員会、一九六五年、壱―一一七～一一九頁。『国父全集』には複数の版があるが、引用はこの版による。広東省社会科学院歴史研究所　他合編『孫中山全集』第九巻、一九八六年、三四九～三五五頁）。ここでは、「政権」を「政治権力」、「治権」を「統治権力」と仮に訳しておく。人民がその「政権」を使いこなせない間、国民党がその行使を代行するというのが「訓政」の根本的なアイデアである。

（2）味岡徹『中国国民党訓政下の政治改革』汲古書院、二〇〇八年、一一頁。孫文は、「制定建国大綱宣言」（一九二四年九月二四日、『国父全集』第一冊、中華民国各界紀念国父百年誕辰籌備委員会、一九六五年、参―三七一）で、「訓政時

代を経なければ、大多数の人民は束縛を受けること久しかったので、にわかに解放を得たにもかかわらず、その当初はその活動の方式を熟知せず、責任を放棄するという旧習を墨守するのでなければ、人に利用されて反革命に陥って自ら気づかないというありさまである」と、訓政時期の必要を説明している。

（3）「建国大綱」は孫文「国民政府建国大綱」（『国父全集』第一冊、参―三六九～三七一頁）による。

（4）とりあえず、訓政開始から一九三一年の訓政時期約法制定までの時期、南京―広東両政府の妥協によって体制が一新されるまでの時期、汪精衛―蒋介石合作政権期、蒋介石行政院長就任から抗日戦争開始までの時期、抗日戦争期に分けることができるだろう。味岡、前掲書は、訓政体制をめぐる、訓政開始期から抗戦期までのさまざまな問題にトータルに取り組んだ優れた業績である。家近亮子『蔣介石と南京国民政府』（慶應義塾大学出版会、二〇〇二年、特にその第五章）は、抗戦までの国民政府体制の変遷について、蒋介石の役割を一方的に強調する従来の視点を批判しつつまとめている。

（5）五五憲草をめぐっては本書第二章も参照されたい。

（6）味岡徹が指摘する通り、「国民政府建国大綱」は国民党一全大会に提出されたが支持を得られず、その後、改めて、孫文が陸海軍大元帥（大元帥府の長官）として制定を宣言したものであった。味岡、前掲書、一四頁。

（7）軍法の治―約法の治―憲法の治三段階（三期）論は一九〇六年の「中国同盟会革命方略」に見える。ただし、これは、孫文個人の構想ではなく、孫文に加えて黄興・章炳麟ら中国同盟会幹部が関与して作成された文書である（広東省社会科学院歴史研究所　他　合編『孫中山全集』第一冊、中華書局、一九八一年、二九七～二九八頁。なお、同書所収のテキストは一九〇八年に孫文・胡漢民・汪精衛によって作成された増訂版である）。訓政構想そのものは、第二革命敗北後の一九一四年、中華革命党を主体として打ち出されている。一九一九年の孫文「三民主義」（一九二四年の『三民主義』とは別の原稿）にも、前掲「制定建国大綱宣言」での説明の原型になるような記述がある。広東省社会科学院歴史研究所　他　合編『孫中山全集』第五巻（中華書局、一九八五年）一八九～一九〇頁。

（8）ただし、財政については、地価申告の実施、地方政府の収入、中央と地方での税収の配分など、主として地方政府（県政府）の収入および地方政府と中央政府の関係を重点にした定めがある。「建国大綱」参―三六九～三七〇頁。

(9) 味岡、前掲書、四～五頁、二一二～二一三頁（第一章注23）。

(10) 胡漢民「意志統一与行動統一」（一九二九年四月一日、中国国民党中央委員会党史委員会『胡漢民先生文集』第三巻、同委員会、一九七八年）二四八～二五一頁。「意志の統一と行動の統一」と題するこの文章は、この時期の国民党内の「意志」（と行動）がいかに統一されていなかったかをよく表している。なお、胡漢民の北伐中から一九三〇年までの講演・発言は、一九三二年に『革命理論与革命工作』としてまとめられ、現在は『胡漢民先生文集』の第三～四冊に収録されている。なお、党史委員会は現在は改編・縮小されて中国国民党党史館になっている。胡漢民の発言は同書によるとともに、同書に記された初出年月日も附記することとする。

(11) 一九三〇年、閻錫山・馮玉祥・李宗仁・白崇禧らの軍指導者と、鄒魯・謝持ら「西山会議派」、その西山会議派とは敵対関係にあった汪精衛派が連合して北平（北京から改称）に「国民党中央執行・監察委員会拡大会議」を樹立し、この拡大会議派と蔣介石・胡漢民らの南京国民党・国民政府との間に大規模な内戦が勃発した。これが中原大戦である。中原大戦は、九月、南京側の勝利で事実上終結したが、拡大会議側は、その主張を貫徹するため、閻錫山の本拠である太原に移って約法の作成を続行した。これが「太原約法」である。本章の議論では中原大戦期の汪精衛と訓政時期約法制定の関係については本章では触れることができなかった。約法制定論への汪精衛の関わりについては、土屋光芳『汪精衛と民主化の企て』人間の科学新社、二〇〇〇年、山田辰雄『中国国民党左派の研究』慶応通信、一九八〇年を参照。中原大戦期の「太原約法」とその作成者張知本について、また、その訓政時期約法制定と蔣介石—胡漢民対立への過程については第二章で触れられる。

(12) 味岡、前掲書、二〇～二一頁、五六～五七頁。家近、前掲書、一四八～一五〇頁。

(13) 国民党政府と内戦状態にあった共産党からの批判は別としても、張君勱らは『新路』に依拠して国民党訓政への批判を継続し、胡適・羅隆基ら『新月』グループもリベラリズムの立場から国民党体制を批判した。野村浩一『近代中国の政治文化—民権・立憲・皇権』岩波書店、二〇〇七年、二三五頁。

(14) 国民党の「党国体制」の弱さについては第二章「はじめに」でも論じられている。

(15) 一八七九～一九三六年。広東省番禺県の人。胡漢民の伝記は、とりあえず『胡漢民自伝』伝記文学出版社、一九八七

年、王炯華『胡漢民評伝』湖北長江出版集団湖北人民出版社、二〇〇八年による。

(16) 家近、前掲書、一三九～一四五頁。一四一頁に国民党・国民政府体制に関する「蒋介石主導の制度化」と「胡漢民主導の制度化」の対比が図としてまとめられている。

(17) 「党は政府の霊魂であり、政府の頭脳であるからには、政府を動かすこと、機械の中の原動力のモーターのようでなければならない」。胡漢民「国民政府的経過及其将来」（一九二九年七月一日）『胡漢民先生文集』第三冊、三一六頁。

(18) 胡漢民「党部在訓政時期的責任」（一九三〇年三月三日）『胡漢民先生文集』第三冊、一八五～一八六頁。

(19) 「政策遺産」とは、歴史政治学者シーダ・スコッチポル Theda Skocpol が一九二九年からの大恐慌に対するアメリカ合衆国、スウェーデン、イギリス（連合王国）の対応の違いを説明するに際して用いた概念の一つで、後代の政策に影響を及ぼす、先行する時代の政策やその理念のことである。篠原一『ヨーロッパの政治─歴史政治学試論』東京大学出版会、一九八六年による。訓政制度の模索も含め、北伐から中原大戦にかけての時期の政策が、その後の国民党・国民政府にどのような影響を「遺産」として残したかの検討は今後の課題としたい。

(20) 味岡、前掲書、一五頁。

(21) 味岡、家近、土屋の研究については前出。岩谷將「訓政制度設計をめぐる蒋介石・胡漢民対立─党と政府・集権と分権」（『アジア研究』第五三巻第二号、二〇〇七年）一～一八頁。

(22) 味岡、前掲書、一五頁。

(23) 胡漢民「国民政府的経過及其将来」三一五～三一六頁。

(24) 汪精衛については、たとえば汪精衛「論約法」（汪精衛『汪精衛先生最近言論集』出版者記載なし、一九三〇年）九六頁、汪精衛「両種模型心理之瓦解」一三七～一三九頁。蒋介石は、この時期の演説では蒋介石「中国建設之途径」（中国国民党中央委員会党史委員会　編『総統　蒋公思想言論総集』巻十、一九八四年）三二〇～三二七頁など。胡漢民・汪精衛・蒋介石の孫文観についての比較・考察は今後の課題としたい。

(25) 孫文「国事遺嘱」（広東省社会科学院歴史研究所　他　合編『孫中山全集』第一一巻、中華書局、一九八六年）六三九～六四〇頁。筆記者は汪精衛。孫文が革命を進めるために依拠すべき自著として挙げているのは「建国方略」、「建国大綱」、「三民主義」、国民党「第一次全国代表大会宣言」である。

(26)　「建国大綱」廿五（参—三七一頁）。以下、「建国大綱」の条文の番号は本文中の（「　」）内に記す。

(27)　この条文の原文は「凡一省完全底定之日、則為訓政開始之時、而軍政停止之日」であり、意味するところが曖昧である。つまり、「一つの省が完全に平定された日」に、全国で訓政が始まるのか、それともその省のみで訓政が始まるのかがはっきりしないからである。一つの省が平定されただけで、戦争の続いているほかの省でも軍政を停止すると解するのはやはり無理と思われるので、この条文は「その省で」訓政が始まると読むべきであろう。

(28)　「凡一省全数之県皆達完全自治者、則為憲政開始時期、国民代表会得選挙省長、為本省自治之監督。至於省内之国家行政、則省長受中央之指揮」。この条文は先の「七」に較べてもさらに多義的である。一省全ての県が「完全自治」に到達したとき、国全体が「憲政開始時期」に入るのか、その省のみが「憲政開始時期」に入るのかがまず不明である。また、国民代表会がその省の省長を選挙しうると定めているが、この「国民代表会」が、中央の組織なのか、その省の組織なのかが不明である。「国民代表」については「十四」に規定がある。国民代表は、「完全自治」の県から一人ずつ選出され、「(国民) 代表会」を組織して中央の政治に参加する。「省の国民代表会」という組織は規定にない。また、「十八」で、県が自治の単位であり、省は中央と県との間の連絡を担う組織にすぎないと定めており、この条文を重視するならば、「省自治」を担う「省の国民代表会」という組織は想定されていたとは考えにくい。しかし、他方で、他の省の県から選出された国民代表も含む中央の国民代表会が、「省内全県の完全自治」を達成したある一省のために「省長を選挙し得る」と定めるのもやや整合性に欠けるように思われるし、省長が「本省自治の監督」を担当するとする表現は、やはりその省自身（「本省」）から省長が選出されていることを想定したものと読める。さらに、「省内の国家行政については、省長は中央の指揮を受ける」という定めは、反対解釈として、国家行政に関わりのない省独自の行政は省長（と省の国民代表会）で行なうことができるという解釈を可能にする。ここは、省長の選任については、省の国民代表会（各県選出の国民代表で組織する）の存在が想定されており、中央ではなく省で行なうものと解釈しておくことにしたい。また、「廿三」に「全国有過半数之省分達至憲政開始時期」（「全国過半数の省が憲政開始時期に至れば」）とあることから、「憲政開始時期」も基本的に省ごとに開始されると解される。ただし、「憲政開始時期」については、中央政府の組織の変更が規定されているので、一省でも「省内全県の完全自治」を達成すれば、全国も「憲政開始時期」に移行するものとも解釈しておきたい。つまり、一つの省が「省の憲政開始時期」に入れば、他の省は「省の憲政開始時期」に入っていなくても、全国は「全国の憲政開始時期」に入って中央政府の整備が始まると読みたい。いずれにしても、「建国大綱」の条文は、このように多義的な解釈を許す曖昧なものなのである。

(29)　この「廿三」～「廿五」の規定もわかりにくい部分を持っている。まず、「廿三」は、「全国過半数の省が憲政開始時期に達すれば、すなわち、全省の地方自治完全成立の時期（に達すれば）」とする。「地方自治」とは「県自治」であり（「十八」）、省内の全ての県で「完全自治」が達成されることがその省での「憲政開始時期」への移行の条件だった（「十六」）。だとすれば、全国過半数の省で憲政開始時期に入った段階では、まだ「過半数」以外の省には「完全自治」を達成していない県があるはずで、「全国過半数の省」が憲政開始時期に入った段階と「全省の地方自治が完全に成立する時期」とはイコールではない。「全省」を「その省全体」と解釈し、「全国の過半数の省が憲政開始時期、すなわち一省全体の地方自治が完全成立の時期に入ったならば」と解釈すればこの問題は解決するが、そうすると県自治さえ成立していない県がかなりの数残存した状態で国民大会を開き憲法を決定することになる。それでも、各県の「国民」の数が同じ、かつ、各省の県の数が省ごとに同じで（それは現実に反しているが）、県から一人ずつ国民大会の議員を選出できるという仮定にすれば、過半数の省の国民大会議員が参加すれば一応国民の過半数を代表していることになるから、憲法を制定しうるという解釈なのだろうか。また、憲法が頒布された後、国民大会が国民の政治権力「四権」を中央政府に対して行使すると定めるのだが（「廿四」）、この国民大会による「四権」の行使が「民選政府」成立（「廿五」）後も行なわれるのか、「民選政府」成立までの暫定的なものなのかも明らかでない。つまり、国民大会成立―憲法頒布―全国大選挙―民選政府成立（国民政府解職）という流れには、「憲法はあっても民選政府が成立していない」という過渡期が存在する。「建国大綱」の条文からは国民大会が国民の政治権力「四権」を行使するのはこの過渡期の一時的な制度とも解釈できるのである。国民大会は中央政府官員に対する「選挙権」（「四権」の一つ）を行使するが、その後の「全国大選挙」では国民自身が「選挙権」を行使する。もしそれが同じ「選挙権」に基づくのであれば、それ以後は「四権」は国民大会を通さずに国民自身が直接考試すると解釈できる。もちろん、民選政府成立後も国民大会は存続する（現実の制度運用ではそうなったわけだが）という解釈も可能である。
(30) 胡適は、「人権与約法」で、訓政時期であっても人権を保障するためには憲法が必要であるとし、「少なくとも、少なくとも〔原文「至少、至少」〕、いわゆる訓政時期の約法を制定はしなければならない」と主張して、孫文の「革命方略」、「中国革命史」の主張を検証している。胡適「人権与約法」（梁實秋、胡適、羅隆基『人権論集』新月書店、一九三〇年。初出『新月』二巻二号、一九二九年五月）。野村、前掲書、二三五〜二三六頁。
(31) 「中国同盟会革命方略」二九七頁。
(32) 同前、二九七〜二九八頁。なお、ここでも「軍政府」は各地方単位で存在し、「約法」も地方ごとに施行されると解することができるが、この問題の検討はこれ以上行なわない。「建国大綱」で想定される国民政府の役割は、ここでは「軍政府」が担うことになっている。
(33) 同前、二九八頁。
(34) 護法政府が「軍政府」と称しているのもこの「三序」構想に則ったものである。護法運動と、そこでの孫文・孫文系党派の役割については、深町英夫『近代中国における政党・社会・国家—中国国民党の形成過程』（中央大学出版部、一九九九年）を参照されたい。
(35) 汪精衛、前掲「論約法」八七〜九六頁。この文章は胡適の「人権与約法」に対する反批判である。汪精衛は、「建国大綱」の全てが約法の重要な内容を定める「約法大綱」であるとしており、「建国大綱」が約法について何も定めていないという批判は誤りであるとする。
(36) 孫文「制定建国大綱宣言」参—三七一〜三七二頁。なお、味岡、前掲書、一三頁に、孫文は、軍政・訓政時期には「国民の国政参加を制限しても必ずしも国民の不利益にはならない、という認識を持っていた」として引用するのがこの文書である。
(37) 「北上宣言」（広東省社会科学院歴史研究所　他　合編『孫中山全集』第一一巻、中華書局、一九八六年）二九四〜二九七頁。「北上宣言」が参照している「北伐宣言」は同書七五〜七七頁。
(38) 同前、二九七〜二九八頁。

(39) 西南執行部・西南政務委員会への胡漢民の関わりについては、陳紅民／光田剛 訳「矛盾の連合体」および羅敏／光田剛 訳「福建事変前後の西南と中央」（いずれも松浦正孝 編著『昭和・アジア主義の実像―帝国日本と台湾・「南洋」・「南支那」』ミネルヴァ書房、二〇〇七年）を参照されたい。

(40) 胡漢民「怎様免除一切糾紛及怎様進行一切建設」（一九二九年三月一一日）（『胡漢民先生文集』第三冊）二三六～二三七頁。

(41) 胡漢民「三民主義之認識」（一九二七年四月）（『胡漢民先生文集』第三冊）三四～三九頁。また、胡漢民はトルコ革命を高く評価しながらも、トルコ革命は民族主義だけの「一民主義」なので、孫文の中国革命のほうが優れているとする。胡漢民「新与旧」（一九二八年九月二四日）（『胡漢民先生文集』第三冊）一〇四頁。

(42) 胡漢民「三民主義与世界革命」（一九二七年五月二八日）（『胡漢民先生文集』第三冊）二一～二二頁。この演説は、日本の社会民衆党の宮崎龍介歓迎会の席で述べられたもので、三民主義の世界革命理論としての性格について論述の力点が置かれている。

(43) 胡漢民「新与旧」一〇九頁、胡漢民「従党義研究説到知難行易」（一九二九年九月二三日）（『胡漢民先生文集』第三冊）一二四頁、胡漢民「党外無政政外無党」（一九二九年二月七日）（『胡漢民先生文集』第三冊）二一五～二一六頁などに頻出する。

(44) 胡漢民「怎様免除一切糾紛及怎様進行一切建設」二三六～二三七頁、胡漢民「革命的建設是本党工作的中心」三〇〇頁。

(45) 胡漢民「革命理論与革命工作」（一九二八年一〇月二三日）（『胡漢民先生文集』第三冊）二頁、胡漢民「過去民衆運動的錯誤及其糾正」（一九二八年一〇月二二日）（『胡漢民先生文集』第三冊）一三八～一三九頁、胡漢民「国民党民衆運動的理論」（一九二七年七月）（『胡漢民先生文集』第三冊）一六三頁。

(46) 胡漢民「党外無政政外無党」二一九頁。

(47) 「訓政大綱」で訓政の期限を「約法の治」に倣って六年に設定したのが胡漢民自身である。胡漢民は、自らが想定する訓政期の事業の困難さに較べて六年という期限は短いと感じていたようであり、それにもかかわらず訓政の期限を六年としたのは「約法の治」の期限が六年とされていたからであろう。胡漢民「怎様解決訓練的困難」（一九三〇年三月三〇日）（『胡漢民先生文集』第三冊）二〇六頁。また、訓政の目的と「憲法」の関係については、胡漢民「同志們先把自己訓練起来」（一九三〇年三月）（『胡漢民先生文集』第三冊）一九五頁。

(48) 汪精衛の前掲「論約法」は、約法が成文法である必要はないとはしているが、一方で、孫文の文書がそのまま約法として通用すると考えていたわけでもないように読める。汪精衛を理論的指導者の一人とした中原大戦期の北平拡大会議が「太原約法」を作成していることを考えると、やはり約法の法典化は必要だと考えていたと見るべきだろう。

(49) 胡漢民「党治的政府」（一九二八年一二月一日）（『胡漢民先生文集』第三冊）四〇二～四〇三頁。

(50) 胡漢民「党外無政政外無党」（一九二八年二月七日）（『胡漢民先生文集』第三冊）二一九頁。なお、先に見たように、孫文は、「約法の治」について、人民の政府（軍政府。訓政構想の国民政府に相当する）に対する権利・義務と政府の人民に対する権利・義務を約法に明確に定めなければならないとしており、この胡漢民のような理解は、孫文の意図に照らすと無理があるように思われる。

(51) 胡漢民「党治的政府」四〇一頁。なお、訓政下にあっても、立法権は人民に由来し、党はそれを代行しているにすぎない（そして立法院は党の政治会議の指導下にある）ことに注意を促す。「立法工作的三種意義及其他」（一九二八年一二月一七日）（『胡漢民先生文集』第四冊）八一四～八一五頁。

(52) 胡漢民「努力取消不平等条約」（一九二九年七月八日）（『胡漢民先生文集』第三冊）四五八頁、胡漢民「今後立法的厳与速」（一九二八年一二月五日）（『胡漢民先生文集』第四冊）七七一～七七四頁、胡漢民「立法工作的三種意義及其他」八一五～八一七頁。

(53) 胡漢民「遵依　総理遺教開国民会議」（一九三一年一月五日）（『胡漢民先生文集』第三冊）七五六～七六九頁。なお、皮肉なことに、この一九三一年五月の国民会議は、胡漢民を排除した蔣介石の主導下で開かれ、胡漢民の反対していた訓政時期約法制定が行なわれた。

(54) 胡漢民「国民党民衆運動的理論」（一九二七年七月）（『胡漢民先生文集』第三冊）一五三～一五四頁。また、胡漢民は、国民党は革命党なので、イギリスやフランスの政党は参考にならないとしている。胡漢民「新与旧」一〇一頁。

(55) 胡漢民「国民党民衆運動的理論」一五四～一五六頁。

(56) 胡漢民「党外無政政外無党」二二〇頁、胡漢民「怎様免除一切糾紛及怎様進行一切建設」二二四～二二七頁。胡漢民が参照したかどうかは不明だが、この議論は、ルソー『社会契約論』の「個別意志の集合としての全体意志」と「一般意志」の区別を想起させる（ルソー／中山元 訳『社会契約論／ジュネーヴ草稿』光文社古典新訳文庫、二〇〇八年、六四～六五頁）。胡漢民の場合、「一般意志」は三民主義が体現しているとあらかじめ想定するのである。なお、胡漢民は「人民の直接投票」を全面否定しているわけでもない。

(57) 胡漢民「党治的政府」四〇一頁。

(58) 同前、四〇八頁。したがって、胡漢民によれば、「訓政」はイタリアのファシズムやソ連の共産党体制のような全面的な「一党独裁」とは性格が異なるという。どこが異なるかの説明は必ずしも明確ではないが、胡漢民は、一党独裁とは「党有、党治、党享」（党の、党による、党のための）の政治であると想定していたようである。胡漢民「最近破壊的情形与今後建設的計画」（一九二九年六月二四日）（『胡漢民先生文集』第三冊）三〇四～三〇五頁。「党治」については、岩谷、前掲七～八頁。

(59) 胡漢民の党―政府関係についての構想は、胡漢民が、多くの機会にさまざまな表現で言及しているため、理解が難しい。胡漢民「党部在訓政時期的責任」一八五～一八六頁、胡漢民「党外無政政外無党」二一四～二一五頁、胡漢民「第三次全国代表大会的使命」（一九二九年三月一八日）（『胡漢民先生文集』二三九頁）などを総合して本文のように理解した。なお、党と政府の関係については、「国民政府は国民党の命令に服従するのが唯一の任務である」という発言もある。胡漢民「革命的要義是要在破壊之後能彀建設」（一九二七年四月一八日）（『胡漢民先生文集』第三冊）二六七頁。これを見れば胡漢民は党の優位を主張しているように読める。しかし、これは、文脈を見ればもっぱら「国民党と三民主義」に対する服従を主張したものであり、具体的な党組織への服従を説いたものではなく、さらに、南京―武漢両政府対立の状況下での南京側国民党での発言であることから、「共産党ではなく国民党に服従すること」という含意があるものと理解するのが妥当だと考える。

(60) 三民主義の完全性が国民党に絶対性・唯一性を与えたので、国民党には「以党治国」を行なう資格があるという説明

がある。胡漢民「清党之意義」（一九二七年五月）（『胡漢民先生文集』第三冊）七八頁。

（61）この問題についても胡漢民は多くの機会にさまざまな表現で発言しており、統一的理解の難しい点である。全体的には胡漢民「同志們先把自己訓練起来」一八八～二〇〇頁。「自己犠牲」こそが革命であると強調するのは胡漢民「怎様免除一切糾紛及怎様進行一切建設」二三一頁、また、党員の権利・義務・規律について論じるのは胡漢民「中国国民党的民主集権制」（一九二八年二月一六日）（『胡漢民先生文集』第三冊）一七六～一七七頁。ただし、努力・犠牲の精神の強調は蔣介石の演説にも見られ、必ずしも胡漢民だけに目立つものではない。党員の修養については胡漢民「革命理論与革命工作」七頁、一四～一五頁。なお、胡漢民「党的訓練問題」（一九二八年二月一六日）（『胡漢民先生文集』第三冊）二〇六頁では、国民党の民衆からの遊離を問題にしており、中華人民共和国建国後の「党の官僚主義」批判をも想起させる。

（62）国民の愚昧さについては胡漢民「革命理論与革命工作」三頁、胡漢民「訓政時期的努力奮闘与犠牲」（一九二九年一〇月一一日）（『胡漢民先生文集』第三冊）三四〇頁。国民が三民主義を理解し支持しているとするのは胡漢民「革命的要義是要在破壊之後能彀建設」二七〇頁。

（63）胡漢民「甚么是本党的党誼与党徳」（一九二九年六月二五日）（『胡漢民先生文集』第三冊）六七～六八頁。この「昇官発財」を望む国民性に対する徹底した否定は、「昇官」はともかく、「三民主義は発財主義である」と宣伝すればよいと語った孫文の楽天性とはかなり質を異にする発想である。「私」については「意志統一与行動統一」二四五～二四六頁。

（64）胡漢民「甚么是本党的党誼与党徳」六三～六五頁、胡漢民「新与旧」一〇二～一〇六頁。ドイツ社会民主党の労働者政策については胡漢民「訓政期中紀念労働節的意義」（一九二九年五月一日）（『胡漢民先生文集』第三冊）二八五～二八九頁、トルコについては胡漢民「考察新土耳古的経過和感想」（一九三〇年九月二〇日）（『胡漢民先生文集』第四冊）一四四九～一四五六頁。

（65）「見えざる手」論について詳しく論じるのは本稿の任ではないが、筆者が参照したのは、宇野重規『トクヴィル　平等と不平等の理論家』講談社選書メチエ、二〇〇七年、九九～一一五頁、堂目卓生『アダム・スミス――『道徳感情論』

と『国富論』の世界』中公新書、二〇〇八年、第一～二章である。

(66)　胡漢民「民法債編的精神」（一九二九年一一月一一日）（『胡漢民先生文集』第四冊）八五三～八六一頁、胡漢民「民法物権編的精神」（一九二九年一二月二日）（『胡漢民先生文集』第四冊）八六一～八六八頁。その内「以公済私」に触れているのは「民法債編的精神」八六〇～八六一頁。

第二章　国民党「党治」下の憲法制定活動
――張知本と呉経熊の自由・権利論――

中村元哉

はじめに

1　本章の課題

中国国民党（以下、国民党）は、一九三〇年代から一九四〇年代にかけて、いわゆる訓政を施行して大陸中国を統治した。訓政が実施されたこの時期は、満洲事変から日中戦争までの戦時期とほぼ重なることもあって、皇帝による伝統的な専制政治と中国共産党（以下、共産党）による一党独裁政治とを橋渡しする時期として定位されてきた。事実、訓政時期の政治体制は、党・国家体制（以下、「党国体制」）と形容されている。

中華民国期の中央政府は、北京政府であれ国民政府であれ、いずれも中国を代表する中央政権として国際政治に一定の役割を果たしてきた。このことは、もはや周知の事実である。(1) しかし、政治制度を細部にわたって分析していくと、中華民国期の中央・地方関係は、個人独裁や一党独裁を強力に下支えできるような仕組みではなかった。(2) 国民党の「党国体制」にしても、それは党の強力なコントロール下に置かれていたわけではなかった。(3) 仮に国民党の「党国体制」をサルトーリ理論でいうところの政党国家システム party-state system に分類しようとしても、それを政党国家システムと完全に一致させることはできない。なぜなら、訓政期にあっても複数政党制による議会制民主主義への指向性が皆無ではなかった——国民党以外の党派が参加した国民参政会と地方参議会の設置、直接選挙制度を採用した立法院の改革——からであり、サルトーリ理論が大前提とする均質的な政治空間もそもそも中華民国には存在しなかったからである[4]。実際のところ、国民党は言論・出版の自由さえも十分には管理できず、訓政期の「党国体制」は脆弱であった[5]。

さらに、政治文化の形成に大きく関わる政治思想の展開をたどってみても、ロシア革命後に社会主義ソ連の影響が中華民国に及び、国民党がソ連型の組織論を導入して一党独裁体制の構築を目指していたとはいえ[6]、独裁政治のみを支持し許容する政治思想だけが政権の内外を覆っていたわけではなかった。当時の経済・社会を管理しようとする趨勢は、確かに社会主義思想を受容した結果の一つではあったが、他方で、第一次世界大戦後に変質した世界のリベラリズム思想を受容した結果でもあった。つまり、イギリスのラスキの政治思想やドイツのワイマール憲法、そしてアメリカのニューディール政策が世界のリベラリズム思想を社会民主主義型のリベラリズム思想へと変質させ、そうした新たなリベラリズム思想が中国にもたらされた、との側面を否定することはできない[7]——社会民主主義思想がリベラリズム思想に含まれるか否かは別に検討を要する課題かもしれない——。訓政期の「党国体制」を理論的に支えていた孫文の「国民政府建国大綱」（一九二四年）にしても、国民党の役割を明示しておらず、訓政を省単位で段階的に実施するのか国家単位で一気に実施するのかさえも明確に規定していなかった（光田論文参照）。解釈によっては、「国民政府建国大綱」が「党国体制」の強化に利用される可能性もあれば、そうならない可能性もあったわけである。そもそも孫文自身は、人民を上から啓蒙・教化しつつ、彼らの政治参加を段階的に容認する構想を練っていた。

以上のように国民党の一九三〇年代から一九四〇年代にかけての「党国体制」は、政治制度の実態という視点からして、政党国家システムと完全に同一視できるようなものではなかった。と同時に、同時期の政治思想も、政党国家システムの実現を必ずしも一致した到達点とみなしていたわけではなかった。

それでは、こうした「党国体制」下で行なわれた憲政（≠立憲政治）をめぐる諸活動は、どのように理解されるべきなのか。

「党国体制」と形容される訓政期の政治体制は、政党国家システムと異質であったとはいえ、表向きには国民党による「党治」[8]であった。それゆえに、このことをもって、下記(一)から(三)の一連の憲法制定活動は、これまでのところ、近代西洋型民主主義[9]とは本質を異にするものとして理解されてきた。

(一) 一九三三年に始まった憲法草案起草委員会（委員長孫科、副委員長呉経熊、張知本）の憲法制定活動とその成果である一九三六年の五五憲草。

(二) 国家社会党（のちの民社党）党首の張君勱らを中心とした、日中戦争期から戦後にかけての国民参政会、憲政実施協進会、政治協商会議における憲法制定活動。

(三) 張の憲法原則を骨子として作成され、政治協商会議の合意事項を部分的に反映させた一九四七年の中華民国憲法[10]。

しかし、国民党が「党治」を行なっていたとはいえ、それが脆弱な体制であり、国民党内部にも多様性が広がっていたことを念頭に置けば、そして当時の内外環境が中国を世界のリベラリズム思想に順応させるために憲政へと向かわせていたことを念頭に置けば、従来とは違った理解を提示できるのかもしれない。

より具体的に言うならば、一九三六年の五五憲草の自由と権利をめぐる条文は、法律の留保（「法律に依らなければ～できない」）をともなっていたにもかかわらず（以下、当時の用語を用いて間接保障主義）、一九四七年の中華民国憲法では法律の留保をともなわない条文（「憲法の保障を受ける」、「法律に依って制限することはできない」）、言い換えれば憲法で直接保障する条文（以下、直接保障主義）へと基本的には変化した。その変化の意味を、中国近現代政治史・思想史において、どのように理解すればいいのだろうか。

〈五五憲草〉

一三条　人民は言論・著作および出版の自由を有する。法律に依らなければ、これを制限することはできない。

二四条　おおよそ人民のその他の自由および権利は、社会秩序と公共の利益を妨害しなければ均しく憲法の保障を受け、法律に依らなければこれを制限することはできない。

二五条　おおよそ人民の自由または権利を制限する法律は、国家の安全を保障し、緊急の危機を回避し、社会秩序を維持し、または公共の利益を増進するために必要な場合に限る。

〈中華民国憲法〉

一一条　人民は言論・研究・著作および出版の自由を有する。

二二条　おおよそ人民のその他の自由および権利は、社会秩序と公共の利益を妨害しなければ均しく憲法の保障を受ける。

二三条　以上の各条に列挙した自由および権利は、他人の自由を妨害することを防止し、緊急の危機を回避し、社会秩序を維持し、または公共利益を増進するために必要がある場合を除いて、法律に依って制限することはできない。

一般に、間接保障主義は自由と権利を法律によって制限するものとして否定的に理解され、直接保障主義のほうが自由と権利を憲法によって確実に保障すると考えられている。こうした通常の解釈が、国民党「党治」下の憲法制定活動においても成立するのか否か。それとも、直接保障主義は、中華民国憲法の二三条のような規定によって、実質的に骨抜きにされている、と考えるべきなのか。[11] これらの問題群を、それらが国民党「党治」下で最初に現れた一九三〇年代前半に即して考察していくことが、本章の課題である。[12]

2　先行研究と研究視角

本章が設定した課題に対して、過去の研究はどのように評価してきたのであろうか。

まず言及すべきは、宮澤・田中の同時代的考察である。

彼らによれば、当時の世界における憲法の主要な潮流は、イギリスやドイツ（プロイセン）の君主制的な立憲主義[13]であれ、アメリカやフランスの共和制的な立憲主義であれ、いずれも独裁政治を樹立する方向へと、つまり行政（執行）権を強化する方向へと向かっていた。いわく、「現代の国際社会に生存する国家の憲法は端的に独裁政を採用するか、さもなければ伝統的な立法権の優越を廃棄して執行権の強化乃至優越をその原理としなければならない」、と。そうした世界の潮流に照らし合わせれば、五五憲草も世界と同じように行政権を強化した憲法として理解される。なぜなら、五五憲草の理念的かつ制度的支柱である三民主義と五権構想――総統（府）が立法・行政・司法の三権以外にも監察・考試権を加えた五権を統轄し、総統は民選によって構成される国民大会から選出される――は、元々立法権の優越を想定しておらず、立法権優位型の立憲主義を原理的に貫徹できないからである。

しかし他方で、孫文の三序構想にしたがう国民党は、憲政への移行を最終目標とせざるをえなかった。だからこそ、宮澤・田中は、その彼らがまとめた五五憲草が本質的には独裁政治とは両立し難い側面をも有していた、とも見なしていた。

こうして全体的な総括を述べた後で、宮澤と田中は五五憲草の間接保障主義について、次のように述べている。「アメリカ・フランス両革命の時代を思わせるやうな極端な自由主義的『夜番国家』思想的な色彩を多分にもつてゐる」。間接保障主義に関連する条文については、国家が社会への関与を強めつつあった当時の世界情勢とは対照的な流れと理解していたようである。[14]

しかし、こうした五五憲草の自由主義的な性格を強調した評価は、第二次世界大戦後に一変した。稲田、高橋、そして石川らは、五五憲草を修正し発展させた中華民国憲法の直接保障主義を、前述の二三条を理由の一つとして、実質をともなわない空虚な規定と評した。彼らは、間接保障主義は直接保障主義よりも劣るとの前提に立っていたため、このことは五五憲草の間接保障主義をより厳しく評価していたことを意味している。[15] ただし、こうした厳しい見方は、自由と権利をめぐる直接保障主義に対して向けられたものであって、中華民国憲法の全てに対して向けられていたわけではなかった。また、彼らが、中華民国憲法と比較しながら、日本国憲法に対して期待していたことの表れなのかもしれない。この点には留意しておくべきだろう。

その後も日本の歴史学者、政治学者、法学者は、共産党の革命中心史観の影響も受けて、中華人民共和国憲法を好意的に評価することはあっても、中華民国憲法に対しては基本的に厳しい評価を下し続けた。

だが、こうした戦後日本の評価とは対照的に、一九九〇年代以降、世界の中華民国憲法に対する評価は高まりを見せている。現在では、中国でも肯定的に受けとめられるようになっている。その基本的な論調は、中華民国憲法は五五憲草と比較すれば三権分立の要素をより多く採りこんでおり、立法権の機能を強化したことによって議院内閣制に近似した体制を規定するに至った、というものである。[16] 中華民国憲法の基本原則を作成した張君勱の憲法論に対しても、権力の暴走を防ぐと同時に各種の個人の自由を保障しようとしたものとして肯定的に評価するようになっている[17]。中華民国憲法で保障された自由と権利についても、二三条によって制限されうる余地が残されていたが、しかしそれでも「全ての中国憲法の中で最も寛大な扱いを受けている」とも評価するようになった[18]。

ただし、これらの肯定的評価は、憲法の理念や体制のレベルに止まるものであって、運用の実態にまで及んでいるわけではない[19]。また、欧米の中国学界の一部が第二次天安門事件後に中国に対して民主化の可能性を期待したこと、中国国内の法学、憲法学を取り巻く学術環境が二〇〇四年の憲法改正――人権条項が憲法に挿入された――の前後に好転していた可能性があることが、一連の積極的な評価を導き出しているのかもしれない。もちろん、こうした肯定的な評価とは対照的に、中華民国憲法へと至る当時の憲政思潮とリベラリズム思想を表層的なものとして総括する研究もある[20]。これらの研究成果にもやはり留意しなければならない。

以上のように、間接保障主義から直接保障主義への変化を促した当時の政治と思想をめぐる歴史解釈は一様ではない。それどころか、その変化の中心に位置する中華民国憲法の制定史に対する歴史的評価さえ統一されていない。それはなぜだろうか。

そうしたブレが生じる最大の理由は、国民政府期を含む近現代中国の政治思想が社会主義思想以外の欧米の動向と連動していなかったはずだという先入観と、そうした先入観の下で憲法制定活動に関するさまざまな史実が正確に解明されてこなかったことにあるように思われる。だからこそ、たとえ中華民国憲法の自由と権利に関する規定が肯定的に評価されようとも、それは三民主義をイデオロギーとして掲げる国民党「党治」下にあっては、党とナショナリズムに従属するはずだ、としか理解されてこなかったのである。なぜなら、三民主義を憲法原理とする国民党は、世界のリベラリズム思想の動向とは無関係に行政権優位型の五権構想に拘束されざるをえず、その構想は立憲主義を確実に達成する欧米の三権分立に劣るはずだ、と暗黙裡に想定されてきたからである。

はたして、「三民主義の五権構想＝立憲主義の軽視＝ナショナリズムに劣属する自由と権利の保障」、「近代西洋型の三権分立＝立憲主義の重視＝ナショナリズムに優位する自由と権利の保障」という従来の方程式は、いつでも万能なのだろうか。確かに、個別には、それが成立する場合もあるだろう。しかし、たとえば、近代西洋型の民主主義が当初からナショナリズムに規定されていたという事実をどのように理解すればいいのか。また、満洲事変から日中戦争という戦時中国の特殊性をどのように理解すればいいのだろうか。そして何よりも、五五憲草から中華民国憲法までの一連の憲法制定活動において、中心的な役割を果たし続けた張知本と呉経熊は、本章で明らかにしていくように、この等式には馴染まない人物である。

したがって追究すべきは、この等式にとらわれることなく、直接保障主義であれ間接保障主義であれ、それらが登場した一九三〇年代の「党治」下で、自由と権利の制度的保障がどのように論じられていたのかを解明することである。本章は、憲法草案起草委員会のうち、直接保障主義を主張し続けた張知本——民社党の張君勱と政治学者の蕭公権も同様の立場であった——と間接保障主義を支持し続けた呉経熊——委員長の孫科も一九三〇年代においては支持していたが、それは国難を前提とした暫定的な支持であった——の自由と権利論に注目して、それを司法制度論と関連づけながら検討していく。司法制度論と関連づける理由は、以下のような一般論を意識してのことである。

（一）司法制度は、自由や権利を制度的に保障する際にきわめて重要な役割を果たす。

（二）自由と権利を保障するための立憲主義と民主主義——中華民国憲法においては、国民大会と立法院および監察院の関係にほぼ等値される――は、常に調和関係にあるとは限らない。民主主義の暴走化が立憲主義を脅かす可能性もある。そのような両者の相克関係によって自由や権利が侵害されないようにするためには、司法制度が立憲主義の最後の砦として機能しなければならない。こうした視点は、近現代中国の「党治」下において自由や権利が制度論としてどのように議論されていたのかを考察する際にも、有効な視点である。(21)

むろん、国民党「党治」下にあっては、(二)のような司法制度が真に想定されていたのかどうかも問題となってくる。そのため、司法と党・軍および司法権と立法・行政権の関係についても、論旨に関わる範囲内で言及していく。

一　「党治」と立憲主義――なぜ国民党は憲法制定へと向かったのか

本章の課題を検討する前に、なぜ国民党は「党治」下において立憲主義を導入し、憲政の実施を目指すことになったのか。

1　立憲政治をめぐる歴史的潮流

国民党が孫文の「軍政→訓政→憲政」の三段階論に拘束されていた以外にも、その主たる歴史要因として次の三点が重要であろう。すなわち、清末から続く立憲改革の政治潮流、国家と社会の統合を目指さざるをえなかった現実政治の要請、近代中国におけるリベラリズム思想の受容と展開である。

清末から北京政府期までの立憲政治の試みをどのように評価するにせよ、当時の中国は、地方勢力を中央に統合して国内から帝国主義勢力を一掃するために、近代的な立憲政治の導入と定着を図っていた。そうして近代的な国民国家を建設することで、国家と民族の自由を獲得し、不平等条約を改正しようとした。

むろん、この過程において、個人の自由の重要性もしばしば強調されていた。このことは、政治学、とりわけアメリカ政治学の影響を受けながら人権論争や民主・独裁論争が一九二〇年代末から三〇年代半ばにかけて展開され、それらの論争が人権と国家主権の関係性を主たる争点としながら、立憲政治のあり方とその実施の是非をめぐって激しい論戦を繰り広げていたことからも明らかであろう(22)。

こうした立憲政治をめぐる歴史潮流が国民党「党治」下で一つの形となって表れたのが、一九三〇年の「中華民国憲法約法草案」、いわゆる「太原約法」であった。

2　「太原約法」前後の党内情勢

一九二八年に北伐を完成した国民党は、胡漢民の指導下で起草された「訓政綱領」を承認し、翌年の第三回全国代表大会において胡の訓政構想を制度化した。この時期の蔣介石は胡漢民とは協調関係にあったが、他方でこうした蔣介石グループに対して閻錫山、馮玉祥、李宗仁らが反旗を翻した。この両勢力の対立は中原大戦を招来し、反蔣グループは汪精衛らを加えて一九三〇年に北平拡大会議を開催した。「太原約法」はこの会議で公表されたものであり、この反蔣グループによる約法は蔣介石の独裁政治を阻止することを狙いとしていた。この「太原約法」は、こうした政治経緯によって作成されたせいもあってか、今日の中国においてさえも「民主的」な条文として評価されている。たとえば、自由と権利に関する条文が直接保障主義を採用していたことを理由に、「太原約法」は自由と権利をより厳格に保障しようとしていた、と好意的に評価されている(23)。

ここで、本章との関わりから確認しておくべき事実は、以下の四点である。

第一に、直接保障主義を採用した「太原約法」の作成に張知本が関わっていた、という事実である。第二に、「太原約法」に対抗する約法の制定をめぐって、蔣介石が胡漢民との対立を深めていき、蔣が胡を幽閉した後に作成した「訓政時期約法」が間接保障主義を採用したことである。第三に、以上のような党内情勢を経て、直接保障主義と間接保障主義の二つの主張が五五憲草の作成過程に登場した、という事実である。そして第四に、一九三一年から一九三二年にかけての国民党内の政局変化と孫科の関係である。この第四の点はやや詳しく述べておかなければならない。

孫科は、胡漢民の幽閉を一つの契機として、蔣介石との対立を深めていった。満洲事変後には、蔣介石を中心とする訓政には主義と方針が欠けているとして、憲政への移行を唱えた[24]。だが、満洲事変という国難は蔣介石と汪精衛の関係を修復し、そうした党内情勢と国難を団結して乗り切るという気運は孫科と蔣介石との関係をも修復していった。こうした政治的経緯の後に、孫科は憲法草案起草委員会の委員長に就き、その後約一六年間務めることになる立法院院長として一連の憲法制定活動を指揮した。

以上の事実を当時の最高実力者蔣介石との関係から整理し直すと、反蔣グループによる「太原約法」の作成に関わった張知本は、直接保障主義を提起した点においても、間接保障主義者の蔣介石とは対立関係にあった。また、蔣介石中心の訓政体制に批判的であった孫科も、内外情勢の変化によっては、蔣との関係を修復させる可能性もあったが悪化させる可能性をも十分に秘めていた。しかし他方で、間接保障主義を主張していた呉経熊は、少なくともこの点においては蔣介石と歩調を同じくし、張や孫のように公の場で蔣介石を批判していなかった。

この事実が本章において特筆されるべき理由は、蔣介石の憲政論[25]や政治的立場と必ずしも一致するわけではない国民党員（孫科、張知本）が一九三三年に憲法草案起草委員会に抜擢され、蔣介石を支持していたと考えられる国民党員（呉経熊）だけが憲法の起草にたずさわっていたわけではなかったからである。後に中華民国憲法に不満を抱くことになる蔣介石は、一九四八年に「反乱鎮定動員時期臨時条項」によって総統の権限を強化し、直接保障主義をはじめとする、同憲法に埋め込まれた政治協商会議の「民主的」な合意事項を踏みにじっていった。しかし、後述するように、一九三〇年代からすでに軍政分離論を主張していた張知本は、憲法の修正をともなう「反乱鎮定動員時期臨時条項」に反対すると同時に[26]、蔣介石と対立するような「民主的」な直接保障主義を政治協商会議以前からすでに主張していたのであった。直接保障主義を採用した中華民国憲法は政治協商会議の「民主的」な精神を部分的に吸収したとされ、その政治協商会議は五五憲草の間接保障主義を放棄する一大転換点となったと理解されているが[27]、だからといって、この「民主的」な直接保障主義がそれ以前の国民党内部において提起されていなかったわけではなかった。

3　満洲事変と社会情勢

以上のような歴史的、政治的な背景の下、国民党は「党治」を実行する中で憲法制定活動を開始した。本来であれば、五五憲草が作成されるまでの詳細な政治過程について論じるべきであるが、それらは他日を期したい。さしあたり、本章においては、訓政開始後の国民党が満洲事変後の四期一中全会で訓政期間の短縮と憲政実施を決議し、一九三二年の国難会議において国民大会召集と憲法制定について協議したこと、そうして同年末の四期三中全会の決定を経て、一九三三年に憲法草案起草委員会を設置したことのみを確認しておく。

しかし、それでもなお、ここで強調しておかなければならないことがある。それは、満洲事変が国民党「党治」下の憲法制定活動を加速させた、という事実である。つまり、国民党は、満洲事変を契機に、国家と民族の結束のために憲法の制定に本格的に取り組み始めたのであった[28]。この時期の憲法制定活動は、共産党に対抗することを第一の目的としていたわけではなかった。この点は、第二次世界大戦後の憲政構想が共産党の連合政府論と対立する性格を帯びていたのとは対照的であった（あわせて味岡論文を要参照）。

さらに、満洲事変後に社会の側から憲政運動が高まり、それが国民党を憲法制定活動へと駆り立てていった[29]。ここで言う社会とは、主として『益世報』をはじめとするメディア界と教育界、学界をさす。とりわけ、労働運動が一九二〇年代に高揚して以来、労働権などの社会権を要求する動きがメディア界を通じて行なわれていたことは注意しておかなければならない。つまり、憲政運動は、メディア界を通じて人民の声ともつながるような、裾野の広い社会運動だったのである。それが、憲法制定活動を後押しする社会的要因となった。

4　「党治」下の立憲主義

以上のようにして憲法制定活動は始まったが、「党治」下の立憲主義をめぐっては幾つかの留意点がある。

一点目は、この時期の国民党が憲政の早期実施で一致していたわけではない、ということである。たとえば、胡漢民は訓政の継続を主張し、張道藩や于右仁らも訓政の早期終結には慎重であった[30]。戴季陶も憲政の実施には消極的であった[31]。

二点目に、五五憲草が行政権を強化して立法権優位型の立憲主義の原理を弱め、「党→政→軍」という体制を事実上規定していたとしても、五五憲草が作成されるまでには、そうした傾向に対峙するかのような提案がしばしばなされていた、という事実である[32]。この歴史の陰に隠されてしまった事実にも注意しながら、次の三点目について考える必要がある。

その三点目とは、党と憲法の関係に関わる解釈である。もし一点目の事実だけを殊更に強調するのであれば、国民党の意図は訓政の継続にあり、一連の憲法制定活動は立憲主義を実質的に形骸化するものであった、ということになるだろう。また、二点目の事実を見過ごすならば、国民党「党治」下で作成された五五憲草の条文には、三民主義を含む「党治」の原理が巧妙に埋め込まれていた、という解釈に行き着くだろう(33)。

しかしながら、たとえば蔣介石は、党よりも政府に依存し(34)、約法や憲法の制定にも肯定的であり、その意味において「党治」の原理を持ち込まない立憲主義者だった。ただし、その政治的意図が中央集権化と個人独裁の強化にあったことからすれば、実質的には立憲主義者だったとは到底言いがたい。つまり、「党治」を強調しなかったからといって立憲主義者だったとは限らない。

当然のことながら、その逆の関係も成り立つ。たとえば、蔣介石とは対照的な制度論を提唱した胡漢民は、「党治」を主張しながらも、その永続化には否定的であり、ソ連共産党の独裁政治にも批判的であった（光田論文参照）。「党治」を前提としながらも、国家の基本法によって権力の分散化と人民の政治的諸権利の行使に重点を置いていた胡(35)は、この意味において、立憲主義者だったと考えられる。また、孫科は、蔣介石に権力が過度に集中することを防ぎ、国家の結束力を高めるために憲政の実施を提唱した国民党員であった。それゆえに孫は、政治的な憲政論者であって、真の立憲主義者ではないと言いうるのかもしれない。しかし他方で、とりわけ日中戦争期以降に欧米型の憲政の実施を訴えるなど、しばしば「国民党自由派の代表」とも見なされていた(36)。

さらに、この点に関わることだが、中華民国憲法の制定までに法律の条文から党の文字が削除され、憲法に掲げられた三民主義をめぐる解釈にも多様性が見られたことにも注意しておくべきである。これらが「党治」の色彩を形式的に薄めるだけの行為であったとしても、同時に立憲主義を意識したからこその行為であったこともまた否定できない(37)。

最後に、国民党の立場に比較的に近かった陳之邁、銭端升、蕭公権らの政治学者が、一時的に国民党の「党治」を容認することがあったものの、将来の中国に民主政治を展望していたことも再確認すべきだろう。彼らの憲政論は、一九三〇年代の民主・独裁論争や一九三〇年代から一九四〇年代にかけて幾度となく高揚してきた憲政運動とも連動するものであり、中国社会の世論とも接点を有していた[38]。

以下、こうした事実を前提として、本章の主たる考察対象である張知本と呉経熊の自由と権利をめぐる制度論について分析していく。

二　張知本と呉経熊の政治思想と自由・権利論

1　張知本

まず、張知本の次のような発言を確認しておこう。

民権問題は、消極的なものと積極的なものとの二種類に分かれる。積極的とは、つまり〔人民が国家から享受する〕「受益権」のことである。消極的とは、身体・居住・集会・結社・言論・出版の類のことをさす。そのなかでも、財産・契約などの自由は、現代社会の趨勢では、若干の制限を加えられるべきであるが、居住・身体・言論・出版などの自由については「法律に依らなければ」等の語句を憲法で用いないほうがいいと考える。なぜなら、このような制限があると反って憲法による保障の精神が失われ、憲法があっても無いに等しくなるからである[39]。

これが張知本の直接保障主義である。では、この主張の背後にある張の政治思想とは、どのようなものだったのだろうか。

湖北省江陵県に生まれた張知本（一八八一～一九七六年）は、武昌にある両湖書院を卒業した一九〇〇年、官費留学生として日本に渡った。翌年、法政大学に入学した張は、民法学者の梅謙次郎、刑法学者の岡田朝太郎、国際公法学者の中村進午らに師事しつつ、法律学と政治学を学んだ。留学期間中に中国同盟会に入った張は、一九一一年の武昌蜂起に参加し、湖北軍政府の司法部長に任命された。これ以降、持論であった司法体制の整備に尽力していくことになる。

辛亥革命後の張知本は、第一期国会の参議員として政治活動に従事したが、その後の政治変動にともない、孫文に付き随って南下した。一九二四年の第一回全国代表大会に出席した張は、孫文の「聯ソ容共」論に理解を示しつつも、共産党に対する警戒心を解くことはなかった。そうした政治姿勢が一因となって、孫文が翌年に死去すると、西山会議派との結びつきを噂されるようになり——張知本本人は事実無根としている——、当時の広州国民政府主席汪精衛によって国民党から除籍させられてしまった。

しかし、広州から武漢に移動した汪精衛の国民政府が蔣介石を中心とする南京国民政府と合流し、共産党への弾圧を強化し始めると、張知本は湖北省政府主席に任命され、要職の地位に再び返り咲いた。この時の張は、軍人が政治に関与しないことを条件に省主席に就任したとされている。上海法政大学の再建に取り組むなどしていた張は、軍政を排除するための法律の重要性についても次第に公言するようになった。この前後の時期には共産党が張の暗殺計画を実行していたこともあり、この事件を境にして、彼は共産党に対する憎悪の念をますます強め、暴力を排除する決意を高めていった可能性がある。

こうして国民党に復党した張知本であったが、党内の権力闘争が再び張を襲った。一九二九年、国軍編遣会議に出席した李宗仁が蔣介石に下野を迫る電文を発すると、その電文の署名欄の第二位に彼の名が記されていたのである。張は、電文との関係はもちろんのこと、広西派との関係も一切否定したが、彼の周辺は李宗仁や広西派との関係を疑った。こうして二度目の党籍剝奪処分を受けることになった。

除籍後の張知本は法学研究に専心し、前述したように、一九三〇年には閻錫山、汪精衛を中心とする北平拡大会議に協力して、反専制と反共を原則とする「太原約法」を起草した。その後、蔣介石と汪精衛の連合政権が誕生すると、反蔣介石の政治集団に身を置いていた張も、孫科を委員長とする憲法草案起草委員会の副委員長に抜擢された。張は、自身の憲法論を体系づけていた重要な原則――自由と権利の直接保障主義、軍の行政への不干渉、省名や都市名を明確に列挙して領土を保全するナショナリズム論[40]――がほぼ採用されなかったこともあって、副委員長の座を早々に辞したが、その後も一連の憲法制定活動に一定の影響を及ぼし続けた。大陸法系に分類される朝陽大学において法学の普及に尽力した張は、日中戦争から戦後にかけて、司法院秘書長、制憲国民大会代表、行憲国民大会代表、司法行政部長に就き、一九四九年以降は台湾に移って中国憲法学会の理事長を務めた。張は、生涯にわたって三民主義を基調とする五権構想に固執し続けたのであった[41]。

以上のような経歴を持つ張知本は、そもそも天賦人権論には否定的であった[42]。張は、「人民を専制の圧迫から解放し、自由・平等の域へと引き上げる」という国民革命の目標を実現するためには、国家による経済的かつ社会的なコントロールも一定範囲内において必要だと考えていた。つまり、そうした政治的経済的な自由と平等を願う人民の要求、換言すれば、「個人の自由を絶対的だとする個人主義ではなく、社会の利益に重点を置いた社会主義」的な人民の要求に応えなければならない、と考えていた[43]。

しかし、張知本は「社会の利益を発展させるために個人の自由を尊重する」とも述べるなど、社会全体の利益は個人の自由と権利を基礎にすべきだ、とも考えていた[44]。それが、本章冒頭の引用箇所で示されている「積極的な」民権論と「消極的な」民権論という二分論へとつながっていくのである。後のことになるが、戦時期の一九四二年に、孫文の自由論は個人の自由に反対するものではないとして、それを国家と民族の自由論だとしか理解しない思想風潮を批判している[45]。つまり、張の政治思想の核心は、個人の自由と権利を最大限に保障しながら、社会の調和を整えるために国家が個人の財産や契約などの自由を部分的に制限することはやむをえない、とするものであった。

さらに確認しておくべきは、張知本がここで想定していた国家の権力が「絶対的に無制限ではない」ということである。加えて張は、北京政府期の「軍閥」の政治干渉と独裁性を有する蔣介石への失望感とから、軍と政治の癒着した関係を可能な限り遮断しようとした。現役の軍人や退役して三年以内の軍人は「総統になることはできない」、「軍人は政治的発言を発表してはならない」と公言して憚らなかった[46]。

今日の中国の法学者は、こうした憲法論を展開した張知本に対して、「王寵恵、董康、江庸と並ぶ『近現代中国における四大法学者』の一人」との高い評価を与えている。張が一九三三年に出版した『憲法論』に対しても、「民国時期の比較的に重要な著作物であり、中国近代憲法学の誕生と発展を基礎づけた」と評価している[47]。

こうした張知本の自由論と憲法論は、ベンサムの功利主義を彷彿させるものである。しかし、張は、功利主義を天賦人権論よりも評価していたが、功利主義が「必然的に社会における極度な貧富の差をうみだし」てしまった、とも認識していた。「それゆえに現代の憲法の多くはベンサムの個人的な功利主義を放棄して、社会改良主義へと向かっていった」と考えた張は、第一次世界大戦後の世界の思想潮流の内、ソ連の社会主義思想とドイツの社会民主主義思想に最も好感を抱いた。なぜなら、個人の自由と平等を基調とする新たな世界の動向はとりわけ労働者の権利を重視して階級対立を緩和する方向へと転換し始め、直接民主政治の一つの形態であるソ連政治とワイマール期のドイツ政治はその象徴だったからである[48]。したがって、ここで注目すべきは張知本のソ連観とドイツ観である。

張は、国内の政治勢力としての共産党を一貫して敵視したが、ソ連の社会主義思想については、ワイマール憲法下のドイツの社会民主主義思想とともに、個人主義の弊害を是正する新たな潮流として肯定的に受け入れた。ソ連の最高権力機関ソビエトは、つきつめていくと、ソ連共産党の中央委員会へとたどり着くが、それが委員制を採用しているからこそ、個人独裁よりは民主政治の色彩を帯びているとした。たとえソ連の政治が「無産階級による専制政治」だったとしても、無産階級が多数であるが故に、少数者による専制政治よりは受け入れ易いと考えた。当然に、ソ連憲法が保障する自由と権利に対しても、否定的ではなかった(49)。

ただし、訓政から憲政を展望していた張知本は、国家の最高権力を国民党中央委員会から国民大会へと移行すべきだと主張しており、憲政下の中国政治のモデルとしてソ連政治を念頭に置いていなかった(50)。むしろ、以下のような議会観を背景に、ワイマール憲法下のドイツ政治の方をより好意的にとらえていた。

張知本は、ワイマール憲法下のドイツ議会政治に直接民主政治の性格を見出し、国民の民意が議会政治そのものに対しても制限を加えうる、と見なした。張からすれば、こうしたドイツの「国民的議会政治」は、政党によって容易にコントロールされてしまうフランスの「絶対的議会政治」よりも優れていたわけである(51)。当時の法学者、政治学者、あるいはメディア界が早くもイタリアやワイマール憲法下のドイツのファシズム化を警戒していたことと比較すれば(52)、張のドイツ観はあまりにも楽観的ではあったが――管見の限り一九三三年の「全権委任法」に対する言及はなく、ヒトラー政権が誕生して以降は沈黙するのみであった――(53)、いずれにせよ、ワイマール憲法下のドイツに対する高い評価が五権構想下の国民大会に対する全幅の信頼へとつながっていったのである。なぜなら、五権構想下の国民大会は、民選であるがゆえに国家の最高権力機関に相応しく、立法に関わる諸手続きを専門的かつ技術的に処理するだけの非民選機関の立法院に対して優位して然るべきだからである。したがって張は、立憲主義の要件である憲法解釈権を国民大会に付与すべきだと主張した(54)。なお、張は、普通・平等・直接・秘密選挙に肯定的であり、直接民主政治の観点からして地方代表制を全面的に採用すべきだと考えていた。ソ連やドイツが実施していた職業代表制については、一人一票の公平な選挙原則に反するとして採用すべきではないとした(55)。

以上のような議会観を有する張知本は、ほぼ必然的に、立法権の濫用にも細心の注意を払うことになる。こうした主張は法治精神と矛盾しているかのように映るが、この誤解は次のような発言から払拭されるだろう。

私は、個人に偏重する自由権を絶対化しても差し支えないと思う。つまり、それを憲法で直接的に保障して差し支えないと思う。元々各国の憲法には、人民の自由権に対して憲法による直接保障主義を採用するものと間接保障主義を採用するものとがある。後者は行政権を制限して人民の自由が侵害されないようにしているだけであるが、前者はさらに立法権にも制限を加えている。〔後者の間接保障主義について具体的に説明すると、〕たとえば、「憲法に依らなければ侵犯し得ない」あるいは「法律の範囲内において何々の自由を得る」などの字句は、わずかに行政機関を制限して、人民の自由を侵犯する命令を発せられなくしているだけである。立法機関は依然として法律を制定して人民の自由を制限できるのである。「治安警察法」を制定して集会・結社の自由を制限すること、「出版法」を制定して言論・出版の自由を制限することは〔本来〕憲法違反であるにもかかわらず、〔間接保障主義では、それらの行為は許され、〕行政機関が命令を発してこれらの自由を制限した場合にのみ、〔法律でないが故にようやく〕憲法違反となるのである(56)。

つまるところ、張は、立法権の暴走によって自由や権利が侵害される可能性さえも未然に防がなければならない、と考えたのである。こうした発想こそが直接保障主義論の源流であり、それは抑制的に権力を分立させるアメリカ型の立憲主義を意識したものであった。「一七九一年のアメリカ合衆国憲法修正第一条には、議会が法律を制定して言論、出版、集会、請願などの権利を制限することはできない」とあり、「立法機関が法律を制定して、人民の権利を制限することはできない」[57]。憲法によって自由と権利を直接保障しようとした張は、この意味において、間違いなくアメリカ型の立憲主義者でもあった。

もっとも、自由と権利を保障するために立法権の濫用だけを問題視しても不十分である。その大前提として、強権的な暴力性を有する行政権の介入と、特別法院の設置などによって司法システムが混乱することを回避しなければならない。世界の立憲主義の出発点がそもそも権力の分立にあったことからすれば、当然のことである。張知本からすれば、自由と権利を保障するために、立法・行政権の不当な介入を遮断し、健全な司法権の運用を実現することは、二〇世紀型の新しい立憲主義のあり方を模索するものであった[58]。

その際張知本は、既述の如く、行政権（軍を含む）の介入には神経をとがらせていた。張は、日本の大日本帝国憲法を反面教師として、緊急命令をはじめとする行政権の例外的な規定には一貫して反対した[59]。戒厳を宣告するにしても、法律に依拠することはもちろんのこと、国民大会の承認も得なければならないと主張した[60]。他方、司法権に対しては、厳格な法治を確固たるものとする司法の独立こそが肝要であり、そうした厳格な法治が地方自治に基づいた憲政の土台となる、と何度も強調した[61]。張の司法制度論については、第三章で触れることにする。

2　呉経熊

呉経熊（一八九九～一九八六年）は浙江省寧波の出身で、John C. H. Wuとの英文名を持つ。父親は金融業を営み、呉は比較的に裕福な商家で育った。幼少期には伝統教育を受け、孔子と孟子の教えに深く感銘を受けたという。他方で、九歳から教会学校に通って英語を習得し、自然科学にも関心を示した。呉は、厳復の『天演論』を通じて近代西洋に対応しうる新しい中国ナショナリズムのあり方を模索し始めるとともに、新文化運動期には個人の自由と責任の重要性についても自覚するようになった。

東呉大学法学院に進学した呉経熊は、一九一七年冬にキリスト教の洗礼を受け、一九二〇年に大学を卒業すると、ただちにアメリカのミシガン大学へ留学した。翌年には早くも法学博士を取得し、一九二一年から一九二四年まではフランス、ドイツにおいて法学研究に打ち込んだ。この間の留学経験を通じて、フランスの法学者レニ(François Reny)、新カント派哲学と唯物論を統合したドイツの法哲学者シュタムラー(Rudolph Stammler)、アメリカ法社会学の発展に貢献したパウンド(Roscoe Pound)らと親交を深め、アメリカ連邦最高裁判所でリベラル派裁判官として知られていたホームズ(Oliver Wendell Holmes, Jr.)とも生涯にわたり交流を続けた。

帰国後は、東呉大学法学院院長、上海臨時法院院長などを歴任し、一九二八年春からは国民政府民法起草委員会の委員として活躍した。一九二九年に再びアメリカに渡った呉は、翌年に帰国し、上海に弁護士事務所を構えた。彼が憲法草案起草委員会副委員長として活躍し始めたのは、この時期からである。呉の憲法草案は、行政権優位型の内容を含んでいたため、当時世論の批判にさらされていたが、孫科の支持を得て五五憲草の原案となった。

ちなみに、一九四九年以降の呉経熊は、主としてアメリカで中国哲学と中国文学を講じ、一九六六年にようやく台湾に移った。呉の研究人生は、その前半を法学研究に従事した時期、その後半を哲学と宗教研究に従事した時期として区分できる。前半の代表的研究業績には、『法学叢稿(Juridical Essays and Studies)』(商務印書館、一九二八年)、『法律哲学研究』(上海法学編訳社、一九三三年)、『法律的芸術(The Art of Law and Other Essays Juridical and Literary)』(出版社不明、一九三六年)がある。(62)

以上のような経歴を持つ呉経熊は、朝陽大学の大陸法系憲法学者とイメージされる張知本とは対照的に、東呉大学の英米法系法学者としてイメージされている。以下、張知本の政治思想と対比させながら、呉の政治思想の特徴をまとめておきたい。

呉経熊も、張知本と同様に、三民主義と五権構想に忠実であった。呉は天賦人権論を明確には否定しなかったが[63]、張知本とは違い、国家と民族の自由を個人の自由よりも優先させる論理を明確に提示して[64]、自由の範囲は時代や環境によって伸縮すると考えた[65]。また、張とは対照的に、ワイマール憲法下のドイツも含めて、その立憲主義に対して好意的ではなかったと考えられる。ドイツがヒトラー政権を誕生させ、イタリアがエチオピアを侵略した前後の時期のことではあるが、呉はドイツとその同盟国であるイタリアをファシズムと認識し、ソ連の共産主義とともに過激主義だと痛烈に批判している[66]。こうした呉と張のドイツ観およびソ連観の相違は、両者の国民大会の位置づけの違いにも表れている。たとえば、張知本は憲法解釈権を国民大会に付与していたが、呉経熊はそれを国民大会には付与せず、張のように国民大会を絶対視しなかった。呉は、アメリカ型の立憲主義を念頭に置きながら、司法院に属する最高法院に憲法解釈権を付与すべきだと考え、それこそが世界の通例であると主張した[67]。

では、英米法系と称される呉経熊は、アメリカ型の立憲主義に加えて、国民大会よりも立法院を重視することでイギリス型の立憲主義をも理想としていたのであろうか。

そのことを分析する前に、まず確認すべきは、呉経熊の憲法論には立憲主義の理念に相応しくない制度論が埋め込まれていた、ということである。呉は、行政権が専制化する可能性に対して、張知本ほどには過剰な警戒感を示していなかった。たとえば、総統に緊急命令権を付与することについて、国難にあってはやむをえないとして、絶対的に反対するという立場ではなかった。戒厳法の制定についても、その基準と手続きを法律で明文化すべきだとは主張したが、民意を反映した国民大会の承認を必要とするとはしなかった[68]。こうした側面からすれば、立憲主義者の顔を装っていただけのようにも見えてくる。

しかしながら、呉経熊は、自由と権利の制限に関して、制限しうる法律の範囲を予め憲法において明確化しておき、法律が憲法に抵触してはならないことを絶対的に順守することによって、立憲主義の形骸化を回避できると考えた。呉は直接保障主義の優位性を認めながらも、以上のような考え方に基づいて「法律に依らなければ～できない」という間接保障主義を提示し、国家と民族の危機に対応しようとした。こうしておけば、立法権（立法院）が行政権による非立憲主義的な暴走に歯止めをかけることが可能となり、さらには憲法が許容する範囲内の法律の力によって行政権の濫用をも阻止できる、と考えたのである。[69]

ただし、間接保障主義を主張した呉経熊は、立法権が暴走化する可能性にも自覚的であった。呉は、憲法が法律の範囲をあらかじめ制限することによって、間接保障主義が立法権の暴走化も阻止できると考えたのである。[70]こうした発想は楽観的すぎるようにも思われるが、清末以来の間接保障主義が、自由と権利を制限する法律の範囲を曖昧にしか示さなかったからこそ無制限の統制を生み出してしまったとする、過去への批判と反省から導き出された結論であった。[71]

もっとも、以上のような方法によって立法権と行政権の暴走化を防げたとしても、呉経熊の間接保障主義の前提をなす法治精神が貫徹されなければ、空論におわってしまう。そこで呉は、信頼をおく法が適切に運用されるためにも、やはり健全な司法制度が必要だと考えた。ここで言う健全の意味は、司法機関が現状の法的不備を穴埋めするために判例を恣意的に援用することなく、現存する法律だけを個々のケースに応じて適切に解釈し適用する、という意味である。[72]呉の憲法論においても、張知本のそれと同様に、司法制度は重要な一角を占めていた。

以上のように呉経熊の間接保障主義は、張知本の直接保障主義と同様に、彼なりに立憲主義を重視したが故の主張であった。特に、立法権の濫用の回避という点においては共通していた。[73] むしろ両者の本質的な相違は、国民大会と行政権（軍を含む）のあり方、そして立憲主義の支柱の一つである法治を中国社会に定着させるための司法制度論にあった。

三　張知本と呉経熊の自由・権利をめぐる司法制度論

1　張知本

憲政の基礎としての法治を重視する張知本は、それを実現するための有力な手段として、司法制度の充実化と健全化に尽力した。では、張が構想する司法制度とは、どのようなものであったか。

まず司法の範囲は、イギリス、アメリカ、ベルギーなどと同様に行政訴訟をも含むものとし、行政法院を外部に設置するフランス、ドイツのような制度を範とはしなかった。張知本は、司法制度論についても、ドイツ制を完全に模倣したわけではなかった。また、国民党「党治」下で一貫して争点となり続けた司法行政権の帰属問題――行政院か司法院か――については司法院に帰属させるべきだとし、司法の範囲に司法行政を含むとした。その理由は、司法行政に対する行政権の干渉を防止することこそが、三権分立であれ五権分立であれ、真に権力の均衡を保つことになると判断したからである。[74] 張知本は、司法行政を行政院に帰属させるべきだとする論理、つまり、そうすることこそが司法権の専横化を防止するとの論理を否定したのである。

次に司法の職権に関しては、当然のこととはいえ、司法の独立を大前提とした。ここで言う司法の独立とは、司法官の地位の独立、司法官の職務の独立、司法判決の効力の独立をさす。さらに、司法の職権には法令の解釈権が含まれるとし、特別法院の設置には慎重な姿勢を示した。[75]

しかし、問題は、このような司法制度が国民党「党治」下で、あるいは党よりも軍が力を持つような政治情勢下で、果たして実現できるのか否かにあった。[76]

張知本は、司法と党および軍の関係について、体系的かつ直截的には論じていない。国民大会が司法院院長を選出し、その院長が司法院に属する最高法院院長を兼任し、最高法院の司法官は国民大会で選出される、とのみ主張しただけであった。[77] 民選の国民大会で国民党が多数の議席を占めれば、司法が国民党「党治」下に置かれる仕組みではある。軍の司法に対する介入についても、特に注目すべき説明を行なっていない。

しかし、司法と党の関係に即して言うと、張知本は、民選の国民大会の常設機関に国民大会代表「以外」が選出されることを想定していなかったことから、[78] 国民党の「党治」を大前提とした司法制度論を展開していたわけではなかった。少なくとも、司法院の重要ポストの選出方法を明確に示したという点においては、張は後述する呉経熊ほどには「党治」を強くは意識していなかった、と考えられる。国民大会を国家の最高権力機関とし、そこに憲法解釈権を付与した張の憲法論からすれば、司法の中核部分が国民大会によって制度化されることこそが最も重要な点であった。「党治」ありきの議論だったわけではない。

さらに、繰り返し強調しておくが、張知本は軍の行政権への介入を最大限に阻止すると同時に、司法制度を通じて厳格な法治を中国社会に貫徹させようとしていた。張の憲法論から推断する限り、彼の国民大会至上主義が五院構想下の司法院への軍の介入を阻止し、健全な司法制度の運用によって確立された法治がさらに軍の司法への介入の可能性を狭めていく、ということなのだろう。

2　呉　経　熊

呉経熊も、張知本と同様に、法治を中国社会に根づかせるための一手段として司法制度の健全化に期待を寄せていた。では、そのような司法制度論の詳細はいかなるものであったのか。張知本のそれと対比させながら、簡潔に整理しておきたい。

まず司法の範囲については、張知本と同様に、行政法院と行政訴訟も含むとした。さらに、多くの人々の関心を集めてきた司法行政権に対しても、司法事業を全体的に発展させていくためには含めてもよい、とした。ただし、このような司法行政に対する呉経熊の考え方は、過渡的なものであった。なぜなら呉は、裁判の独立を達成するためには司法行政を司法から分離したほうがよい、と考えていたからである。司法行政に関する呉と張の見解の一致は、あくまでも表面的なレベルに止まるものであった[79]。

次に司法の職権に関しては、司法の独立と法令の解釈権が含まれるべきだと主張し、特別法院の設置も禁止すべきだとした。その理由は、特別法院を容認すると司法システムが混乱し、通常の裁判において人々が享受し得る権利が容易に剥奪されるからである。さらに、世界の司法制度の潮流にも逆行するからである[80]。この点は、張知本の主張とほぼ一致している。

ただし、張知本の司法制度論とは次の三点が決定的に異なっていた。

(一) 当初、法令の解釈権を、司法院院長ではなく、司法院に属する最高法院に付与することで、裁判の独立をより確実なものにできると考えていた[81]。しかし、後に司法院に付与することに理解を示すようになると、監察院が司法院に解釈を求めた場合に限ってのみ認める、との規定にも異議を挟まなくなった。法令を解釈する際に監察院が介在することを容認した点が、張とは異なる点であった[82]。

(二) 憲法の解釈権を国民大会に付与せず、当初は「国事法院」――国民大会の選挙によって構成される――に、最終的には司法院に付与するとした。アメリカの司法制度をモデルにした発想であった[83]。

(三) 司法院院長と最高法院院長の任用方法を明確に提示しなかった。[84] 国民党の「党治」を前提としている感の強い呉――立法院の民選を明確に支持していない上に、張のように民選の国民大会を高く評価していたわけでもなかった――は、両者の選出方法を曖昧にしたが故に、党と司法の関係について不透明性を残した。

このうち (二) は、アメリカ型の三権分立を意識したものであった。加えて (一) は、司法権の権限が比較的に強いと理解されがちなアメリカ型の三権分立の問題点を同時に改善しようとする狙いも持っていた。呉経熊は、間接保障主義によって、行政権のみならず立法権の濫用をも阻止し、その過程で司法権が専横化される可能性をも五権構想下で排除しようとしたのである。しかしながら、呉は、既述の如く、張知本ほどには軍の行政権への介入には敏感でなかった。このことと、上記 (三) を重ね合わせると、呉の司法制度論が果たして自由と権利を制度的に保障できるのかどうかは疑わしい。

おわりに

第一節で確認した「党治」と立憲主義をめぐる諸情勢を受けて、張知本が直接保障主義を、呉経熊が間接保障主義を五五憲草の作成過程で主張した。張は五権構想下の国民大会を国家の最高権力機関としたが、その直接保障主義は、司法制度論とあわせてみても、立憲主義の理念を重視したがゆえの主張であった。他方、呉は間接保障主義の提起によって立憲主義を放棄したわけではなかったが、英米法系の三権分立に近い憲法論を唱えているからといって、大陸法系とイメージされる張知本以上に自由や権利を確実に保障しようとした立憲主義者だったわけでもなかった。このように、「はじめに」で整理した従来の方程式は張と呉については当てはまらず、それゆえに、旧来の中国近現代政治史・思想史の枠組みは必ずしも万能ではないことになる。たとえば、張の憲法論に即して言えば、五権構想下で国民大会を重視することが近代西洋型民主主義を軽視すると同時に行政権の肥大化をもたらして立憲主義を形骸化することになり、ナショナリズムの危機的状況下では個人の自由と権利を決して顧みることはなかった、といった類の通説は、当てはまらない。

とはいえ、次に問題となってくるのは、五五憲草の二四条・二五条や中華民国憲法の二三条と、国民党イデオロギーとしての三民主義の解釈である。以下、紙幅の都合から、張知本の憲法論を事例に簡潔に整理しておきたい。

一般に、五五憲草の二四条・二五条および中華民国憲法の二三条は、五権構想下の立法・行政・司法権の暴走を許して、立憲主義の理念を歪める条文とされてきた。だが、直接保障主義を主張した張知本は、少なくとも、行政権の肥大化と軍の政治への関与を防止し、司法制度の健全化を目指していたことから、これらの規定を利用して立憲主義の理念を骨抜きにしようと企図していたわけではなかった(85)。張にとっての中華民国憲法二三条は日本国憲法の「公共の福祉に反しない限り」と同等の規定であった(86)。むしろ、張自身が固執し続けた三民主義の解釈の方こそが、当時の立憲主義の本質を解明する上で重要である。

三民主義は、国民党「党治」下の立憲主義における最高の理念であった。だが、その解釈とその明文化の是非をめぐる主張は、「党治」を目的とするのか、それとも党派を超越した統合の理念を示すものであるのかで随分と異なってくる。それを象徴する事例が五五憲草作成時から続く国体論争であり、中華民国憲法の第一条は最終的に次のような条文で決着をみる。「中華民国は、三民主義に基づく民有・民治・民享の民主共和国とする」。

中華民国憲法の原則を起草した張君勱は、三民主義という国民党イデオロギーが憲法に挿入されること自体を問題視した。ある特定政党のイデオロギーが注入された憲法は、その政党の存在しか許容せず、その政党による一党独裁の道を切り開いてしまうからである。こうした論法に反論したのが、張知本であった。張は、三民主義は国民党だけのイデオロギーではない、中国全体で共有されるべき統合理念であると主張した。つまり、三民主義を憲法に表記することが国民党の独裁を意味するわけではない、としたのである[87]。仮にこのような三民主義解釈論を欧米各国のキリスト教精神による統合論と同等に見なすならば、中華民国憲法が五五憲草とは違って立法院を民選としたこと、その立法院の権限を強化して議院内閣制に近似した体制を採用したこと、さらにはアメリカ連邦最高裁判所をモデルとする司法制度を採用したこと[88]とあわせて考えてみても、五五憲草の間接保障主義から中華民国憲法の直接保障主義へという変化は、立憲主義の理念をより立憲主義たらしめた、と理解できるだろう。このことはまた、中華民国憲法は一九五四年以降の共産党政権下における社会主義憲法とは異質である、という評価へともつながる[89]。

しかしながら、張知本の直接保障主義を理論的に支える国民大会至上主義は、民意への信頼を前提としており、その民意が誤った判断を下した場合には、制御不能となる可能性があった。事実、張がモデルとしていたワイマール憲法下のドイツの「国民的議会政治」はヒトラー政権を誕生させた。中華民国憲法は、国民大会の権限を弱めると同時に民選とした立法院の機能を高めて、二つの民意のルートが調整できる仕組みを採用したことから[90]、このような危険性を制度的に回避したわけだが、張の国民大会至上主義の発想のみに着目すれば、共産党政権下の人民代表大会制度とも連続性を有することになる。こう考える場合には、中華民国憲法の制定過程に社会主義憲法と類似する発想が内包されていた、と言えるのかもしれない[91]。

（１）　川島真『中国近代外交の形成』名古屋大学出版会、二〇〇四年、久保亨『戦間期中国〈自立への模索〉―関税通貨政策と経済発展』東京大学出版会、一九九九年、西村成雄『中国外交と国連の成立』法律文化社、二〇〇四年、中村元哉『戦後中国の憲政実施と言論の自由一九四五～四九』東京大学出版会、二〇〇四年、など。

(2) 金子肇『近代中国の中央と地方―民国前期の国家統合と行財政』汲古書院、二〇〇八年、笹川裕史『中華民国期農村土地行政史の研究―国家―農村社会間関係の構造と変容』汲古書院、二〇〇二年、崔之清主編『国民党政治与社会結構之演変（一九〇五～一九四九）〈上・中・下編〉』社会科学文献出版社、二〇〇七年、など。

(3) 王奇生『党員、党権与党争―一九二四～一九四九年中国国民党的組織形態』上海書店出版社、二〇〇三年、土田哲夫「抗戦期の国民党中央党部」中央大学人文科学研究所編『民国後期中国国民党政権の研究』中央大学出版部、二〇〇五年、味岡徹『中国国民党訓政下の政治改革』汲古書院、二〇〇八年、など。

(4) 松田康博『台湾における一党独裁体制の成立』慶應大学出版会、二〇〇六年、前川亨「中国近現代史研究とサルトリ―ポスト文革期における「民国史」の課題」（『専修大学法学研究所紀要』第三三号、二〇〇八年）。

(5) 中村元哉「言論・出版の自由」（村田雄二郎・飯島渉・久保亨編『シリーズ二〇世紀中国史〈第三巻〉』東京大学出版会、二〇〇九年）。

(6) 野村浩一『近代中国の思想世界―『新青年』の群像』岩波書店、一九九〇年、深町英夫『近代中国における政党・社会・国家―中国国民党の形成過程』中央大学出版部、一九九九年。

(7) 章清『〝胡適派学人群〟与現代中国自由主義』上海古籍出版社、二〇〇四年、水羽信男『中国近代のリベラリズム』東方書店、二〇〇七年、江沛「自由主義と民族主義の葛藤―一九三〇～四〇年代中国の「戦国策派」の思潮を例として」（『近きに在りて』第五四号、二〇〇八年）。

(8) ここでいう「党治」とは、ある一つの政党が制度的に国家を掌握しているといった程度の緩やかな意味としておく。その制度的完成形は、共産党政権のような党グループが政府や軍隊をすべて管理し得る状態とする。したがって、この定義からすれば、国民党の「党治」は、その完成形とは異質な状態だったことになる。

(9) 近代西洋型民主主義とは、古代ギリシアの民主主義と比較して、当初からナショナリズムに強く規定され、立憲主義の性格を帯びると同時に、リベラリズムをイデオロギー的動力源としている民主主義をさすものとする（千葉眞『デモクラシー』岩波書店、二〇〇〇年、二五～二七頁)。
(10) 薛化元「張君勱与中華民国憲法体制的形成」(中央研究院近代史研究所編『近代中国歴史人物論文集』中央研究院近代史研究所、一九九三年)。
(11) 辛亥革命後の「中華民国臨時約法」の主権論に対して、このような観点に立って、「絶対主義における偽立憲主義」だとの厳しい評価もある(横山英『辛亥革命研究序説』新歴史研究会、一九七七年)九三～九九頁。
(12) この課題は、中村元哉「中華民国憲法制定史にみる自由・人権とナショナリズム—張知本の憲法論を中心に」(『近きに在りて』第五三号、二〇〇八年五月)とも共有する。
(13) 本論では立憲主義を「国家権力の濫用を制約し、国民の権利・自由を保障する思想あるいは仕組み」と定義しておく。
(14) 宮澤俊義・田中二郎『中華民国憲法確定草案』中華民国法制研究会、一九三六年、一四～一九、一四七～一四九頁。
(15) 稲田正次『中国の憲法』政治教育協会、一九四八年、一三五頁、高橋勇治『中華民国憲法史』有斐閣、一九四八年、二四三頁、石川忠雄『中国憲法史』慶応通信、一九五三年、一四五頁を参照。なお、松井直之「中華民国期の諸憲法における権利概念の変遷」(『横浜国際社会科学研究』一一巻一一号、二〇〇六年)も、ほぼ同種の論調であろう。
(16) アンドリュー・ネイサン「中国憲法における政治的権利」(R・ランドル・エドワーズほか『中国の人権』、有信堂、一九九〇年)、鄭大華「重評一九四六年『中華民国憲法』」(『復印報刊資料中国現代史』二〇〇三年六月号)、張晋藩『中国憲法史』吉林人民出版社、二〇〇四年。
(17) 鄭大華『張君勱伝』中華書局、一九九五年、三九六～三九七、四〇〇頁、薛化元(柳亮輔訳)「中華民国憲法の制定過程と組織原理に対する再考察—張君勱を中心に」(『近代中国研究彙報』第三一号、二〇〇九年)。
(18) ネイサン前掲論文、一二五、一二七頁。
(19) たとえば、選挙の混乱した実態については、張朋園『中国民主政治的困境、一九〇九～一九四九』(聯経出版事業股份有限公司、二〇〇七年)が解明している。
(20) 石華凡『近代中国自由主義憲政思潮研究』山東人民出版社、二〇〇四年。

（21）石塚迅「現代中国の立憲主義と民主主義―人民代表大会の権限強化か違憲審査制の導入か」（『近きに在りて』第五四号、二〇〇八年）を参照のこと。なお、行政権と立法権の関係（金子肇「戦後の憲政実施と立法院改革」姫田光義編『戦後中国国民政府史の研究一九四五～一九四九年』中央大学出版部、二〇〇一年、同「国民党による憲法施行体制の統治形態」久保亨編著『一九四九年前後の中国』汲古書院、二〇〇六年、薛化元前掲論文「中華民国憲法の制定過程とその組織原理に対する再考察」）、リベラリズムとナショナリズムの関係（孫宏雲「拉斯基与民国知識界」胡春恵ほか主編『両岸三地「研究生視野下的近代中国」研討会論文集』台北政治大学歴史学系／香港珠海書院亜洲研究中心、二〇〇〇年、水羽信男前掲書、江沛前掲論文「自由主義と民族主義の葛藤」）、地方の実態と中央の制度論との関係（山本真「一九四〇年代の四川省における地方民意機関―秘密結社哥老会との関係をめぐって」『近きに在りて』第五四号、二〇〇八年）からの検討も必要であろう。研究視角の理論化については、別の機会に委ねたい。

（22）章清前掲書、孫宏雲『中国現代政治学的展開―清華政治学系的早期発展（一九二六～一九三七）』（三聯書店、二〇〇五年）などを参照。

（23）張憲文ほか編『中華民国史〈第二巻〉』南京大学出版社、二〇〇六年、七五～七六頁、吉見崇「司法史から見た民国史」（『中国研究月報』Vol. 61 No. 5、二〇〇七年）、中村前掲論文「中華民国憲法制定史にみる自由・人権とナショナリズム」。

（24）孫科『憲政要義』商務印書館、一九四四年、二四頁。

（25）斎藤道彦「孫文と蔣介石の三民主義建国論」（中央大学人文科学研究所編『民国後期中国国民党政権の研究』、二〇〇五年）、岩谷将「訓政制度設計をめぐる蔣介石・胡漢民対立―党と政府・集権と分権」（『アジア研究』第五三巻第二号、二〇〇七年）など。蔣介石の憲政論については、関連する日記や檔案を利用して、今後解明していきたい。

（26）張知本（沈雲龍訪問、謝文孫・胡耀恒紀録）『張知本先生訪問紀録』中央研究院近代史研究所、一九九六年、八八頁。

（27）中村前掲論文「中華民国憲法制定史にみる自由・人権とナショナリズム」。

（28）荊知仁『中国立憲史』聯経出版事業公司、二〇〇一年、四一二頁。

（29）鄭大華・禹江「『益世報』与〝九一八〟後的憲政運動」（李金銓主編『文人論政―知識分子与報刊』広西師範大学出版

社、二〇〇八年）。
(30) 荊知仁前掲書、四〇二、四一一頁。
(31) 時期はやや遅くなるが、一九三五年九月に戴季陶は蒋介石に対して「民族の自由は世界の大勢であって、民国の建国精神であることを忘れてはならない。……（中略）……。思うに、今日憲法を制定しなければならなくなったのは、国民党の能力が欠如しているからであって、国家・国民による真の要求ではないのである」、と述べている（「戴伝賢呈蒋介石陳述関於憲法問題之所見（一九三五年九月）」国史館蔵『蒋中正総統文物档案』〇〇二～〇二〇二〇〇～一九八～一六八）。
(32) 張知本の軍政分離論など、その詳細については呉経熊・黄公覚『中国制憲史』（商務印書館、一九三七年）を参照。なお、同書の復刻版として『民国叢書〈四編二七〉』（上海書店、一九九二年）があり、初出の年代も特定できる。以下、同書からの引用は、呉経熊・黄公覚前掲書（□年）□頁と記す。
(33) たとえば、宮澤・田中前掲書、二七～二八頁などの評価。
(34) 岩谷前掲論文。
(35) 岩谷前掲論文。
(36) 孫科「実行憲政之意義与国民応有之常識」（『中央週報』二四〇・二四一期、一九三三年一月一六日）、高華「論抗戦後期孫科的〝左傾〟」（『民国研究』二輯、一九九五年）、高華「論孫科在制定『五五憲草』過程中的思想変化」（『復印報刊資料中国現代史』二〇〇一年一月号）、高華「孫科的憲政理念及其限度」（朱学勤ほか編『憲政与中国』香港社会科学出版社、二〇〇四年）。
(37) 鄭大華前掲書『張君勱伝』、四二九頁、中村前掲論文「中華民国憲法制定史にみる自由・人権とナショナリズム」。
(38) 陳之邁「一年来関于政制改革的討論」（『民族』四巻一期、一九三六年一月）、蕭公権『憲政与民主』（中国文化服務社、一九四八年→復刻版は清華大学、二〇〇六年）、謝慧「『今日評論』与抗戦時期第一次憲政運動」（胡春恵ほか編『近代中国与世界的変遷』香港珠海書院亜洲研究中心／国立政治大学歴史学系、二〇〇五年）。
(39) 呉経熊・黄公覚前掲書（一九三三年）一二四頁。

(40) 詳細は中村前掲論文「中華民国憲法制定史にみる自由・人権とナショナリズム」を参照。
(41) 張知本先生奨学金董事会編印『張知本先生年譜』一九七五年、張知本（沈雲龍訪問、謝文孫・胡耀恒紀録）前掲書。
(42) 張知本『憲法論』上海法学編訳社、一九三三年、五二～五三、一二二頁（←復刻版の何勤華・殷嘯虎主編『憲法論』中国方正出版社、二〇〇四年の頁数）。
(43) 張知本「憲法草案委員会之使命及草案中応行研究之問題」（『東方雑誌』三〇巻七号、一九三三年四月一日）。
(44) 張知本前掲書、一一〇頁。
(45) 張知本「大戦後世界各国憲法的新趨勢」（一九四二年→国民大会秘書処編印『憲法講話』一九六一年所収）。
(46) 張知本前掲書、五頁、張知本「中華民国憲法起草意見」（『東方雑誌』三〇巻二一号、一九三三年一一月一日）、張知本「怎様才是五権憲法」（『東方雑誌』三一巻八号、一九三四年四月一六日）。
(47) 何勤華『中国法学史〈第三巻〉』法律出版社、二〇〇六年、二六八、六五〇頁。
(48) 張知本前掲書、四〇～四四、一〇九～一一一頁。
(49) 張知本前掲書、四九～五三、一七八～一八一頁。
(50) 張知本前掲書、一七八頁。
(51) 張知本前掲書、四七～四九頁。
(52) 徐有威・王林軍「一九三〇年代自由主義知識分子的意大利法西斯主義観―以『東方雑誌』和『国聞周報』為中心的考察」（鄭大華ほか主編『中国近代史上的自由主義』社会科学文献出版社、二〇〇八年）。
(53) のちに張知本は、たとえば一九四二年の段階において、「第一次世界大戦後に生まれた各国憲法の新しい趨勢は、財産の自由と契約の自由を制限したことである。もしこのように総括できるとすれば、第二次世界大戦後のそれは、民族の自由と神聖なる主権に対して新たな意義を付与することであろう」との国際情勢認識を示しつつ、財産と契約以外の自由は「依然として存在しており」、「憲法で与えられるべきは言論・出版・集会・結社の自由である」と述べている。だが、その際に、ワイマール憲法下のドイツについて日中戦争以前のようには言及していない（張知本前掲論文「大戦後世界各国憲法的新趨勢」）。張のやや楽観的なワイマール期ドイツ観は日中戦争、とりわけ第二次世界大戦の勃発によって、反ファシズムの世界潮流とともに払拭されたのかもしれない。なお、第二次世界大戦終結後の西ドイツに対しては肯定的に評価していることがある（張知本前掲論文「大戦後世界各国憲法的新趨勢」）。

(54) 張知本前掲論文「憲法草案委員会之使命及草案中応行研究之問題」、張知本前掲論文「中華民国憲法起草意見」。
(55) 張知本前掲書、一四二～一六〇頁、張知本前掲論文「怎様才是五権憲法」。
(56) 張知本前掲論文「憲法草案委員会之使命及草案中応行研究之問題」。
(57) 張知本前掲書、一〇〇頁。
(58) 張知本前掲論文「憲法草案委員会之使命及草案中応行研究之問題」、張知本前掲論文「中華民国憲法起草意見」。
(59) 張知本前掲書、九九～一〇一頁。
(60) 張知本が一九三三年に公表した「中華民国憲法草案」七一条より。引用にあたっては、夏新華ほか整理『近代中国憲政歴程—史料荟萃』（中国政法大学出版会、二〇〇四年）八九一頁を参照。以下、張知本憲法草案□条、□頁と記す。
(61) 張知本前掲書、一三三、二一五～二二一、二三二～二三六頁、張知本「中国司法制度的幾個問題」（『中華法学雑誌』新編一巻五・六号、一九三七年二月）、同「地方自治与司法独立」（発表年不明→張知本先生九秩嵩慶籌備会編印『張知本先生言論選集』一九六九年所収）。
(62) 田默迪『東西方之間的法律哲学—呉経熊早期法律哲学思想之比較研究』中国政法大学、二〇〇四年、一～七頁、呉経熊『法律哲学研究』清華大学出版社、二〇〇五年、一三～一五頁。なお、『法律哲学研究』は呉の代表的な二五編の論文を復刻した論文集である。
(63) 呉経熊「在進化中的自然法」（洪玉欽訳述『法学論文選訳集』中国文化学院区部法律学系、一九七八年）。
(64) 呉経熊「三民主義和法律」（『法律哲学研究』上海法学編訳社、一九三三年）。
(65) 呉経熊「憲法中人民之権利及義務」（『法令周刊』一三五期、一九三四年）。
(66) 呉経熊「中華民国憲法草案的特色」（『東方雑誌』三三巻一三号、一九三六年七月一日）。
(67) 呉経熊前掲論文「中華民国憲法草案的特色」。
(68) 呉経熊前掲論文「中華民国憲法草案的特色」、呉経熊・黄公覚前掲書（一九三三年）二一七～二一八頁。

(69) 呉経熊前掲論文「憲法中人民之権利及義務」、呉経熊前掲論文「中華民国憲法草案的特色」。
(70) 呉経熊前掲論文「憲法中人民之権利及義務」、呉経熊前掲論文「中華民国憲法草案的特色」。
(71) 呉経熊「過去立憲運動的回顧及此次制憲的意義」（蔡元培・胡適・王雲五編『張菊生先生七十生日紀念論文集』商務印書館、一九三七年）。
(72) 呉経熊「関於現今法学的幾個観察」（『東方雑誌』三一巻一期、一九三四年一月一日）。
(73) 一点だけ補足しておくと、立法権の強大化を警戒する両者は、立法院の民選が各種の社会勢力による立法権の濫用につながるとの危機意識を強く抱いているわけではなかった。
(74) 張知本前掲書、二一五〜二一八頁。
(75) 張知本前掲書、二二〇〜二二一頁。
(76) 王良卿『三民主義青年団与中国国民党関係研究（一九三八〜一九四五）』近代中国出版社、一九九八年、王奇生前掲書、劉維開「国防最高委員会の組織とその活動実態」（石島紀之・久保亨編『重慶国民政府史の研究』東京大学出版会、二〇〇四年）など。
(77) 張知本憲法草案八八条、八九二頁。
(78) 張知本憲法草案四五条、八八九頁、張知本前掲論文「怎様才是五権憲法」。なお、当時の世論は、国民大会代表「以外」からも選出することは、党治の論理を埋め込むものだと、批判的にみていた（周鯁生「憲法草案評」『東方雑誌』三一巻八号、一九三四年四月一六日）。
(79) 呉経熊・黄公覚前掲書（一九三三年）二二八頁。
(80) 呉経熊・黄公覚前掲書（一九三三年）二二八〜二二九頁。
(81) 呉経熊・黄公覚前掲書（一九三三年）二二八頁。
(82) 呉経熊前掲論文「中華民国憲法草案的特色」。
(83) 呉経熊・黄公覚前掲書（一九三三年）二四六〜二四七頁、呉経熊前掲論文「中華民国憲法草案的特色」。
(84) 呉経熊が一九三三年に公表した「中華民国憲法草案」一〇二・一〇三条より。引用にあたっては、夏新華ほか前掲書、八七七頁を参照。
(85) この時期に、一二三条を削除せよとの要求も根強かった。政治学者の蕭公権もその一人である（蕭公権前掲書、一三六〜七頁）。
(86) 張知本「第二次世界大戦後各国憲法的新趨勢」（一九五三年→国民大会秘書処編印『憲法講話』一九六一年所収）。
(87) 張知本先生奨学金董事会前掲書、三四頁。
(88) 李仁淼「台湾における違憲審査制の新展開」（大澤秀介・小山剛編『東アジアにおけるアメリカ憲法』慶應義塾大学出版会、二〇〇六年）。
(89) 金子前掲論文。
(90) 薛化元前掲論文「中華民国憲法の制定過程と組織原理に対する再考察」。
(91) 陳謙平（小野寺史郎訳）「一党独裁制から多党「襯託」制へ―憲法施行国民大会とその戦後政治への影響」（久保亨前掲書）。

付記　本章は、「二〇〇八年度財団法人霞山会同窓会研究助成」ならびに「二〇〇九年度南山大学パッヘ研究奨励金Ⅰ―A―二」の研究成果の一部である。

第三章　共産党根拠地の憲政事業

味岡　徹

はじめに

一九二〇年代後半から四〇年代末まで、中国では中国国民党と中国共産党がそれぞれの統治地域を擁して政治的また軍事的に対抗していた。中央政権を握っていた中国国民党は二八年の全国統一後間もなくいわゆる訓政を開始し、当初の終了期限である三五年以降も訓政を続けた。同党は日中戦争終結後に憲法を制定し、施行したが、中国共産党との内戦に敗れて大陸における政権を失った。

では共産党は、このおよそ二〇年間に自身の統治地域いわゆる根拠地でどのような憲政あるいは政治の目標を掲げ、それに基づいてどのような政治制度を作ったのであろうか。また国民党の訓政、憲政に対してどのような態度をとったのであろうか。

共産党の根拠地における政治制度、法制度については、中国における研究は多く(1)、日本での研究は一九六〇〜七〇年代は多かったが、近年はそれほど多くない。

中国における研究は、概して共産党が定めた政治制度、法制度を肯定しており、その問題点を指摘するものは少ない。[2] その肯定的評価の内容は、共産党の政策および諸制度が労働者、農民さらには広く「人民」の利益を守り、革命運動を発展させる上で有効であったということと、共産党の根拠地における政治制度、法制度が一九四九年以降の中華人民共和国のそれらの淵源となっているということのほぼ二点にまとめられる。

日本では、六〇年代に福島正夫の研究が包括的かつ先駆的なものとしてあり、[3] その後日中戦争時期を中心に諸研究が続いている。[4] ただ憲政に関心を寄せたものは、ソビエト革命時期、日中戦争時期、戦後内戦時期のいずれの時期についても少ない。[5]

本章の課題は、中国共産党がその革命運動の時代に根拠地において憲政に対してどのような認識を持ち、憲政へ向けた事業にどのように取り組んだかを考察することである。

共産党のこれらの諸事業の中には「憲法大綱」や「憲法原則」の制定のような憲政の準備として取り組まれた事業があった。このほかに根拠地の基本政策の策定、また政府、議会の制度制定、運営など、憲政の直接的準備ではないが、人民共和国建国後の憲政実施のための経験となった事業もあった。本章では、この両種の事業を合わせて「憲政事業」と呼ぶことにする。

考察にあたっては、特にこれらの事業が同時期の国民党の憲政準備とどのような関係にあったかについて留意したい。

国民党はこの時期、訓政を継続する一方で、三〇年代後半には憲法草案を公布し、また憲法を制定するための国民大会開催を準備するなど、憲政へ移行する準備を進めた。この憲政の準備は、共産党の憲政に対する認識や共産党根拠地の政治制度に影響を及ぼした。その影響がどのようなものであったかを考察することは、共産党根拠地の政治制度や憲政への取り組みの意味を理解する助けとなろう。

一　日中戦争以前の中国共産党の憲政論

1　成立初期の共産党の憲政観

中国共産党は一九二一年の正式成立から一〇年ほどは、あまり憲法あるいは憲政に言及していない。一九二二年九月、共産党の機関誌『嚮導』はその「発刊詞」の中で、「いわゆる近代政治すなわち民主政治、立憲政治はどのように生まれたのか。その精髄は何なのか。きわめて簡単に言えば、それは市民が国家に求める言論、集会、結社、出版、宗教信仰などの自由権に過ぎない。それゆえ憲法とは国家が人民に権利を与えたその証明書であるとも言われる。権利とは、その最も重要なものはこれらの自由である」と述べた(6)。

これは成立初期の共産党がその憲政観を表明した数少ない事例の一つであろう。その特徴は、第一に、共産党が個人の自由権の承認を立憲政治の精髄として重視していることである。しかし第二に、その自由権について、それが自然的権利ではなく、国家が与えるものと述べており、権利の源泉を国家と考えているように見える。

その一方で、共産党はさまざまな政治局面で政治綱領あるいは政策を発表している。それらの政策の中心は反帝国主義、反封建主義また反軍閥であったが、しばしば自由権や普通選挙も提起された。

一九二二年六月、共産党はその「第一次時局主張」の中で、「制限のない普通選挙制」、「人民の結社、集会、言論、出版の自由権の保障」、男女の「同権」などを「奮闘目標」として掲げ(7)、同年七月の同党第二回全国代表大会（二全大会）の宣言は労働者と農民が男女を問わず、各級の議会、市議会において制約のない選挙権を持つことと、言論、出版、集会、結社、ストライキの絶対的自由を提起し(8)、翌一九二三年六月の同党第三回全国代表大会（三全大会）に提出された党綱草案も制限のない普通選挙の実施と、人民の集会、結社、言論、出版の自由権の保障を当面の要求課題とした(9)。

また二六年の「時局主張」においても、人民の集会、結社、言論、出版、ストライキの自由を保護すること、省長、県長の民選などを目標として掲げた(10)。

このほか二七年三月に共産党が主導して樹立した上海特別市臨時市政府が四月に制定した『上海特別市臨時市政府政綱草案』や同年一二月の広州蜂起の際に共産党が公布した『広州蘇維埃宣言』も集会、結社、言論、出版、ストライキの自由を掲げていた(11)。

しかしこれらの「宣言」類はいずれも人々の基本的権利を認めるといった簡単なものであり、革命政権の統治機関のあり方やその権限を示すものではなかった。

おしなべて共産党は一九二〇年代には、国民の基本的権利や選挙制度には関心があっても、憲法にはそれほど関心がなかったと言えよう。

2 「ソビエト臨時組織法」の制定

一九二七年に国共合作が破綻すると、共産党は武装化を進めて江西省などの農村地域に根拠地を築くようになった。根拠地では労働者、農民、兵士らが選挙で選んだ代表の会議である「ソビエト」が政権を握ることになり、そのことを法律として定め、公表する必要が生じた。

二七年一一月、江西省の共産党組織は「蘇維埃臨時組織法」を制定した。同組織法は、その前文において、「ソビエトは最もデモクラシーな政権機関」であること、「プロレタリア階級の国家」では、立法、行政、司法の三権がソビエトに集められていること、ソビエトの選挙は働く者については男女平等で経済上の制限がないことなどソビエト制度の特徴を説明した上で、①ソビエト政府の省、県、市、区、郷の五層区分、②選挙条例、そして③各級ソビエトの選出方法と組織機構を記述している。

このうち「選挙条例」は、①産業労働者、手工業労働者、雇農、佃農、半自耕農、自耕農、兵士、教職員らが選挙権、被選挙権を持ち、地主らは除外されること、②一六歳以上は選挙権と被選挙権を持ち、一二～一五歳は選挙権のみを持つこと、③おおむね産業労働者は二五〇人ごと、農民は一〇〇〇人ごとに代表一人を選ぶことなどを定めていた。[12]

同組織法の特徴は次の諸点にある。第一は、ソビエト制度の特徴を説明し、それが「ブルジョア国家」の制度よりも優れていることを強調していることである。これは中国で初めてソビエト制度を実施するために必要であった。

第二は、ソビエトの政権機構を規定するための組織法に、「選挙条例」を組み込んでいることである。これは一つには選挙制度をソビエト制度の民主性の基礎として重要視していたためと思われる。

第三は、選挙の定数配分で農民より労働者を優遇していることである。この観点は人民共和国建国後の選挙制度における都市と農村の定数配分の不均衡に引き継がれていったと言えよう。

第四は、一二歳以上に選挙権を、また一六歳以上に被選挙権を与えていることである。共産党根拠地の選挙年齢は、後述するように二九年の「蘇維埃組織法」で一六歳に引き上げられ、日中戦争時期にさらに一八歳に引き上げられた。なお、今日の中国では、選挙年齢一六歳は「非科学的」と言われている。[13]

ところで、蘇維埃臨時組織法には「江西省蘇維埃臨時政綱」が付けられていた。同政綱は、「政治」六、「経済」五、「労働者」二、「女性」一、「福祉」一、「軍事」二、「建設」二、「教育」四、「外交」五の計二八項目からなり、政治分野では地主の土地や農機具を没収すること、また「人民が集会、結社、言論、出版、居住、ストライキの絶対的自由を持つことを確認する」こと、教育分野では義務教育と職業教育を普及させること、さらに外交分野では過去の不平等条約を江西省のソビエト政権下では即日取り消すことなどを政策として提示していた[14]。同政綱は、共産党の根拠地政権の基本政策としてきわめて早い時期のものと思われる。

二九年八月、共産党は「蘇維埃組織法」を制定した。同組織法は、「総綱」、「郷ソビエト」、「区ソビエト」、「県ソビエト」、「各級代表および委員任期」、「各級代表会および委員会任期」、「各級代表および委員職業成分」の七章計三五項目から構成され、二七年一一月の臨時組織法とはいくつかの点で異なる。

その第一は、「総綱」で「労農兵ソビエトは労働者、農民、兵士の政権機関である」とソビエト制度を説明しつつも、その優越性の宣伝は行なっていないことである。

第二は、同法がその名称通りにソビエトの機構を説明し、選挙については、資本家、地主などを除く一六歳以上の男女に選挙権と被選挙権があると述べるにとどめていることである[15]。こうした点は、「蘇維埃臨時組織法」より改善されたと言えよう。

以後、選挙制度はソビエト組織法とは別に定められるようになり、たとえば三〇年九月に「中国工農兵会議（蘇維埃）第一次全国代表大会蘇維埃区域選挙暫行条例」が、また三一年一一月に「中華蘇維埃共和国的選挙細則」が制定された[16]。

共産党はソビエト革命時期の初期においては、ソビエトの政権機構は「蘇維埃組織法」や「蘇維埃臨時組織法」に定め、人民の権利、経済政策、福祉政策などは「江西省蘇維埃臨時政綱」に定めた。政権機構とその権限、および人民の権利を一つの憲法あるいは憲法的文書にまとめる時期はまだ訪れていなかった。

3　「中華ソビエト共和国憲法大綱」の制定

共産党は、国民党政権の数回にわたる軍事的討伐をしのいだ後の一九三一年一一月、江西省の中央ソビエト区と呼ばれる根拠地の中心都市瑞金において、代表六一〇名を集めて第一次全国ソビエト代表大会を開催した。同大会は地方的ながらも共産党が統治する国家である中華ソビエト共和国の樹立を宣言し、またその臨時中央政府を成立させた。

同大会は会期中の一一月一八日、中華ソビエト共和国が将来制定しようとする憲法の原則を記した「中華蘇維埃共和国憲法大綱」全一七条（以下「憲法大綱」と略す）を採択した(17)。

「憲法大綱」は、第一条で憲法の任務は労農民主独裁政権の全国的勝利を達成することだと、またこの独裁の目的は封建的残余をなくし、帝国主義列強を中国から追い払い、国家の経済建設を進めてプロレタリア独裁を実現することだと述べている。第二条では、労働者、農民、紅軍兵士および勤労民衆に参政権があり、軍閥、地主、資本家、富農らにはそうした権利がないと、また第三条では、中華ソビエト共和国の最高政権機関が全国の工農兵会議の大会であり、そのもとの人民委員会が日常の政務を処理すると述べている。第四章以下では、労働者、農民らの権利が保護され、一方搾取者には政治的自由がないこと、また社会主義へ向かうことなどが規定されている(18)。

「憲法大綱」は、政権組織、選挙制度などで一九一八年と二五年のソビエト・ロシア憲法を参考にしていることがすでに指摘されている(19)。

「憲法大綱」を以後の法律制度と比較すると、たとえばプロレタリア独裁を目標とする点、ソビエト選挙で「プロレタリア代表の割当定数を増やす」(20)と規定する点など、人民共和国建国後のいくつかの憲法や選挙制度と共通するところがある。

しかし「憲法大綱」は「プロレタリア階級だけが広範な農民と勤労大衆を指導して社会主義へ向かうことができる」と「指導」に言及しているものの、「中国共産党」の語を全く使用しておらず、この点は人民共和国建国後の憲法とは異なる。

ところでこの時期には、「憲法大綱」とは別にいくつかの憲法の草案あるいは原則に関する文書が作られた。三〇年九月二五日、共産党中央が提案する「中華蘇維埃共和国国家根本法（憲法）大綱草案」（「最大原則」七条）が『紅旗日報』という新聞に発表されたと言われる。[21] また同九月以降、中国工農兵会議第一次全国代表大会中央準備委員会秘書処（秘書長林育南）が「中華蘇維埃共和国憲法草案」の起草に着手し、[22] 同憲法草案の第二篇から第四篇までの七八条が三一年一一月までに完成したという。[23]

このほかに三一年二月頃までに中共中央とコミンテルン遠東局が「中華蘇維埃共和国憲法」（テキスト未発見、全八四条以上）を起草したとも言われる。[24]

中共中央はまた同年一一月五日、蘇区中央局にコミンテルン遠東局と中共中央政治局が共同起草した「関於憲法原則要点」一七条を通知し、第一次全国ソビエト代表大会での採択を指示した。[25] ソビエト代表大会の主席団は同「要点」に基づいて「憲法大綱」を起草し、大会に提出して採択を得たという。[26]「憲法大綱」は、三四年一月の第二次全国ソビエト代表大会で、第一条に「中農と強固に連合し」の語を追加するなど若干の修正を施した上で再度採択された。[27]

この二回の「憲法大綱」の採択が当時の国内政局とどのような関わりがあるのかは不明である。しかし国民党内では二八年から訓政時期の「約法」を制定しようとの動きが見られ、反蔣派は三〇年一〇月にいわゆる「太原約法」を公布し、国民政府は三一年六月に「中華民国訓政時期約法」を公布施行した。共産党がこれら国民党側の約法制定の動きをまったく意識せずに「憲法草案」の起草や「憲法大綱」の制定に取り組んだようには思えない。

二　日中戦争時期における憲政事業の展開——陝甘寧辺区を中心に

1　ソビエト制度から「民主共和」制度への転換

一九三五年八月一日、中国共産党はコミンテルンの指示に基づいて、「為抗日救国告全体同胞書」いわゆる「八・一宣言」を発表し、日本の侵略に抵抗するために「国防政府」を組織することを国民に呼びかけた。(28)国防政府とは実質的に国共連合政府を指すが、国民党が当時反乱勢力と見なしていた共産党を自己の政権に受け入れることはほとんどありえず、国防政府は実際には実現不可能であった。

共産党は三五年一〇月にその主勢力を陝北に落ち着かせると、その根拠地政権を「中華ソビエト共和国西北弁事処」と称した。

同年一二月、共産党中央政治局はいわゆる瓦窰堡決議を採択し、広範な勢力と連合して日本および蔣介石に反対するため、ソビエト共和国を「ソビエト人民共和国」に転換すること、また富農の財産を没収せず、その土地も一部を除いて没収しないことを決定した。(29)同決議では、根拠地を「売国奴の軍隊」すなわち蔣介石の軍隊から守ることも強調された。(30)「人民共和国」の意味は、各界人民とは連合するが、蔣介石とは組まないというものである。しかしこの政策はあまり効果を生まなかった。

一方、国民党は憲法草案がほぼ完成したことを受けて、三五年一一月の第五回全国代表大会（五全大会）において、翌三六年の国民大会開催を決定した。国民党はさらに翌三六年五月五日、完成した憲法草案いわゆる「五五憲草」を公布した。同月「国民大会組織法」と「国民大会代表選挙法」も公布し、七月から国民大会代表の選挙を開始した。選挙の遅れのために同年の国民大会は延期となったが、国民党は、国民大会の開催と憲法の制定を通じてその政権を強化しようとしていた。

共産党はこうした情勢のもとで、三六年四月に、「討蔣」スローガンを降ろして「内戦の停止」のみを言いつつ、「討日令の旗の下で討蔣を実行する」戦略をまとめ[31]、「五五憲草」の公布日（五月五日）に、蔣介石が委員長を務める国民政府軍事委員会、陸海空軍などに宛てて通電を発し、「内戦の停止、一致抗日」を呼びかけた[32]。また七月下旬に、根拠地での富裕でない小地主や「抗日事業に献身している」者の土地の没収停止を指示した[33]。

同年八月中旬、コミンテルンは中国共産党に対し、「全国統一の民主主義共和国を樹立」し、「全国的国会を召集」して「国防政府」を組織することを国民党等に呼びかけ、またそれを進める過程で、「全中国に適用される民主制度をソビエト区で実行する」ことを宣言して、国民党や蔣介石と交渉することを指示した[34]。

中国共産党はこれを受けて、八月下旬に国民党に宛てて手紙を書き、国民は「救国救民」の「民主共和国」を求めているとして、そのような「全中国統一の民主共和国」が樹立されたならば、ソビエト地区はその一部分となり、「ソビエト地区の人民の代表は全中国の国会に参加し、またソビエト地区で全国と同じ民主制度を実行する」と述べて、「国共合作」の実現を呼びかけた[35]。

共産党は同じ手紙で、当時代表の選挙が行なわれていた国民大会について、「貴党および貴党政府の少数の官僚が操縦する機関」であり、共産党が主張する「中華民主共和国」の国会とはまったく異なると批判した[36]。共産党はその「民主共和国」構想を国民大会に対置するものとして提起したと言えよう。周恩来はこの手紙を九月に蔣介石に直接送付した[37]。

共産党中央政治局はさらに九月中旬に、抗日のためにも民主のためにも最善の方法として「民主共和国樹立」のスローガンを打ち出すことを決議した[38]。

こうした共産党の政策転換によっても国民党の態度に大きな変化は見られなかったが、三六年一二月に西安事件が発生し、国共合作の実現がほぼ確実となった。

三七年二月、共産党は国民党に電報を送り、国民党が一致対外のために内戦を停止するなどの行動をとるならば、共産党は国民政府に対する武装暴動や地主の土地の没収を停止し、ソビエト政府を「中華民国特区政府」と、また紅軍を「国民革命軍」とそれぞれ改称して南京の中央政府と軍事委員会の指導を受け、「特区政府区域内で普通選挙の徹底した民主制度を実施する」と表明した(39)。

国民党はこれに対して同月の五期三中全会で「関於根絶赤禍之決議」を採択し、「ソビエト政府」の取り消しなど合作のための四条件を提示した(40)。この公的なやりとり以外にも国共間で合作のための交渉が行なわれた。これらの交渉が基礎となって、三七年七月の日中戦争開始後、国共合作が実現した。

共産党は国共合作のためにソビエト制度を放棄するなどの譲歩を行なったが、「この限度を超えることは許されない」という「譲歩の限度」(毛沢東)があった。それは「ソビエト区〔辺区を指す〕と紅軍の問題における共産党の指導の確保、国共両党関係における共産党の独立性と批判の自由の確保(41)」であった。共産党は根拠地において民主共和制度を採用することになったが、共産党の「指導」の堅持はソビエト革命時期と変わらなかった。

2　「陝甘寧辺区議会及行政組織綱要」の制定

一九三七年二月、国民党五期三中全会は延期されていた国民大会を同年一一月に開催することを決定した。国民政府は同年夏に東北など日本の占領地域を除いて国民大会代表の選挙を完了した。

「国民大会組織法」は、代表が国民大会開会時に孫文の「遺教」を受け入れることを「宣誓」することを義務づけていた。「国民大会代表選挙法」は、これと同趣旨と推測される「公民宣誓」をすることを選挙権獲得の条件と定め、また「区域選挙」、「職業選挙」、「特殊選挙」の三種の選挙の前二者および後者の一部で国民政府が候補者の選抜に関わることを規定していた[42]。組織法と選挙法はともに国民党寄りの代表が多く選出されるように設計されていた。

このため共産党指導部は同年四月に通知を発し、両法中の「宣誓」を強いたり、国民政府が候補者を指定するなどの規定の修正を求める「世論を喚起する」ことを指示した[43]。毛沢東も同年五月に党内の会議で、「国民大会の選挙とその召集上の反民主的なやり方」を強く批判した[44]。

しかし国民大会の開催は、それが実現すれば国民党政権の正統性を強化し、共産党根拠地政権の正統性を弱めるものでもあったから、批判するだけでは足りず、行動が必要だった。そして根拠地を維持し、さらに拡大していく有力な方法は、根拠地で国民党統治地区以上に民主的な制度を実施することであった。

同年五月、陝甘寧根拠地政権は「陝甘寧辺区議会及行政組織綱要」全一四条を制定した。同綱要は、共産党が陝甘寧辺区でどのような民主共和制度を実施するのかを明らかにした一種の基本法であった。同綱要は、陝甘寧辺区が中華民族の独立と解放のために全国で真っ先に「徹底した民主制度」を実行することを宣言し、各級議会議員は有権者が直接選挙で選び、各級の行政長官は議会が選ぶこと、議会には予算の承認、選出した行政長官の罷免などの職権があることなどを定めていた[45]。

同時期に毛沢東は根拠地を「抗日と民主の模範地区」[46]に造り上げることを呼びかけたが、同綱要はその民主政治の基本的内容を示したものであった。

日中戦争開始後の同年一〇月、毛沢東は、「ソビエト区と紅軍の党から全中国的な党へ向かう」という戦略目標を書き記した。そしてそのために、「党の全国での公然の地位を獲得する」という具体的課題を掲げた[47]。この具体的課題を実現するひとつの有力な方法が「民主共和国」制度による「抗日と民主の模範地区」の建設であったように思われる。

根拠地で民主政治を実現することは、その秩序を安定させ、国民党に批判の口実を与えないことで根拠地の独立性を確保するとともに、国民の支持を獲得し、そのことにより国民党に対し、拘留中の共産党員を釈放するなど、その統治地域で民主政治を確実に実施するよう圧力をかける効果も持った。

3　選挙と辺区参議会の開催

一九三七年五月、陝甘寧根拠地政権は「陝甘寧辺区選挙条例」を制定した。同条例は、「普通、直接、平等、無記名」という選挙原則を掲げ（第二条）、また政党が候補者リストを提出して選挙運動を行なうことを認める（第二五条）など、民主性を強調しているところに特徴がある。[48]

同年六月二〇日、共産党陝甘寧辺区委員会は「民主政府施政綱領」一六条を制定した。これは共産党が陝甘寧辺区で議会選挙のために提示した最初の政見であり、普通選挙と議会政治を行なうこと、人民の言論、集会、結社、出版などの自由を保障することなどを宣言していた。[49] 日中戦争が始まった七月から郷、県レベルの議員選挙が始まったと言われる。[50]

同年九月初旬、中華ソビエト人民共和国西北弁事処が正式に陝甘寧辺区政府に改められ、同年一〇月に国民政府行政院の承認を得た。[51] これとほぼ同時に、辺区政府に辺区選挙委員会が設置され、[52] 一〇月に一一月から辺区議会の選挙を行なうことが決まった。[53] しかし選挙は計画通りに進まず、一二月に辺区選挙委員会は翌三八年一月に開催を予定していた「特区代表大会」すなわち辺区議会を「準備不足」を理由に延期した。[54]

三八年八月、辺区政府は既選出の一部辺区議員が職務上の異動により議会に出席できなくなったため、県単位で辺区議員間で半数を選び議会に出席させる「複選」を一〇月に行い、辺区議会を一一月に開催することを決定した[55]。しかし一〇月に至り複選が予定通り進まず、再度延期された[56]。

辺区の選挙が滞っていた期間中の三八年九月、国民政府は「省臨時参議会組織条例」と「市臨時参議会組織条例」を公布した。すると辺区政府はこれを受けて、同年一一月、準備中の陝甘寧辺区議会を「陝甘寧辺区参議会」と改称して三九年一月に開催することを決めた[57]。

こうして三九年一月一七日~二月四日に延安で陝甘寧辺区第一届参議会が開催された。同参議会は、辺区政府の主席、副主席、委員らを選出したほか、「陝甘寧辺区各級参議会組織条例」、「陝甘寧辺区抗戦時期施政綱領」、「陝甘寧辺区選挙条例」、「陝甘寧辺区政府組織条例」などを制定した。

このうち「参議会組織条例」（全二四条）は、参議会の性格を「民意機関」とし、その目的を、国民政府の「省参議会組織法」と陝甘寧辺区の実情に基づいて「抗戦建国綱領」を実現し、「地方自治を完成させる」こと、また抗戦の政治的社会的基礎を固めることと定めていた。また参議会は、辺区参議会（任期一年）、県参議会（同）、郷参議会（任期半年）の三級制をとるとしていた。

「抗戦時期施政綱領」については後述する。なお、この時の「選挙条例」で有権者年齢は一八歳に引き上げられた[58]。

辺区主席林伯渠は開幕の挨拶で、「辺区は中共の指導に依拠して国民党の抗戦建国綱領を実行することができた」と辺区の「模範的役割」と共産党の指導を誇り、「辺区に反対する活動や辺区を消滅させようとする企み」は「抗戦力を弱めることになる」と述べて[59]、国民党を牽制した。

四一年一一月六日~二一日、陝甘寧辺区第二届参議会第一次大会が開催された。同大会は辺区正副主席らを選出し、「各級参議会組織条例」を修正して、議員の任期を辺区参議会三年、県参議会二年、郷参議会一年と長くした。また「陝甘寧辺区施政綱領」を採択したが、これについては後述する。

四四年一二月四日～一九日に陝甘寧辺区第二届参議会第二次大会が、また戦後の四六年四月二日～二七日に陝甘寧辺区第三届参議会がそれぞれ開催された。

4 「辺区抗戦時期施政綱領」と「辺区施政綱領」の制定

一九三九年二月一日、陝甘寧辺区第一届参議会は、辺区の基本政策を列挙した「陝甘寧辺区抗戦時期施政綱領」（全二八条）を採択し、四月四日、同辺区政府がこれを公布した。同綱領は、「民族主義」（六条）、「民権主義」（一一条）、「民生主義」（一一条）という三部構成をとっている。これは国民党政権を尊重する姿勢を示したものであろう。

綱領は、「民族主義」部分では抗日民族統一戦線の堅持と拡大などを唱え、「民権主義」部分では直接、普通、平等、無記名の選挙制の採用、人民の言論、出版、集会、結社、信仰、居住、移動、通信の自由の保障などを宣言した。また「民生主義」部分では、地主の土地所有権の保護は明言しないながらも、個人の財産所有権を確認した[60]。

二年後の四一年五月一日、陝甘寧辺区中央局は中央政治局の批准を受けて「陝甘寧辺区施政綱領」（全二一条）を公布した。これは、その大部分を毛沢東が書いたと言われる[61]。

同施政綱領は、陝甘寧辺区第二届参議会の選挙に向けて、共産党員が行政官に当選した場合の施政方針を明らかにするものであった。同施政綱領は、「抗戦時期施政綱領」より項目数は少ないが、文字数は多く、内容も整っていた。その主要な特徴は、「三三制」の提起、「全ての抗日人民」の「人権」の保障、そして「地主の土地所有権」の保障であり[62]、こうした新政策を入れるために施政綱領を改定したと思われる。

同施政綱領は同年一一月一七日に陝甘寧辺区第二届参議会第一次大会において採択され[63]、陝甘寧辺区全体の基本政策となった。

一九四一年五月の「陝甘寧辺区施政綱領」に組み込まれた「三三制」は、毛沢東が四〇年に打ち出した政策であった。

5　三　三　制

四〇年三月六日、毛沢東は「抗日根拠地の政権問題」という党内指示の中で、統一戦線政権の具体的形態として三三制を実施することを指示した。毛は、「抗日民族統一戦線政権の原則に基づいて、人員配分では、共産党員が三分の一を占め、党外の左派の進歩的な人々が三分の一を占め、左でも右でもない中間派が三分の一を占めるように定めるべきである」と述べた。

毛はまた、「三分の一を占める共産党員が質的にすぐれた条件を持つようにしなければならない。この条件さえあれば、党の指導権は保証される」と述べて、三三制の採用によっても党の指導権を保持できると指摘した。

毛はさらにいわゆる中間派に議席を与える目的について、「中間派に三分の一の椅子を与える目的は、中層資産階級と開明紳士を味方につけることにある」[64]と述べた。

三三制は地主、富農層の議会参加を促す効果はあったようで、たとえば四六年春に開かれた陝甘寧辺区第三届参議会の正式、候補両種参議員計一七〇名の職業等の内訳は、陝甘寧辺区政府副主席李鼎銘によれば、労働者六名、貧農一八名、中農六九名、富農二六名、商人九名、地主三四名、その他八名であったという[65]。

毛は四〇年一二月、「政策について」という党内指示の中で、「『三三制』を断固実行しなければならない」と述べた上で、「わが党の一手請負はぜひとも避けるべきである。われわれは、買弁大資産階級と大地主階級の独裁を打ちこわすだけであって、共産党の一党独裁でそれに取って代えるのではない」[66]と指摘して、三三制の目的をいっそう明確にした。毛は根拠地政権が共産党の一党独裁と見られることを恐れていたようである。しかし三三制は単に一党独裁批判を回避して政権の正統性を保持するためだけではなく、国民党統治地区と民主化の程度を競い、国民党に圧力をかける意義も持っていた。

謝覚哉は一九四二年に三三制について、「共産党が優勢を占める地区では三三制を行なうのがよく、国民党が優勢を占める地区でも三三制を行なうのがよく、二つ以上の党派が勢力を均衡させている地区ではさらに三三制を行なわなければならない」と述べて、国民党も三三制を実施すべきであるという考えを提示した(67)。

共産党はさらに戦後の四六年一月の政治協商会議において「和平建国綱領草案」を提出し、国民政府の改組に関して、「多数党の政府主要ポストに占める人数は三分の一を超えてはならない」と述べた(68)。

三三制は連合政府的な性質を持つが、毛沢東らは党の「指導権」を損なうものとは考えていなかった。たとえば党の指導を支える共産党軍の主力部隊の指揮権はそもそも辺区政府にはなく、したがって三三制の対象にはなりえなかった。

毛は、「政策について」の中で、「われわれの主力軍の中で『三三制』を実行すべきではないが、軍隊の指揮権をわが党の手に握っている限り(これはぜひとも必要で、ゆるがせにはできない)、大量の共鳴者を軍事部門や技術部門の建設に参加させても、恐れることはない(69)」と述べている。三三制の政権は党の「指導権」によって権限が限定された連合政権と言うことができよう。

6 日中戦争中の憲政運動への参加

共産党は、憲政実施を求める党外勢力を共産党の側に獲得することに努めた。

一九三九年九月に重慶で開かれた第一届国民参政会第四次大会は、張君勱、左舜生ら多数の参政員の提案に基づき、国民政府に対して時期を決めて国民大会を開き憲法を制定すること、そのために国民参政会に憲政期成会を組織して憲政の実現を促すことなどを求める決議案を採択した(70)。

この決議に基づいて、国民参政会閉会後の同月、張君勱、左舜生ら一九名の参政員からなる「国民参政会憲政期成会」が成立し、「五五憲法草案」の検討と修正案の作成などに取り組んだ(71)。これを機に、国民参政員による「憲政座談会」が開かれるなど同年秋から翌四〇年春にかけて憲政運動が昂揚した。

共産党はこの動きに着目し、同党中央書記処は三九年一〇月、「国民参政会憲政期成会の各種憲政運動に積極的に参加する」よう党内に指示した(72)。

同年一二月、中央書記処は再度指示を出し、人民の言論、集会、結社、出版、信仰の自由といった民主的権利の実現を「国民大会の召集と憲政実施の先決条件」として宣伝すること、各地に国民憲政促進会といった大衆団体を組織することを命じた。翌四〇年二月、延安に毛沢東、陳紹禹らを理事とする「延安各界憲政促進会」が作られた(73)。

その四年後の四三年九月上旬、国民党五期一一中全会は、戦争終結後一年以内に憲法制定のための国民大会を開催することを宣言した。同月下旬、蔣介石は国民参政会第三届第二次会議において国民参政会が「憲政実施籌備会」を作ることを提案した。これに基づいて籌備会が「憲政実施協進会」と名を改めて同年一一月に設立され、第一次全体会を開いた。憲政実施協進会の会長は蔣介石であり、共産党の周恩来、董必武も会員に名を連ねた(74)。

憲政実施協進会の設立は憲政促進勢力を勇気づけ、翌四四年一月に民主政団同盟中央常務委員黄炎培らによって重慶で『憲政月刊』が創刊され、また黄、張君勱、沈鈞儒らの呼びかけにより憲政問題座談会が開催されるなど憲政運動が発生した。

延安でも四四年二月二〇日に「延安各界憲政促進会」が再結成され、同会は同二七日に「憲政問題座談会」を開催した。座談会には五〇余名が出席し、同会理事長呉玉章、陝甘寧辺区政府主席林伯渠、副主席李鼎銘らが発言した。(75)

共産党中央は同年三月に各地区に対し、「可能な限りの民主的分子を我々の周囲に引き寄せ、日本侵略者に打ち勝ち、民主国家を建設するという目的を達成するために」、党として「この憲政運動に参加する」ことを通知し、「各根拠地は適当な時期に多数の党外人士が参加する座談会を開き、それによってこれらの党外人士と真の民主主義という目標の下に団結する」ことを指示しており、(76)延安での憲政座談会の開催は党としての憲政運動の一環であったと見ることができる。

７　「解放区人民代表会議」の提唱と準備

一九四四年九月、重慶で開かれた国民参政会第三届第三次会議において、共産党派遣の参政員林伯渠は、緊急国事会議を開いて国民党の一党独裁を廃止し、連合政府を樹立することを提案した。この提案は中間党派の人々の賛成を得た。一一月にはローズヴェルト米大統領の特使のハーレーが延安を訪問し、共産党と連合政府の樹立で合意して国民政府と共産党間の協定書の草案をまとめた。(77)また同月から四五年一月にかけて共産党の周恩来は重慶を訪問して国民党の宋子文らと交渉した。しかし軍隊の指揮権統一の問題が障害となって国共両党の合意は形成されなかった。

四五年三月一日、蔣介石は憲政実施協進会で、同年一一月に国民大会を開催することを宣言するとともに、国民党は建国大綱に背いて政権を「各党各派の党派会議あるいはその連合政府」に返すことはできないと述べ、(78)連合政府を拒否した。

毛沢東はこれに対し、同年四月の第七回全国代表大会（七全大会）において、延安で「中国解放区人民代表会議」を開催するという新提案を行なった[79]。これは各辺区の連合体を作ることで国民党の国民大会に対抗し、合わせて各根拠地の政権と領域を守ろうとしたものと思われる。

同年六月、共産党の七期一中全会が同年一一月に解放区人民代表会議を開くことを決定し[80]、これ以後各辺区で具体的準備が開始された。しかし重慶で国共会談が行なわれ、国民大会の開催が延期されるという情勢変化により、解放区人民代表会議の開催準備は中止された[81]。

三　戦後内戦と憲政事業

1　「陝甘寧辺区憲法原則」と「陝甘寧辺区自治憲法草案（修正稿）」

一九四六年一月一〇～三一日に重慶で各党派が戦後の国作りを協議する政治協商会議が開かれた。一月一六日、共産党は「和平建国綱領草案」を自身の政見として提出した。「和平建国綱領草案」は、「総則」、「人民権利」、「中央機構」、「国民大会」、「地方自治」、「軍事改革」など一〇項目からなり、訓政を早く終わらせて憲政を実施すること、それまでの期間は各党派が参加する国民政府を組織すること、国民大会代表を選挙しなおすこと、また軍事委員会を各党派が共同指導する機関に変えて軍隊の国家化を進めることなどを求めつつ、「地方自治」部分では省に省憲法の制定権を与えることを提案した[82]。政治協商会議は最終日に、省の省憲法制定を認める「憲法草案案」を採択した[83]。

四六年四月二一～二七日に開催された陝甘寧辺区第三届参議会では、この省自治に関する政治協商会議決議に基づいて、共産党員の謝覚哉らが「辺区憲法原則を定め、速やかに辺区憲法を起草する案」を提出し、修正の上採択されて常駐会で処理することになった[84]。

同参議会は続いて四月二三日に「陝甘寧辺区憲法原則」（全二六項目）を採択した。「憲法原則」は省憲法を模して辺区憲法の骨格を述べたものである。その特徴は次のようなものである。

第一は、内容が「政権組織」、「人民権利」、「司法」、「経済」、「文化」の五章から構成されており、政権組織に関する規定がある点は三一年の憲法大綱よりも整っていることである。人民代表会議の職権などは旧参議会組織条例と同じであった。

第二は、各級参議会を「辺区（県、郷）人民代表会議」と改称する方針が示されていることである。この「人民」が地主や資本家を除外するという記述はない。

第三は、「政治上の各自由権」は承認されているが、陝甘寧辺区施政綱領にあった「人権」の語は見あたらないことである。

第四は、陝甘寧辺区施政綱領などには見られない貧困を免れる権利や健康を維持する権利を認めていることである[85]。

参議会常駐会はその後「陝甘寧辺区憲法草案」の起草に取りかかり、同年六月に草案の内容を辺区政府に報告したと言われる[86]。

同年一〇月、草案は「中華民国陝甘寧辺区自治憲法草案（修正稿）」としてまとめられた。

この「辺区自治憲法草案（修正稿）」は、九章七二条からなる。第一章「総綱」、第二章「人民の権利義務」という冒頭の章構成は、二二年一月に施行された「湖南省憲法」および三六年の「五五憲法草案」と同一であり、第二章で人民に公務員となる権利や災害時に救済を得る権利があることを述べている点は「湖南省憲法」に似ている。しかしそれ以外は同草案（修正稿）独自のものが多い。

その主な特徴は次の通りである。

第一は、辺区人民に「土地獲得の権利」を認め、土地改革によりすでに土地を得た者の所有権を保障し、土地改革の未実施地域での減租および地主の基準面積を超えた土地の法律による買い上げを定めていること（第六条）である。毛沢東らは四六年夏に有償方式による土地改革を打ち出し、陝甘寧辺区政府は同年一二月に「陝甘寧辺区徴購地主土地条例草案」を公布したが[87]、その政策が反映されている。

第二は、「本憲法に列挙されている人民の自由権および列挙されていない人民の自由権はいずれも憲法の保障を受け、法律や命令によって侵されてはならない」（第一六条）という自由権についての広い定義とその尊重の姿勢が認められることである。

第三は、辺区の議会を四月の「憲法原則」に示された「辺区人民代表会議」ではなく「辺区議会」と、また辺区の政府委員会を「辺区行政委員会」と、呼称を改めたことである。また議会休会時に日常業務などを行なう常駐委員会は「常務委員会」と改称された。

第四は、辺区政府を「地方自治の民主連合政府」と規定し（第二条）、これに合わせて「陝甘寧辺区行政委員会」と「県行政委員会」においては、「いかなる政党の党員も委員の三分の一を超えてはならない」（第二八条および第四一条）と定め、三三制を辺区と県の政府部門で法律化していることである。辺区議会については三三制の規定はない。

第五は、各級議会の選挙に候補者リストを提出できる資格を「各民主党派、民衆団体および全ての有権者」に認めると規定しており（第五四条）、四四年の辺区各級参議会選挙条例に「各抗日政党、各抗日大衆団体」とあるのと比較すると、すでに内戦の敵方となっていた国民党を排除しているように見えることである。

このほかの特徴は、辺区議会に「辺区の人民武装」に関する議決権を持たせたこと（第一六条）、また郷レベルでは郷政府と郷議会を分けず、「郷代表会が郷政府となり、郷長と郷代表会によって構成される。郷長は郷民が直接選挙するか、郷代表会が選出する」と規定したこと（第四三条）などである[88]。

「辺区自治憲法草案（修正稿）」の起草は、国民党が同年一一月に国民大会を開催して憲法を制定しようとしていたことに対抗する意味合いがあったと思われる。しかし四七年三月に国民党軍が延安地区に侵攻するなど、内戦が激化していく情勢の下で、同草案（修正稿）が以後どのように取り扱われたかは不明である。

２「人民代表会議」の提起と開催

毛沢東は、日中戦争中は、共産党が将来参加する政府の議会制度として、「人民代表大会」を構想していた。それはたとえば第七回全国代表大会において、「新民主主義の政権機構は民主集中制を採用し、各級人民代表大会が政治の基本方針を決定し、政府を選挙するようにすべきである」[89]と述べているところからわかる。

この考えは戦後内戦時期になっても変わらず、政権獲得後の議会制度について、毛沢東は一九四八年に、「中華人民共和国の権力機関は、各級人民代表大会およびその選出する各級政府である」[90]、また「中国では民主集中制を採用するのが適当だ。われわれは人民代表大会を開くことを提起する」[91]と明言している。

しかしその一方で、農村では土地改革を迅速かつ広範に進めるために、土地改革に積極的な農民を中心とした地方政権機関を作る必要が生じたようである。そのような機関が農村の「人民代表会議」であった。

毛沢東は四八年四月、土地改革地区における貧農団と農民協会に依拠した農村の人民代表会議の設置を評価し、それを人民の権力機関とすることを提起した[92]。毛はさらに同年五月、「郷（村）、区、県の三レベルの人民代表会議を開催し、三レベルの政府委員会を選出すること」を四八年九月〜四九年三月の任務の一つとして指示した[93]。

「人民代表会議」の試みは効果があったと見られ、四八年一二月、共産党中央は「中共中央の県、村人民代表会議に関する指示」を発し、「経験は、人民代表会議の政権こそが新民主主義政権の最善の形式であることを証明している」と述べた。(94)

陝甘寧辺区では、四九年二月、辺区参議会常駐会と辺区政府委員会の連席会議が開催され、辺区内の県、郷レベルで「人民代表会」を開くことを決定し、その選挙法規を制定した。その規定の内容は四四年の参議会選挙条例の県、郷部分と大きな差のないものであった。(95)

やがて都市でも「人民代表会議」が開かれるようになった。「人民代表会議」は都市では権力機関としてではなく、共産党政権と住民とをつなぐパイプとして組織された。

共産党軍が多くの都市を占領した四九年七月末、共産党中央は各主要地区の党組織に人口三万人以上の都市で占領後三カ月以内に「各界代表会議」を開催するよう指示した。(96)

当時こうした会議は、住民の選挙によるものは「人民代表大会」、民間団体の選挙によるものは「各界人民代表会議」あるいは「人民代表会議」と区別されていた。(97)「各界代表会議」は「各界人民代表会議」のことである。

陝甘寧辺区政府は四九年八月に「陝甘寧辺区新解放区城市召開各界代表会弁法」を公布した。同弁法によれば、「各界代表会」は秩序維持を担う軍事管制委員会と人民政府の指導下の「協議機関」であって、「政府を制約する権力は持たない」のであった。またその代表は労働組合、学生自治会などから選ばれた者を政府が審査して招請するか政府が直接招請する者であった。(98)

こうした「各界人民代表会議」あるいは「各界代表会」は選挙によらず、また共産党に批判的な人々は代表から排除される仕組みになっていたから、辺区の参議会や人民共和国時期の「人民代表大会」に比べて住民の代表性は低かった。

しかし占領地において住民の声を聞き、新政府の正統性をある程度獲得し、秩序を安定させるためには、「人民代表会議」が簡便であった。

四九年九月の人民政治協商会議で採択された「共同綱領」は、「普通選挙による地方人民代表大会が召集されるまでは、地方各界人民代表会議が少しずつ人民代表大会の職権を代行する」と規定し（第一四条）、人民共和国建国後の一二月にこれを実施するための「県各界人民代表会議組織通則」などが制定された。そこでは、団体選出代表への政府の審査規定がなくなり、またたとえば県レベルでは県各界人民代表会議が制限付きながら県人民政府の県長、副県長、委員を選出できるようになった。[99]

そして五二年一二月までに、二〇省、一六〇市、二一七四県、二八万郷で各界人民代表会議が開催され、そのうち八五市、四三六県などで人民政府委員会が選出されたという。[100] そして五四年に人民代表大会制度が作られると人民代表会議は廃止された。

四　日中戦争開始以降における憲政事業の特徴

日中戦争から戦後内戦までの時期における共産党の憲政実施に向けた諸事業には、根拠地政権維持のための全体的な策略的性格のほかに、以下のような特徴が見られる。

1　多数者重視、外形重視の憲政観

一九四〇年二月、毛沢東は「新民主主義の憲政」と題する講演の中で、「憲政とはなにか。それは民主的な政治である」と述べた。

また毛は、「新民主主義の憲政とはなにか。それは、いくつかの革命的階級が連合して漢奸と反動派に対して行なう民主独裁である」と述べた[101]。

一方、陝甘寧辺区政府主席の林伯渠は、「憲政は民主政治である」と毛と同じことを言いつつも、「憲政は憲法により国家の基本法制を確定し、人民の権利、義務を保障するとともに国家の組織を規定することである」と発言している[102]。

林伯渠の憲政論は、憲法は個人の人権を保障するために国家権力を制約するものとしてあるという西欧的憲法観に近い。それと比較すると、毛は憲政や民主政治をおおよそ多数者の少数者に対する統治と考えていたように見える。

毛はまた同じ講演で、「現在のイギリス、フランスなどの国では、憲政だとか、民主政治だとか言っても、実際には、みな人殺しの政治である」と述べている[103]。

この「人殺しの政治」とは少数の統治者が多数の民衆を抑圧することを指しているように見え、そうだとすると、毛は多数者が以前の統治者である少数者を「独裁」により抑圧することは許されるし、それはまた多数者の政権を守るために必要なことだと考えていたように見える。毛の憲政観は、個人や少数者の人権には重きを置かず、それよりも多数者の利益を守る政権の維持を重視するものと言えよう。

林伯渠にしても、「人民」の語が統治者の地位にある少数者を除外していることを考えれば、その憲政観は国家の基本法制を重視した外形的なものと見ることができる。

2　議会と選挙

日中戦争中、共産党は辺区政府の主席や政府委員を民選とする制度の維持に努めた。それは、主要には前述したように根拠地を民主的に運営することが根拠地を安全にし、共産党の声価を高めたからであるが、一つには国民政府からの政府委員派遣などの圧力を緩和し、辺区の独立性を確保するためであった。

たとえば共産党は一九三七年に国民党に対して、「特区の民選制度を承認すること。特区政府が人民から選ばれてから南京が委任の手続きをとることはできる」という要求を提出し、国民党側が行政長官の候補者とした丁惟汾を拒否した(104)。

四四年六月、国民政府代表の王世杰、張治中は共産党中央代表の林祖涵に対し、陝甘寧辺区を「陝北行政区」と改称することや、「同行政区の主席を中央政府の任免とする」ことなどを要求した。林祖涵はこれに対し、各根拠地政府は「徹頭徹尾三民主義を実行している」のだから、「このような抗日民主政府を合法的な地方政府として承認すべきだ」と主張して、王世杰らの要求を拒否した(105)。

民選制度が根拠地にとって必要であることにより、共産党は議会の設置を重視し、そのための選挙を重視した。毛沢東は三八年に、「我々の主張する民主共和国とは、全国の亡国の民となることを望まない全ての人民が制限のない普通選挙の方法により代表を選んで代議機関を構成するという制度の国である(106)」と語っており、民主的な選挙の実施とそれによる議会の設置は民主共和国政策の核心的事業であったと言える。

三九年の「陝甘寧辺区各級参議会組織条例」は議員の一〇分の一は政府推薦でよいとしており(107)、各級参議会が完全に選挙によって選ばれたとは言えない。しかし国民政府が三八年に定めた「省臨時参議会組織条例」は、議員全員が省政府や国防最高会議によって選ばれることを定めており(108)、また国民党統治地区ではそのように実施されたから、辺区とりわけ第一届から第三届までの各参議会議員をいずれも選挙によって選んだ陝甘寧辺区の参議会制度は突出していた。

選挙制度で重視されたのは、普通、平等、直接、無記名というスターリンの選挙原則(109)であった。陝甘寧辺区の多くの選挙条例の冒頭にこの四原則が掲げられた。

「普通」について見ると、ソビエト時期には地主、官僚、僧侶などは選挙権を認められなかったが、日中戦争時期の辺区ではそのような制限はなくなった。

「平等」については、ソビエト時期同様に男女、宗教、民族などで区別を設けないことを定めていた。ソビエト時期の選挙制度は、都市と農村の票の価値に不平等があったが、辺区ではそのような制度はなくなった。

「直接」も重視されていた。辺区の選挙条例はソビエト時期のソビエト選挙や人民共和国の人民代表選挙が間接選挙であるのと異なり、郷、県、辺区の各級参議会議員をいずれも直接選挙することを定めていた。

陝甘寧辺区政府副主席李鼎銘は、四六年春、辺区参議会での選挙工作報告において、辺区と英米両国の民主を比較し、「彼ら〔英米を指す〕は完全に直接選挙を行っているわけではないが、我々はすべて直接だ」と胸を張った。[110]

「無記名」も重視された。ソビエト時期には、たとえば三〇年九月に制定された「閩西工農兵代表会（蘇維埃）代表選挙条例」は、郷レベルの「初選」は挙手とし、区レベルの「複選」と県レベルの「三選」は無記名の投票とすることを定め、[111]また同年一一月に制定された「中華蘇維埃共和国的選挙細則」は、選挙大会を開き、投票用紙を使わずに挙手で選挙を行なうことを定めていた。[112]

しかし日中戦争時期の辺区では、無記名方式が制度となっていた。陝甘寧辺区政府は、四二年九月に基層の郷、市参議員選挙について県長らに指示を出し、「選挙は無記名投票で選ぶべきである。字が書けない者が線香で投票用紙に穴をあけるやり方はよいが、挙手の方法をとってはいけない」[113]と述べており、無記名方式を推進していたことがうかがえる。

辺区参議会選挙では、投票率も選挙の質を示すものとして重視されたようである。たとえば四六年四月開催の陝甘寧辺区第三届参議会の議員選挙について、辺区選挙委員会は投票率を八二・五パーセントと発表し、辺区人民がその民主的権利を「十分に」行使したと評した(114)。

3　人権条例の制定

一九四〇年一二月中旬、共産党中央書記処は毛沢東の提案に基づいて各地の組織に通知を出し、労働者、農民、小資産階級分子とともに、「漢奸以外の全ての資本家、地主の人権、政治的権利、財産権および言論、集会、結社の自由を保障すべきである」と指示した(115)。

毛沢東はまた同月下旬の別の党内指示で、「抗日に反対しない全ての地主、資本家は、労働者、農民と同等の人権、財産権、選挙権および言論、集会、結社、思想、信教の自由権を持つことを規定すべきである」と述べた(116)。四一年一一月一七日、陝甘寧辺区参議会は「陝甘寧辺区保障人権財権条例」(全二一条)を採択し、翌年二月に辺区政府がこれを公布した。同条例の制定は前述の毛沢東らの指示に従ったものと思われる。

同条例は、その目的を、「辺区人民の人権、財産権を保障し、不法の侵害を受けないようにすること」(第一条)とし、「抗日人民」が「言論、出版、集会、結社、居住、移転および思想、信仰の自由」と「平等な民主的権利」を持つこと(第二条)、また「私有財産権」を持つこと(第三条)を規定した。

さらに、「地主の土地所有権および債権者の債権」を認め(第四条)、租田と債務に関して「減租減息と交租交息」を義務づけ(第五条)(117)、司法機関や公安機関が証拠に基づかず、あるいは法定手続きを欠いて人を逮捕することを禁じた(第八条)。

ところでこうした「人権」、「財産権」の保護は、既述のように四一年五月に発表され、同条例と同じ一一月一七日に参議会で採択された「陝甘寧辺区施政綱領」にも規定されている。施政綱領とは別に、人権、政治的権利、財産権の保護を特に条例として定めたのはなぜであろうか。

前述の中央書記処の通知は、「今は土地革命を実行する時期ではないことを党内や農民に説明して、華北方面で発生したような極左の誤りを回避しなければならない」と、また「政府以外の機関、団体が勝手に人を逮捕したり処罰してはいけない」と述べており[118]、施政綱領の人権、財産権規定が守られていない状況があったことがわかる。このために人権条例が制定されたと見ることができる。

人権条例は他の根拠地でも制定された。毛沢東の前述の党内指示より少し早い四〇年一一月、山東省で「山東省人権保障条例」が公布施行され、四一年一一月、冀魯豫辺区で「冀魯豫辺区保障人民権利暫行条例」が公布された。四二年一一月には晋西北臨時参議会で「晋西北保障人権条例」が採択され、間もなく政府によって公布された[119]。

これらの条例のいくつかは当時の社会の空気に従って「漢奸」と呼ばれる人々の人権を認めなかったが、前述の「晋西北保障人権条例」のように「漢奸」を人権保護の対象外とする規定を設けないものもあった。

これらの人権条例によって辺区住民の人権が保護されるようになったかと言えば、必ずしもそうとは言えない。たとえば晋察冀辺区では、四三年初めに共産党中央が、根拠地が縮小する情勢のもとで、逮捕、拘禁、尋問、処罰に関して人権が十分保障されないことをやむをえないとする指示を出しており[120]、「人権」が一貫して十分に守られたわけではないように見える。

それでも人権の重視は、日中戦争時期の辺区政治の大きな特徴であった。毛沢東は四五年の第七回全国代表大会で、「人民の言論、出版、集会、結社、思想、信仰、身体といった自由は最も重要な自由である。中国国内では、解放区だけが徹底的に実現した」と辺区の自由度の高さを誇った[121]。

しかし地主らの政治的権利は戦後内戦時期には次第に剥奪されていくことになる。一九四八年秋、共産党指導部は、「新民主主義革命の基本任務は土地改革を実行し、封建制度を徹底的に消滅させることである」との認識から、「土地改革の過程で地主、旧富農の政治的権利を実際上一時的に剝奪することはまったくそのようにすべきであり、また必要である」という指示を出した(122)。

五 「党の指導」、「諸階級の連合独裁」の下の憲政

日中戦争時期の根拠地では、共産党は「民主」や「人権」を掲げる一方で、「党の指導」と「多数者の独裁」も重視した。これらは共産党が目指す憲政とどのような関係にあったのであろうか。

1 共産党または労働者階級の「指導」

中国共産党は革命運動全般に対する自党の「指導権」の確保を重視していた。

一九二九年七月の「中共閩西第一次代表大会関於蘇維埃政権決議案」は、「党はソビエトの思想上の指導者であり、共産党は「以党治国」ではない(123)」と述べているが、これは国民党の訓政を意識して、革命運動あるいは根拠地における自党の役割を限定的に記述したもののように見える。

「指導権」とは何かについて、毛沢東は四〇年三月の党内指示の中で、「いわゆる指導権とは、それをスローガンとして朝から晩まで叫ぶことでもないし、また居丈高になって人をわれわれに従わせることでもなく、党の正しい政策と自分たちの模範的な活動で党外の人々を説得、教育し、彼らが喜んでわれわれの提案を受け入れるようにすることである(124)」と述べている。

しかし毛沢東が本当にこうした方法で根拠地政権を運営できると考えていたとは思えない。毛ら共産党の指導

者は、実際には党の指導権を、根拠地に対する独占的な権力と考えていたのではないだろうか。

共産党中央政治局は三六年九月に、民主共和国制度の採用を決定した際、「たとえ民主共和国を樹立した後でも、共産党はソビエト区の人民と以前から保持している武力に対する絶対的指導を決して放棄しない」[125]と言明した。

毛沢東は四一年五月の党内指示の中で、辺区が新民主主義社会であることを指摘した上で、「ある地方の社会の性質が新民主主義的であるかどうかを判断するには、主としてそこの政権に人民大衆の代表が参加しているかどうか、また共産党がその政権を指導しているかどうかを原則とする。したがって、共産党の指導する統一戦線政権が新民主主義社会のおもな指標となる」[126]と述べている。毛は、「抗日と民主の模範地域」である辺区においても共産党の指導は決して欠かせないものと考えていた。

毛沢東はまた、いわゆる統一戦線の中でも共産党が指導権を掌握しなければならないと考えていた。毛は四七年一二月の党内の会議で、「中国の新民主主義の革命が勝利しようとするならば、全民族の圧倒的多数の人口を含む最も広範な統一戦線がなければ不可能である。それだけでなく、この統一戦線は中国共産党の確固とした指導の下に置かれなければならない」[127]と述べている。

この会議において毛沢東はまた、「共産党の指導権問題はもう公然と話さなければならない。公然と言わないと党員幹部や大衆の思想を混乱させやすく、得るものより失うものが多くなる」[128]と述べた。

これは、それまで反国民党の統一戦線内で共産党の指導権を公然とは主張してこなかったが、内戦における共産党の優勢が明らかになった段階で、将来の新政権を共産党が指導することを各勢力に受け入れさせるのがよいという判断を示したものだろう。

翌月の四八年一月、毛沢東は新国家の樹立を見越して、「労働者階級は自己の前衛である中国共産党を通じて、人民大衆の国家とその政府に対する指導を実現する」[129]と、共産党の指導権を主張した。共産党が内戦に勝利したことにより、四九年九月の「人民政治協商会議共同綱領」に労働者階級の「指導」が書き込まれ、中国の憲政の一つの顕著な特徴となった。

2 「諸階級の連合独裁」

毛沢東ら共産党の指導者は日中戦争時期に、しばしば諸階級の「独裁」に言及した。

毛沢東は一九四〇年一月に、「新民主主義論」の中で、「国体―革命的諸階級の連合独裁。政体―民主集中制。これが新民主主義の政治であり、新民主主義の共和国である」[130]と述べた。

毛沢東はまた四〇年三月に書いた党内指示において、辺区の「抗日民主政権」の性質に関し、「このような政権は、抗日にも賛成し、民主にも賛成する全ての人々の政権であり、いくつかの革命的階級が連合して、漢奸と反動派に対して行う民主独裁である」[131]と指摘した。

さらに劉少奇は、四〇年一二月に、「共産党は国民党の『一党独裁』(原文：一党専政)に反対するが、共産党の『一党独裁』を打ち立てようとはしていない。共産党と八路軍、新四軍は、民主的勢力として、大多数の人民のため、民衆のために奉仕し、抗日の各階級連合の民主政権のために奮闘したいと思っている。この政権は一党、一派、一人が独占するものではない」[132]と述べた。

四五年四月の第七回全国代表大会で、毛沢東は、当時の各辺区を、「民選による共産党員と各党派また無党派の代表的人物が合作する政府、つまり地方的な連合政府」と評した[133]。

毛沢東はさらに同じ演説で、各党派の協議による「臨時の連合政府」と、選挙による「正式の連合政府」の二段階の連合政府を提案し、「要するに、どちらも連合政府であり、参加を望む全ての階級と全ての政党の代表を結集して、一つの民主的な共同綱領のもとで、現在の抗日と将来の建国のために奮闘するのである」[134]と述べた。毛沢東は、諸階級の連合独裁、民主独裁、合作の政府そして連合政府のいずれにおいても、どの勢力が指導的地位につくのか明言していない。連合政府については、一党独裁を放棄すれば、国民党さえも参加でき、また連合政府では全ての政党は同等の自由を持つと構想されていたように見える。劉少奇も、根拠地の抗日政権は共産党の独裁ではないと弁明している。

しかし前述の統一戦線における指導権確保の原則が適用されるならば、「諸階級の連合独裁」の実質は指導権を持つ共産党の独裁となる。

また独裁とは、過去の少数の「抑圧」者に対する今日と将来の抑圧であるが、この抑圧は多数者のために、また国家のために長く継続されることになる。この独裁の継続も人民共和国の憲政の特徴を形作ることになる。

おわりに

共産党の初期指導者の一人である惲代英は、一九二四年二月、国民党が第一回全国代表大会（一全大会）で採択した政治綱領を論評した際、国民党の民権主義がいわゆる「天賦人権」とは異なり、民国に反対する人には「民権」を与えないとしているのを肯定した。

惲は、「革命の党は革命に反対する人を時には殺戮、拘禁しなければならず、もし民権尊重の無意味な名誉に欲を出し、革命に反対する人を自由に活動させることになれば、それはまったく愚かなことである。私はこの国民党の明確な態度に賛成する」と述べた[135]。

基本的な人権をその政治信条を理由に剝奪することを当然視する立場はその後の共産党の政治綱領や指導者の

発言にも見られる。たとえば毛沢東は、四九年六月に、「人民民主主義独裁」とは「反動派の発言権を奪い、人民にだけ発言権があるようにすること」と説明し、また「選挙権は人民にだけ与え、反動派には与えない」と述べた(136)。

共産党は日中戦争時期にその根拠地において、地主、富農層を含む広範な人々を政治に参加させる制度を実施した。それは国民党がまだ実現していなかった憲政を先取りして実施した一面を持つものであった。

毛沢東は三八年に世界学連の代表団のインタビューを受けた際、戦後に樹立する政治体制について、「この国家はまだ社会主義の国家ではなく、この政府はソビエト政府でもなく、徹底した民主制度の下にあって私有財産原則を破壊しない国家と政府である」(137)と答えた。毛沢東は実際にはこの「私有財産原則を破壊しない」体制を日中戦争中の根拠地において目指し、またある程度実現した。しかし戦後の内戦時期には、彼は共産党統治地区において土地改革を実施し、日中戦争中とは異なる体制を築いていった。

日中戦争時期を含めて、根拠地の憲政事業の最大の特徴は、党の指導を前提としていることであった。したがって権力は制限されず、また指導する側と指導される側の権利の区別が存在することになった。これらは人民共和国時期の憲政の重要な特徴となった。

憲政の西欧的意義は、まず第一に公権力を制限し、個人の人権を保障することにあると言えよう。その点からすれば、「党の指導」の絶対性は公権力に対する制限を緩めるものであり、また法の下に平等であるべき国民の間に「指導」する党員と「指導」される非党員の身分的区別を設けることになる。その意味で、共産党根拠地で目指された憲政は、いわゆる外形的憲政であると言えよう。

（1）根拠地の憲政事業に触れた比較的最近の憲政通史研究書に、①王永祥『中国現代憲政運動史』人民出版社、一九九六年、②殷嘯虎『近代中国憲政史』上海人民出版社、一九九七年、③徐祥民等『中国憲政史』青島海洋大学出版社、二〇〇二年などがある。
法制史の研究書に、①張希坡主編『革命根拠地法制史』法律出版社、一九九四年、②張希坡・韓延龍主編『中国革命法制史』中国社会科学出版社、二〇〇七年再版（初版二冊本一九八七、一九九二年）、などがある。
（2）たとえば謝一彪『中国蘇維埃憲政研究』（中央文献出版社、二〇〇二年（以下『蘇維埃憲政』と略す））は、ソビエト革命時期の欠点として、「党政不分」現象があったこと、民族資産階級を「独裁」の対象としたことなどを挙げている。
（3）福島正夫『中国の人民民主政権：その建設の過程と理論』東京大学出版会、一九六五年。
（4）主要な成果に、①石井明「中国解放区人民代表会議について」（『アジア研究』一九巻三号、一九七二年一〇月）、②今井駿「辺区政権と地主階級」（野沢豊・田中正俊編『講座中国近現代史』六、東京大学出版会、一九七八年）、③蜂屋亮子「中華蘇維埃共和国憲法と中華蘇維埃共和国憲法大綱」（『アジア研究』二八巻一号、一九八一年四月）、④井上久士「辺区（抗日根拠地）の形成と展開」（池田誠編著『抗日戦争と中国民衆』法律文化社、一九八七年）、⑤西村成雄「中国抗日根拠地―危機と社会空間の再調整」（大江志乃夫ほか編『岩波講座近代日本と植民地六抵抗と屈従』岩波書店、一九九三年）、などがある。
（5）憲政への関心から根拠地時代の中国共産党の人権論を取り上げたものに、Andrew J. Nathan, "Political rights in Chinese constitutions," in Randle Edwards, Louis Henkin, Andrew J. Nathan, *Human rights in contemporary China*, Columbia University Press, 1986.（邦訳：ランドル・エドワーズ、ルイス・ヘンキン、アンドリュー・J・ネイサン著／斎藤恵彦・興梠一郎訳『中国の人権―その歴史と思想と現実と』有信堂、一九九〇年）、土屋英雄「近現代の中国の人権論」（土屋英雄編著『中国の人権と法―歴史、現在そして展望』明石書店、一九九八年）、などがある。
（6）「『嚮導』発刊詞―本報宣言」（一九二二年九月一三日）（中共中央書記処編『六大以前―党的歴史材料』人民出版社、一九八〇年（一九四二年初版））二四頁。
（7）「中共中央第一次対於時局的主張」（同前『六大以前―党的歴史材料』）二二頁。

(8)「中国共産党第二次全国大会宣言」(中央檔案館編『中共中央文件選集』第一冊、中共中央党校出版社、一九八九年(以下『中共中央文件選集』第一冊のように略す))一一六頁。
(9)「中国共産党綱草案」、同前書、一四一頁。
(10)「中国共産党対於時局的主張」(一九二六年七月一二日)(『中共中央文件選集』第二冊)一五六頁。
(11)前掲張希坡主編『革命根拠地法制史』、二二頁、および前掲張希坡・韓延龍主編『中国革命法制史』、二四頁。
(12)江西省檔案館、中共江西省委党校党史教研室選編『中央革命根拠地史料選編』(下)、江西人民出版社、一九八二年(以下『中央革命根拠地』(下)と略す)四～七頁。
(13)張学仁・陳寧生主編『二十世紀之中国憲政』武漢大学出版社、二〇〇二年、二五六頁。
(14)『中央革命根拠地』(下)一二～一四頁。
(15)『中央革命根拠地』(下)二〇～二六頁。
(16)韓延龍・常兆儒編『中国新民主主義革命時期根拠地法制文献選編』第一巻、中国社会科学出版社、一九八一年(以下『根拠地法制文献』(一)のように略す)一二四～一三二および一三五～一四四頁。
(17)『蘇維埃憲政』四七頁。
(18)「中華蘇維埃共和国憲法大綱」『根拠地法制文献』(一)八～一二頁。
(19)福島正夫前掲書、一一〇、一一三～一一四頁。
(20)『根拠地法制文献』(一)九頁。
(21)『根拠地法制文献』(一)二～七頁。蔣伯英・郭若平『中央蘇区政権建設史』厦門大学出版社、一九九九年、一七五頁。
(22)『蘇維埃憲政』三五頁。
(23)「中華蘇維埃共和国憲法草案」(『中央革命根拠地』(下))一二一～一三二頁。この「憲法草案」は国家制度、公民の権利義務、経済、教育などに言及していない。
(24)『蘇維埃憲政』五九、六〇頁。

(25)「中央給蘇区中央局第七号電―関於憲法原則要点」(一九三一年一一月五日)(『中共中央文件選集』第七冊)四九二～四九三頁。
(26)『蘇維埃憲政』六二頁。謝一彪はこの経緯を、凌步機・舒龍『中華蘇維埃共和国紀事』(江蘇人民出版社、一九九八年)から得たという。
(27)「中華蘇維埃共和国憲法大綱」(『根拠地法制文献』(一))一二～一六頁。
(28) 中共中央党史資料徴集委員会編『第二次国共合作的形成』(中国共産党歴史資料叢書)中共党史資料出版社、一九八九年(以下『国共合作的形成』と略す)五八頁。
(29)「中央関於目前政治形勢与党的任務決議」(一九三五年一二月二五日)(『国共合作的形成』)七五および七六頁。
(30) 同前「中央関於目前政治形勢与党的任務決議」(『国共合作的形成』)七八頁。
(31)「彭徳懐毛沢東関於目前不応発布討蒋令等問題致張聞天電」(一九三六年四月九日)(『国共合作的形成』)九三頁。
(32)「停戦議和一致抗日通電」(一九三六年五月五日)(『国共合作的形成』)九七～九八頁。
(33)「中央関於土地政策的指示」(一九三六年七月二二日)(『中共中央文件選集』第一一冊)五八頁。
(34)「共産国際執行委員会書記処給中国共産党中央委員会書記処的電報」(一九三六年八月一五日)(中共中央党史研究室第一研究部編『共産国際、聯共(布)与中国革命檔案資料叢書(一七):共産国際、聯共(布)与中国革命文献資料選輯(一九三一―一九三七)』中共党史出版社、二〇〇七年)四六六～四六七頁。
(35)「中国共産党致中国国民党書」(一九三六年八月二五日)(『国共合作的形成』)一一二～一一三頁および一一六頁。
(36) 同前「中国共産党致中国国民党書」一一三頁。
(37)「周恩来致蒋介石信」(一九三六年九月二二日)(『国共合作的形成』)一三〇頁。
(38)「中央関於抗日救亡運動的新形勢与民主共和国的決議」(一九三六年九月一七日)(『中共中央文件選集』第一一冊)九五頁。
(39)「中共中央給中国国民党三中全会電」(一九三七年二月一〇日)(『中共中央文件選集』第一一冊)一五七～一五八頁。
(40) 栄孟源主編『中国国民党歴次代表大会及中央全会資料』(下)、光明日報出版社、一九八五年、四三五頁。

(41)「中国抗日民族統一戦線在目前階段的任務」(一九三七年五月三日)(竹内実監修/毛沢東文献資料研究会編『毛沢東集』第五巻、北望社、一九七〇年(以下『毛沢東集』第五巻のように略す))一九七頁。

(42)「国民大会組織法」(居伯均主編『中国選挙法規輯覧』第二輯、中央選挙委員会、一九八五年(以下『中国選挙法規輯覧』(二)と略す))三二頁、および「国民大会代表選挙法」(同前書)三四~三九頁。

(43)「中央関於修改国民大会組織法与選挙法的通知」(一九三七年四月一一日)(『中共中央文件選集』第一一冊)一八五~一八六頁。

(44)前掲「中国抗日民族統一戦線在目前階段的任務」(『毛沢東集』第五巻)一九五頁。

(45)「陝甘寧辺区議会及行政組織綱要」(《陝甘寧辺区政権建設》編輯組編『陝甘寧辺区参議会』、中共中央党校科研弁公室、一九八五年(以下『辺区参議会資料』と略す))四二~四三頁。

(46)前掲「中国抗日民族統一戦線在目前階段的任務」(『毛沢東集』第五巻)二〇〇頁。

(47)「目前抗戦形勢与党的任務報告提綱」(一九三七年一〇月)(『毛沢東文集』第二巻、人民出版社、一九九三年)五九頁。

(48)「陝甘寧辺区選挙条例」(一九三七年五月一二日制定)(『根拠地法制文献』(一))一九四および一九九頁。

(49)「中国共産党陝甘寧辺区委員会在民主的普選運動中所提出的民主政府施政綱領」(西北五省区編纂領導小組・中央檔案館編『陝甘寧辺区抗日民主根拠地』(中国共産党歴史資料叢書)文献巻・上、中共党史資料出版社、一九九〇年(以下『抗日民主根拠地』文献巻・上と略す))一九九~二〇〇頁。

(50)「前言」(『辺区参議会資料』)、三頁。

(51)中共中央組織部・中共中央党史研究室・中央檔案館編『中国共産党組織史資料』第三巻(上)、中共党史出版社、二〇〇〇年、一〇五頁。

(52)陝西省檔案館編『陝甘寧辺区政府大事記』檔案出版社、一九九一年(以下『辺区大事記』と略す)二頁。

(53)『辺区大事記』五頁。

(54)『辺区大事記』九頁。三七年一一月から三八年一月までの一時期、辺区は「特区」と改称し、辺区選挙委員会は「特区選挙委員会」と呼ばれていた。
(55)「陝甘寧辺区政府主席団決定十一月十五日召開辺区議会」(『辺区参議会資料』)、七六頁、および「陝甘寧辺区政府通知―関於複選陝甘寧辺区議会議員事」(同前) 七九～八〇頁。
(56)『辺区大事記』二三頁。
(57)『辺区大事記』二五頁。
(58)「陝甘寧辺区選挙条例」(『辺区参議会資料』) 一五七頁。
(59) 林伯渠「陝甘寧辺区第一届参議会開幕詞」(一九三九年一月一七日)(『辺区参議会資料』) 九六～九七頁。
(60)『抗日民主根拠地』文献巻・上、一四一～一四二頁。
(61)「陝甘寧辺区施政綱領」の注釈(『毛沢東文集』第二巻) 三三七頁。
(62)『辺区参議会資料』一九〇～一九一頁。
(63)「陝甘寧辺区第二届参議会第一次大会決議案」(『辺区参議会資料』) 二七二頁。
(64)『毛沢東選集』第二巻、人民出版社、一九六九年、七〇〇頁。
(65) 李鼎銘「辺区人民的偉大勝利―関於選挙工作的報告」(一九四六年四月六日)(『辺区参議会資料』) 五四二～五四三頁。
(66)「論政策」(一九四〇年一二月二五日)(『毛沢東選集』第二巻) 七二四頁。
(67) 謝覚哉「三三制的理論与実際」(一九四二年四月二日)(中国科学院歴史研究所第三所編『陝甘寧辺区参議会文献彙輯』科学出版社、一九五八年(以下『辺区参議会文献彙輯』と略す)) 二〇〇頁。
(68)「中共代表団提出和平建国綱領草案」(卓兆恒ほか編『政治協商会議資料』四川人民出版社、一九八一年(以下『政協会議資料』と略す)) 一八七頁。
(69) 前掲「論政策」(『毛沢東選集』第二巻) 七二七頁。
(70)「国民参政会第一届第四次大会決議組織憲政期成会、協助政府促成憲政」(一九三九年九月)(秦孝儀主編『中華民国重要史料初編―対日抗戦時期』第四編(二)、中国国民党中央委員会党史委員会、一九八八年(以下『対日抗戦時期』

第四編（二）のように略す））一六五一〜一六五三頁。

(71)「憲政期成会委員名単」、「憲政期成会対国民参政会第一届第五次大会報告書」（『対日抗戦時期』第四編（二））一六五八〜一六五九頁。

(72)「中央関於第四届参政会的指示—関於憲政運動的第一次指示」（一九三九年一〇月二日）（『中共中央文件選集』第一二冊）一八〇頁。

(73)「中央関於推進憲政運動的第二次指示」（一九三九年一二月一日）（中国共産党中央書記処編『六大以来—党内秘密文件』（下）、人民出版社、一九八三年）一〇七二〜一〇七三頁、および「延安各界憲政促進会宣言」（一九四〇年二月二〇日）（同書）一〇九〇〜一〇九一頁。

(74)「会議日誌」（重慶市政協文史資料研究委員会・中共重慶市委党校編『国民参政会紀実』（下巻）、重慶出版社、一九八五年）、一二一六頁、および「憲政実施協進会組織規則」、「憲政実施協進会会員名単」、「蔣委員長中正在憲政実施協進会第一次全体会致詞」（『対日抗戦時期』第四編（二））一七八二〜一七八四、および一七八七〜一七九〇頁。

(75)「呉玉章林伯渠両同志対目前憲政運動的意見」（『新華日報』一九四四年三月三日）、「延安各界座談憲政問題」（『新華日報』一九四四年三月五日）。

(76)「中央政治局関於憲政問題的指示」（一九四四年三月一日）（『中共中央文件選集』第一四冊）一七八頁。

(77)「延安協定草案」（一九四四年一一月一〇日）（同前『中共中央文件選集』第一四冊）三九三〜三九四頁。

(78)「憲政協進会五次全体会蔣兼会長懇切致詞」（『中央日報』一九四五年三月二日）。

(79)「論聯合政府」（一九四五年四月二四日）（『毛沢東集』第九巻）二六八頁。

(80)「中国共産党七期一中全会関於召開中国解放区人民代表会議及其籌備事項的決議」（一九四五年六月一九日）（『中共中央文件選集』第一五冊）一五二頁。

(81) 前掲石井明「中国解放区人民代表会議について」、二〇〜二一頁。

(82)『政協会議資料』一八六〜一八九頁。

(83)「憲法草案案」（同前書）二八四頁。

(84)謝覚哉「在陝甘寧辺区第三届参議会上的講話」（一九四六年四月一〇日）（『辺区参議会資料』）五五四頁、および「陝甘寧辺区第三届参議会大会提案」（『辺区参議会資料』）五八七～五八八頁。

(85)「陝甘寧辺区憲法原則」（『辺区参議会資料』）五六〇～五六二頁。

(86)『辺区大事記』二五四頁。

(87)「陝甘寧辺区政府命令―公布『陝甘寧辺区徴購地主土地条例草案』」（一九四六年一二月一三日）（陝西省檔案館・陝西省社会科学院編『陝甘寧辺区政府文件選編』第一一輯、檔案出版社、一九九一年）四〇～四七頁。

(88)「中華民国陝甘寧辺区自治憲法草案（修正稿）」（一九四六年一〇月二八日）（同前『陝甘寧辺区政府文件選編』第一一輯）二四九～二五八頁。

(89)前掲「論聯合政府」（『毛沢東集』第九巻）二二〇頁。

(90)「在目前党的政策中的幾個重要問題」（一九四八年一月一八日）（『毛沢東選集』第四巻）一一六七頁。

(91)「在中共中央政治局会議上的報告和結論」（一九四八年九月八日）（『毛沢東文集』第五巻、人民出版社、一九九六年）一三六頁。

(92)「在晋綏幹部会議上的講話」（一九四八年四月一日）（『毛沢東選集』第四巻）一二〇三頁。

(93)「一九四八年的土地改革工作和整党工作」（一九四八年五月二五日）（『毛沢東選集』第四巻）一二二三頁。

(94)「中共中央関於県、村人民代表会議的指示」（一九四八年一一月二〇日）（『中共中央文件選集』第一七冊）五九一頁。

(95)「陝甘寧辺区県、郷人民代表会及県、郷政府委員会選挙暫行弁法」（一九四九年二月一六日）（『陝甘寧辺区政府文件選編』第一三輯、一九九一年）七一～七四頁。

(96)「中央関於迅速召開各界代表会議和人民代表会議給各中央局、分局的指示」（一九四九年七月三一日）（『中共中央文件選集』第一八冊）三九五頁。

(97)「中央関於人民代表大会同各界人民代表会議的区別問題給東北局的指示」（一九四九年九月二三日）（『中共中央文件選集』第一八冊）四五八頁。

(98)「陝甘寧辺区政府関於新解放区県（市）召開各界代表会的指示信」（一九四九年八月一九日）（『陝甘寧辺区政府文件選

編』第一四輯、一九九一年）二四頁。
(99)「中国人民政治協商会議共同綱領」（一九四九年九月二九日制定）（陳荷夫編『中国憲法類編』中国社会科学出版社、一九八〇年）一八六頁、および「県各界人民代表会議組織通則」（一九四九年一二月四日公布）（全国人大常委会弁公庁研究室編『中華人民共和国人民代表大会文献資料彙編』中国民主法制出版社、一九九一年（以下『人代文献資料彙編』と略す））一二四〜一二五頁。
(100)全国人大常委会弁公庁研究室編著『人民代表大会制度建設四十年』中国民主法制出版社、一九九一年、三八頁。
(101)「新民主主義的憲政」（一九四〇年二月二〇日）（『毛沢東集』第七巻）二三八〜二三九頁。
(102)「林伯渠同志在陝甘寧辺区党政聯席大会上的報告（憲政問題）」（一九四〇年三月九日）（『陝甘寧辺区政府文件選編』第二輯、一九八七年）九七頁。
(103)前掲「新民主主義的憲政」（『毛沢東集』第七巻）二四四頁。
(104)「中共中央書記処関於要求国民党解決陝甘寧特区問題的指示」（一九三七年九月二七日）（『抗日民主根拠地』文献巻・上）二八五頁。
(105)「国民政府対中共問題政治解決之提示案」（一九四四年六月五日）（『中共中央文件選集』第一四冊）三四四頁、および「中共中央代表林祖涵致国民政府代表王世杰、張治中的信」（一九四四年八月三〇日）（同書）三四八、三五一頁。
(106)「同合衆社記者王公達的談話」（一九三八年二月）（『毛沢東文集』第二巻）一〇二頁。
(107)「陝甘寧辺区各級参議会組織条例」（『根拠地法制文献』（二））一八一頁。
(108)「省臨時参議会組織条例」（『中国選挙法規輯覧』（二））三四七頁。
(109)「馬克思、恩格斯、列寧、斯大林論人民代表機関」（『人代文献資料彙編』）一五頁。
(110)李鼎銘前掲「辺区人民的偉大勝利—関於選挙工作的報告」（一九四六年四月六日）（『辺区参議会資料』）五四二頁。
(111)『中央革命根拠地』（下）三六頁。
(112)『根拠地法制文献』（一）一四〇頁。
(113)「陝甘寧辺区政府関於改選郷市参議員的指示信」（一九四二年九月一日）（『陝甘寧辺区政府文件選編』第六輯、一九八八年）三三四頁。
(114) 「本届参議員選挙情況介紹」（『辺区参議会文献彙輯』）三七三頁。
(115) 「抗日根拠地応実行的各項政策」（一九四〇年一二月一三日）（『毛沢東文集』第二巻）三三一頁。
(116) 前掲「論政策」（『毛沢東選集』第二巻）七二六頁。
(117) 「陝甘寧辺区保障人権財権条例」（『辺区参議会資料』）二七六～二七七頁。
(118) 前掲「抗日根拠地応実行的各項政策」（『毛沢東文集』第二巻）三三〇～三三一頁。
(119) 『根拠地法制文献』（一）八九～九一、九四～一〇〇頁。
(120) 「中央対晋察冀辺区第一届参議会発表宣言的指示」（一九四三年一月一一日）（『中共中央文件選集』第一四冊）一一頁。
(121) 前掲「論聯合政府」（『毛沢東集』第九巻）二三八頁。
(122) 「中央関於地主、旧富農的選挙権与被選挙権問題的指示」（一九四八年一〇月一六日）（『中共中央文件選集』第一七冊）三九五頁。
(123) 江西省檔案館ほか選編『中央革命根拠地史料選編』（下冊）、江西人民出版社、一九八二年、一九頁。
(124) 「抗日根拠地的政権問題」（一九四〇年三月六日）（『毛沢東選集』第二巻）七〇〇頁。
(125) 前掲「中央関於抗日救亡運動的新形勢与民主共和国的決議」（一九三六年九月一七日）（『中共中央文件選集』第一一冊）九八頁。
(126) 「関於打退第二次反共高潮的総括」（一九四一年五月八日）（『毛沢東選集』第二巻）七四三頁。
(127) 「目前形勢和我們的任務」（一九四七年一二月二五日）（『毛沢東集』第一〇巻）一一二頁。
(128) 「在楊家溝中共中央拡大会議上的講話」（『毛沢東文集』第四巻、人民出版社、一九九六年）三三三一～三三三三頁。
(129) 前掲「在目前党的政策中的幾個重要問題」（『毛沢東選集』第四巻）一一六七頁。
(130) 『毛沢東集』第七巻、一六六頁。
(131) 「抗日根拠地的政権問題」（一九四〇年三月六日）（『毛沢東選集』第二巻）六九九頁。

(132)「論抗日民主政権」(一九四〇年一二月)(『劉少奇選集』(上)、人民出版社、一九八一年)一七六～一七七頁。
(133)「論聯合政府」(一九四五年四月二四日)(『毛沢東集』第九巻)二〇四頁。
(134)同前「論聯合政府」、二三六頁。
(135)「評国民党政綱」(一九二四年二月一六日、二三日)(『惲代英文集』(上巻)、人民出版社、一九八四年)四六二頁。原載:『中国青年』第一八、一九期。
(136)「論人民民主専政」(一九四九年六月三〇日)(『毛沢東集』第一〇巻)二九九～三〇〇頁。
(137)「同世界学聯代表団的談話」(一九三八年七月二日)(『毛沢東文集』第二巻)一三四頁。

第四章　戦後香港における憲政改革と香港社会
――一九四七年から四八年――

塩出浩和

はじめに――東アジアにおける憲政の競争

香港は一八四二年から一九九七年まで英国植民地であったが、一九四一年一二月から四五年八月までは日本軍の占領下にあった(1)。日本軍敗退後の香港について蔣介石は中華民国による「植民地回収」を主張したが、イギリスは強硬に「原状回復」を求めた(2)。当初、中国の意向に同情的であったアメリカが最終的にイギリス支持にまわり、四五年八月三〇日、イギリス軍は香港に再上陸し、九月一六日香港駐留日本軍は降伏文書に調印した。香港領域で四一年一二月に日本軍と実際に戦ったのはカナダ部隊とインド部隊を含む英連邦軍であったから、イギリスの主張に一定の説得力はあった(3)。しかし、八月一五日に日本の降伏を知った香港市民の多くは、中華民国軍が香港に進駐するものと考えていた。新界地区では国民党や共産党に支援された中国人ゲリラ部隊が香港占領日本軍と断続的に戦っていたという事情もあった。

香港市民は三年八か月にわたる日本統治で、イギリスの香港支配が「不変」ではないことを知ってしまっていた。中国系市民が多数を占める香港の統治について、戦後のイギリスは常に「支配の正当性根拠」を示し続けなければならなくなった。政治過程への住民参加の推進は正当性創出の試みの一つであったと言える。この背景には占領中に日本軍が実施した限定的な地方自治の試みもある。日本軍は中国系市民の協力を得るために「華民代表会」と「華民各界協議会」を設置し、また香港領域をいくつかの区に分け、区役所を置いた。(4)「華民代表会」と「華民各界協議会」は占領の前半期にはそれなりに機能し、治安問題や食糧配給問題などについて審議し、総督府に提言していた。(5)区役所の幹部には地元の中国系市民有力者が任命された。このようなシステムは新界にあった郷議局を除いて戦前の香港にはなかったものである。(6)戦時中に（きわめて限定的ではあるが）「地方自治」の芽が香港に植えつけられていたと言える。

植民地において民主化を目指した「憲政改革」が行なわれるようになる背後には、「憲政の競争」という東アジアにおける国際政治の状況もある。「憲政」を「民主化」と言い替えてもよい。イギリス本国が不文憲法の国であったため、憲法の制定や改正を伴わない基礎的政治制度改革を香港ではコンスティテューショナル・リフォームと呼んでおり、これを中国語では「憲政改革」と言っていた。

敗戦国日本は、一九四六年一一月に民主的な新憲法を公布し、この憲法は翌年五月に施行された。中国では、一九四六年一一月に国民大会が招集され、一二月にこの大会で「中華民国憲法」が採択された。この憲法は翌四七年一月に公布されたが、共産党や民主同盟は、憲法を採択した国民大会自体を「民主的でない」として認めておらず、この憲法を承認していなかった。ともあれ、民主的な憲法、政治体制または政治的手続きによる統治は東アジア民衆が一致して求めたものであった。植民地も例外ではなかったのである。

香港はまた、中国民主化運動の拠点の一つとなっていた。一部の政党は南方支部を香港に置いていた。たとえば、一九四七年五月に中国共産党は香港分局を正式に成立させ、分局の下には香港工作委員会と香港城市委員会が設けられた。(7)共産党の組織は非公開の「地下組織」であった。また、四七年一〇月に国民政府によって中国本土での活動を禁じられた民主同盟はその後香港で活動を継続した。

なお、本章で基本資料として使用する『華商報』は親共産党系の香港紙であり、『大公報』は中立系上海紙の香港編集版である。現在は『文匯報』とともに代表的親共産党系紙として香港で発行されている『大公報』は一九四〇年代当時やや国民党寄りの中立紙であった。政治的立場は異なるが、両紙とも事実報道においてはほぼ正確であることが、他の資料とのクロス・チェックの結果、確かめられている(8)。

一　香港憲政改革の提案

第二次世界大戦後すぐの時期の香港政庁は、基本的に戦前の政治体制を継承していたが、次の通りであった。香港植民地総督は、植民地の主権者であるイギリス国王の代理として、植民地における立法・司法・行政の三権を掌握していた。諮問機関として行政局と立法局があった。行政局は総督と植民地官僚の中核メンバーで構成され、各種法案や予算案の作成を行なった。立法局は官僚と民間議員から構成され、法案・予算案の審議を行なった。総督は立法局の同意がなくても、立法行為と行政措置を行なえたが、慣例として立法局での議論を重視した。総督は通例として各地の英国植民地で行政官として務めていた者の中から選ばれた。ロンドンの植民地省が総督の業務を事実上監督していた。総督の補佐役として輔政司(後に「布政司」という訳語が定着するが、この時期の中国語メディアでは「輔政司」と呼ばれていた)がおり、行政機関として各種の「署」・「処」などがあった。新界農漁村の「原居民」の有力者たちによって郷議局が設置されていた。郷議局は農漁村共同体の意思を植民地行政当局に伝達する役割を担っていた。新界の大埔には新界理民府があり、離島を含む新界地区の行政を担当することになっていたが、後述するようにその統治は十分には浸透していなかった。総督は形式上香港における英国陸当した。

海空軍の司令官を兼ねていたが、通常は軍事項目に関与せず、東南アジア地区英軍司令官が在香港英国軍を指揮していた。彼の下にGeneral Officer Commanding in Hong Kong（少将または中将）が置かれ、日常的軍務を担当した。

イギリスの香港復帰後に郷議局は「植民地民主化」のモデルとされた時期がある。一九四七年一月、二日間にわたり香港島南西沖の離島「長洲島」で、郷事委員（郷議局の「議員」にあたる）の普通選挙が行なわれた。当局はこの選挙の準備に力を入れ、「居民が政権担当者に自分の意見を託す第一段階になる」と考えた。長洲島の住民たちもこの選挙に非常に興味を持ったという。新界理民府長官が選挙を直接監督した。さらに、郷事委員選挙を取材する新聞記者たちのために、香港島セントラルと長洲の間に臨時のフェリー便まで運行されている(9)。現在は一時間に平均二便ほどのフェリーで香港島と結ばれている長洲であるが、当時は一日数便の船しかビクトリア市からの交通手段はなかった。郷議局における民主的選挙は、一九八〇年代以前にもイギリス植民地当局主導による民主化の動きがあったことを示している。

一九四六年から香港の立法局は総督を含めて一七名で構成されており、政府職員議員（官僚）が一〇名、民間議員が七名であった。四七年時点で、この内中国系議員は四名であった。立法局はイギリスによる香港領有直後の一八四三年に早くも設置され、一八五〇年には二名の民間議員（当初は英国系商社や銀行の幹部であることが多かった）を初めて迎え入れている。総督の諮問機関としての機能しか付与されていなかった立法局であったが、戦前から、公共事業の財源問題などで、総督の意見と対立することも時にはあった。しかし、前述のように歴代総督は政策決定に際し、おおむね立法局との合意を重視してきた。立法局は香港の政治過程において一定の役割を果たしていたと言える。一八八四年からは民間議員に次第に中国系有力者も参加させるようになり、その数は増加傾向にあった。立法局の民間議員は太平紳士（Justice of the Peace、民間治安判事）有資格者の中から選ばれるのが普通であったが、自己推薦も認められており、複数の者が「立候補」した場合は、太平紳士内部の互選方式で当選者が決められた。一九四八年五月には民間議員補欠選出に男女各一名の太平紳士が立候補し、高等法院で投票が行なわれた(10)。

地域に密着した行政活動をより民主的に行なうため、ヤング香港総督は一九四七年に香港の憲政改革に関する建議書をイギリス本国植民地省に提出した。七月に植民地省はこの建議を若干修正して批准した(11)。この改革は「市政委員会」(当時の香港中国語メディアでは、「市政委員会」のほかに「市政局」、「市政会議」の訳語も用いられていた)を設置しようというものであった。市政委員会の職務範囲は、衛生・消防・公園・運動場・娯楽施設となっており、後の「市政局」の管轄と重なっていることがわかる。権限は「国政」に関わらない「地方自治」的な事項に限られていた。

ヤング民主化提案で注目すべきは市政委員三〇名(任期三年)の選出方法である。人種別・団体別による選挙と推薦方式が採用されているのである。最初の一〇名は香港領域を一〇区域に分けての中国系市民による小選挙区選挙によって選出。次の一〇名は非中国系市民による選挙(人種別で、ポルトガル人枠とインド人枠が最低各一)によって選出。最後の一〇名が公共団体や職域団体からの推薦により指名されるという提案になっていた。団体からの選出は中国系五名、非中国系五名となっていた。団体からの選出というのは後の香港立法局(香港の中国復帰前)・立法会(香港の中国復帰後)選挙における職能団体別選挙の考え方に近い。団体枠の内訳は、華商総会一、工団(労働組合)二(中国系)、香港大学一(中国系)、西商会(欧米系の商工会議所)二、香港居民協会一(非中国系)、九龍居民協会一(非中国系)、公務員でない太平紳士二(中国系一、非中国系一)であった。中国系議員が一七名中四名だけであった当時の立法局に比べると、中国系市民に対してより開かれる提案だったと言える。

ポルトガル人枠があるのは華南における先輩植民地マカオへの配慮であった。また、一九世紀中葉の香港開港時に、華南における統治の経験が豊かなマカオのポルトガル人を香港政庁に招聘していたという歴史もあった。さらに、第二次世界大戦中に中立地域であったマカオには香港を離れた香港住民が多数避難していたし、軍票一色化政策で香港ドル紙幣の流通が禁止されていた日本軍占領期の香港に代わって香港ドルを流通させ、その価値を保っていたのがマカオであった。現在でもそうであるが、マカオでは現地通貨よりも香港ドルが歓迎されていたのである。珠江デルタおよびその周辺地域における取引決済通貨としての香港ドルの価値はマカオの存在によって保たれていたという面があった。

インド人枠があるのは警察官をはじめとした植民地公務員にインド系が多かったためである。香港警察は中国系人を加入させる前からインド系人を採用しており、彼らは退職後香港において民間警備員などとして働いていた。また、印僑商人の存在もあった。香港統治にはインド人の協力も必要だったのである。

興味深いのは、有権者資格である。まず、性別による差別はなかった。年齢資格は二五歳以上で、英語または中国語の読み書きができることが必要であった。また、年間二〇〇元以上の納税者であること（または陪審員資格を持っていること）も必要資格の一つであった。国籍別で香港居留年数資格に差がつけられていた。英国籍であれば香港居留一年以上、非中国系（主に欧米系を想定）の非英国籍であれば直近一〇年間の香港居住期間が六年以上（英語ができることも条件）、中国系の非英国籍であれば直近一五年の内に一〇年以上の香港居住が必要であった。居住年数制限には三年八か月の日本統治期間が考慮されている。この期間に香港から避難していた市民にも投票権が与えられるようにしたのである。

ヤング香港総督のもともとの建議書では、中国系市民の居留年数要件はもっと短かったが、植民地省の判断で長くしたのである。現地で勤務した総督の方が、植民地民主化の必要性をより認識していたと言える。批准後の改革案では、立法局の政府職員議員を九人から七人に削減することも認められていた。中国系議員の入る民間議員枠は六名のままとされたので、結果的に中国系香港市民の意見が反映されやすくなることとなったのである。

一九四七年七月二五日には新総督としてアレクサンダー・グランサムが就任した。バミューダやジャマイカなどで植民地官僚として働いてきたグランサムは、香港総督就任直前までフィジー総督を務めていた。戦前の二二年から二四年まで香港で輔政司を務めたことがある。彼は就任式の演説で「香港は市政委員会を成立させ、民主の途を歩もうとしている。同時に立法局の民間議員も増加させようとしている」と述べた(12)。グランサムは民主化以外の政治課題として、住宅問題と教育問題の解決を挙げていた。

一九四七年一〇月、総督は市政委員会準備委員として新聞処長のリー（J. H. B. Lee、香港の中国語メディアでは「李佐安」と表記されていた）を任命した。この時期、香港憲政改革法案の最終案は香港政庁行政局が審議していた。リーは、選挙区画定・有権者登録・選挙用備品の購入・選挙管理人員の雇用、選出委員の職権細目規定作成などの準備にあたった(13)。リーの事務所は政庁ナンバー2の輔政司のオフィス内に置かれていたから、この改革案の実行が政庁の重要課題であったことがわかる。

香港における民主化の進展は司法における陪審制度にも現れていた。香港ではイギリスの制度にならい陪審制度が実行されていたが、女性陪審員の活用はイギリス本国よりも進んでいた。イギリスでは陪審員資格に財産条件があったが、香港では英語ができることのみが条件であったため、主にイギリス人女性が陪審員になりやすかったのである。英国人男性には陪審員就任を辞退する者が多かったため、結果的に香港では一九四七年一〇月の時点で、陪審員のほぼ三人に一人が女性となっていた(14)。香港史上初の女性裁判官も四七年に誕生し、民事事件を担当し始めている(15)。

一九四八年一一月、市政委員会の発足は二年後の五〇年三月まで延期されることが市政委員会準備委員会から発表されている(16)。準備委員会によると、延期の原因の一つは市政委員会事務局を担当する行政職員の適任者がいないことであった。香港の事情に詳しく、行政経験が豊富で、英国籍を有する者が最適とされたが、第二次世界大戦の終結からそれほど時間が経っていないこの時期、極東の植民地でこのような人材を確保することは困難であった。

一九四七年七月の時点では未定であった市政委員会設立準備スケジュールや委員（メディアによっては「議員」と表記）資格について、四八年一一月にはかなり細かな部分まで準備委員会によって明らかにされた。

この時公表のスケジュールは以下の通りである。

一九四九年一〇月一日	有権者登録開始
一九四九年一一月末	有権者名簿完成
一九五〇年一月	有権者名簿公開
一九五〇年三月第一週	選挙実施
一九五〇年四月一日	第一期市政委員会開会

また、市政委員会の発足時は衛生局の職務のみ管轄させ、「ヤング案」で想定されていた全ての職務を担当できるようになるのは「発足からおおむね五年後」とされた。この一年の間に「急進案」から「漸進案」になったことがわかる。

被選挙資格（委員資格）については、有権者資格（選民資格）よりも厳しい制限がつけられた。有権者は英・中どちらかの識字者であればよかったが、委員になるためには「英語を話せて、かつ書ける」ことが必要とされた。委員はまた、「二五歳以上であり、かつ、二五歳以後に一年以上の香港居住（英国籍）または直近一五年間のうち一〇年以上の香港居住（非英国籍）」が必要とされた。英国および香港の公務員・重大刑事犯・破産者・外国公務員・精神病患者は委員資格を有しないとされた。四七年七月時点の案では、有権者は年間二〇〇元以上の納税者である必要があったが、四八年一一月案では「村落居住者については年間二〇元以上」でよいとされた。新界「原居民」（英国統治開始以前からの住民およびその子孫）への配慮であると考えられる。

市政委員会の設置と立法局の改革を含む「ヤング民主化提案」はこの後、中国内戦の進展・イギリスにおける政権交代・中華人民共和国の建国・朝鮮戦争勃発などといった外部環境の変化の中で忘れ去られていく。[17] 一九五二年五月にやっと市政局（前述のように、これ以前は「市政委員会」・「市政会議」など訳語が不統一であったが、この頃ほぼ「市政局」に統一された）の民選議員二人が選出されたが、これは「ヤング案」に比べても、「四八年漸進案」と比較してもきわめて不十分な「民主化」と言わざるをえない。しかし、八〇年代初めに香港の中国返還問題が持ちあがって「民主化」がふたたび植民地の歴史的課題として認識された時、「ヤング民主化提案」は約四〇年の「休眠」の後復活するのである。

憲制改革と民主化の動きが遅延していた一九四八年一〇月、香港政庁の律政司（法務大臣にあたる）は「維持公共秩序安全法案」を立法局に提案した。[18] 律政司代理は一〇月一九日の立法局会議において「最近の二〇年間世界各地の一部政党の組織は以前に比べて強固なものになり、暴力を使って他人に自己の意見を強制するようになった。このため、法律を制定してこのような政党の活動を制限する必要があり、同時に普通の民衆による集会の権利は保護する必要がある」と述べた。法案は香港総督に次のような四つの権限を与えるものであった。第一に、指定された地域における夜間外出禁止令を公布できる。第二に、指定された地域を封鎖し、許可証のない者が当該地域に入ったり、当該地域から出たりすることを禁止できる。第三に、指定された地域の住民を強制移転させることができる。第四に、船舶の移動や停留を禁止したり、船舶の香港領海使用を禁止したりすることができるとなっていた。

「維持公共秩序安全法案」は一〇月二七日の立法局会議で可決された(19)。この法律に基づく総督の命令に違反した者は禁固二年となった。中国共産党の香港における活動によって治安が乱されるのを防止しようと香港政庁は考えていた、ということができる。「民主化」の速度を落とす一方で、「共産主義の抑制と治安維持」が植民地行政の緊急課題となっていたことがわかる。一九四八年の秋から冬にかけて、中国大陸では国民党軍が重要拠点を失い多数の難民が上海その他の地域から香港に押し寄せていた。国民党が依然として確保していた華南の諸都市では共産党や民主派諸政党の活動家に対する弾圧が強まっていた。このような中で、多くの左派活動家が香港に流入し後述する労資紛争に関わっていた。

二　具体的な政治課題と香港社会

香港における憲政改革は、当時の植民地における具体的な政治課題と結びついていた。以下に述べるような諸課題解決のためにも、憲政改革が必要とされたのである。

1　住宅問題

一九四七年四月一〇日の立法局会議で民間議員羅文錦は住宅問題について政庁に三項目の質問をしている。政庁は戦後徴用されていた住宅の徴用解除をするさい、公務員と軍人にその住宅を優先的に分配しようとしていたが、この政策に対して、羅は疑問を呈したのである。第一の質問は、戦後香港に帰ってきた中国系市民が自分の住宅の徴用解除を請求しても当局から回答がないものは何件にのぼるか、であった。第二の質問は、輔政司が表明している政庁徴用住宅の分配の内、中国系市民が受け取れるのは何件か、であった。第三の質問は、二六二か所の徴用解除住宅の内、もともとの所有権が中国系市民にあったものは何件か、であった[20]。戦前の住宅所有権を回復することが香港中国系市民の大きな関心であったことがわかる。

住宅不足の問題を政庁の予算だけで解決するのは困難であったので、政庁は民間企業との協力で住宅建設を進めようとした。これは、戦前に行なわれた協力方式「屋宇建造合作会」の復活であった。香港の民間開発会社が政府の補助金を受けて住宅を建設し、一五年から二〇年の住宅ローンを組んで、市民に住宅を供給するという計画であった。市民は頭金の五〇〇〇元（香港ドル、当時の香港中国語メディアでは通常「港元」と呼ばれていた）さえ用意すれば、あとは毎月一〇〇から一五〇元ずつ返済して住宅を取得できるというスキームであった[21]。このようなスキームに対応するためにも、戦災地区の復興と海面の埋め立てによる宅地の造成が計画された。戦災地区では一四八棟（七〇〇〇から八〇〇〇人分）の集合住宅の再建が計画されたが、建築資金が十分にまかなえないオーナーをどのように援助するかについて、立法局で議論が進められた。埋め立てについては香港島北岸湾仔の海軍施設から北角（ノース・ポイント）までの海面を市街地化するという計画が当局から出された[22]。この後、住宅問題は華民政務司と衛生局が担当することとなった[23]。一九四七年一二月に香港政庁は一億五〇〇〇万元の公債発行を発表したが、このほぼ四分の一に当たる三五〇〇万元あまりが住宅建設にあてられることになっていた。その他は、戦時補償と鉄道などの公共事業への支出そして教育環境改善関連が多い[24]。

その後、中華人民共和国の建国と朝鮮戦争によって中国大陸から香港に流入する移民は激増し、一九五一年に香港の人口は二〇〇万人を突破した。移民による公有地の不法占拠とスラム地区の拡大に悩んだ香港政庁は、一九五四年から本格的に公営住宅（Resettlement Estate）の建設に取り組んだ[25]。

2　新税導入問題

次は新税導入問題である。戦前の香港には直接税としての個人所得税と法人所得税はなかったが、戦後の復興、特に住宅や教育施設の整備のために、財政需要が高まり、政庁は一九四七年四月、標準税率一〇パーセントの新直接税を立法局に提案した。[26] 個人所得税は年間七〇〇〇元までは免税とされる提案であった。

この提案に対して、商工業者を中心とする中国系市民は「港九各界反対徴収直接税委員会」（各種業界団体など九八の団体で組織）を組織して、幅広い反対運動を展開した。彼らは立法局でのファースト・リーディングの翌日には、総督府や立法局議員に請願するほか、イギリス本国の植民地大臣にも書面で訴えた。[27] 商工業者たちの直接税反対理由は主に次の三点であった。第一に、香港は開港以来一〇〇年間所得税を徴収しておらず、新税は香港への投資を減らす。第二に、香港の中国系市民は直接税に慣れておらず、もし新税を導入すれば新たに会計係を雇わなければならない。そして第三は、現在の香港政庁の財政赤字は一時的なものである、ということであった。商人たちは、営業許可証発行税を所得税の代わりとするよう求めていた。その後、反対委員会はイギリス王室にも陳情書を提出した。[28]

立法局においても、民間議員の一部が、新税に強硬に反対していた。一九四七年五月一日のセカンド・リーディングでは二時間にわたる議論が行なわれた後に採決され、賛成の一三票に対して、反対票も三票出ている。議長である総督自身を含め、全ての公務員議員（財政司・律政司などの政庁幹部やイギリス軍代表など）と香港華商総会法律顧問であった民間議員羅文錦らは賛成にまわった。

反対議員の質問に対して、香港総督は、増税の必要性、公平性、可行性（実行可能性）を説明している。反対票を投じた民間議員の周埈年は「中国人社会ではこの種の法律は皆失敗している。習慣を法律で変えることはできない」と述べていた。[29] この議員の、「直接税徴収にかかわる所得申告を中国人商人は正確にするはずがないから、直接税は結果的に不公平になる」という主張は、正直に実態を吐露していて興味深い。現在でも、アジアにおいて所得税の捕捉率が低く税負担の不公平に悩んでいる代表的な国は中国とフィリピンである。現在でも偽造領収書による経費の水増しは華南では犯罪とも認識されていない。周埈年議員の指摘はまったく理にかなっていたというべきかもしれない。公平な徴収を目指せば、途方もない経費と手間がかかるであろう。

総督は法制上、立法局の同意がなくても新税制を実施できたが、立法局での審議を通じて中国系市民の説得に努めていた。結局、五月五日新税法案は公布され、四七年四月一日から遡及的に課税されることが決められた(30)。イギリス香港政庁は香港復興のために植民地成立以来ある種の伝統になっていた「無税政策」を放棄したのである。戦後復興の諸問題に取り組むための財政支出圧力は非常に高かったと言うことができよう。

3　経済問題とストライキ

一九四七年時点での香港の人口は、海上生活の漁民・兵士などを除いても約一六〇万人になっており、日本軍占領開始期（一九四一年一二月）の約一五〇万人よりも増えていた(31)。日本軍政による強制帰郷措置によりかなり減少していた香港の人口は戦後中国国内の政情不安と内戦によってふたたび増大していたのである。そこで、香港政庁は四七年、民間慈善団体である東華医院などの協力を得て、「無業僑民」の本土帰郷事業を実施している(32)。ただし、占領中に日本軍の一部がしたような強制連行や無人島への遺棄がこの時期に行なわれた証拠はさすがにない。期日を設けて街中の「無業僑民登録所」に出向くように広報し、登録した者には食事・衣服を与えて登録所に宿泊させ、一定の人数に達すると香港島南部アバディーンにある収容施設に連れて行き、中国本土の目的地別に分けて順次船で送り返していた。失業して食べ物も宿泊場所もない「無業僑民」にとっては自らすすんで登録所へ行き、食事と故郷への「無料切符」を得ることは合理的な選択となったであろう。故郷に帰った後、香港の景気がよくなって植民地で仕事にありつけそうだということがわかったら、またすぐに戻ればよかったのである。国境管理はとてもルーズであったので、本土から植民地への移動はたやすかった。ただしこの時期、男性の壮年中国人にとって大陸に戻ることは別のリスクがあった。すなわち、広東省を含めた華南の各地では国民党軍による「徴兵活動」が盛んに行なわれ、無理やり兵士にさせられることが多かったのである。兵士になりたくない場合は、「代金」を払えば兵役を免除されたが、零細農民や労働者にそのような資力はなかった。強制徴兵されない英国植民地はやはり魅力的だったのである。

この時期中国の内戦激化にともなう対中貿易の停滞と物資不足によるインフレのため、労働者の生活は厳しさを増していた。(33)一九四七年八月一六日から九月一一日まで、ドック（造船所）や鉄道など八事業所の機械工労働者八五五六人がストライキをした。(34)九広鉄道の香港側区間は数日間止まった。この間鉄道は広州と深圳の間の折り返し運転となった。広州の機械労働者たちはこのストライキを支援している。(35)香港の五大公共事業（路面電車・電話・ガス・電力・郵政）の労働者たちも同年九月、待遇改善を求めて労使交渉を行ない、電話や路面電車の労働者はストライキに入っている。(36)公共事業を含む一部の業種ではストライキは九月下旬まで続いたが、(37)公務員を含む労働者の一部は一定の待遇改善を実現している。公務員の給料は同年一二月に、約三分の一引き上げられた。(38)

このような社会情勢を受けて、香港政庁は四七年一〇月、「社会福利処」を設置している。(39)香港の伝統的な社会経済政策である「自由放任主義」は、戦後早い時期に修正を迫られていたのである。しかし、インフレはこの後も続いたので、(40)賃上げをめぐる攻防は止まらなかった。一二月には香港島のバス会社がストライキに入っている。(41)翌四八年三月には、「香港」・「半島」・「浅水湾」・「麗都」という香港四大ホテルの労働者一二九六人が三日間のストライキに入っている。(42)このようななか、同年三月、香港の二五の労働組合によってアンブレラ組織である「香港工人聯合会」が組織されている。公共事業や船員の組合が組織化をリードした[43]。重化学工業が未発達の香港では、公共部門や交通部門の労働者が労働運動の中心にならざるをえなかった。

衛生管理・伝染病予防との関連もあり、一九四七年、香港政庁は路上小売販売者の規制強化に乗り出した。政庁は一〇月二七日から新規ライセンスの交付を始めたが、香港全体での発給数を一万五〇〇〇に限り、ライセンス料も軒並み値上げした。たとえば、調理と食品の販売（路上食堂の営業）ライセンスはそれまで年間二四元だったものが一〇〇ないし三六〇元へ、雑貨販売ライセンスは二四元だったものが五〇ないし二四〇元へなど、業種によっては一〇倍以上の大幅な値上げであった[44]。一〇月二八日には、数が限られたライセンスの申請に訪れた群集を警官隊が規制しようとして、流血の事態も発生している[45]。路上販売者の代表は規制を緩めるよう要求していたが政庁はほとんど考慮しなかった。路上販売者側は、このような厳しい制限は逆に不法営業を増やすと警告していた[46]。しかし、衛生問題は植民地設置以来の重大問題であったので、政庁としても妥協できなかったのであろう。一九世紀中葉、植民地開設直後の香港ではイギリス軍人が熱帯の伝染病で多数死亡し、本国では香港放棄論まで唱えられていたのである。軍の駐屯地があった香港島北側のハッピー・バレーはデス・バレー（死の谷）と呼ばれた。このほかに、予防接種の無料接種ステーションの設置や、農漁村地区への政府薬局の開設などの施策も進められた[47]。

一九四八年の夏から冬にかけては香港島と九龍のタクシー会社八社における労使紛争が激化し、香港市民の関心をひいていた。会社側は歩合制賃金の導入を目指したが労働者側がこれに反対していたのである。当時、タクシー運転手の日給は基本給が六元半で、無事故で一日の業務を終えた場合の「安全奨励金」が一元半であった。この「安全奨励金」は、会社側の主張によると、タクシー会社の収入を減少させるものであり、経営者は廃止を求めていた。運転手が一日の業務を無事故で過ごして奨励金を得ようとするあまり運転スピードが極端に遅くなり売り上げが減る、という主張であった。経営者たちはこの「安全奨励金」を廃止して、「花紅奨励」という歩合給を導入し固定給を打破しようとしていた。

労働者側は三つの理由から歩合給に反対する、と九月八日の記者会見で主張した。第一に、タクシー同士の競争が激しくなり運転手相互間の感情が傷つけられる。第二に、タクシー会社間の競争も激しくなり和気藹々とした雰囲気が損なわれる。第三に、乗客を載せている時の運転スピードが速くなり（事故が増えて）交通安全に害がある、であった。(48)

九月二〇日に「明星」というタクシー会社でストライキが始まり、他の七つの会社の労働者たちはこれを支援した。翌二一日タクシー会社経営者たちは労働者を牽制するために臨時休業を決定し車両を車庫に収容した。経営者側は「日給の支払いを停止する」と通告し、労働者側の結束を乱そうとした。(49)この後、タクシー労働者たちは全八社でのストライキに入った。タクシー会社は、新たな運転手の雇い入れで対抗した。組合は「香港の地理に不慣れな運転手が増えると事故が増加し、乗客へのサービスも低下する」と世論に訴えた。紛争が長引く中、バス運転手たちは「六元運動」というタクシー労働者支援キャンペーンを始めている。一日分の給料をストライキ参加タクシー労働者のために募金しようという運動である。(50)長引く労資紛争で九龍半島側を含めた香港の交通には多大の影響があったが、政庁は「労資双方に誠意がないかぎり調停は行なわない」（労工処長の談話）と匙を投げていた。(51)タクシー会社のストライキは三か月以上続き、バス会社や車両のリース業者は収入を大幅に増加させた。

物価の高騰や中国大陸での共産党の攻勢など内外の要因によって香港の労働運動は勢いを増していた。一方経営者側も、大陸の戦火を逃れた難民の流入で労働力が供給過剰になっていたため、ストライキには解雇で対応するという強硬手段を採ることが多くなっていたのである。香港の路上には失業者があふれていた。

4　香港華人エリート層の世代交代

香港華商総会は香港の中国系住民エリート層のアンブレラ団体で一九四七年秋には董仲偉が理事長（理事会主席）であったが、次期主席選出をめぐって二つの派が対立していた。一方は、七一歳の雷蔭蓀という広東省台山出身者がリーダーであった。江門県を中心とする広東省珠江デルタ西部四邑（江門が中心）出身者と上海・福建・潮州各帮に支持されていた。他方は、四七歳の高卓雄という薬行商人が率いていた。広東省珠江デルタ東部（広州市・宝安県など）出身者や保良局（慈善団体で売春を業とする女性の保護・更正などを行なっていた）関係者・教育関係者などが主な支持者であった。高派は選挙直前に自派の会員を増やしていたが、雷派は「会費未納者の投票権を認めない」と牽制していた。この戦いは、既存エリート保守派と改革派の対立が背景にあった。[52] 雷派が改革派で、高派が保守派と見られていた。

この後改革派は自派の新入会員を大幅に増やしたが、今度は理事会をにぎる保守派が改革派新入会員の投票資格を認めないと主張した。一九四八年四月には改革派が二〇〇人連名の公開抗議書簡を主席の董仲偉に提出している。[53] 四月末の時点で審査待ちの新入会申請者は三〇〇〇人にのぼっていた。新理事選出手続きには最低五五日かかると見られていた。[54] 四八年五月、改革派の翁世晃は弁護士を介して董主席に公開質問状を出した。改革派は、新理事選出予定日の直前に実施された会則の改定にともなって新理事選出は延期されるべきだとしていた。改革派の新入会員の会員資格が確定してから選挙を行なうよう求めていたのである。[55] このような混乱のなか、立法局の民間議員で華商総会の法律顧問でもあった羅文錦は顧問職の辞職を申し出ている。[56]

改革派は投票権の確認と改選大会の早期開催阻止を求めて一九四八年五月裁判所に訴えたが、[57] 敗訴し、[58] 同年六月から一部の会員は別組織（「中華総商会」という名称を想定）の準備に入った。[59] 結局、半年以上の争いの後、四八年七月七日に保守派の高卓雄が理事長に選出された。[60] 七月一四日、雷ら改革派は華商総会から脱退した。[61]

この後、香港の中国系財界は親国民党派と親共産党派に分かれていってしまう。香港の経済・社会は中国から「独立」しては存在できないのである。後に設立された「香港中華総商会」は親共産党系財界団体として隠然たる勢力を築いていく。立法局など統治機構への中国系市民の導入は、親英国系華人と親中国共産党系実業家とのバランスをとりながら進められていった。

5　対外関係と香港社会・経済

当時の香港経済が中国と東南アジア・北米など域外地域間の中継貿易で成り立っていたことから、香港政庁は中国側との接触・調整を積極的に進めていた。離任前のヤング総督は、一九四七年五月二日に広州を訪れ、張発奎行轅主任に戦時中の「英軍服務団」(British Army Aid Group、香港脱出民間人・義勇軍兵士らによってつくられた英軍援助組織）への協力を理由に勲章を贈った後、同月一七日に香港を離れている。(62) グランサム総督は同年七月二五日に着任した後、八月二七日に広州を訪問し、張主任や欧陽広州市長と会談している。(63) グランサム総督はまた同年一〇月に、経済問題を話し合うため、四日間南京を訪問している。(64) 逆に広東省要人の香港訪問も、中華人民共和国成立後よりもこの頃の方が多かった。たとえば、張広州行轅主任は四七年九月二四日、香港を訪れている。(65) 同年一一月に宋子文が広東省主席になると早速香港総督は広州へ出向き挨拶している。(66) 宋の方もこの後、頻繁に香港を訪れることになる。(67) 四八年九月に香港総督夫妻は「休暇」名目で二週間上海を訪問している。(68) 情勢が急変していた中国大陸情勢について駐上海英国総領事らとの情報交換・政策調整が主目的だったと考えられる。

一八九八年に香港領域に編入された新界は、日本占領期に抗日ゲリラの活動が盛んであったが、戦前期についてもイギリスの統治は限定的にしか及んでいなかった。これは戦後のある時期までについてもあてはまり、新界の統治機構整備・治安維持は全体として遅れていた。たとえば、広東省から九龍への主要道路沿いの上水・大埔・沙田などには、住民が「関所」を勝手に設け、通過するトラックから「通行税」を徴収していた。当局は被害者からの通報を奨励するのが精一杯であった。[69] イギリス軍東南アジア地区司令官のリチャード・ペアーズ大将は、一九四八年七月一四日に新界大埔の理民府と英中国境付近の部隊を視察している。彼は、「香港華人受訓隊」（中国系人教育訓練隊）も訪問した。[70] 植民地防衛の現地化が進んでいたのである。戦前の華人義勇軍の設立が香港における防衛現地化の始まりであった。そしてこれは東南アジア地区からの英国軍撤退戦略とも関連していた。

中国本土と香港の間の商品流通には統計に現れないものがあった。密輸である。密輸が特に多かったのは宝安県（現深圳市）沙頭から新界北西部へのルートであった。珠海河口東側から深圳河河口にかけて広がる后海湾での取締まり強化が当時は急務となっていた。中国と香港の関税当局は一九四八年一〇月四日、后海湾内の密輸取締りラインを少し北に上げて、つまり香港側の取締まり区域を広げるかたちで合意した。調印と公文の交換は南京で行なわれた。[71] 密輸を取り締まって正当な関税を徴収することは、香港・中国双方の財政当局にとって共通の目標であった。

中国の経済復興が内戦と猛烈なインフレにより進まないなか、戦後の経済復興がいち早く進んだ日本からの輸入物資の流入が香港地場産業を苦しめていた。一九四八年六月時点で、アメリカからの廉価な原材料の提供を受け、かつ為替が安定していた日本で生産される綿布は、宋子文の政策による貿易自由化と高めの為替誘導（中国通貨の交換レートを米ドルに対して高めに設定する）でコストが高くなってしまった中国綿布に比べると三分の一の国際価格で取引されるようになっていた。日本産は香港産と比べても二分の一の価格であり、東南アジアの市場を席捲した。香港では工場主の連合会が、「アメリカが日本の経済復興を助けることに反対する集会」を四八年六月一九日に開いている。[72] 集会では、アメリカの対日政策が強く批判された。この会は同年七月一日、中華民国政府に対してアメリカ政府と日本経済の復興問題について交渉するように求め、また、イギリス香港当局に対しては、日本製品の輸入制限を求めた[73]。

一九四七・四八年頃の香港政庁は、激変する国際環境の中で戦後復興を進めなければならなかった。中国内戦の進展のため、難民流入による人口の激増という不安定要因も抱えていた。しかし、この時期以後の香港は、人口激増による遊休労働力の活用という「逆転の発想」で、軽工業を中心とする工場団地の建設、港湾・空港・道路などへの積極的な公共投資、低率税制の維持といった積極的工業振興政策を採った。低廉で勤勉な労働力が豊富にある中で、香港における工業発展の最大の阻害要因は土地の不足であったが、政庁は積極的に新界の開発と香港島・九龍半島地域に隣接する海面の埋め立てによって工業用地を増やしていった。イギリス本国からの財政投資も重要な役割を担った。

おわりに

本章で検討した一九四七年から四八年という第二次世界大戦直後の時期の香港は政治的にも経済的にも危機の中にあった。中国大陸では内戦が続いていたが、次第に共産党軍の優勢が確立しつつあり、植民地解放・独立が時代の流れであった。インド・インドネシア・ビルマ（ミャンマー）などでの独立過程が進展していた当時、イギリスとしては植民地の将来的な返還も見据えた「憲政・民主化」を進めざるをえなかった。中国経済の復興が進まない中で、地場産業の育成も進められた。中国への中継貿易だけでは、香港の一六〇万の人口を養えなかった。そして、中国との貿易はこの時期激減していたのである。直接の原因は大陸の内戦による交通機関の途絶と中国の猛烈なインフレによる通貨不安・信用収縮であった。香港における住宅建設や衛生政策の推進、新界地区とができるだろう。
の統治機構整備などは植民地経済の自立化、つまり中国大陸とのデカップリング戦略推進という文脈で捉えるこ

香港における憲政改革やその他の政治的課題解決の過程を見ていくと、この植民地の多面的性格が浮かび上がってくる。第一に、統治者が誰であれ香港は中国の、そしてとりわけ広東省を中心とする華南の一部であるということである。新界と宝安県の境界が「国境」として厳格に管理されるようになるのは一九七〇年代末から八〇年代初めの時期である。それが密輸や不法入国と呼ばれようとも、新界住民や宝安県民は互いに自由に商取引をし、親戚や友人を訪問しあっていたのである。第二に、香港はコモンウエルスの一員として慣習法（コモン・ロー）と英国式の民主主義的政治制度の影響を受け、英語が支配的言語として用いられていたということである。憲政改革案における市政委員選挙でも、英語の読み書きができる者以外には被選挙権はなかった。そして第三に、香港は多民族・多文化社会であるということである。[74]多数派である中国系住民のほかにも、「支配者」（主人またはマスターと呼んでもいい）としての英国人、「サーバント」（警官を主とする公務員）または「マーチャント」（シーク教徒とジャイナ教徒を代表とする印僑）としてのインド系人、アジア地域への先行ヨーロッパ人、そして東アジア最古の植民地マカオの統治者としてのポルトガル人（その中でもマカオ生まれのマカエンセス）たちが生活していたのである。

香港の政治はこのような植民地の三つの性格を映す万華鏡のように展開されていく。万華鏡を動かすのは世界史の大きな流れであった。それはおおづかみに言えば、第二次世界大戦の終結から民族独立・植民地解放・民主化へ、そして、ソ連影響圏の拡大から冷戦構造の定着へと進むのである。このような動きは、一九四七年から翌年にかけての香港における急進民主化提案から民主化漸進案への変化、治安維持政策重視への傾斜という流れの背景となっている。

香港の内政に目を向けると、この植民地も福祉国家化への試練を受けていたと言うことができる。レッセフェール（積極的自由放任主義）を採用していた香港においても、労働運動の急進化、中産階級市民の政治参加意欲の増大、工業化を進展させるための教育水準維持向上の必要性、住宅整備・衛生保健政策の重視などの要因によって、労働分配率の向上、住宅整備等財源確保のための所得課税の導入・強化といった「福祉国家政策」の追求が不可避になったのである。

この後、植民地をとりまく事態はイギリス政府の考えていなかった方向に進む。中国の内戦が終結し、中華人民共和国建国・朝鮮戦争勃発と時代が展開した。国際社会からの経済制裁を受けた中国は、香港とマカオに「資本主義諸国との窓口」としての役割を認め、「長期利用・現状維持」の方針を固めることになった。香港とマカオは外貨獲得・技術導入のチャンネルとして、また台湾や西側諸国へのショーウインドウとしても、北京にとって利用価値のある貴重な「財産」となっていくのである。

中国復帰後の香港（一九九七年以後）・マカオ（一九九九年以後）は「一国家二制度」の下で、祖国との「不完全統合」を生きている。生き残るためには、中国にとっても多国籍企業にとっても、さらには在住市民にとっても「価値のある地域」として自らを保たなければならない。この意味で、現在の香港は終戦直後と同じ課題を抱えているのである。本章では触れなかったが、マカオも同様であろう。

「民主化」との関連で言えば、終戦直後の「競争」とは違った意味で、中国大陸における「民主化」との連関が深まっている。香港の民主化はいまやロンドンではなく北京の意向に左右されるわけだが、香港市民は当時と比べて圧倒的に強い「当事者性」を持っている。特別行政区行政長官の直接選挙こそ実現していないが、立法会議員の民選は実現されており、香港市民の参政権は香港特別行政区基本法に明記されている。基本法の原則を守ることは、「香港問題にかんする中英共同宣言」（一九八四年調印、八五年批准）によって中国の国際法上の義務ともなっている。しかしながら、基本法の改正権は香港立法会にはなく、北京の全国人民代表大会にある。実質的選択肢が広くない中で、香港の民主的政治制度と経済の将来は中国全体の動向と密接に関係しながら動くであろう。

（1）正確には一八四二年に南京条約が締結される前のアヘン戦争中にイギリス軍は香港島の一部をすでに占領していた。一八六〇年に九龍半島先端部（割譲）、一八九八年に新界地域（九九年間租借）が英国植民地領域にそれぞれ編入された。また、第二次世界大戦終了直後イギリス軍が香港に復帰し英日両軍間で日本軍の降伏にかんする協定が調印される一九四五年九月まで、日本軍による統治は続いた。

（2）関礼雄『日占時期的香港』三聯書店、一九九三年、一五九頁。

（3）英連邦軍の香港での戦いについては次の二つの文献に詳しい。Carew, Tim, *The Fall of HongKong-The Lasting Honour of a Desperate Resistance*, Pan Books, 1963. Lindsay,Oliver, *The Lasting Honour-The Fall of HongKong 1941*, Hamish Hamilton, 1978.

（4）小林英夫・柴田善雅『日本軍政下の香港』社会評論社、一九九六年、一〇五～一二二頁。

（5）ただし、戦況が悪化する一九四三年以後は、食料の配給も滞るようになり、中国系市民代表機関も機能しなくなった。

（6）新界村落の有力者がつくっていた農工商総会（農工商業研究総会）は戦前の一九二六年に「郷議局」として合法化されている。「郷議局」の正式の法定団体化は一九六〇年（黄国華「地方行政制度」、鄭宇碩編『香港政制及政治』天地図書有限公司、一九八七年、一二四頁。および、李明堃『変遷中的香港政治和社会』商務印書館、一九八七年、八一九頁）。

（7）李培徳（泉谷陽子訳）「統一戦線と反統一戦線―一九四〇年代末から五〇年代初めの香港における上海銀行家」（日本上海史研究会編『建国前後の上海』研文出版、二〇〇九年）二六五頁。

（８）　主に英文史料を使用したこの時期の香港政治研究としては次のものがある。Tsang, Steve Yui-Sang, *Democracy Shelved : Great Britain, China and Affempts at Constitutional Reform in Hong Kong, 1945-52,* Oxford University Press, 1988.

（９）　「新界将普遍試行新政制　長洲又在籌備中」（『華商報』一九四七年一月一日）第四頁。

（10）　「立法局選挙定六日挙行」（『大公報』一九四八年五月二日）第四版。

（11）　「英殖民地部批准　本港設市政委会」（『華商報』一九四七年七月二四日）第四頁。

（12）　「新港督葛量洪爵士　今日抵港宣誓就職」（『華商報』一九四七年七月二五日）第四頁。

（13）　「改革香港政制歩入行動段階」（『華商報』一九四七年一〇月八日）第四頁。

（14）　「女陪審制稍緩実行」（『華商報』一九四七年一〇月二二日）第四頁。

（15）　「香港司法之新頁　第一個女法官昨日出庭審案」（『華商報』一九四七年一一月四日）第四頁。

（16）　「本港実施初歩自治　市政会議後年成立」（『大公報』一九四八年一一月六日）第四版。「香港市政局　後年始能成立」（『華商報』、一九四八年一一月六日）第四頁。四八年の準備委員会による案については、この両紙の記事によった。

（17）　呉倫霓霞「第二次世界大戦前的香港政制」（鄭宇碩編『香港政制及政治』天地図書有限公司、一九八七年）一九頁。

（18）　「為防政党暴力活動　律政司提安全法案」（『大公報』一九四八年一〇月二〇日）第四版。

（19）　「安全法案三読通過」（『大公報』一九四八年一〇月二八日）第四版。

（20）　「今日立法局会議　羅文錦将質詢　屋宇三問題」（『華商報』一九四七年四月一〇日）第四頁。

（21）　「屋宇建造合作会　計劃恢復組織」（『華商報』一九四七年七月七日）第四頁。

（22）　「解決厳重屋荒　当局有両大計劃」（『華商報』一九四七年一〇月二〇日）第四頁。

（23）　「重建卅間災区　組成復興委員会」（『華商報』一九四七年一〇月二三日）第四頁。

（24）　「発行一億五千万元公債案今日提出」（『華商報』一九四七年一二月三日）第四頁。

（25）　Luke S. K. Wong eds., *Housing in HongKong-A Multi-Disciplinary Study,* Heinemann Educational Books（Asia）Ltd, 1978, p. 309.

(26)「新税法案今日初読　可能七月起徴税」(『華商報』一九四七年四月二四日)第四頁。
(27)「反新税会常委　昨謁港督面遞呈文」(『華商報』一九四七年四月二五日)第五頁。
(28)「反税会昨緊急会議」(『華商報』一九四七年四月二七日)第四頁。「反税会会議最終決定」(『華商報』一九四七年四月三〇日)第四頁。
(29)「地方税案三読通過　反税会昨研究収科」(『華商報』一九四七年五月三日)第四頁。
(30)「地方税法案　正式公佈　四月一日起計税」(『華商報』一九四七年五月六日)第四頁。
(31)「本港人口統計　一百六十萬人」(『華商報』一九四七年七月一七日)第四頁。
(32)「遣送僑胞　昨起登記　登記者八十余人」(『華商報』一九四七年一月一一日)第四頁。
(33)たとえば、米の公定価格は、一九四七年一一月に一斤四〇セントから四八セントに二〇パーセント値上げされた。「下月四日起　公価米加価」(『華商報』一九四七年一〇月二八日)第四頁。
(34)「公共事業四工団　決定発動募捐　慰問罷工機工」(『華商報』一九四七年八月一七日)第四頁。「如無特殊変化　機工明日即復工」(『華商報』一九四七年九月一一日)第四頁。
(35)「穂工人支援港十三機工」(『華商報』一九四七年八月二二日)第四頁。
(36)「五大公共事業工潮　四個部門大致解決　電話不惜単独罷工」(『華商報』一九四七年九月二五日)第四頁。
(37)「四大船埠大部機工　抗議華機復工令」(『華商報』一九四七年九月一二日)第四頁。および、「五大公共事業工潮　四個部門大致解決」(『華商報』一九四七年九月二五日)第四頁。
(38)「調整公務員待遇　約加三分二」(『華商報』一九四七年一一月一〇日)第四頁。
(39)「本港組設社会福利処」(『華商報』一九四七年一〇月五日)第四頁。
(40)「下月四月起　公価米加価　毎斤由四毛改為四毛八」(『華商報』一九四七年一〇月二八日)第四頁。
(41)「香港巴士工友　昨送出最後通牒」(『華商報』一九四七年一二月一〇日)第四頁。
(42)「四大酒店工人罷工事　労資会談仍無結果」(『大公報』一九四八年三月二一日)第四版。「四大酒店昨談判無結果　工友決継続罷工」(『華商報』一九四八年三月二〇日)第四頁。「労資談判已簽約　四大酒店昨復工」(『華商報』一九四八年三月二四日）第四頁。
(43)「二十五個工会　組織工聯会　電車存愛会任理事長」（『大公報』一九四八年三月二五日）第四版。
(44)「小販換発廿七開始　祇発萬五張」（『華商報』一九四七年一〇月二五日）第四頁。
(45)「小販換照第二日　演流血慘劇」（『華商報』一九四七年一〇月二九日）第四頁。
(46)「小販代表今謁菲利　再作三請求」（『華商報』一九四七年一〇月二五日）第四頁。
(47)「石澳村居民得医薬服務」（『大公報』一九四八年七月一八日）第四版。
(48)「的士公司労資糾紛　今天已臨厳重関頭」（『大公報』一九四八年九月一〇日）第四版。
(49)「的士罷工潮爆発」（『華商報』一九四八年九月二一日）第四頁。「的士工人罷工後　資方加緊神経戦」（『大公報』一九四八年九月二二日）第四版。「七的士公司突停業」（『華商報』一九四八年九月二三日）第四頁。
(50)「巴士工人発動六元運動」（『大公報』一九四八年一〇月一日）第四版。
(51)「調解的士工潮　鶴健士謂尚無此意　須労資先有誠意才着手」（『華商報』一九四八年一一月二六日）第四頁。
(52)「華商総会競選　今臨決斗関頭」（『華商報』一九四七年一〇月一三日）第四頁。および、「華商総会競選　両大派的陣容」（『華商報』一九四七年一〇月一二日）第四頁。
(53)「二百人聯名一信　主張延遅選挙先行審査」（『華商報』一九四八年四月一三日）第四頁。
(54)「華商会舌戦両小時　三千人仍押候審査」（『華商報』一九四八年四月三〇日）第四頁。
(55)「律師致函主席提出両点質問」（『大公報』一九四八年五月七日）第四版。
(56)「華商総会法律顧問　羅文錦請辞職」（『大公報』一九四八年五月一一日）第四版。
(57)「革新派送最後通牒　要求停止商会改選」（『大公報』一九四八年五月一二日）第四版。
(58)「華商総会訟案宣判　革新派控訴被駁回」（『大公報』一九四八年六月一八日）。
(59)「革新派控訴失敗後　準備組中華総商会」（『大公報』一九四八年六月一九日）。
(60)「華商会改選掲暁」（『華商報』一九四八年七月八日）第四頁。「華商総会選挙結束　高卓雄被任理事長」（『大公報』一九四八年七月八日）第四版。

(61)「「革新派七君子」宣告退出華商会」(『大公報』一九四八年七月一五日)第四版。
(62)「港督将赴穂　辞別粤当局」(『華商報』一九四七年四月三〇日)第四頁。
(63)「港督夫妻　今日訪穂」(『華商報』一九四七年八月二七日)第四頁。
(64)「港督今飛南京」(『華商報』一九四七年一〇月一日)第四頁。
(65)「張発奎　明日来港」(『華商報』一九四七年九月二三日)第四頁。
(66)「港督今日訪穂」(『華商報』一九四七年一一月二一日)第四頁。
(67)「宋子文由穂抵港」(『大公報』一九四八年八月二八日)第四版、など。
(68)「港督夫婦昨飛上海」(『大公報』一九四八年九月一〇日)第四版。
(69)「貨車行走新界備受抽剥」(『華商報』一九四七年五月九日)第四頁。
(70)「烈治上将続巡視新界」(『華商報』一九四八年七月一六日)第四頁。
(71)「関務協定全部完成　中港緝私界線修正」(『大公報』一九四八年一〇月五日)第一版。「「中港協定」附件簽署」(『華商報』一九四八年一〇月五日)第四頁。
(72)「反対扶植日本工業　僑団今天挙行大会」(『大公報』一九四八年六月一九日)第四版。
(73)「港九僑胞再電政府　要求対美厳重交渉」(『大公報』一九四八年七月二日)第四版。
(74)ただし、マカオのような「複文化社会」の形成にまでは至っていなかった。多文化社会は異なる文化の集団が一つの社会の中に並存している状態、複文化社会は複数の文化を享有する集団が存在する社会である。この点については、拙稿「特律するマカオ」(『城西国際大学中国文化研究センター年報第五号』二〇〇九年、七九～九六頁)を参照。

第二部　戦争・外交・革命

第一章　顧維鈞とブリュッセル会議

——「条約の神聖」を求めて——

服部龍二

はじめに

一九三七年七月七日、中国と日本は盧溝橋事件を契機に戦闘状態に入った。日本の侵攻には中国と国際社会から批判が高まり、九月一二日には顧維鈞駐仏大使が日中紛争をジュネーブの国際連盟に提訴している。九月二八日には国際連盟総会が、日本軍の中国都市爆撃に対する非難決議を全会一致で可決し、アメリカ国務省も、日本の行動が九か国条約と不戦条約に反すると声明した。九か国条約とは、一九二二年二月にワシントン会議で締結されたものであり、中国の主権尊重や門戸開放を規定していた。するとイギリスが一九三七年一〇月、アメリカと協議のうえで重要な提起を行なった。九か国条約の調印国がベルギーのブリュッセルで国際会議を開催し、日中戦争について議論するというものである。これが翌一一月、ブリュッセル会議に結実していく。

日本はブリュッセル会議に不参加を表明したが、中国は顧維鈞らを代表に送り込んだ。ブリュッセル会議で顧は、日本に対する経済制裁を主張するものの、諸外国には受け入れられなかった。対日批判声明を採択したとはいえ、具体的な成果に乏しいブリュッセル会議はあまり注目されていない(1)。

だが、ブリュッセル会議には顧維鈞をはじめ、各国から有力な代表が参加していた。イギリスのイーデン（Anthony Eden）外相とマクドナルド（Malcolm John MacDonald）自治大臣、フランスのデルボス（Yvon Delbos）外相などである。アメリカからは、元国務次官のディビス（Norman H. Davis）、ホーンベック（Stanley K. Hornbeck）国務省顧問、モファット（Pierrepont Moffat）欧州部長らが出席した。

九か国条約締結国ではないソ連からも、リトヴィノフ（Maksim M. Litvinov）外務人民委員が参加する。日中が開戦してから最大級の国際会議だけに、マス・メディアもブリュッセル会議に注目していた。参加一九か国の代表については、章末の表2を参照されたい。

中国に同情的だったのが、アメリカ代表団である。ディビスは、ハル（Cordell Hull）国務長官やイーデン英外相に対日制裁を打診したものの、対日制裁に否定的なハルは、対日批判声明だけを考慮の対象とした。そのことは、先行研究で明らかにされている。本章では、中国代表団がいかに諸外国の説得に努めたのかをたどり、中国の会議外交が失敗に終わる原因を論じたい。

その中国代表団では、顧維鈞が最も重要な役割を担った。かつてパリ講和会議で全権となった顧は、ワシントン会議でも全権として九か国条約に調印していた。それだけに顧は、九か国条約を起源とするブリュッセル会議の象徴的存在と言えよう。北京政府期に駐米公使、駐英公使、外交総長を歴任し、国民政府期に外交部長を経て駐仏大使となった顧は、国際的に高い知名度を誇っていた。ブリュッセル会議に際して顧は、ディビスやイーデンらの各国首脳に水面下でも懸命に働きかけた。

以下では、顧維鈞の活動を追いながら、ブリュッセル会議における中国外交を分析したい。ブリュッセル会議の概略は知られているため、会議だけでなく舞台裏での交渉も探っていく。先行研究では主に公文書が用いられていることから、史料にはコロンビア大学所蔵の顧維鈞文書のほか、アメリカ代表だったディビスの個人文書なども交える。[2]日中戦争初期の中国は、抗日戦争をいかに規定し、国際社会に何を訴えたのだろうか。

一　ジュネーブからブリュッセルへ

1　ブリュッセルへの道

まずはブリュッセル会議に至る過程をたどっておきたい。

盧溝橋事件から四日後の七月一一日には停戦協定が北平で成立したものの、近衛文麿内閣は五個師団、差し当たり三個師団の動員を決定した。蔣介石は七月一七日、盧山《ろざん》に各界の名士を集めると、盧溝橋事件が中国存亡の問題であり、その成り行きは「最後の関頭《かんとう》」ともいうべき境界線だと論じた。「最後の関頭」演説ないし盧山声明と呼ばれるものである。[3]

八月一三日には日中両軍が上海で戦闘を開始し、近衛内閣は一七日に不拡大方針を放棄すると決定した。さらに近衛内閣は九月二日、「北支事変」を「支那事変」と改称している。国民政府は九月一二日、日中紛争をジュネーブの国際連盟に提訴した。上海戦のさなか、連盟に提訴したのが顧維鈞駐仏大使にほかならない。[4]

すると英仏の外相、イーデンとデルボスは、国際連盟の総会にではなく、アメリカも参加していた国際連盟極東問題諮問委員会に提起するよう顧維鈞を説いた。顧はこれに同意し、極東問題諮問委員会が開催された。極東諮問委員会の意向を受けて、九月二八日の総会は、中国都市爆撃に関する対日批判決議を全会一致で可決する。一〇月六日にも国際連盟総会は、日本が九か国条約と不戦条約に違反しているとの決議を採択した。

国際連盟における審議が一段落すると、イギリスは九か国条約締結国による国際会議の開催を考案した。イギリスは国際会議をアメリカに申し入れ、ソ連やドイツに対する招請も模索する。[5]ローズヴェルト（Franklin D.

Roosevelt）大統領による「隔離演説」が行なわれたのは、このような情勢下だった。シカゴでローズヴェルトは一〇月五日、特定国を名指しすることを避けつつも、侵略国を「隔離」すべきだと演説したのである。日中紛争を協議する舞台は国際連盟から九か国条約会議に移り、会議の開催地には、東アジア情勢に関与の少ないベルギーの首都ブリュッセルが選ばれた(6)。このため九か国条約会議は、ブリュッセル会議とも呼ばれるようになる。

九か国条約の第七条に基づいて、ベルギー政府は一〇月一六日に各国を会議に招請した(7)。日本が二七日に不参加を表明したのに対して、中国は応諾している。ベルギーは、アメリカやイギリスなどのほか、九か国条約締結国ではないソ連とドイツにも参加を呼びかけた。ソ連がこれに応じたものの、ドイツは日本に配慮して不参加とした。

蔣介石はブリュッセル会議に高い関心を示しており、その日記からは強い期待が伝わってくる。日本がブリュッセル会議に不参加となったため、中国にとって有利な情勢に持ち込めると蔣は判断しており、顧維鈞に指示しようとした形跡もある。蔣は、ブリュッセル会議が日中戦争に与える影響を注意深く見極めようとした。

ブリュッセル会議の期間中に上海戦の戦況は悪化し、一一月一二日には日本軍が上海を占領している。蔣介石をはじめとする国民政府要人は、上海事変や南京防衛、さらには遷都で手一杯であり、それだけに顧維鈞ら出先の裁量は比較的に大きかったと言えよう(8)。ブリュッセルにおける中国代表団、とりわけ顧に着目すべきゆえんである。それでは顧は、当時の情勢をどのように観察していたのか。

2　最初の反応

ジュネーブの国際連盟からパリの中国大使館に戻った顧維鈞は一〇月一四日、郭泰祺駐英大使に書簡を送っている。顧の書簡は、最初の反応を示唆するものとして興味深い。

フランス外務省でアジア局次長と面談して明らかになった情報によると、アメリカ政府はワシントンを開催地としたくない意向であり、当初はスイスを好ましいと考えていた。しかし、ロンドンやパリと意見を交わした末に、ブリュッセルが選ばれた。

本日、外交部から得た電報で強調されているのは、中国政府が会議の早期開催を切望していることである。だが、ヨーロッパの情勢に鑑みて、早くても今月二五日に開けるかどうかだろう。いずれにせよ、早期開催の要請をフランス政府に伝えたい。

日本が会議に参加する可能性について、どうお考えだろうか。こちらでは昨日まで、日本は参加しうると最新の電報で聞いていた。しかし、今朝の新聞によると、東京の報告はその逆を示している。この点について、ロンドンで何か聞いていたらご教示いただきたい。

つまり顧維鈞は、ブリュッセル会議の早期開催という中国外交部からの要請に首肯しつつも、極東から遠く離れたヨーロッパには温度差があると感じていた。そして顧は、日本の対応を最も気に掛けており、日本の情報を郭泰祺駐英大使に求めたのである[9]。

これに対して郭泰祺は、ベルギー政府が日独伊に気兼ねして前向きではなく、イギリスも地中海情勢にとらわれており、日中戦争には手が回っていないと返答した。日独伊がブリュッセル会議に参加しやすいように配慮されているため、イギリス政府の読みでは「おそらく日本は参加に同意するだろう」という。つまり郭の書簡は、イギリスが日本の参加を楽観していると伝えたのであった[10]。

だが、イギリスの予想に反して日本とドイツが不参加を表明し、イタリアは出席することになった。日本の意向を受けたイタリアの存在は、ブリュッセル会議に深い影を差していく。

国民政府外交部は、会議の行方を悲観していた。王寵恵外交部長は一〇月二四日、会議に向けた基本方針を顧維鈞に伝えている。この時に外交部は、「会議に成功の望みはない」と予測し、「会議が失敗したら、各国に対日制裁策を採用させること」が会議の目的だと伝えた。つまり外交部は、会議が難航することを見越し、失敗の責任を日本に負わせて対日制裁を導こうとしたのである(11)。

3　アメリカへの働きかけ

中国が対日制裁を導くには、列国の賛同を必要とする。顧維鈞は特にアメリカの動向を注視した。するとアメリカ代表団のディビスとホーンベックが、ブリュッセル会議への途上でパリに立ち寄ることになった。このため顧維鈞は一〇月二八日、ディビスとホーンベックをパリのホテルに訪れ、中国の立場を示した。アメリカ代表団を前に顧は、「日本の侵略は中国に対する行為であると同時に、ほかの九か国条約調印国に対するものでもある。したがって調印国も、日本の条約違反に対処する義務を負っている」と訴えた。さらに顧維鈞は、アメリカの同調を得ようと畳み掛けた。

日本は仲介に応じる雰囲気であろうか。現在、日本では主戦派が権力を握っている。列国が一致して強固な団結を示し、積極的な手段を用いて対処すると決意しない限り、その主戦派は中国での軍事的な冒険をやめないだろう。

九か国条約調印国の団結を説く顧維鈞に対して、ディビスやホーンベックは総じて同情的だった。顧はこう結論づけた。

日本を孤立させ、日本の国際的な通商や貿易、そして国内的な経済的地位を著しく損ねるように、列国が行動を決意していると明らかになれば、日本は本来の利益と現在の軍事的征服策を比較検討せざるをえなくなる。

アメリカとの会談で顧維鈞は、和平や武器供与、米英協調の可能性、上海事変の現状についても話を深めている。ディビスとホーンベックが好意的な反応を示したことは、顧の期待をおおいに高めたに違いない。

このように顧維鈞は、列国との共同歩調によって日本の孤立を決定的なものにするため、具体的な手段で日本に報いることを強く求めた。顧によると、九か国条約調印国には「日本の条約違反に対処する義務」があり、列国の結束と積極的行動によってのみ日本の侵攻を食い止められるという[12]。直後のブリュッセル会議で顧は、「条約の神聖」という論理を用いて諸外国を説得しており、その原型がここに示されている。

しかし、顧維鈞が国際政治の冷徹な現実を目の当たりにするまで、さして時間はかからなかった。その舞台こそが、ブリュッセル会議にほかならない。顧はブリュッセルに向かった。

二　ブリュッセル会議の開幕

1　開幕前日の米中会談

国際会議の舞台がジュネーブからブリュッセルに移ると、顧維鈞はパリからブリュッセルに駆け付けた。そして顧は一一月二日、郭泰祺駐英大使と銭泰駐ベルギー大使を従えて、アメリカ代表団を再訪した。ブリュッセル会議の開幕を翌日に控え、ディビスやホーンベックと意見を交わすためである。

アメリカ代表団と再会した顧維鈞は、日本に対する二度目の招請が望ましいかをまず議論した。すでに日本はブリュッセル会議に不参加を表明していたものの、日本は九か国条約の主たる調印国であり、なによりも紛争当事国の日本を欠いていては会議の効力にも限界がある。このため列国は、再び日本に誘い掛ける方向に流れていくのだが、顧と郭は、日本に対する再度の招請に疑問を呈した。日本を招こうとしても、日本が改めて欠席と回答すれば参加国を当惑させるだろうし、日本は返答を遅らせて会議を停滞させかねないからである。

確かに日本が不参加となれば、会議の意義は半減するだろう。そこでアメリカ代表団は、日中紛争の調停について中国側の意向を問うた。これに顧維鈞は、「中国は調停に好意的だが、列国が参加する方法でなければ日本と合意したくない」と答えた。顧の考えでは、対日和平の仲介を拒むわけではないにせよ、そこには列国の関与が不可欠なのであった。

顧維鈞を軸とする中国代表団は、ディビスらを前に熱弁を続けた。顧らは、中国では過去二、三年、日本製品をボイコットしなかったし、必要なのは日本が中国への侵攻をやめることだと主張したのである。さらに顧は、「中国の共産主義者は南京政府と歩調を合わせており、共産主義の理論と実践を放棄している」とも述べ、国内が結束していることを示唆した。顧は、ドイツが会議に欠席するとは意外だとも言う。翌日の段取りを話し合い、中国代表団はアメリカ側に別れを告げた。

アメリカ代表団との会談を和やかに終え、顧維鈞たちがディビスの部屋を出ると、新聞記者のカメラが待ち構えていた。この時に顧は、メディアの関心が高いことを肌で感じたに違いない。(13)

2　冒頭演説と「条約の神聖」

一一月三日、ブリュッセル会議がいよいよ開幕した。郭泰祺駐英大使や銭泰駐ベルギー大使が会議に加わった

表１　ブリュッセル会議の概要

1937年11月３日	ブリュッセル会議開幕、顧維鈞らが演説
11月６日	日本に対する再度の参加招請を議論 （同日、イタリアが日独防共協定に参加）
11月７日	日本に再度の招請を発出し、会議は休会
11月12日	日本が不参加を再度回答
11月13日	顧維鈞が対日経済制裁を主張
11月15日	対日宣言を15か国で採択（21日まで休会）
11月24日	最終報告書を採択

出典：著者作成

とはいえ、やはり中国の主役は顧維鈞である。ブリュッセル会議に出席したのは、九か国条約に調印したアメリカ、イギリス、イタリア、オランダ、中国、フランス、ベルギー、ポルトガルのほか、非調印国の南アフリカやオーストラリア、カナダなど計一九か国だった。

主な出席者は、ベルギーのスパーク（Paul Henri Spaak）外相、アメリカのディビス元国務次官とホーンベック国務省顧問、イギリスのイーデン外相とマクドナルド植民地大臣、フランスのデルボス外相、イタリアのアルドロバンディ（Luigi Aldorovandi-Marescotti）大使、ソ連のリトヴィノフ外務人民委員らである。イタリアのアルドロバンディは外交官で、パリ講和会議でイタリア代表部事務総長を務めており、かつてリットン調査団に加わったこともあった。

ブリュッセル会議の冒頭で顧維鈞は、スパーク議長、ディビス、イーデン、デルボス、アルドロバンディ、リトヴィノフに続いて演説した。

> 諸君は条約の神聖（sanctity of treaties）という原則を遵守しており、今朝、尊敬すべきフランス、イギリス、アメリカ代表もそのことを支持した。我が政府も、満身で協力を誓うものである。横暴な日本軍の極東侵攻が効果的に対処されず、約された言葉への信頼が回復されないなら、日本軍は中国国境を越えて世界を大戦争に巻き込みかねない。そうなれ

ば、どの主要国も結局は超然としていられなくなる。

つまり顧維鈞は、日本の侵攻を止めなければ日本軍が中国の国境を越えると主張し、諸外国に団結を訴えたのである。[14]「条約の神聖」という論理を援用しながら、情熱的な顧の演説は四〇分にも及んだ。[15]

だがブリュッセル会議は、顧維鈞が意図したような対中支援を進めようとはしなかった。それどころか会議は、一一月六日に再度の対日招請を議論し、一一月七日には控えめな文体で日本に招請を発出した。[16]このため会議は、日本の回答を得るまでしばらく休会となる。会議の停滞という顧の不安は、まさに現実となったのである。

他方で顧維鈞は、イタリアの動向を懸念した。一一月六日にイタリアが日独防共協定に参加したのである。この日に顧は、「イタリアが日独防共協定に加わった以上、イタリアは確実に日本寄りになるだろう」とディビスに語っている。[17]

三　支援要請

1　ソ連への要請

顧維鈞は、アメリカだけでなくソ連にも期待を寄せた。中国はソ連と八月に中ソ不可侵条約を締結していたし、ブリュッセル会議にはリトヴィノフ外務人民委員が出席していたからである。リトヴィノフも、ディビス米代表らとの会談内容を顧に伝えていた。

そこで顧維鈞は一一月四日、リトヴィノフに中国への支援を要請した。

顧　維　鈞「なぜソ連は、さらに積極的な援助を中国の抗日に与えられないのだろうか」
リトヴィノフ「軍事物資の供給において、すでにソ連は相当な助力を与えている」
顧　維　鈞「ソ連は満州において活動できようし、そうなれば日本の軍事当局に対して陽動作戦になる」
リトヴィノフ「少し前に中国政府は、ある中国の組織がシベリアから北満州に向かうことに許可を求めた。そのことは許可されたが、まだ派遣されていないようであり、中国はその便宜を利用していない」
顧　維　鈞「何人か重要な指導者を知っており、馬占山将軍はもう満州入りしている。最重要なのは武器の供給であり、それがなければ、いうまでもなく効果的な軍事行動をとれない」

このように顧維鈞は、陽動作戦まで示唆して好意的な反応を引き出そうとしたものの、リトヴィノフから確約は得られなかった[18]。

日本の回答を待つためにブリュッセル会議が休会となった一一月七日にも、顧維鈞とリトヴィノフは会議の行方について意見を交わした。だがリトヴィノフは、会議の将来について顧よりも懐疑的となっていた。顧を前にリトヴィノフは、「会議の将来については悲観的だ。アメリカが主導権を発揮しようとしないのだから、会議は大したことをできないだろう」と嘆いている。

顧維鈞が、「イタリアによると、日本は会議の連絡に対して好意的に回答するかもしれない」と述べると、リトヴィノフは即座に否定した。「それは問題外だ。日本が会議の申し入れに同意するかは、非常に疑わしい」とリトヴィノフは言う。顧は、早期帰国すら示唆するリトヴィノフをブリュッセルに引き止めるのに精一杯だった[19]。

一一月九日にも顧維鈞は、リトヴィノフと会談した。するとリトヴィノフは、ディビス米代表との協議内容を教えてくれた。リトヴィノフは、「中国が日本の侵略に抵抗できるように、列国は中国に軍事物資を提供し、航路を確保せねばならない」とディビスに語ったと言うのである。列国による物資の供与は、まさに中国が欲したものにほかならない。

そこで顧維鈞は、リトヴィノフにこう告げた。

日本問題を根本的に解決する好機である。そのためにソ連は、物質的な支援を与えるだけでなく、より積極的な政策を採用せねばならない。ソ連は、ある種の軍事行動をとれるし、国境沿いで軍事的な示威を行うこともできる。そうなれば、日本に多大なる影響を及ぼすだろう。

顧維鈞は、ソ連にさらなる行動を求めたのである。リトヴィノフ自身は顧の支援要請に前向きであったものの、アメリカなどの態度が消極的なことから、ソ連は対中支援で突出することを危惧していた[20]。

2　「最終的な解決は九か国条約に基づくこと」

休会中の一一月一〇日、東京からの情報が顧維鈞に届いた。これによって顧は、日本がブリュッセル会議からの招請を断ることに決めたと知った。顧はこの日、「イタリアが日独防共協定に加わり、この会議も統一と調和を欠いているため、日本の世論は硬化している」とディビス米代表に語った[21]。

顧維鈞は翌一一月一一日、デルボス、イーデン、ディビス、ホーンベックらとホテルで会談した。日本の回答を待ちつつの会談だが、日本が再び不参加を表明してくることは確実である。このため各国代表は、日本が参加を拒否してきた場合を想定しており、その際に鍵となるのが中国の対応であった。

イーデンらに中国の方針を問われると、顧維鈞は欧米の代表を前にこう説いた。

中国と単独で交渉するという日本の要求について述べるなら、中国はこの種の直接交渉を四年間試みてきており、その結果が極東の現状である。（中略）中国の立場は実に明瞭だ。中国は、九か国条約に基づいた和平であれば直ちに受諾するが、何かを代償とした和平には応じない。調停について中国は、日本が同時に受け入れるのなら承諾するだろう。（中略）中国の立場は九か国条約に基づいており、その条約の諸原則と矛盾しない和平であれば受け入れる。

つまり顧維鈞は、九か国条約に象徴される国際法を遵守する立場から、欧米の助力に期待を寄せた。冒頭演説における「条約の神聖」という論理は、ここにも引き継がれている。顧は、代償を強いられるだろう対日直接交渉に慎重であり、九か国条約を盾に欧米の結束を図ろうとした。

顧維鈞は、次のように強調した。

中国が仲裁を受け入れるには、二つの条件がある。第一に、日本が同時にそれを受諾すること、そして第二に、最終的な解決は九か国条約に基づくことである。（中略）中国では連日、さらなる犠牲者が生じている。会議が知らしめるべきは、日本の真意がどこにあるかだ。

この頃に顧維鈞は、上海事変における中国の危機的状況を聞かされていた。日本軍の猛攻を前に上海が陥落しかけていたとき、ブリュッセル会議では対日制裁の議論もままならない。日本の不参加を予測した顧は、中国への支援と会議声明のあり方を模索していく。[22] しかし、顧の期待が失望に変わるのに時間はかからなかった。

四　声明を超えて

1　対日制裁案の挫折

一一月一二日、ブリュッセル会議に寄せられた日本の回答は、予想通り招請を拒否していた。改めて日本は、会議への不参加を表明したのである。

日本の短い返答は、「自衛措置」としての日中戦争を九か国条約の範囲外と位置づけ、ブリュッセル会議が日中の国民感情を煽り、解決を遠ざけていると反論した。日本が再度の不参加を表明したことで、会議としては権威を傷つけられたことになる。[23] かねてより近衛内閣の広田弘毅外相は、中国における日本の行動を「自衛措置」と主張し、国際会議ではなく日中直接交渉の仲介を列国に望んでいた。[24]

ブリュッセル会議は、一一月一三日に日本の回答を検討した。議場の顧維鈞は、日本が「和平のための協力を完全に拒んだ」と評し、「一〇日間に及んだ努力の末に、会議は振り出しに戻された」と皮肉を口にしている。顧によると、日本の回答に新しいところはないし、四年にわたって中国政府が日本と交渉に努めたにもかかわらず、今日の紛争に至っているという。

そのうえで顧維鈞は、こう力説した。

日本の侵略が続く限り、中国は抵抗し通すだろう。中国政府と国民は、侵略者と最後まで戦う決意でいる。最新の日本政府回答によって、いまや懐柔と仲裁の道は閉ざされており、諸君は日本に対する軍事物資やクレジットの供給を抑制し、対中援助を拡大してもよいのではなかろうか。日本の侵略を阻止して九か国条約を履行するうえで、義務の実行にはそれが最も穏健な方法であろう。

すなわち顧維鈞は、中断しがちなブリュッセル会議に業を煮やし、日本への制裁と対中支援を強く訴えたのである。(25)

しかし、イタリアが対日制裁に強く反発したこともあり、制裁は実現しなかった。日独防共協定に加わったイタリアには、日本も会議工作を期待していた。日本外務省が、「会議ヲ通シテ伊国代表ハ終始会議ヲ我方ニ有利ニ指導スルニ努メ其ノ効果少カラス」と観察したように、イタリアの会議誘導は効果的と見られた。(26)

他方で顧維鈞は、列国の不協和音を耳にするようになった。とりわけ顧は、アメリカがフランスの対日石油禁輸案を拒否したとフランスから聞くと、アメリカへの不満を漏らしている。(27)

2　対日批判声明――「遠からず南京を放棄せねばなるまい」

ブリュッセル会議では、日本政府にさらなる回答を求める愚を避け、対日声明を起草することになった。イタリアの反対を押し切り、会議は一一月一五日に声明を採択する。

この声明には、日中戦争が九か国条約だけでなく、不戦条約の調印国にも関わる問題だと記された。もっぱら二国間の問題と位置づけた日本の回答に反駁するものである。軍事力による対外的干渉には法的な根拠がなく、「そのような権利を一般に認めれば、紛争の永続的な原因になりかねない」。日本が求めた二国間交渉による解決についても、見通しは疑わしいと声明は指摘した。

対日批判声明に賛成したのは、中国、アメリカ、イギリス、フランス、ソ連、ベルギーなど一五か国であった。イタリアが反対したほか、スウェーデン、ノルウェー、デンマークが棄権したことは、会議の微妙な雰囲気を示している[28]。
一五か国で対日批判声明が出されたことは、顧維鈞にとって一歩前進ではある。しかしながら、問題はその後だった。会議は具体策もないまま休会となり、最終報告書を残すのみとなっていくのである。日中戦争で中国が苦境に立たされる中で、顧はいまだに列国からの支援を取り付けていない。顧とすれば、声明を超えて対中支援の実を得ねばなるまい。顧は焦燥感を強めた。

そこで顧維鈞は、一一月一五日の会議後にアメリカ代表団を訪ねて支援を要請した。ディビスとホーンベックに対して顧は、真剣な面持ちで語り始めた。

「日本は約一八万人の軍勢を上海戦に集結している。新たな補充が得られるか、何かの仲裁が奏功しない限り、中国は遠からず南京を放棄せねばなるまい」

南京からの訓令をもとに顧維鈞は、中国の戦線が逼迫しており、軍需品の補充が急務だと主張したのである。上海ばかりか南京の陥落も示唆しながら、顧は言葉を急いだ。

「列国が何も行なわないなら、しきりに独伊が調停役として行なっている動きについて、中国は本気で考慮せねばならない」

つまり顧維鈞は、米英から支援を得られない場合には、独伊の和平工作を検討するとほのめかした。さらに顧は、ブリュッセル会議が果たすべき役割を論じた。

「〔日中戦争の〕休戦に向けて、会議は何かできないだろうか。休戦になれば、中国は傷ついた上海戦線を建て直せるし、新たに補充も得られる。新たな補充が数週間内に届くと保証してくれれば、中国の士気も保てよう。それについて米英は、何とかしてくれないだろうか」

明らかに顧維鈞は必死だった。しかしディビスは、「それは政府の所在地、つまりワシントンとロンドンで取り上げるべき問題だろう」と素っ気ない。

粘る顧維鈞は、ディビスとホーンベックに三点を提案した。第一に、ブリュッセル会議が「情勢を深刻に受け止めている」との態度を示すこと、第二に、「ソ連の陸軍、英仏米の海軍がある種の軍事的示威行動を行なうこと」、第三に、軍事物資を中国に供給すること、である。あくまで対中支援を確保しようとする顧の発言には迫力がある。しかし、軍の示威行動を求めたことなどは、いささか唐突の感を否めない。深入りを避けたい米英との距離は増していた。

ホーンベックにエレベーターまで見送られながら、顧維鈞は、「運び出してから中国に届くまで、供給には何週間もかかるだろう。重要なのは、物資の輸送を直ちに熟慮することだ」と最後まで訴えた。だがホーンベックは、確答を与えなかった。[29]他方で顧は、イギリスのマクドナルドにも対中支援を申し入れている。[30]

五　最終報告書案

1　アメリカ中立法——「おおいなる落胆を与えかねない」

それにしても、アメリカのディビスやホーンベックは、なぜ顧維鈞に援助を確約できないのか。その一因は、アメリカの中立法にある。

顧維鈞が一一月一七日にディビスをホテルの一室に訪ねると、ディビスは顧にこう告げた。

「アメリカ中立法の下では、アメリカ代表団は中国を支援したいとは公然と口に出せないし、ブリュッセル会議もいまの構成では支援を打ち出せない」

ディビスは、アメリカ中立法を理由として対中支援に難色を示したのである。顧維鈞は引き下がらず、「それなら、会議によって採択された一般原則を実践するために、アメリカ、イギリス、フランス、ソ連から成る小委員会を任命すればよいではないか」と反論した。

だが、小委員会についてディビスは、イタリアの反対などを理由に否定的だった。さらにホーンベックが、「現行の中立法では、アメリカが仮に一億ドルの金を中国に供与した場合、日本がそれを求めれば、日本にも同じことをせねばならない」と付け加えると、顧維鈞は失望するしかなかった[31]。

顧維鈞は一一月一九日、米英仏に宛てられた国民政府の覚書をホーンベックに伝えた。顧が示した覚書は対日共同戦線を提起するものであり、ソ連が対中援助をためらっているのも、米英仏が足並みをそろえないからだと論じられていた。しかし、アメリカには中立法があるため、ホーンベックは対日共同戦線という提案を受け入れない。

難色を示すホーンベックに、顧維鈞はこう説いた。

「列国がヨーロッパでロシアを攻撃しないと保証すれば、ロシアは間違いなく中国に軍事支援を提供するだろうし、少なくとも示威行動に出るだろう」

中国への肩入れを求めた顧維鈞だが、内心では、中立法を抱えるアメリカが中国に加担できないと熟知している。アメリカ側の会談記録によると、ホーンベックは、「アメリカがそんなことはできないと分かっているはずだ」と顧に反論した。それでも顧としては、列国に助力を請う以外にない。上海が陥落して重慶への遷都が決まり、首都南京の防衛すら危ぶまれる中で、もはや国際連盟は頼りにならないと判明している。

このため顧維鈞は、小委員会を設置し、対中援助や和平問題を協議してはどうかと重ねて促した。「米英は仲裁できないか」、「アメリカ単独でもやれないか」と詰め寄る顧に対して、ホーンベックの回答は否定的だった。

それでも顧維鈞は引き下がらない。「会議の招集はかなりの期待を抱かせたが、ここまで会議の経過で失望と化している。建設的な結果もないままに会議が終われば、中国におおいなる落胆を与えかねない。そうならないよう会議に行動を求めたい」しかし、ホーンベックの反応は冷ややかであり、まったく言質を得られなかった。(32)

2 最終報告書案——「空虚な言葉は結果を生まない」

一一月二二日の会議再開を前にアメリカやイギリスの代表団は、成果物となる最終報告書の案文を取りまとめていた。(33) 最終報告書案の起草を主導したのは、ディビスやホーンベックらのアメリカ代表団であった。そのアメリカ代表団ですら、会議の成果には懐疑的とならざるをえない状況だった。ホーンベックは、「アメリカとソ連を含む会議参加国が中国に同情を示したとはいえ、その行動が道義的干渉(moral intervention)の域を超えるとは思えなかった」と回顧録で認めている。(34)

顧維鈞は一一月二二日の会議再開直前に、最終報告書案をディビスとマクドナルドから見せられた。最終報告書案に目を走らせた顧は、「期待外れと思わざるをえなかった」。最終報告書案は、いままでと同様に外交上の原則を確認したものにすぎず、具体策を含まない。顧は、「軍需品の供給を容易にするように手を尽くすべきだ」とディビスらに強く求めたものの、その切実な訴えは聞き入れられなかった。(35)

数時間後に会議が再開されると、顧維鈞は各国代表に強い言葉を投げつけた。顧は、最終報告書案が「一般原則を確認したにすぎない」と不満をあらわにし、三週間を費やした会議の根本的意義を議場に問い掛けたのである。「積極的な措置」を切望する顧は、「空虚な言葉は結果を生まない」と述べ立てて躍起になった。(36) しかし、納得のいく反応が得られるはずもない。

そのような会議の内実は、イタリアから日本に知らされた。イタリアからの情報をもとに日本外務省は、顧維鈞の言動を冷静に観察している。

二十二日会議ニ於テ声明案ノ審議ニ際シ顧維鈞ハ極度ニ憤懣《ふんまん》ノ色ヲ為シ其ノ内容空虚ニシテ支那ハ全ク不満ナリトテ先般ノ会議声明中ノ共同態度ニ言及セサルコト及紛争ノ解決ニ関スル有効ナル措置ヲ講スル所ナキヲ指摘シ支那ハ自国防衛ノ為ノミナラス条約ノ神聖擁護ノ為戦ヒツツアルニ対シ曩《さき》ニ要求シタル支那援助ニ関シテハ何等酬ユル所ナシ会議ハ宜シク侵略者ト被侵略者トヲ区別スルヲ要ストノ本国政府ニ請訓ノ為四十八時間ノ猶予ヲ要求セリ

すなわち顧維鈞は、自国防衛のみならず、「条約ノ神聖擁護」のために中国が戦っているにもかかわらず、対中支援が得られないことに「憤懣ノ色」を示したというのである。(37)顧の不満は、会議不参加の日本にまで伝わっていたことになる。

六　散　会

1　最終報告書の採択――「十分な結果とはいえない」

一一月二四日、ついに会議は最終日を迎えた。そのことは、会議の散会が目前に迫りつつあることを意味する。ここで顧維鈞が、最終報告書の採択を前に演説に立った。「新しい草案は、以前のものと同様に、中国が受諾してきた一般原則を再確認している」と一応の評価を与えつつ、顧は会議を事実上批判した。

極東では戦闘が猛威を振るい続けており、諸原則を再確認するだけでは、深刻な状況において有効に対処するには不適切であって、会議の結果として十分な結果とはいえないと中国代表団は確信している。中国代表団は、積極的かつ具体的な手段を採択すべきだという見地から、諸提案を会議に上程してきた。とりわけ一一月二二日の会合で提起したものの、会議では顧みられなかったことを遺憾とする。会議で一一月一三、二二日に行った演説のような趣旨から、日本の侵略を抑制し極東の平和回復を急ぐには、共同の行動が不可欠だと中国代表団は主張する。

顧維鈞からすれば、祖国が存亡の危機に立たされている時に、最大級の国際会議が一般原則を確認しただけではまったく不十分である。最後の瞬間まで、「積極的かつ具体的な手段」や「共同の行動」を訴えた顧だが、その持論が受け入れられないことは、誰よりも顧自身が察していたに違いない。かろうじて顧は、自らの演説を最終報告書の付属文書に含めることには成功した(38)。

各国代表の演説が終わると、若干の調整を経て最終報告書は採択された。顧維鈞が危惧したように最終報告書は、九か国条約の原則を再確認して、会議の経過をまとめたものにすぎない(39)。顧の失望は、想像にあまりある。とはいえ、顧維鈞は会議の難航を予見していただろう。顧は散会後の一一月二六日、蔣介石が列国に対日制裁を強く求めているとディビス米代表に明かし、ドイツから仲介の申し入れがあることも示唆した。また、顧はディビスがパリ経由で帰国すると知り、パリでの再会を求めた。会議が不十分に終わったにもかかわらず、顧は対中支援の要請をあきらめなかったのである(40)。

２　パリでの再会

失意のうちにブリュッセルからパリに引き揚げた顧維鈞は、一二月二日に帰国の途上でパリに立ち寄っていたディビスをホテルに訪れている。この時に顧は、二つの覚書をディビスに手交した。第一に、日中和解の基礎となる「非公式の極秘提案」、第二に、中国防衛に不可欠な必需品の一覧である。

顧維鈞は、「主な関心は中国の士気を保つことにある」と強調しつつ、米英による和平の仲介に期待を示した。顧によると、「米英は影響力を行使して戦闘を終結させ、中国が受け入れられるような和解によって日本を説得できる」。さもなければ中国は、「ゲリラ戦を続ける」か「独伊による仲介を受諾するかであるが、それは中国にとって最善策や建設的な解決にはなるまい」と顧は語気を強めた。つまり顧は、改めて米英による調停を求めたのである。

だが現実の中国では、英米ではなくドイツのトラウトマン（Oskar Paul Trautmann）駐華大使による和平工作が進行していた。「非公式の極秘提案」という表現からしても、米英による調停という案は顧維鈞の私見を多分に反映したものだろう。それでもディビスは、「帰国後にそのことを話してみる」と答えるにとどめた。

するとディビスは、話題をフランスに転じた。意外にもディビスは、フランスがブリュッセル会議で対日石油禁輸をアメリカに提示したという風説に触れ始めた。

「聞くところによると、フランスが私〔ディビス〕にブリュッセルで対日石油禁輸を提起したものの、私がそれを考慮しなかったとあなた〔顧維鈞〕は述べているようですね」

これに顧維鈞が、「二、三のフランス公使が〔アメリカに対日石油禁輸を〕提案したと私に話してくれました」と答えると、ディビスは異を唱えた。

「そのような話は不正確であり、そうした提案は私になされていません。〔中略〕制裁できなかったことの責任を列国がアメリカに帰そうとするのは、不幸で無分別なことです」

ディビスは、アメリカがフランスの対日制裁案を断ったという流説を否定し、どう転んでも対日制裁できなかったことを細々説明したのである。顧維鈞が申し入れた調停や対中援助について、真剣に議論された形跡はない。

顧としてはアメリカに期待していただけに、ディビスの言葉が弁解のように聞こえたであろう。フランスを批判したディビスの発言は、ブリュッセル会議の不協和音を象徴するかのようである。パリでの再会は、後味の悪い別れに終わった。(41)

3　四つの敗因

ブリュッセル会議における中国外交は、どのように総括できようか。会議に代表として参加した銭泰駐ベルギー大使は、後年にブリュッセル会議を振り返っている。顧維鈞の演説を引きながら銭は、中国代表団が四つの主張を貫徹したと述べる。

銭泰によると、顧維鈞の一貫した四つの主張とは次の通りである。

一、中国は、不毛な日中直接交渉を拒否する（一一月一三日の顧維鈞演説）。

二、中国は、九か国条約の原則に基づいた正当な仲介を受け入れる（一一月三日、一三日の顧維鈞演説）。

三、中国は、抵抗の継続を決意している（一一月一三日の顧維鈞演説）。

四、中国は、対中支援と対日制裁を求める（一一月一三日の顧維鈞演説）。(42)

これらの主張は、「条約の神聖」という顧維鈞の言葉に集約できよう。顧が必死に訴えたにもかかわらず、なぜブリュッセル会議は失敗に終わったのか。銭泰は、会議の敗因を四点に分析した。

一、参加国の態度が不一致だったこと（イタリアの妨害、スカンジナビア諸国のよそよそしい態度、ソ連の消極性）。

二、リーダーシップの不在（深刻なヨーロッパ情勢に忙殺されたイギリスはアメリカの主導に期待したものの、アメリカは議会が後ろ向きなのでリーダーになろうとしなかった）。

三、アメリカ議会の消極的態度（アメリカ議会は孤立主義の傾向にあり、中立法も存在していた）。

四、中国戦線の悪化（中国軍が上海から撤退し、日本軍が南京に進撃するなかで、重慶遷都が発表された）[43]。

四つの敗因に、顧維鈞ら中国代表団の問題点は含まれていない。当事者の分析なので自己弁護もあろうが、顧の方策いかんにかかわらず、ブリュッセル会議は厳しい結果を避けられなかっただろう。このような要素が重なり合い、顧の言う「条約の神聖」は達成されなかったのである。

おわりに

ブリュッセル会議で最終報告書が提出される頃、日本軍は南京に進撃しようとしていた。ブリュッセル会議が不調に終わると、蔣介石はトラウトマン工作と向き合わざるをえなくなる。やがて南京が陥落する中で、近衛内閣は和平条件をつり上げた末に「国民政府を対手とせず」声明に至ってしまう。

会議での顧維鈞は、米英による仲介や対中支援を求め続けたものの、結果的には功を奏さなかった。顧の構想は、対日制裁や休戦を導いて中国軍を建て直そうというものであったが、米英からは物資による対中支援どころか、示威行動の確約も得られなかった。上海と南京が陥落する中で、顧は外交の無力さと絶望感にさいなまれただろう。淡い期待は霧散し、ブリュッセル会議はわずかに対日宣言と最終報告書だけを残した。

顧維鈞による説得の特徴は、「条約の神聖」を擁護するため、中国が九か国条約調印国を代表して日本と戦っているという論理にあった。中国が日本軍の侵攻を食い止めなければ、世界大戦になりかねないと顧は主張した。しかし、列国の結束を呼びかける顧の言葉は、各国代表には十分に響かなかった。

このため、顧の求めた「積極的かつ具体的な手段」や「共同の行動」は、事実上拒否されたと言えよう。イタリアの反対もあったにせよ、より根本的には、列国が日中戦争と距離を置こうとしていたためである。比較的に熱意のあるアメリカ代表団ですら、ブリュッセル会議は「道義的干渉」の域を出なかったと認めている。

「条約の神聖」という理念には誰も表立って異議を唱えなかったものの、その論理は現実の国際政治を動かさなかった。会議の困難さは予想されていたとはいえ、顧維鈞の論法に従うなら、「条約の神聖」は遵守されなかったことになる。

それでも顧維鈞は、米英の仲介に最後まで望みをつなぎ、ドイツのトラウトマン工作を考慮し始めた本国との違いを見せた。顧はアメリカへの働きかけを最重視し、ディビスやホーンベックの同情を引いてもいた。顧がイギリスよりもアメリカを重視したのは、一つには、イギリスのイーデンやマクドナルドへの対応については郭泰祺駐英大使が担当したためである。しかし、より根本的には顧が、最も同情的なのはアメリカ代表国だと見抜いていたからだろう。

顧維鈞の活動は国際世論の喚起にも寄与しており、長期的にみれば無意味ではなかったのである。

表2　参加一九か国と各国代表

Union of South Africa

His Excellency Dr. S. F. N. Gie, Envoy Extraordinary and Minister Plenipotentiary of the Union of South Africa at Berlin and Stockholm

His Excellency Dr. H. D. van Broekhuizen, Envoy Extraordinary and Minister Plenipotentiary of the Union of South Africa at Brussels and The Hague

Dr. H. M. Stoker, Secretary of the Union of South Africa Legation at Berlin

Mr. G. P. Jooste, Secretary of the Union of South Africa Legation at Brussels

Mr. B. J. Jarvie, Attaché to the Union of South Africa Legation at Brussels

United States of America

The Honorable Norman H. Davis, Delegate

Mr. Stanley K. Hornbeck, Adviser on Political Relations, Department of State: Adviser

Mr. Pierrepont Moffat, Chief of Division of European Affairs, Department of State: Adviser

Mr. Robert T. Pell, Divisional Assistant, Department of State: Press Officer

Mr. Charles E. Bohlen, Second Secretary of the American Embassy at Moscow: Secretary

Australia

The Right Honorable S. M. Bruce, C. H., M. C., High Commissioner for Australia

Mr. Alfred Stirling, Counselor

Major O. C. W. Fuhrman, O. B. E., Secretary

Belgium

Mr. Paul-Henri Spaak, Member of Chamber of Representatives; Minister for Foreign Affairs

Mr. van Langenhove, Ambassador for Belgium; Secretary General of the Ministry for Foreign Affairs

Baron van Zuylen, Ambassador for Belgium; Director General of the Political Department at the Ministry for Foreign Affairs

Mr. Delvaux de Fenffe, First Secretary of Embassy

Mr. Iwens d'Eeckhoutte, First Secretary of Legation

Mr. P. Poswick, Secretary of Legation

Count Frédéric de Borchgrave d'Altena（Attaché to the Ministry for Foreign Affairs）

Bolivia

His Excellency M. Costa du Rels, Envoy Extraordinary and Minister Plenipotentiary

Canada

The Honorable Raoul Dandurand, Minister of State and Government Representative in the Senate

Mr. Hume Wrong, Canadian Counselor accredited to the League of Nations

Mr. P. Dupuy, Secretary to the Canadian Legation at Paris

China

His Excellency Dr. V. K. Wellington Koo, Ambassador at Paris

His Excellency Mr. Quo Tai-chi, Ambassador at London

His Excellency Dr. Tsien Tai, Ambassador at Brussels

His Excellency Mr. Wunsz King, Envoy Extraordinary and Minister Plenipotentiary at The Hague

His Excellency Mr. Hoo Chi-tsai, Envoy Extraordinary and Minister Plenipotentiary at Berne; Director of the Secretariat of the Chinese Delegation

Dr. Kuangson Young, Envoy Extraordinary in Europe of the Ministry for Foreign Affairs; Director of the Press Office of the Chinese Delegation

Dr. Young Yin-pu, Technical Counselor to the Permanent Bureau of the Chinese Delegation at the League of Nations
Mr. C. K. Sze, Counselor to the Embassy at Paris
Mr. Liu Chieh, First Secretary to the Embassy at London
Mr. Wang Lei-ghi, First Secretary to the Embassy at Brussels
Mr. Yu Kien-wen, Third Secretary to the Embassy at London

Denmark

His Excellency Mr. Henrik de Kauffmann, Envoy Extraordinary and Minister Plenipotentiary
Mr. Hans Bertelsen, Secretary to the Legation of Denmark

France

His Excellency Mr. Yvon Delbos, Deputy; Minister for Foreign Affairs
Mr. François de Tessan, Deputy; Under Secretary of State for Foreign Affairs
Mr. Gaston Monnerville, Deputy; Under Secretary of State for the Colonies
His Excellency Mr. Ernest Lagarde, Minister Plenipotentiary
Mr. Hoppenot, Counselor of Embassy; Assistant Director of the Asiatic Department
Mr. Gaston Joseph, Director of Political Affairs at the Ministry for the Colonies
Mr. Rochat, Minister Plenipotentiary; Director of Cabinet of the Minister for Foreign Affairs
Mr. de Boisanger, Secretary of Embassy; Chief of Cabinet of the Under Secretary for Foreign Affairs
Mr. Hoffher, Chief of Cabinet of the Under Secretary of State for Colonies
Mr. Benech, Chief of Cabinet
Mr. Clauzel, Secretary of Embassy
Mr. Chambon, Secretary Interpreter in the Far East

Mr. Gilbert, Secretary Interpreter in the Far East

Mr. Guérin, Attaché at the Ministry for Foreign Affairs

United Kingdom

The Right Honorable Anthony Eden, M. C., M. P., Secretary of State for Foreign Affairs

The Right Honorable Malcolm MacDonald, M. P., Secretary of State for Dominion Affairs

Viscount Cranborne, M. P., Parliamentary Under Secretary of State, Foreign Affairs

The Honorable Sir Alexander Cadogan, K. C. M. G., C. B., Deputy; Under Secretary of State, Foreign Affairs

Sir J. T. Pratt, K. B. E., C. M. G.

Mr. C. B. Peake, M. C.

Mr. R. P. Heppel

Mr. R. C. Skrine Stevenson

Mr. B. Cockram, Representative of Dominions Office

Mr. O. C. Harvey, C. M. G., Private Secretary to Mr. Eden

Mr. J. P. L. Thomas, M. P., Parliamentary Secretary to Mr. Eden

Mr. W. C. Hankinson, O. B. E., M. C., Private Secretary to Mr. MacDonald

Sir Edmund Brocklebank, M. P., Parliamentary Secretary to Mr. MacDonald

Mr. P. N. Loxley, Private Secretary to Viscount Cranborne

Mr. Mark Patrick, M. P., Parliamentary Secretary to Viscount Cranborne

India

Sir Ramaswami Mudaliar

Mr. A. F. Morley

Italy

His Excellency Count Luigi Aldrovandi-Marescotti, Ambassador of Italy

Commander Dr. Leopoldo Piccardi, Counselor of State

Count Vittorio Bonarelli di Castelbompiano, Counselor of Legation

Commander Giuseppe Cosmelli, Counselor of Legation

Dr. de Michelis, Attaché of Embassy

Mexico

His Excellency Mr. Primo Villa Michel, Envoy Extraordinary and Minister Plenipotentiary at London

Mr. Martinez-Baca, Attaché, Brussels Legation

Norway

His Excellency Mr. L. Aubert, Secretary General of the Ministry for Foreign Affairs; Envoy Extraordinary and Minister Plenipotentiary

Mr. R. B. Skylstad, Director at the Minister for Foreign Affairs

Mr. Nygaard, Attaché to the Legation of Norway at Brussels

New Zealand

Mr. W. J. Jordan, High Commissioner for New Zealand

Mr. R. M. Campbell, Counselor for Economic Affairs

Mr. G. W. Clinkard, Trade Commissioner for New Zealand

Mr. C. A. Knowles, Secretary

Netherlands

His Excellency Jonkheer Dr. A. C. D. de Graeff, former Minister for Foreign Affairs; former Governor General of the Netherlands Indies

Prof. Dr. B. J. O. Schrieke, former Director of Education and Public Worship in the Netherlands Indies; Professor at the University of Amsterdam

Mr. A. J. Lievegoed, Press Officer

Baron Dr. A. W. C. Bentinck van Schoonheeten, Deputy; Chief of the Political Department, Ministry for Foreign Affairs

Portugal

His Excellency Mr. Augusto de Castro, Envoy Extraordinary and Minister Plenipotentiary at Brussels

His Excellency Mr. Joao Antonio de Bianchi, Envoy Extraordinary and Minister Plenipotentiary at Washington

Mr. Manuel Nunes da Silva, Secretary of the Legation of Portugal at Paris

Sweden

His Excellency Mr. G. de Dardel, Envoy Extraordinary and Minister Plenipotentiary at Brussels

Count F. Wachtmeister, Secretary to the Legation of Sweden

Union of Socialist Soviet Republics

His Excellency Mr. Litvinov, Minister for Foreign Affairs

Mr. Potemkine, Deputy; Commissioner for Foreign Affairs

His Excellency Mr. Roubinine, Envoy Extraordinary and Minister Plenipotentiary at Brussels

Mr. Hoerschelman, Secretary General of the Commissariat for Foreign Affairs

出典：Department of State, ed., *The Conference of Brussels, November 3-24, 1937, Convened in Virtue of Article 7 of the Nine-Power Treaty of Washington of 1922*（Washington D. C.: United States Government Printing Office, 1938), pp. 16-20（「支那事変　九ヶ国条約締結国会議関係」A. 1. 1. 0. 30-32, 外務省外交史料館所蔵）

（1）もっとも、ブリュッセル会議に論及した研究は少なくない。以下のようなボーグ（Dorothy Borg）氏の大著や、日本国際政治学会太平洋戦争原因研究部編『太平洋戦争への道』などである。これらの研究でブリュッセル会議の概要は以前から知られており、臼井勝美氏や海野芳郎氏によって研究は深められてきた。顧維鈞についても研究は多く、近年ではクラフト（Stephen G. Craft）氏が伝記を刊行した。

臼井勝美「日中戦争の政治的展開」（日本国際政治学会太平洋戦争原因研究部編『太平洋戦争への道 開戦外交史』第四巻、朝日新聞社、一九六三年）一二四～一二七頁、平井友義「ソ連の動向」（同前）三一九～三三二頁、Dorothy Borg, *The United States and the Far Eastern Crisis of 1933-1938: From the Manchurian Incident through the Initial Stage of the Undeclared Sino-Japanese War* (Cambridge, Mass.: Harvard University Press, 1964), pp. 399-441；田北亮介『現代アメリカ外交論―その思想と行動』日本評論社、一九七八年、七一～一〇二頁、海野芳郎「ブリュッセル会議への期待と幻影―日中紛争の奔流に脆くも崩れた防波堤」（『法政理論』第二二巻第一号、一九八九年）一～四二頁、劉傑『日中戦争下の外交』吉川弘文館、一九九五年、一一五～一二六、一三七～一三八頁、Stephen G. Craft, *V. K. Wellington Koo and the Emergence of Modern China* (Lexington: University Press of Kentucky, 2004), pp. 121-126.

この内の臼井論文は、臼井勝美『日中外交史研究―昭和前期』吉川弘文館、一九九八年に所収となっている。そのほかにも、伊香俊哉『満州事変から日中全面戦争へ』吉川弘文館、二〇〇七年、一二二～一二六頁、高光佳絵『アメリカと戦間期の東アジア―アジア・太平洋国際秩序形成と「グローバリゼーション」』青弓社、二〇〇八年、一六五～一六六、一七三、一八二頁など、ブリュッセル会議に論及した研究は多数ある。

（2）Wellington Koo Papers, Rare Book and Manuscript Library, Columbia University; Norman H. Davis Papers, Manuscript Division, Library of Congress.

（3）坂野良吉「蔣介石の『最后関頭』演説を読む―盧溝橋事件への中国サイドからのアプローチ」（上智大学文学部史学科編『歴史家の散歩道』上智大学出版、二〇〇八年、二四五～二六三頁）が「最後の関頭」演説を分析しており、七月一七日の段階で蔣介石はまだ徹底抗戦論ではなかったとしている。

（4）国立編訳館主編『中華民国外交史彙編』第九冊、台北：渤海堂文化公司、一九九六年、三九〇二頁。顧維鈞の活動を

伝える一例として、notes of a conversation with Litvinov, September 11, 1937, Koo Papers, Box 45.

(5) Aide memoire by the British Embassy, Washington, D. C., October 6, 1937, Stanley K. Hornbeck Papers, Box 37, Hoover Institution, Stanford University.

(6) Hugh R. Wilson to Cordell Hull, October 10, 1937, Hornbeck Papers, Box 37.

(7) 九か国条約の第七条は以下の通り。「締約国ハ其ノ何レカノ一国カ本条約ノ規定ノ適用問題ヲ包含シ且右適用問題ノ討議ヲ為スヲ望マシト認ムル事態発生シタルトキハ何時ニテモ関係締約国間ニ充分ニシテ且隔意ナキ交渉ヲ為スヘキコトヲ約定ス」(外務省編『日本外交年表竝主要文書』下巻、原書房、一九六五年、一八頁)。

(8) Chiang Kai-shek Diary, November 1, 6, 7, 8, 9, 13, 15, 1937, Chiang Kai-shek Diaries, Box 39, Hoover Institution, Stanford University.

(9) Koo to Quo Tai-chi, October 14, 1937, Koo Papers, Box 25.

(10) Quo to Koo, October 16, 1937, Koo Papers, Box 25.

(11) 中華民国外交問題研究会編『中日外交史料叢編　四　蘆溝橋事変前後的中日外交関係』台北：中国国民党中央委員会党史委員会、一九九五年、四〇二～四〇三頁。劉傑『日中戦争下の外交』一一九～一二〇頁も参照。

(12) Notes of a conversation with Davis, assisted by Hornbeck, October 28, 1937, Koo Papers, Box 45.

(13) Memorandum of a conversation by the American delegation, November 2, 1937, Davis Papers, Box 4.

(14) Department of State, ed., *The Conference of Brussels, November 3-24, 1937, Convened in Virtue of Article 7 of the Nine-Power Treaty of Washington of 1922* (Washington D. C.: United States Government Printing Office, 1938), pp. 21-45 (「支那事変　九ヶ国条約締結国会議関係」A. 1. 1. 0. 30-32, 外務省外交史料館所蔵).

(15) 会議の概要に関する日本側調書として、外務省条約局第三課「『ブリュッセル』九国条約締約国会議」一九三七年一一月一〇日(「支那事変　外交資料原稿　第三部」第二五巻、A. 1. 1. 0. 30, 外務省外交史料館所蔵)。

(16) Department of State, ed., *The Conference of Brussels, November 3-24, 1937, Convened in Virtue of Article 7 of the Nine-Power Treaty of Washington of 1922,* pp. 51-52.

(17) Notes of a conversation between Koo and Chen Tien-fang with Davis, Nobemver 6, 1937, Koo Papers, Box 45.

(18) Notes of a conversation with Litvinov, November 4, 1937, Koo Papers, Box 45.

(19) Notes of a conversation with Litvinov, November 7, 1937, Koo Papers, Box 45.

(20) Notes of a conversation with Litvinov, November 9, 1937, Koo Papers, Box 45.

(21) Notes of a conversation with Davis, November 10, 1937, Koo Papers, Box 45.

(22) Record of meeting, November 11, 1937, Davis Papers, Box 4.

(23) Department of State, ed., *The Conference of Brussels, November 3-24, 1937, Convened in Virtue of Article 7 of the Nine-Power Treaty of Washington of 1922,* pp. 53-54.

(24) 拙著『広田弘毅』中公新書、二〇〇八年、一七〇～一七一頁。

(25) Department of State, ed., *The Conference of Brussels, November 3-24, 1937, Convened in Virtue of Article 7 of the Nine-Power Treaty of Washington of 1922,* pp. 55-58.

(26) 外務省条約局第三課「『ブリュッセル』九国条約締約国会議」。

(27) Memorandum of a conversation by the American delegation, December 2, 1937, Davis Papers, Box 4.

(28) Department of State, ed., *The Conference of Brussels, November 3-24, 1937, Convened in Virtue of Article 7 of the Nine-Power Treaty of Washington of 1922,* pp. 65-68.

(29) Memorandum of a conversation by the American delegation, November 15, 1937, Davis Papers, Box 4. Notes of a conversation with Davis, November 15, 1937, Koo Papers, Box 45; Davis to Hull, November 17, 1937, Department of State, ed., *Foreign Relations of the United States* [hereafter cited as *FRUS*], *1937,* vol. 4 (Washington D. C.: United States Government Printing Office, 1954), pp. 199-200 も参照。

(30) R. Clive to Eden, November 15, 1937, W. N. Medlicott, Douglas Dakin, assisted by Gillian Bennett, eds., *Documents on British Foreign Policy 1919-1939* [hereafter cited as *DBFP*], second series, vol. 21 (London: Her Majesty's Stationery Office), pp. 488-489.

（31）Notes of a conversation with Davis, November 17, 1937, Koo Papers, Box 45. Davis to Hull, November 17, 1937, *FRUS, 1937,* vol. 4, pp. 204-205 も参照。

（32）Memorandum of a conversation by the American delegation, November 19, 1937, Davis Papers, Box 4. Davis to Hull, November 19, 1937, *FRUS, 1937,* vol. 4, pp. 214-215 も参照。

（33）Clive to Eden, November 22, 1937, *DBFP,* second series, vol. 21, pp. 519-520.

（34）Autobiography by Hornbeck, undated, Hornbeck Papers, Box 496.

（35）Clive to Eden, November 22, 1937, *DBFP,* second series, vol. 21, pp. 521-522.

（36）Stephen Heald, ed., *Documents on International Affairs, 1937*（London: Oxford University Press, 1939）, pp. 747-748. 国立編訳館主編『中華民国外交史彙編』第九冊、三九五七～三九五八頁も参照。

（37）外務省条約局第三課「『ブリユツセル』ニ於ケル支那ニ関スル九国条約締結国会議経緯　千九百三十七年十一月三日至二十四日」一九三七年一二月（「支那事変　九ヶ国条約締結国会議関係」）。

（38）Department of State, ed., *The Conference of Brussels, November 3-24, 1937, Convened in Virtue of Article 7 of the Nine-Power Treaty of Washington of 1922,* pp. 69, 73-74. Clive to Eden, November 24, 1937, *DBFP,* second series, vol. 21, pp. 527-529 も参照。

（39）Clive to Eden, November 25, 1937, *DBFP,* second series, vol. 21, pp. 533-542; Department of State, ed., *The Conference of Brussels, November 3-24, 1937, Convened in Virtue of Article 7 of the Nine-Power Treaty of Washington of 1922,* pp. 76-80. 最終報告書については、外務省条約局第三課「『ブリユツセル』ニ於ケル支那ニ関スル九国条約締結国会議経緯　千九百三十七年十一月三日至二十四日」も参照。

（40）Notes of a conversation with Davis, assisted by Hornbeck, November 26, 1937, Koo Papers, Box 45. Notes of a conversation with Hornbeck, November 25, 1937, Koo Papers, Box 45 も参照。

（41）Memorandum of a conversation by the American delegation, December 2, 1937, Davis Papers, Box 4. Memorandum of a conversation by the American delegation, *FRUS, 1937,* vol. 4, 231-233; notes of a conversation with

Davis, December 2, 1937, Koo Papers, Box 45 を参照。

（42） Tsien Tai, *China and the Nine Power Conference at Brussels in 1937* (New York: St. John's University Press, 1964), pp. 16–18.

（43） Tsien Tai, *China and the Nine Power Conference at Brussels in 1937*, pp. 18–19.

第二章　誰が国に体を捧げるか
――日中戦争期の「傷兵之友」運動――

深町英夫

はじめに

一九三八年一〇月二五日の武漢陥落、一一月一二日の長沙大火を経て、人口数十万人の地方都市である湖南省衡陽に、多数の負傷兵が集中的に流入した(1)。市内の病院はいずれも満床となり、一部の負傷兵は路頭に溢れ、衣類・寝具・医薬品などが不足して、彼らは飢えや寒さと傷病に苦しみながら、後方へ運ばれるのを待っていた。

クリスマスが近づく中、この惨状を見かねて負傷兵の救済活動を始めた、一人のキリスト教徒がいる。このサンタクロースのような人物は名を徐維廉といい、遼寧省綏中の貧農家庭に生まれたが、父がキリスト教徒だったことから教会学校で教育を受け、一九一七年にやはり米国系教会学校である燕京大学を卒業した後、米国ミシガン大学に留学して修士号を得る一方、ミシガン州デトロイトにあるフォード自動車で研修を受けたらしい。一九二五年に帰国した後、彼は河北省昌黎に米国メソジスト教会が設立した匯文中学の校長に就任したが、やがて同地が親日政権の統治下に入ったのを嫌い、一九三八年に東南部へ赴き工業合作運動に加わった。その後、おそらくは日本軍の進撃を逃れて、衡陽に辿り着いていたのであろう。

徐維廉は同地のキリスト教会と紅十字会、さらに湖南省傷兵管理処長でフォード自動車研修所の同窓生でもある汪伯平や、湘桂鉄路局長の石樹徳らの協力を得て、負傷兵の救済活動に乗り出した。一二月一七日に第一回準備会議が開かれ、出席した各銀行代表や各界人士から四〇〇〇元余りの寄付が集まり、まずは冬着が寄付されることになったが、一万人を超える負傷兵に対して、わずか一〇〇〇着の冬着はあまりに不十分であり、公平・公開を期すためおおいに苦心することになった。しかし、クリスマスには徐維廉の率いる基督教負傷将士服務協会と漢口ＹＷＣＡ服務団の人員によって、盛大な慰労活動が催されている。

そして、翌年三月三日に衡陽傷兵之友社が成立する一方で、この「傷兵之友」運動は国民党政権統治下の各地へと拡大し、ついには中央政府の主導する大衆動員運動へと発展していく。(2) 一九三四年に蔣介石の発動した新生活運動が、一九四〇年二月一九日に六周年を迎えるに当たり、新生活運動促進総会は第七年度の中心事業の一つに「傷兵之友」運動を位置づけ、その推進組織として傷兵之友社総社が設けられたのである。蔣介石は二月一八日の記念演説で、次のように訴えた。

負傷兵たちは国家・民族を守るため、名誉ある奮闘という責任をすでに果たしたのだから、われわれ国民は彼らに対して精神面では慰めを与え、物質面ではなるべく助けを与えるべきだ。新生活運動促進総会は社会一般が傷病将兵に奉仕するよう促すため、各地で多くの傷兵之友社を組織してきたが、ここに六周年記念を機として総社を設けて「傷兵之友」募集運動を行ない、一〇万人の「傷兵之友」を集めることを目標とする。無論、多ければ多いほど良いので、同胞各位が一致してこれに応え熱心に参加し、直接的には負傷将兵の功績に報い、また間接的には前線で戦う勇気を高められるよう希望する。(3)

侵略者と戦い傷ついた兵士に、民衆が救済の手を差し伸べるのは、ごく自然な愛国心・民族意識の発露であるかに思われよう。しかし、この運動に関して専論を発表している唯一の研究者である苟興朝は、運動の意外な背景を次のように描写する。

抗戦初期、負傷兵病院の数が足りなかったり、医薬・器材・設備が乏しかったりしたため、前線から後方へ運ばれた負傷将兵は、迅速な治療や適切な管理を受けられず、路頭に迷うことを余儀なくされ、難癖をつけて騒動を起こす者すらいた。（中略）負傷兵は騒動を起こして民衆を困らせるだけでなく、阿片を入手・運搬し闇取引することもあった。（中略）このような負傷兵の悪行に対して、民衆はいたる所で怨嗟の声を上げ、負傷兵と聞いただけで顔色を変えるほど恐れ、彼らを辛辣にも「傷老爺（お怪我の旦那）」と呼んだ。また、「負傷兵は社会の迷惑者だ」とか、「負傷兵は社会秩序を乱す輩だ」といった表現が流布した所もある。

これほどまでに負傷兵が民衆に忌み嫌われた原因は、「負傷兵自身、思想的素養が高くなく、文化的素養も低い場合が多く、また必要な教養を欠いていた」上に、「各級政府の善後措置は適切でなく、社会各界の関心も不十分だった」ことであるが、「報道媒体が民衆に負傷兵を尊重し、負傷兵に関心を寄せるよう訴える」[(4)]と、学生・華僑をはじめとする各界人士が積極的に呼応し、また負傷兵の社会復帰を促すべく職業訓練も行なわれたため、前方将兵や負傷兵の士気が向上したという[(5)]。

祖国防衛戦争の英雄であるはずの兵士は、いったい当時の中国社会においてどのような存在だったのだろうか。彼ら自身が「素養」・「教養」を欠き当局・民衆からも冷遇されたため、反社会的行動を取るようになったという説明は、いささか抽象的にすぎる嫌いがある。また、これらの問題を解決すべく発動された「傷兵之友」運動は、具体的にどのような活動を行ない、どのような成果を挙げたのか、先行研究では必らずしも十分に明らかにされていない(6)。

そこで本章では、「傷兵之友」運動の背景・経過・内容・成果を分析することにより、戦時中国における軍隊と民衆との関係を検討したい。なお、上述の苟興朝は主に新聞資料に依拠しているが、当研究は「傷兵之友」運動の機関誌や、中国第二歴史档案館・重慶市档案館・雲南省档案館・スタンフォード大学フーバー研究所などの所蔵資料も、あわせて用いることにする。

一　「問題」としての負傷兵

後方に戻った負傷兵が騒動を起こす事例は、一九三〇年代初頭からあったらしい。第一次上海事変の頃、江蘇省無錫付近の小都市で一人の負傷兵がある女性の手を切り落とし、その腕に着けていた金製品を奪って逃げ、女性が落命するという事件が起きた(7)。また、陝西省西安には一九三二年から「残廃軍人教養院」が設けられており、ここに収容された負傷兵は一〇〇〇人に達したこともあるが、彼らは前線での功績を恃んで法規を無視し、同院の管理も不十分だったため、しばしば喧嘩などの騒動を起こしていた。一九三六年四月一二日、発掘作業が行なわれていた市内の漢代墓地に、同院の負傷兵一〇名余りが乱入して、警備中の公安人員に制止されると、「こんちくしょう！　俺は前線で血を流して日本と戦ったってのに、他人の祖先の墓をあばく墓泥棒にも及ばないってのか」と叫び、石や瓦を発掘作業員に投げつけて、数名の負傷者を出したという(8)。

日中全面戦争勃発後も、陥落した首都南京から撤退する負傷兵が江蘇省鎮江で騒動を起こすなど(9)、各地で負傷兵が民衆に危害を加えたため(10)、一九三八年に行政院長に就任した孔祥熙が蔣介石宛ての書簡に、「前方で軍事的に敗北し、後方はひどい混乱状態に陥っています。難民はあてどなくさ迷い、負傷兵は随所で騒動を起こしているのに、救済が間に合わず適切に収容できないため、人心は動揺して不満が続出し、情勢はきわめて切迫しているのです」と記したように、これを政府上層部も早急に解決を要する問題として認識するようになっていた[11]。そして、負傷兵が早く傷を癒して前線の部隊に復帰するのを促し、また障碍を負って戦闘能力を失った者はなんらかの職業に就かせることにより、彼らが後方において社会秩序の攪乱要因となるのを防ぐべく、十分な医療・看護・管理・教育を施すことが強く求められたのである[12]。

負傷兵が騒動を起こす原因は、当時からさまざまに議論されていた。まず最も基本的な事実として、彼らの次のような肉体的・精神的苦痛を忘れるわけにはいかない。

負傷した将兵が前線から後方へ移ってくると、われわれは彼らの手足が欠けていたり、身体に孔が空いていたり傷ついていたりするのを見かけるが、肉体的にきわめて苦痛であることは言うまでもない。しかし、生理的影響により往々にして心理的な異常状態が引き起こされたり、出血が多すぎ傷口が深く大きいため極端な悲観や憤懣に陥ったり、動揺が激しすぎて神経が正常でなくなり、性質がせっかちで怒りっぽくなったりするような、生理的に引き起こされる心理的異常状態は、種類がたいへん多い[13]。
戦闘員は血を流したため、脳と神経が猛烈な刺激を受けて、心理的に異常な状態となり、性質が穏やかな者も荒々しくなり、弱々しい者も強硬になり、何事にもやたらに癇癪を起こし、喧嘩を好むようになる[14]。

日本軍の爆弾により片足を失ったある負傷兵は軍医に、「先生！　俺の足が片方なくなっちまった。どうしたらいいんだ？」と訴え、さらに隣のもう一人の負傷兵を指差し、「俺と同じように不幸だ。いや！　こいつは足を両方とも吹き飛ばされたんだから、俺よりもっと不幸だ。ああ、かわいそうに！」と嘆いたという[15]。

彼らは傷病死や前線への再出動による戦死といった将来の過酷な運命に不安を募らせ、身体に障碍を負った兵士であれば、「今はもう何も考えない。ただボンヤリと日々を過ごすだけだ。俺たちみたいな障碍者になって、何の役に立つんだ」と、意気消沈して自暴自棄になりがちであったし、心身の苦痛から逃れるために飲酒・賭博・買春といった、好ましくない娯楽に溺れる負傷兵も多かった。しかし、こうして心と体に傷を負った兵士たちに対して、前線の緊迫した生活とは対照的に平穏な日常生活を享受している後方の民衆は、往々にして敬意を抱くどころか同情すらせず、地方当局からもこれといった歓迎・接遇の措置がない場合も多く、孤独な境遇で彼らは遠く離れた家族を恋い焦がれたのである。

そして、交通・医療・生活面の物質的条件も概して不十分であったため、ささいな事から彼らの「抗戦の英雄」という自尊心が刺激され、周囲と衝突する結果をもたらしたのであろう。たとえば、民衆の植えた果物・野菜や育てている魚を勝手に盗み、抗議されると逆に声を荒げて罵ったり、土地の与太者や無頼漢に利用されて民衆をしいたげたりといった具合である。また、負傷兵が駅長を殴打して列車の出発時刻を遅らせたり、仲間を集めて病院長に無理な要求を行なったりする事件が頻発したという[16]。負傷兵の収容される病院に娯楽・運動施設を付置して、文化・体育といった「正当な娯楽」を奨励するとともに、近辺に賭場や娼館を開業するのを禁じることにより、負傷兵の紀律を維持すべきことが主張されたのも、このような背景があったからだろう[17]。

横暴な負傷兵を民衆が忌避したのは無理からぬことであるが、そうでない者までも往々にして周囲から疎まれる結果となった。人々は負傷兵を目にすればなるべく遠ざかろうとし、買物をしようとする負傷兵に対し商店は戸を閉めて拒み、喉が渇いてわずかな茶や水を求める負傷兵を家々は相手にせず、孤独を紛らそうと話し相手を求める負傷兵を民衆は虎のように恐れたのである。また、やはり忘れることができないのは、片方の目がつぶれていたり片方の脚が折れていたりする、兵士の身体そのものを民衆が忌み嫌ったことである。まだ癒えぬただれた傷や、何か月も換えていない血まみれの衣服が放つ耐えがたい臭気に、人々は鼻を覆って逃げ出した。彼らには負傷兵が「世界で最も忌まわしい人間」に思われ、負傷兵への奉仕事業に従事する人々までも同様に蔑まれたという。(18)

日頃から「負傷兵は醜くて、よく子供を殴る」という噂を耳にしていた少年が、学校からの帰路に幾人かの負傷兵と遭遇し、片足がなく杖を突いていたり、手がなかったり、あるいは顔や脚に傷を負って、包帯やガーゼだらけの彼らの姿を目にすると、震え上がって逃げ出したという挿話は、当時の中国社会で普通に起こりえたことだろう。(19)これは、前線で破壊・損傷を被った兵士の身体を、後方で安全に暮らす民衆が嫌悪・畏怖するという構図であり、身体をめぐる軍民乖離・矛盾が、「負傷兵問題」の一つの要因であったことをうかがわせる。ある病院で院長以下全員が頭髪を剃り、入院している負傷兵もこれに倣わせたのは、衛生上の配慮であることは言うまでもないが、また彼らの身体を少しでも民衆に受け入れられやすいものにするという、もう一つの意味も含んでいたと考えられる。(20)

なお中国社会において従来から、兵士が民衆に疎まれる存在であったことも、やはり無視するわけにはいかない。特に「軍閥割拠」時代の兵士は大部分が困窮農民出身で、また中には与太者や無頼漢も含まれており、召募されれば兵士となり解散されれば匪賊となる「兵匪」も多く、教育を欠き風紀が乱れ略奪・暴行・反乱が頻発したため、「良い鉄は釘にせず、良い人は兵にならぬ」という観念が、幅広く受け入れられていた。日中戦争期に入り兵士が国家・国民を防衛すべく戦うようになっても、この固定観念を拭い去ることは容易でなく、それゆえに「障碍を負った軍人は分別がなく何でもやりたい放題で、幸い脚が一本しかなかったり腕が一本しかなかったりして行動が不便だが、さもなければ勝手気ままにやりたい放題だったろう」とまで言われたのである。(21)

一九三〇年代に入って国民党政権は、その実質的支配領域であった沿海・華中各省において、近代的な徴兵制度の確立に一定の成果を挙げていた。しかし、日中全面戦争が勃発すると中国軍は膨大な死傷者を出し、しかも徴兵制度が未整備な内陸地帯へと追い詰められたため、兵員補充は次第に困難を極めるようになっていく。兵員の供出を割り当てられた地域社会では替え玉や人身売買が横行し、貧者や外来者といった社会的弱者を拉致してこれに充てることも多かったようだ[22]。つまり、兵士として前線に赴き自身の身体を危険にさらすことにより国家を防衛するという、本来ならば国民全体が公平かつ平等に分かち合うべき義務を、地位や財産を持つ者が持たざる者に押しつけることが、往々にして行なわれたのである。その結果、中国社会の最底辺に位置する人々が兵士として祖国防衛戦争の前線に送り出され、心身ともに傷ついて後方に戻れば、社会秩序の攪乱者として民衆に差別・嫌悪される対象となった。徴兵制度は国家に対する身体の供出を含意するが、その不公平・不平等な執行の犠牲者による復讐という側面が、「負傷兵問題」にはあったと言えるだろう。

二　「官製」運動の開始

１　地方から中央へ

一九三七年一〇月以後、国民政府は相次いで中央や各省・戦区に傷兵管理処を設けていたが[23]、これとは別に負傷兵にさまざまな奉仕活動を行なう団体が次々に組織された。一九三七年八月八日、黄仁霖が総幹事を務めていた新生活運動促進総会と励志社とが、軍事委員会の下部機関として戦地服務団を組織し、各地の軍病院・駅・道路へ赴いて、負傷兵のための茶・粥・薬の提供や洗濯、手紙の代筆や娯楽・慰労といった活動に従事した。さらに黄仁霖は、同年秋に命を受けて傷兵慰問組を組織し、褒賞の支給や傷病将兵の慰問、病院の視察を担当させている。翌年の武漢会戦に際しては大量の傷病将兵が出たにもかかわらず、医療機関が後方に撤退してしまっていたため、黄仁霖は新生活運動促進総会と戦地服務団に救護隊を組織させ、これが後に新運医療隊へと発展していった。[24] これらはおおむね政府が民間の参加を得て組織し、当局による活動を支援させたものと考えてよかろう。

これとほぼ同じ頃、先に述べたように徐維廉の「傷兵之友」運動が湖南省衡陽で始まっていた。しかし、一九三九年三月三日に戦地服務団衡陽服務所を会場として開かれた、衡陽傷兵之友社の成立大会に、徐維廉の姿はなかったようだ。彼は戦時首都の重慶へ赴き、フォード自動車研修所の同窓生であった黄仁霖に招かれ、新生活運動促進総会の秘書に就任していたのである。徐維廉は黄仁霖に対して、「傷兵之友」運動を新生活運動に附属させるよう提言するとともに、国民政府統治下の各地に赴き同運動を拡大していく。[25]「負傷兵問題」への対処を迫られていた地方当局や地域社会にとって、このような奉仕活動はまさに渡りに船であったにちがいない。

湖南省から負傷兵が移送されていた広西省桂林には、広西省傷兵管理処が設置されていたが、衣食・医薬・娯楽などの調達・提供に民間からの協力を必要としたため、陳思元処長や各界人士が徐維廉の呼びかけに応えて傷兵之友社の設立を発起し、一九三九年一月二三日に広西傷兵之友社が正式に成立した。この際、李宗仁（国民政府軍事委員）が名誉理事長、白崇禧（国民政府軍事委員）・李任仁（省政府委員）が名誉副理事長、黄旭初（省政府主席）・陳恩元が正副理事長、汪止豪（省政府参議）が総幹事に、それぞれ推挙されている。同社は八〇〇〇元余りの寄付を集めたほか、省政府に要請して劇場入場料に六パーセントの寄付金を課すことにより、毎月約一万七〇〇〇元余りの収入を得て事業費用に充てた。[26]

さらに徐維廉は四川省万県に傷兵之友社を組織し、[27] 六月一六日には湖北省宜昌を訪れて、第六戦区傷兵管理処宣慰科長の宋新民とともに、宜昌傷兵之友社を二二日に成立させ、七月六日には一万人を目標に加入者募集を開始している。[28] また貴州省貴陽では八月四日、省政府の呉鼎昌主席を理事に迎えて傷兵之友社が成立し、鎮遠・鑪山両県に分社が設けられた。その後、党・政府・軍や各種団体・機関を通じて社員が集められ、約半年後には月ごとに三〇〇～四〇〇元の寄付が集まっただけでなく、ある娯楽場からも毎月一四〇〇～一五〇〇元の義捐金が寄せられるようになる。(29)なお、浙江・福建両省などからなる第三戦区では、顧祝同司令長官の意を受けた傷兵管理処が一九三九年四月二二日に準備会議を開き、顧祝同を名誉社長とする傷兵之友社を成立させ、さらに一九の支社と九〇の分社を設けているが、これに徐維廉が関与した形跡はない。(30)

ある時、重慶の国際ロータリークラブで「傷兵之友」運動について講演した徐維廉は、新生活運動促進総会の顧問であった、ニュージーランド人宣教師ジョージ＝シェパード（George Shepherd）の面識を得て、さらに彼と黄仁霖から宋美齢（蔣介石夫人、新生活運動促進総会婦女指導委員会指導長）を紹介される。これが、傷兵之友運動が中央政府によって公認される一つの契機となったのであろう。一二月九日に黄仁霖が開いた座談会で準備委員会の成立が決議され、一七日の新生活運動促進総会を会場とした第一回準備委員会には、軍事委員会後方勤務部やＹＷＣＡ・中国婦女慰労総会・救世軍といった団体から、二〇人余りの代表が参加した。(31)

なお、一月三日に国民党中央秘書処・国民政府軍政部は、次のような「全国人民尊敬負傷将士辦法」を公布した。

一、大部隊の負傷将兵が集団行動をしていたり、担架隊に運ばれているのに出会ったら、自発的に立ち止まり道を譲って負傷者に注目し、配慮と尊敬の態度を示すこと。

二、路上や乗物内で負傷将兵が傷病の苦痛で難渋しているのに出会ったら、できるだけ助けたり慰めたりすること。

三、負傷将兵と接する際は、穏やかで親しみのこもった態度で誠実に相対すべきで、嫌ったり避けたりしてはならない。

四、官民機関や社会人士は、必ず負傷将兵の人格を尊重すべきであり、少しでも利用しようなどと思ってはならない。

五、各地の公共施設や公益企業は、それぞれ可能な範囲で負傷将兵を優待する方法を講じて、特別待遇を提供すること。

六、各地の慈善団体や公共団体は国慶節や重要な記念日のたびに、附近の病院の負傷将兵に対して適宜、人員を派遣して慰問したり物品を贈呈したりすること。

七、前項の各機関・団体および民衆は、附近の病院の負傷将兵が快癒・退院して、前線の任務に復帰するのに出会ったら、心から歓送・宣伝すること。(32)

民衆の啓蒙により負傷兵の社会的地位を向上させることを、国民党政権が企図したのが見て取れる。一月二四日の『中央日報』も「負傷将兵を尊敬しよう」と題した社説で、「われわれ後方にいる者は、家族が安全でいられるのも、生活を維持できるのも、何から何まで彼らのおかげである。われわれの安楽は、彼らの血肉と引き換えに得たものなのだ! どうすれば彼らの恩恵に報いることができるのか、われわれは自分の心に問うてみよう」と説き、この「辦法」を紹介して、「これらの日常的な行動こそ、われわれの負傷将兵に対する敬愛を示すことができ、このような敬愛こそ、勇士たちの心の慰めとなりうるのだ」と唱えている。(33)

2 社員募集活動

新生活運動の開始六周年記念活動の一環として、「傷兵之友」運動が全国的に展開されることになったのは、上述の「辦法」が公布された直後である。[34] すでに全国各地で六〇余りの傷兵之友社が設立されており、それらを新生活運動促進総会の傘下に収めることで、西南各省で広がりつつあった「傷兵之友」運動を、中央権力の指導下に置こうとしたのである。

二月五日に新生活運動促進総会は、「傷兵之友」一〇万人募集運動を開始する。[35] すなわち、傷兵之友社総社を設立し、名誉総隊長・総隊長・総幹事各一人を置き、その下に党務・政務・軍警・教育・農工・商業・婦女・実業・青年・国際の一〇隊を設けて、二月一九日から三月一〇日までの間に、一〇万人の「社員」（あるいは「社友」）を集めることを目標とした。社員は少なくとも一元を寄付することが求められ、一度に一〇〇元以上あるいは毎月一〇元以上を寄付する者は特別社員、一度に一〇元以上を寄付する者は普通社員、一度に五元以上を寄付する者は賛助社員とされた。各隊が集めた社員数と寄付額は五日ごとに公表され、また新生活運動促進総会の宣伝場に設置された比較表に随時記すとともに、成績の優秀な隊・個人は三位まで賞を受けることになった。[36]

名誉総隊長には宋美齢、総隊長には孔祥熙（行政院副院長兼財政部長）、総幹事には黄仁霖が就任した。各隊の隊長・副隊長は、左記の通りである。

党務隊　隊長：葉楚傖（国民党中央執行委員会秘書長）　副隊長：朱家驊（国民党中央組織部長）・潘公展（国民党中央宣伝部副部長）。
政務隊　隊長：張群（国防最高委員会秘書長）　副隊長：魏道明（行政院秘書長）・徐堪（行政院財政部常務次長）。
軍警隊　隊長：何応欽（軍事委員会参謀総長）　副隊長：俞飛鵬（軍事委員会後方勤務部長）・劉峙（重慶衛戍総司令）。
教育隊　隊長：陳立夫（行政院教育部長）　副隊長：張伯苓（国民参政会副議長）・呉国楨（重慶市長）。

農工隊　隊長：谷正綱（国民党中央社会部長）　副隊長：王秉鈞（国民党中央社会部副部長）・洪蘭友（国民党中央社会部副部長）。

商業隊　隊長：康心如（重慶銀行公会主席）　副隊長：温少鶴（重慶自来水公司監察委員会副主席）・李奎安（不詳）。

婦女隊　隊長：李徳全（馮玉祥夫人、新生活運動促進総会婦女指導委員会常務委員）　副隊長：王文湘（何応欽夫人、新生活運動促進総会婦女指導委員会委員）・沈慧蓮（馬超俊夫人、新生活運動促進総会婦女指導委員会常務委員）。

実業隊　隊長：張嘉璈（行政院交通部長）　副隊長：彭学沛（行政院交通部政務次長）・銭新之（中央・中国・交通・中国農民四銀行聯合辦事処常務理事）。

青年隊　隊長：陳誠（軍事委員会政治部長）　副隊長：盧作孚（行政院交通部常務次長）・康沢（軍事委員会政治部第二庁長）。

国際隊　隊長：王寵恵（行政院外交部長）　副隊長：于斌（天主教文化協進会理事長）・董顕光（国際宣伝処長）・鋭楧（不詳）。

こうして党・軍・政府や財界の重要人物が社員募集の先頭に立ったのだが、党務隊の募集方法は、この運動の性格を象徴的に表すものであった。すなわち、同隊の本部は中央党部秘書処に設けられ、さらに各省・市隊を設けて隊長には省・市党部主任委員を充て、市・県にも分隊を置く。最基層の党組織である区分部を単位として、各党員本人が必ず参加するほか、少なくとも一人の社友を募集することにより、各分部が少なくとも社友三〇人を募集する責任を負う。また中央執行・監察委員以下の党職員は階級に応じて一定額を寄付し、それぞれ特別社員・普通社員・賛助社員となる。[37]そして、重慶市党部も市内の党員が一律に「傷兵之友」となり、さらに各人が一人ずつを紹介するよう求めている。[38]これが、弱体化していたとはいえ中国社会の各部分に浸透している党組織を通じた、上からの動員であることは言うまでもない。

新生活運動開始六周年に当たる二月一九日、『中央日報』は「新中国の輝く松明」と題する社説を発表した。かつて蒋介石が提唱した通り、「国家に忠を尽くし、民族に孝を尽くし、苦しんでいる同胞に仁愛を尽くし、災難に遭い屈辱を受けている同胞や、前線で戦死した将兵の仇を討ち、恨みを晴らす」ためにこそ、負傷兵たちは「血を流し、首をなげうつような生命の危険を冒した」のであるから、後方の民衆は「傷兵之友」運動に参加することによって彼らに感謝し、新生活運動の創始者の要求に応えるべきだと説いたのである。[39]同紙「婦女新運」欄も、後方の民衆が落ち着いて生活できるのは、「幾千幾万の英勇的将兵たちが、彼らの家庭と幸福をなげうって、祖国を守るために個人的生命を犠牲にすることを惜しまず、中華民族の自由と解放を得ようとしている」からで、医薬・栄養・資金の不足によりはなはだしい苦痛を味わっている、「腕が折れ脚を失った負傷将兵たち」の苦痛を取り除くことが、「婦女同胞」の義務であると主張する。[40]これらはいずれも、先に述べた通り身体の供出が本来は全国民の義務であることを暗示しつつ、この義務をすでに果たした負傷兵に対する奉仕活動に、これをまだ果たしていない民衆が参加する道義的責任を強調した言説である。

しかし、「傷兵之友」募集が二月一九日を期して正式に開始される以前に、早くも競争という方法の弊害が現れていたようだ。すなわち、二〇日に孔祥熙総隊長の名義で告示が行なわれ、「傷兵之友」となることを願うかどうか、あるいはどの隊に加入するかは、各人が自ら決めるべきことであると確認し、またすでに加入した者に二度目の寄付を求めたり、街路・横丁・茶館・酒場や公共の場所で、面識のない者を押しとどめて勧誘したり、新生活運動促進総会が通し番号を付して発給することになっていた志願書・領収書に、自分でもっともらしく押印したりすることを禁じたのである。[41] おそらくは社員数を水増しすべく、さまざまな正当でない方途が試みられていたのだろう。

こうして募集運動が過熱しかけていることを懸念したのか、『中央日報』の「どうやって負傷兵の友となるのか」と題した社説は、「負傷兵の友となるのに必要なのは、真心である。（中略）いくばくかの金を出して社員という肩書を得れば、それで負傷兵の友となったと考えるのなら、それは絶対に誤解であって、同社が行なう今回の募集の本意ではない」と説き、「今回の募集は絶対に自由なもので、すでに加入していれば再び寄付する必要はなく、まだ寄付していない者も自分の意思次第である」ことを強調する。しかし、「われわれは一方でこのような方式を賛美するが、他方でこれは募集運動の主催者の社会全体に対する重視と礼儀であることを認識すべきだ。このような『愛国競争』の募集運動において、遅れを取ることに甘んじる者は一人もいないと、彼らが信じているからである。今は社会全体の人々が、その愛国において遅れを取るまいという精神を、何をもって示すのか注視せねばならない」と説く。[42] これが結局は「自発的参加の強要」であることは、言うまでもない。

確かに党務隊長の葉楚傖が唱えた通り、「同じ国民であれば同じ責任を負うべきであり、もし苦労・安逸の程度が異なっていれば」、後方の民衆が良心の呵責を感じて、前方の将兵や負傷兵を支援するのは当然かもしれない。[43] しかし、そのような良心の表現が当局によって強制されると、運動の性格は複雑なものになる。二二日、重慶市党部は五八〇の保に分かたれた全市九万余りの世帯を対象に、各保に党員一名を派遣し保長をともなって世帯ごとに一人が加入するよう求め、加入者は「傷兵之友」の標識を門扉に貼り付けることにした。このような戸別訪問による募集が、事実上の加入強制となることは容易に予測される。また、新生活運動促進総会に依頼して一台の宣伝車両に市内を巡回させたのも、住民に対する無言の圧力となったのではないか。寄付額が一元と最も少ない賛助社員となることを原則とし、しかも困難であれば可能な範囲で寄付させることになったのには、二重の意味があろう。すなわち、低所得者でも加入できるよう「敷居を低くする」とともに、「少額なら払えるだろう」という、言わば「逃げられない」状況にもつながったと思われる。(44)

しかし、貧困層の居住区である第七区第一〇保を担当した党員の程朱渓は、住民の意外な反応を報告している。彼の腕章を目にし「傷兵之友」の四字を耳にすると、人々は「負傷兵を助けるってのはいいことだ」と言って、ただちにズボンや懐から折り畳んだ三角や五角の紙幣を取り出すので、その氏名・住所と寄付額を書きとめて礼を言うと、彼らは「いいんだよ。当然のことだ」と答えたという。また、彼が陋屋の前に腰掛けた老婆を目にして、この六〇過ぎの王鄭氏という名の女性は、一人暮らしで特に貧しいと保長に聞かされたので、寄付を求めることなく通り過ぎると、彼女の方から歩み寄ってきて、「あんたたちは負傷兵を助けてるのかい。うちの息子も前線にいるんだ。息子が日本人どもをやっつけてくれるのが、私は嬉しいのさ。ちょっと私も寄付するよ」と言う。しかし、ポケットを探っても金が見つからないので、彼女は隣人から二角を借りて差し出した。さらに、ちょうど戸外で洗濯をしていた中年女性も自ら問いかけてきて、彼の来意を知ると濡れたままの手でズボンの裾を捲り上げ、靴下の中から一枚の五角紙幣を取り出し、「私も負傷兵を助けたいんだ。五角くらい、あと五着服を洗えばいいのさ」と言ったという。(45) このような「感動的」な逸話が、国民党機関紙の「大本営発表」なのか、それとも日本軍の爆撃に苦しみ抗戦意欲に燃える重慶市民の真実の姿なのか、容易には判断できない。

二月二四日の第一次成績発表によると、党務隊の集めた加入者は一万五四八六人で予定数を超えたが、その少なからぬ部分は上述の戸別訪問の成果であったろう。他方、婦女隊長は「①女性たちは党・政・軍・士・農・工・商各界に分布しているので、他の隊に加入してしまうことがある。②婦女界にはまだ全国的組織が欠けている」こと、青年隊長は「青年は生産者でないのであまり負担できない」ことを理由に、各々募集の困難を訴えている。また、商業隊は成績が零点であったが、やがて四川省銀行の郭松年董事長や潘昌猷総経理をはじめ全て

の従業員が賛意を示し、五万元を寄付したという。(46)

三月二日の第二次発表と九日の第三次発表、そして一九日の最終発表は、表１の通りである。

中国社会に張り巡らされた党組織を活用することにより、一般民衆をも動員対象とした党務隊が、やはり最高成績を収めた。他方、あまり成績の上がらなかった隊の責任者がさまざまな弁明を試みたのも、このような競争

表１　社員募集活動成績表

隊別＼発表		第２次	第３次	最終
党務隊	中央党部	10,822 12,919.03		
	各省・市党部	28,860 30,005.00		
	計	39,682 42,924.03	44,923 45,023.00	205,517 215,029.73
軍警隊		28,996 33,732.80	39,860 46,549.85	185,400 202,025.55
政務隊		3,696 63,026.00	1,456 8,203.70	14,217 137,810.70
農工隊		10,409 16,468.54	4,547 11,033.00	30,058 44,695.33
婦女隊		2,568 109,570.00	1,001 2,527.00	23,241 131,369.00
国際隊		不詳 不詳	131 1,980.00	13,086 43,728.54
教育隊		672 1,790.00	665 1,147.00	39,076 47,340.74
青年隊		22,184 30,138.00	14,674 20,435.00	56,493 74,499.30
商業隊		不詳 不詳	1,486 9,291.90	12,963 34,969.40
実業隊		不詳 不詳	5,712 8,735.30	20,967 105,610.30
合計		110,965 248,993.65	114,455 154,925.75	601,018 1,037,078.59
累計		151,271 460,725.30	265,726 615,651.05	

注：上段は加入者、下段は寄付額。単位はそれぞれ人・元。

方式の故であろう。青年隊は、「第一次の成績が悪すぎたが、しかし少年は成長が速いので、もう第二週には追いついた」と成果を誇る。商業隊の成績が振るわなかったのは、「商人たちが皆手続きを知らないのであって、実は商人は負傷兵の友人になりたがっている」と説明された。加入者の割に募金額の少なかった農工隊は、「農民は本来、全人口の最大多数を占めるが、今回の募集範囲は巴県・江北県のみに限られていたので、成績が良くなかった。労働者の方は豫豊紗廠の全従業員一〇〇〇人余りが一斉に加入し、また数角・数分の〔寄付しかできない〕労働者も多いが、全て殊勝で高く評価されるべきだ」、同じく教育隊は、「教育界は昔から清貧で、あまり良い成績を収めようがないのだが、それでも今回はしっかり負傷兵と握手をした」、加入者・募金額ともに最少であった国際隊は、「成績が良くないのは各地に通知しなかったからで、実は各戦区では多くの宣教師が負傷兵に奉仕しており、欧米各国のわれわれに対する同情は非常に厚い」と唱えた。

このように、各隊の競争心を煽ることで加入者・募金額を最大化させるという、新生活運動促進総会の意図は、一定の効果を収めたと言えるだろう。その結果、傷兵之友社への加入者は当初の目標であった一〇万人を大きく超え、「負傷兵一人当たり六人の友人がいることになった」のだが、さらに募集期間を二週間延長することを孔祥熙は表明した[47]。なお、この間に得られた社費は全額が総社に譲渡・保管されたが、募集競争の終了後も米州・東南アジアなどの華僑から寄付が寄せられ、一九四〇年末には社費の総額が四〇〇万元以上に達している[48]。

実際に募集活動に一応の区切りがつけられたのは、傷兵之友社総社が各隊の正副隊長や幹事を招いて宴会を催した四月二〇日のことで、やがて高額寄付者には賞状が送られた[49]。これに先立って一八日に三七人の理事が選ばれているが、上記の宋美齢・孔祥熙・葉楚傖・朱家驊・張群・徐堪・何応欽・劉峙・陳立夫・張伯苓・呉国楨・谷正綱・王秉鈞・康心如・李奎安・李徳全・王文湘・沈慧蓮・張嘉璈・彭学沛・陳誠・盧作孚・康沢・王寵恵・于斌・黄仁霖・徐維廉などに加えて、宋靄齢（孔祥熙夫人、中国工業合作社顧問）・宋慶齢（孫文夫人、国民政府委員）姉妹と譚祥（陳誠夫人）・王文山（行政院交通部人事司幇辦）など、やはりほとんどが党・政府・軍の高官か民間の著名人士であった。そして、孔祥熙・宋美齢・葉楚傖・何応欽・張群の五人が常務理事、孔祥熙が理事長、黄仁霖が総幹事、徐維廉が副総幹事に就任し、その指揮下に総務・推行・訓練の三組が設けられている。(50)

だが、理事会は一九四〇年一二月一二日に第二次、一九四三年三月に第三次、一九四五年二月二〇日に第五次、一九四七年三月一六日に第七次の会議が開かれたのみで（第四・六次の開催時期は不詳）、呉鉄城（国民党中央海外部長）・金宝善（行政院内政部衛生署長）・盧致徳（軍事委員会後方勤務部衛生処長）・張藹真（新生活運動婦女指導委員会総幹事）・魏益三（軍事参議院諮議）・宋子文（行政院代理院長兼外交部長）・王世杰（国民参政会主席・国民党中央宣伝部長）などが相前後して理事に加わったが、その間に恒常的な活動を行なっていた形跡はない。(51) これは、著名人が一時的な募金活動のために広告塔の役割を果たし、大衆媒体（新聞・ラジオなど）を通じた宣伝により運動への参加を促したことを意味する。換言すれば、「傷兵之友」運動の「官製」化とは恒常的な軍事行政への組み込みを意味するものではなく、国家が戦争を遂行するために不足していた資源を、社会から一時的・間歇的に徴発する試みだったのである。

実際に同社の通常業務を担った人物には、キリスト教の信仰や米国との関係といった、黄仁霖・徐維廉と似た背景を持つ疎開知識人が多い。一九四四年に増設された財務組の組長に就任した崔成章は南開大学を卒業した会計士で、中華全国基督教協導会と新生活運動促進総会とが共同で組織し、もっぱら新兵への奉仕活動に従事した中国戦時服務委員会の会計主任を務めていた。秘書兼推行組副組長の李清賢は、天津などで中学校長を一七年にわたって務め、米国系教会学校の燕京大学で教鞭を執ったこともある。(52) 訓練組長の黎離塵は、やはり米国系教会学校である金陵大学を卒業したキリスト教徒で、励志社や新生活運動促進総会に勤めた後、当時は傷兵慰問組長も兼任していた。総務組長の談家棟も戦地服務団・励志社・傷兵慰問組に勤めた後、新生活運動促進総会総務組長を兼任した[53]。なお、傷兵之友社総社の業務には三人の専任職員が従事したほか、新生活運動促進総会の職員二〇人がこれを兼務している[54]。

3　地方組織

全国各地に成立していた既存の傷兵之友社は総社の傘下に収められ、また新たな地方組織が相次いで成立した。一九四二年度までに設立された組織は、左記の通りである。

湖北：省傷兵之友社（恩施）・勛県分社・襄陽分社・沙市分社・老河口分社・秭帰分社。
広東：省傷兵之友社（曲江）・乳源分社・開建分社・番禺分社・河源分社・楽昌分社・陽江分社・信宜分社・台山分社・陸豊分社・蕉嶺分社・連県分社・仁化分社・大埔分社・潮安分社・南雄分社・化県分社。
広西：省傷兵之友社（桂林）・興安分社・柳江分社。
江西：省傷兵之友社（吉安）・上饒分社・浮梁分社・南城分社・寧都分社・贛南分社・新淦分社・遂川分社。
貴州：省傷兵之友社（貴陽）・図雲関分社。
陝西：省傷兵之友社（西安）。
河南：省傷兵之友社（汝昌）。
四川：省傷兵之友社（成都）・万県分社・宜賓分社・長寿分社・陪陵分社・李度分社・忠県分社・酆都分社。
浙江：金華分社・衢州分社・方岩分社・紹興分社・寧波分社・温州分社。
福建：福州分社・南平分社・建甌分社・閩南分社・龍溪分社・龍岩分社・長汀分社。
湖南：衡陽分社・沅陵分社・漵浦分社・芷江分社・辰溪浦市分社・辰谿分社・邵陽分社・瀘溪分社・洪江分

社・安江分社・晃県分社・東安分社・零陵分社・桃源分社・祈陽分社。

安徽：屯溪分社・立煌麻埠分社。

寧夏：磴口補淖分社。(55)

このように、おおむね国民党政権の支配地域の全体に、傷兵之友社の地方組織が分布することになったのだが、やはり運動の「官製」的性格は同様であったようだ。

具体的状況が明らかな広東省の事例を、やや仔細に検討してみよう。省政府が曲江県韶関に移転していた同省では、各機関長官・各界人士が一九三九年三月に傷兵之友社の設立を発起し、五月一一日に正式な成立に至った。丘譽（第四戦区司令長官部秘書長）・伍智梅（国民参政会参政員）・鄭豊（省参議会秘書長）・王作華（保安副司令）など二〇人が理事に、何彤（民政庁長）・顧翊群（財政庁長）・許崇清（教育庁長）・鄒洪（保安処長）など八人が監事に、張発奎（第四戦区代理司令長官）・李漢魂（省政府主席）・余漢謀（第四戦区副司令長官）・呉其偉（第四戦区総司令）が名誉理事に推され、互選により丘譽が理事長となっている。(56)

翌一九四〇年には傷兵之友社総社の社員募集運動に呼応して、一〇万人を目標に党・政府が運動の先頭に立った。(57)これに先立って前年一二月に省臨時参議会第二次大会は、「(一)省政府に依頼して、所属機関や各県・市・郷・鎮機関の公務人員が、身をもって負傷将兵に対する慰労・保護の模範となるべく、傷兵之友社に加入するよう指示する。(二)普及を図るため省動員委員会に依頼し、各県・市の民衆を動員して傷兵之友社に参加させ、負傷将兵に対する慰労・保護活動の責任を負わせる」ことを決議し、省参議会の出席者や事務職員も一律に加入した。(58)さらに、上記の名誉理事四人を名誉総隊長に迎えて六〇の募集隊を組織し、同年秋までに栄誉社員三五〇名、基本社員二一七名、普通社員一万一〇〇三名を集めている。(59)

これと並行して、広東省の政府・党部・動員委員会から省内各県の政府・党部・動員委員会に、傷兵之友社の分社を設立するよう促された。その結果、一九四〇年には蕉領（五月一四日）・乳源（六月二五日）・番禺（七月七日）・河源（七月八日）・陽江（七月一〇日）・台山（七月一〇日）・開建（七月一五日）・楽昌（七月一五日）・潮安（八月一〇日）・化県（九月二三日）・南雄（九月二六日）・信宜（成立期日不詳）の各県で、相次いで分社が成立する。この際、やはり左記のように県党部・政府の最高責任者が理事長などの代表者となることが多く、また商業界・教育界の有力者が動員されることもあった。

乳源分社　理事長：陳栄魁（県長）　理事：江子韶（「江源記」経営者）　常務監事：許葦航（県党部書記長）(60)。
番禺分社　理事長：黄蘭友（県長）(61)。
河源分社　理事長：呉式均（県長）(62)。
陽江分社　理事長：謝維騏（県党部計画委員会書記長）　理事：林潔予（県商会理事長）・陳炳霈（県立模範小学校長）(63)。
開建分社　理事長：韓継中（県長）　理事：李輔豪（県簡易師範学校元校長）(64)。
潮安分社　理事長：陳説義（県党部書記長）　理事：荘嵩岳（県商会主席）(65)。
化県分社　理事長：李亮（県党部書記長）　常務幹事：龐成（県長）(66)。
南雄分社　理事長：黎超駿（県党部書記長）　副理事長：趙沛鴻（県長）(67)。

加入者の募集もしばしば既存の組織を通じて行なわれ、楽昌分社は各機関・団体の責任者が基本社員となり、四人から八人の社員を募集することを義務づけ、陽江分社は各機関・学校・団体の責任者に募集隊長となって、所属職員を一律に入社させるよう依頼し、河源分社も各郷・鎮・保・甲長や学校教職員を加入させることを計画した。[68]なお、広東省三民主義青年団も省内各県で社友募集活動を展開し、曲江・連県・清遠・台山・恵陽・茂名・普寧・合浦の各県で五〇〇〇人余りの加入者と、八〇〇〇元余りの社費を得ている。[69]

これらの活動の結果、一九四〇年度の加入者は栄誉社員が四五〇人、基本社員が二二三人、普通社員が一万五五五六人で、合計一万六二二九人、その職業別内訳は、党員二三九人、政界二八二八人、軍人四七五六人、学校五〇六七人、商人二五九四人、労働者二四人、農民四六人、その他が六七五人で、収入は入社金などの総計が二万六五五七・六九元であった。[70]ただし、加入者の多くは奉仕事業の従事者や、学生・公務員といった当局の指示が届き易い人々であり、一般民衆は運動への参加に消極的だったという。[71]

一九四一年初頭には新生活運動開始七周年記念ラジオ演説で、李漢魂主席が「各界同胞は一致して奮起し、積極的・普遍的に『傷兵之友』運動のために奉仕することを願う」[72]と訴え、従化（四月一四日）・連平（六月四日）・五華（六月一日）の各県にも相次いで分社が成立した。だが、広東傷兵之友社は加入者の入社金とわずかな寄付以外に固定した収入がなく、各種活動の実行に困難をきたしていたため、第三次理事・監事聯席会議は広西傷兵之友社の先例に倣って、韶関の劇場や映画館といった娯楽場の入場料に一～二割の寄付金を付加し、同社の経費に充てるべきことを決議する。[73]しかし、各遊技場への指示を依頼された第七戦区司令長官司令部や広東省政府は、これが財政系統に抵触することを理由に許可せず、かわりに省政府財政庁から毎月二〇〇元の補助金を支給することになった。[74]一九四二年になると、物価高騰を理由に補助金を四四〇元に増額するよう省政府に申請されたが、すでに省予算が中央の決定を経ていたため据え置かれている。[75]

そこで、第二次加入者募集運動が実施されることになり、余漢謀・李漢魂を名誉募集総隊長に、各機関・団体の主管人員や社会の著名人を募集隊長に迎え、また各県分社にも協力を要請して、同年一月から九月までに社員一万〇六二九人、寄付金一万九八七九元が集められた。[76]しかし、一九四三年に余漢謀を名誉総隊長、李漢魂などを名誉副総隊長に迎えて行なわれた第三次募集運動の結果は、社員二六七人、寄付金一二四八元にとどまり、さらに再び遊技場の入場料に一割半の寄付金を付加すべく、韶関市政府籌備処に依頼したものの、やはり省政府の指示によって拒絶されており、広東傷兵之友社は依然として財政難に苦しんでいたようだ。[77]

他省の状況はあまり明らかでないが、おおむね広東省と大同小異だったのではないかと推測される。江西省では一九四〇年三月に、傷兵管理処が各界に働きかけて江西傷兵之友社を成立させた。[78]これに先立って同年元旦に、江西省第四区行政督察専員兼贛県長の蔣経国などが運動を発動し、同区傷兵教育委員会の全委員を中核に各界人士を招いて、贛南傷兵之友運動委員会を組織していた。そして、蔣経国自身が総隊長、第四・第八両行政区の県長・県党部書記長（贛県では各界指導者も）が大隊長となって、加入者募集活動を展開した。[79]その結果、四月には加入者が五万人を越えたと蔣経国は誇っているが、[80]翌年三月には加入者が八八〇〇人余りしかおらず、「われわれ贛南民衆の情熱は十分に熱烈でない」ことが嘆かれており、その実態は明らかでない。そのため、一九四一年四月一日から三〇日まで、五万元を集めることを目標に第二次募集活動が行なわれることになり、[81]第四・第八両行政区に五五の募集大隊を組織し、各県の県党部・動員委員会・三民主義青年団の責任者を大隊長に充て、副大隊長は各県商会から招かれている。[82]贛南傷兵之友社は蔣経国が自ら理事長を務めていたが、[83]蔣介石の長男の威光をもってしても、運動の継続的推進は困難だったのかもしれない。

このほか、先に述べた通り一九三九年六月二二日に成立していた宜昌傷友之友社は、翌年一〇月に恩施県に移転して湖北傷兵之友社に改組され、省政府の陳誠主席が名誉理事、厳立三代理主席が理事長、宋新民が総幹事に選ばれた。[84]一九四〇年三月一日に成立した陝西傷兵之友社も、省政府主席の蔣鼎文が理事長に就任し、[85]衡陽傷兵之友社は一九四二年二月に朱玖瑩市長が責任者となり、翌年には趙君邁市長が理事長に就任している。[86]地方においても中央と同様、運動が上からの「官製」的性格のものであったことがわかる。

三　奉仕の現場

1　服務隊の組織

官民の著名人が先頭に立ち各種媒体も動員して、傷兵之友社の募集活動は華々しく推進された。しかし、その結果として集まった資金を用いて、実際に病院などの施設で負傷兵に奉仕する活動は、それと対照的に地味で困難なもの、すなわち①特別栄養と温水の提供、②害虫駆除・沐浴・疥癬治療、③衣類の洗濯・補修、④衛生用品の補充という「四項中心工作」だった（次節で詳述）。まず、その体制を以下に検討する。

負傷兵への奉仕を行なう「服務隊」の業務は、軍事委員会傷兵慰問組（一〇一人）・軍事委員会戦地服務団（一〇二人）・YMCA軍人服務隊（三〇人）の人員が兼任したほか、左記の各組織から専任人員が派遣された。

新生活運動促進総会　一五人
新生活運動促進総会婦女指導委員会婦女傷兵服務隊　一五〇人
新生活運動促進総会婦女指導委員会成都軍校婦女救護隊　七七人
重慶市新生活運動促進会　二人
戦時児童保育会　二〇人
中華慈幼協会　三四人
基督教公誼会　一人

中国紅十字会　三〇〇人
四川省傷兵之友社　六三人

このほか、救世軍からも四人が本社や服務隊に派遣され、さらに一一〇〇人余りが雇われたという。[87]

これらの人員に訓練を施すことが、まず傷兵之友社の主要な活動となった。まず、一九四〇年三月・五月に第一期・第二期の服務生訓練班を設け、上述の戦時児童保育会・中華慈幼協会から一五歳以上の戦災孤児を選び、二週間にわたって訓練を施した。その方法は、午前中に「四項中心工作」の基礎知識や奉仕方法・精神的態度の講義、午後は第五陸軍病院で実習というものであった。訓練終了後は指定の病院に着任することになり、第一期の服務生三八名が涪陵・長寿・合江・江津の各県の後方病院へ、第二期の服務生一六名は白沙鎮・忠県の後方病院・陸軍病院に派遣された。戦争で家族と切り離され慈善団体に保護された子供たちが、戦場で傷ついた見知らぬ兵士たちの苦痛・不快を癒すべく国家によって訓練され、やはりおそらくは見知らぬであろう重慶周辺の各地へ送られていったのである。

これとは別に、幹部人員として四〇名が訓練を受けた後、四川省内各地の病院へ派遣されたが、その不足を補うべく六月に四川省傷兵之友社を通じて一〇〇名の服務員を募集し、一年間の生活費として六万元を傷兵之友社総社が負担することが定められた。第一期の服務員三六名は七月一日から一〇日間、服務生よりも詳細・高度な訓練を受けた後、省内各病院へ配属された。その後も参加者が相次ぎ、年末には計六三名に達したという。他方、新生活運動促進総会婦女指導委員会は軍校婦女救護隊を設立し、その隊員七七名が傷兵之友社総社に派遣されたが、やはり一〇月に「四項中心工作」技術の訓練を二週間にわたって受け、一一月上旬に全員が合江・江津・合川・白沙・宜賓・瀘県などの病院に配属された。

そして、負傷兵五〇〇人を一単位として一〇〇の服務隊を設けることが第一目標とされ、訓練を受けた服務員・服務生は六～一五人ごとに合計二二五の服務隊を組織し、四川全省および湖北・貴州・陝西の各省の二八病院に派遣された。また、中国紅十字会から派遣された三〇〇名は三〇の服務隊に組織され、前線の野戦病院で「四項中心工作」に従事し、さらにYMCA軍人服務隊の三〇名は六つの服務隊に組織され、河南・陝西両省の負傷兵病院で活動している。軍事委員会の傷兵慰問組・戦地服務団と共同で組織した二〇の服務隊も、各省の病院に配属された。ただし、地方組織は経費不足に悩み総社から派遣される服務隊も十分ではなかったため、省傷兵之友社や分社などに計一三万二六八二元を提供し、「四項中心工作」を推進させている。[88]

一九四一年から一九四二年にかけて、総社は各省の傷兵之友社とともに青年有志を募集して訓練を施すべく、桂林（広西）・零陵（湖南）・吉安（江西）・金華（浙江）に人員を派遣した結果、零陵（一一三名）・吉安（一〇一名）・江山（浙江、八三名）・均県（湖北、七八名）で訓練班が開かれ、卒業生は各地の病院に配属された。[89]

2　不快・苦痛を癒す

先に述べた「四項中心工作」の具体的内容は、以下の通りである。

1．特別栄養と温水の提供

特別栄養は重症者に提供するもので、各病院の主治医が患者の症状を見て、流動食・半流動食・無塩・無糖などの種類を決定するが、人数は入院者数の一割を超えないことを原則とした。温水は全患者に一律に供給した。

2．害虫退治・沐浴・疥癬治療

全国三〇〇の病院に害虫（シラミなど）退治所を設けるとともに、前方野戦病院や収容所でも行なわれた。各省の害虫退治活動には総社から服務隊を派遣するか、あるいは各省の分社が直接行なったが、人手の不足している場所では他機関に委託し、活動費用は全て総社が負担した。沐浴・疥癬治療は、各服務隊が担当している。

3．衣類の洗濯・補修

身体や居室の整頓・清潔のため、衣類の洗濯・補修を服務隊が担当したが、現地の女性を動員することもあった。

4．衛生用品の補充

綿入れベスト・下着・蚊帳・タオル・歯ブラシ・ビタミン剤・代用粉ミルク・藁半紙・理髪用石鹸などを補充し、衛生・環境にも責任を負った。

また、物価高騰により負傷兵が栄養不足を来たすのを防ぐため、重症患者以外の者に豚肉を差し入れる「普通栄養」も行なわれた。これは、毎週日曜日に一人当たり肉四両（一二五グラム）を支給することにより、毎月一斤（五〇〇グラム）から一斤四両（六二五グラム）の肉を食べさせるというものである。さらに、手紙の代筆や娯楽・慰労、交通拠点に「招待站」を設けて移動中の負傷兵に茶や粥を提供したり、薬を交換したりする業務も行なわれている(90)。

これらの活動は、決して容易ではなかったはずだ。政治工作の担当者に対して、「負傷兵は汚れて破れた血まみれの服を着て、悪臭を漂わせているからといって近づきたがらず、下働きの兵士に応対させる」ようなことをせず、「自ら茶を入れたり、飯を盛ったり、床を敷いてやったりすべきだ。負傷兵が怪我や病気の刺激のせいで傲慢であったり怒りっぽかったり、あるいは家族を恋しがったりする異常な心理に対しても、くりかえし我慢強く慰め説得し、自ら世話を焼く」よう説かれているが[91]、このような負傷兵の飢え・痛み・痒みといった身体的不快を癒すことこそが、傷兵之友社服務隊の任務だったのである。それゆえに、中には最初のうちだけ熱心で、まもなく意欲を失って脱落する服務隊員もいたようで、虚栄心にかられて数日だけ奉仕して手柄を得ようとしたり、気が向いた時だけ参加したりすることが厳しく戒められている[92]。

それだけに、彼らの奉仕活動は負傷兵たちに歓迎されただろう。ある病院を訪れた服務隊員は、部屋の隅で呻いている一人の重傷患者に話しかけた。

「食事は済んだかい。硬い飯は食べられるか。」

「ふん！　飯はパサパサな上に、おかずがないし、スープだってありゃしない。どうやって飲み込めるっていうんだ。」

「腹は減ってるか。」

「減ってるとも！　どうにかなるのか。」絶望的な声で、「何日も食ってないんだ。」

「どうにかするさ。明日、俺が特別栄養を作って、皆に食べさせよう。朝は豆乳だ。八時半には白米の粥に豚肉と野菜を添えて食べる。昼はビーフンで、卵と野菜もある。午後は朝八時半と同じ粥だ。もっと重症で粥も食べられなければ、豆乳とか卵スープとか豚レバスープとか葛湯なんかを作ってもいいんだ。」

すると他の患者たちも異口同音に、「特別栄養、食いてぇな。」

また、負傷兵たちの血染めの服がひどく汚れており、上品な人が見れば吐き気を催すほどであるのを見て、この服務隊員は言った。

表2　「四項中心工作」実施実績

項目＼年		1939	1940	1941	1942	計
特別栄養	流動食	136	59,422	99,211	44,346	203,115
	半流動食	97	36,563	196,563	191,719	424,942
	脚　気	60	2,123	7,938	7,262	17,383
	無　塩	74	3,427	9,364	10,907	23,772
害虫退治		214	16,200	34,165	50,797	101,376
沐　浴		129	62,566	266,155	267,735	596,585
疥癬治療		96	4,316	21,306	61,885	87,603
衣類	洗　濯	327	72,594	360,870	502,071	935,862
	補　修	269	20,988	261,250	122,982	405,489
衛生用品		0	6,783	15,960	0	22,743
普通営養		0	146,399	2,907,440	138,665	3,192,504
計		1,402	431,381	4,180,222	1,398,369	6,011,374

注：単位はのべ人数。1942年度の数字は、この表が作成された6月末時点までの実績。

「明日、皆の服を洗濯しよう。熱湯で洗って、あの人に喰いつくシラミを、全部やっつけてやるんだ。（中略）それから毎日三度、お湯を飲ましてあげよう！」

さらに手紙を代筆することを告げると、負傷兵たちはこの服務隊員を取り囲んで口々に、前線の上官や家族・友人に伝えたい内容を告げたという(93)。

しかし、服務隊が業務を遂行する条件を、自ら整えねばならないこともあった。貴州省貴陽市図雲関に駐在していた第二〇隊の人員は、中国紅十字会の医師・看護師によって構成されていたが、同地は川から遠く洗濯用の水を運ぶのが困難なため、病院から半里（二五〇メートル）の山麓に人工の池を作り、その畔に衣類をあぶる部屋や物干場を設け、毎月平均六〇〇〇着の衣類を洗えるようにした(94)。また、物価高騰による経費不足に対処するため、自ら野菜を植えたり鶏・豚・羊を飼ったりして、自給自足を図る服務隊もあったという(95)。

各業務の実施実績は、表2の通りである。[96] なお一九四四年の実績は、特別栄養が三五万八一〇三人、害虫退治が九万五七九八人、沐浴が一二万六八五二人、疥癬治療が二万一五〇八人、洗濯が二四万五一六七着、衣類の補修が七万六七五〇着、温水提供が一九一九万〇一九〇ポンドであった。さらに、一〇月一〇日の「双十節」には二八万八五一五・五元を費やして、一万一〇五八人の傷病兵に四両ずつ、計二七四六・五斤（一三七三・二五キロ）の食肉を支給したという。[97]

このように負傷兵の身体的不快・苦痛を軽減するとともに、彼らに精神的慰藉を与えることにより、その反社会的行動の予防が図られた。一九四〇年五月一日、政府は「傷兵」の二字を名称に含む機関が、一律に「傷兵」を「栄誉軍人」と改めるべきことを定め、「傷兵管理処」は「栄誉軍人管理処」と改称されている。[98] そして、負傷兵は「国家・民族を防衛する責任が一般人よりも重い」のだから、「自身の過去の栄光の歴史を保持し、いまだ果たしていない任務を完遂する」ために、「新生活運動の意義と目的をきちんと認識し、身をもって実践して一般民衆の模範となる」べきこと、すなわち「病院での挙動・言語・起居・飲食は、常に『礼義廉恥』という基本理念にのっとり、互いに監視・督促する」ことにより、「皆が国家に忠を尽くし、民族・祖先に孝を尽くし、苦しんでいる同胞に仁愛を尽くし、苦しめ辱められている同胞と前線で戦死した同志のために、仇を討ち恥を雪ぐ」べきことが唱えられたのである。[99]

しかし、このような奉仕活動が行なわれた究極の目的は、単に負傷兵の身体を癒すこと自体ではなく、彼らが健康を回復して再び前線に復帰するのを促すことだった。すなわち、「傷を負って戦場で任務に就くことができなくなったわれわれの体をきちんと休ませて、傷が癒えたら再び国家のために尽力する」ことが求められ、「抗戦の道具」である身体を大切にするため、飲酒・喫煙や賭博・買春といった健康に有害な娯楽により、快癒を遅らせることが戒められている。[100] この際、「われわれ軍人は体を国に捧げており、われわれの体は父母の体であるだけでなく、国家の体でもある。だからわれわれが国家を愛するには、まず自分の体を愛さねばならない」と説かれたことは、きわめて象徴的である。[101]「身体髪膚これ父母に受く。あえて毀傷せざるは孝の始めなり」という伝統的観念の強い中国人にとって、身体を国家のために捧げることには心理的抵抗が強く、それゆえに彼らの身体的苦痛は「日本帝国主義者」「日本鬼子」「倭寇」「日本軍閥」によるものであることを強調し、一日も早く傷を癒して前線に戻り仇敵に復讐すべきであるとも唱えられた。[102]これは、兵士の身体が戦争の中で損傷・破壊を被ったために、国家の命運と分かちがたく結びつけられたことを意味する。

だが、このような「身体の国有化」を拒んで、その「私」性を回復しようと図る負傷兵もいたようだ。一九四一年一月から八月までの間、第三戦区の各病院から報告された逃亡負傷兵の総数は、八八〇三人にも達するという。その一般的な原因として、「国族観念の薄弱」や栄養不足、外部からの誘惑や管理の不徹底が指摘されたが、先に述べた兵役自体の問題点も認識されていたようだ。すなわち替え玉や人身売買、そして強制拉致といった違法な手段で徴募された兵士が多かったため、負傷して後方に戻ればただちに逃亡してしまい、故郷に帰れば家族に匿われるため検挙できなかったのである。それゆえに解決方法として、政治・軍事訓練の強化や負傷兵の待遇の改善のほか、彼らの日頃の交際関係を監視することや、貯蓄を奨励して余分な現金を手元に置かせないこと、さらには家族・友人からの来信を負傷兵が受け取る前に検査して、逃亡の念を起こさせるような書簡を没収し、そのかわりに彼らの戦闘意欲を高め、前線への復帰を促すような書簡を捏造すべきことまで提言されている。[103]社会から徴発／供出された兵士の身体を、可能な限り私的人間関係から切り離して、あくまでも国家が所有し続けることが企図されたのである。

3 「残たりといえども廃ならず」(104)

すでに述べた通り、負傷兵に対する奉仕活動の第一の目的は、彼らが傷を癒して前線へ復帰することであったが、障碍を負って戦闘能力を失った者には、除隊後に生計を立てられるよう職業訓練を施す必要もあった。「傷兵之友」運動が全国規模で展開される以前にも、江西省のある収容施設では七〇〇人余りの障碍を負った兵士が、化学・印刷・煙草・皮革・裁縫・草履・脱脂綿・ガーゼ・アルコール・砂金採取など一〇余りの小型工場や、開墾農業隊で生産活動に従事していた。(105) 福建省においては、障碍を負った兵士たちに手工業合作社を組織させ、傷兵管理処が資金を貸与して技術指導者を招聘することが提起されたが、実現したか否かは不詳である。(106) だが広東省では、負傷した兵士をその程度によって休養・生産・栄誉の三隊に分け、一等（手脚喪失）は休養隊として当局の扶養を受けるが、機能障碍で戦闘に従事できない二等の者を生産隊に組織し、裁縫・印刷や竹器・麻靴・レンガの製造、皮靴の補修や帽子の洗濯、さらには野菜・豆・芋・雑穀の栽培といった軽作業に従事させた。三等の者は栄誉隊として前線に復帰するのだが、休養中は田畑や山中で労働することになっていたという。(107)

そして、「傷兵之友」募集活動が完了した一九四〇年四月二〇日の会議で、宋美齢が政府の復員事業を社会が援助するよう呼びかけたことを契機として、五月一二日に栄誉軍人職業協導会が設立され、名誉会長に蒋介石、名誉副会長に孔祥熙・宋美齢・陳誠・陳立夫、会長に何応欽、副会長に許世英（行政院賑済委員会代理委員長）・谷正綱が選ばれた。(108) 一〇月二六日には、同会と傷兵之友社総社・中国工業合作事業協会・中国紅十字会救護総隊が共同で、徐維廉を主任委員とする栄誉軍人生産合作事業委員会を設立して、「雖残不廃（残たりといえども廃ならず）」運動が開始される。中国工業合作協会が技術訓練を、中国紅十字会救護総隊が整形外科と健康保護を担当し、傷兵之友社総社が総額一二万元（後に二〇万元に増額）の資金を貸し出して、合作社の設立を促すことになり、貴州省貴陽・鎮遠の収容施設で活動に着手した。一九四二年には傷兵之友社総社が一六万三〇〇〇元を拠出して、中渡（広西）・興国（江西）・貴陽・宝雞（陝西）で合作社を組織し、鎮遠・城固（陝西）・重慶の収容施設や吉安（江西）の医療隊でも活動が行なわれている。[109]

一九四三年一月二四日の統計によると、教養院・臨時教養院などの施設が湖南省に一〇か所、四川省に七か所、陝西省に四か所、福建省に三か所、江西省と広西省に各二か所、甘粛省・貴州省・江蘇省・安徽省に各一か所、計三二か所あり、これらの施設に収容された将校が四九五一人、兵士が三万八八一八人、他の施設にいるものが八一一三人、計五万一八八二人の障碍を負った軍人がいた。負傷将兵一人当たり三〇〇〇元が必要（組織・訓練費用が八〇〇元、生産貸付金が二二〇〇元）であったが、「傷兵之友」運動の開始から三年を経たこの頃になると、当初の募集により得られた七五〇万元を超える資金も八六万元にまで減っており、「雖残不廃」運動の展開には新たな資金の獲得が必要となった。そこで、一〇〇〇万元（五〇〇万元は服務隊事業費、残りは「雖残不廃」運動経費）を目標に、七月七日から八月三一日まで再び傷兵之友社への加入者を募集することが、同年三月の第三次理事会で決定された。なお、中央党部・行政院から全国各地に発令して同時に発動するが、「強制せず、割り当てず、下から上へ向かう」こと、「各人が良心に基づき自発的に寄付する」こと、「改めて社費を納めるよう既存の社員に促す」ことが原則とされている。[110]

政府の扶養を受ける消費的集団である負傷兵を、自給自足の可能な国民という生産的集団に変えることは、確かに負傷兵自身にとっても国家・社会にとっても有益であった。[111] ただし、一定の教育を受けている者は各種機関・団体で事務的作業に就くことができたが、中国軍兵士の多くは農村出身者だったため、農作業の経験は豊富であるものの識字率が低く、歩兵の三分の一から二分の一は文字が読めなかったという。ゆえに、負傷兵の集団農場を開設したり、障碍が重度で農作業に従事できない者のために、片手・片脚でも可能な各種手工業を興したりすることにより、彼らが独立して生計を立てられるようにするとともに、国家の負担を減らし後方の生産を増やすべきことが唱えられた[112]。また、彼らの中には文字を知らないために生活上の困難を覚えている者や、若干の字を読めたり小・中学校に通ったことがあっても、より高度な教育を受けようと願う者もいたようだ[113]。そこで一九四一年に栄誉軍人職業協導会は、負傷兵の教育水準・就業能力を高めるため、彼らが中等以上の各級学校に無料で入れるよう教育部に依頼して、八月二日に許可を得た[114]。その後も、教育水準の低い負傷兵の就業を支援するため、彼らに初歩的な教育や生産技術の訓練を施すべきことが唱えられている[115]。

しかし、障碍を負った兵士に対する教育には、より根本的な課題があった。彼らが往々にして自分はすでに「廃人」となってしまい、以後の人生は「余命」であると考えて自暴自棄になり、飲酒・買春・賭博・麻薬といった悪習に染まりやすかったことは、先に述べた通りである。ゆえに、彼らに対して次の二点を説く必要があった。すなわち、(一)身体が損傷を被り敵と戦えなくなっても、まだできる事は数多くあるので、決して「廃人」などではない。脚を失ってもまだ手があり、両手を失ってもまだ口があり、生きていさえすればできる事はある。(二)たとえ国家・民族・人類のために何もできないとしても、やはり生命は貴重だ。国家・民族の生存や人類の平和・正義のために傷を負った者の生命は、決して「余命」などではないばかりか、もはや普通の生命ですらなく、民族の栄光や人類の正義を代表する貴重な生命である[116]。ここでも、戦争の中で破壊・損傷を被った兵士の身体を、「国家・民族の身体」として「聖別」することにより、先に述べた身体の供出／徴発の不公平・不平等に対する、補償(あるいは隠蔽)が試みられている。

軍政部の指示に基づいて江西省栄誉軍人管理処は、各機関・団体・学校・工場・店舗に負傷兵を採用させるよう江西省政府に要請した[117]。障碍を負った兵士が従事できる職業は七〇種類余りに上ると、栄誉軍人職業協導会は考えていたが、当局は「栄誉軍人服務加給辦法」を定め、階級と障碍の程度に応じて毎月給与を支給することにした。すなわち、二等兵は二・三等傷病者なら一八元、一等傷病者なら二〇元、伍長は二六元、准尉は六〇元、少佐は一八〇元、少将は三七〇元を、それぞれ勤務先の給与に加えて支給することとして、一九四三年一月から実施するよう命じた[118]。また、障碍を負った兵士の就業を促進すべく、軍政部も農林部・教育部・社会部と共同で左記のような一連の施策を講じている。

（一）農耕に従事する者には一人当たり二〇～一〇〇畝の土地を供与し、同行する親族も同等の待遇を受ける。家屋の建築費や役牛・農具・種子・肥料の購入費、そして開墾地区の合作農業倉庫の建築費は全て農林部が貸与し、四年目から一〇年間で返済させる。開墾地区の租税は五年間免除し、直系親族も同等の待遇を受ける。

（二）障碍を負った兵士を収容する臨時教養院に工芸股を設けて人材を配置し、また合作社の組織に協力するよう各級合作事業機関に要請するとともに、栄誉軍人の合作に対する貸付金を優遇するよう財政部から四銀行に指示した結果、臨時教養院が組織した工業合作社は八六社、社員は五七一二人に及んだ。

（三）臨時教養院から出て各機関で奉職する者には、衣服・貸出金・旅費や割増賃金を支給し、優先的に昇進させる。

（四）正規生であれ聴講生であれ、中等以上の公立学校に入る者は、一律に学費・食費・寮費などを免除し、就学期間中も教養院の給与は支給する（既述）。

（五）両目を失明した者に集中訓練を施す施設を設け、音楽や手仕事といった生計を立てるための技能を教える。

（六）負傷兵の子弟の教育計画を策定するとともに、養育院を設けて一等障碍者となった兵士の子女を収容する[119]。

しかし、実際には障碍を負った彼らの生活は、容易でなかったと思われる。栄誉軍人職業協導会は負傷兵のために会計教室を開き、一九四三年九月三〇日には表3のような受講者名簿を重慶市商会に送付して、彼らを採用するよう依頼した[120]。研修を受けた後に就業可能となった職種は、障碍の程度や部位よりも学歴と相関関係があったことが、この表から読み取れる。すなわち、会計関連の職に就くことができたのは、おおむね中学程度以上の教育を受けた者であり、それ以下の学歴であれば伝達・保管・受領発送といった、より単純な仕事しかできなかったのである。ゆえに、彼らの社会復帰は決して容易ではなかったと推測される。

おそらくはこのような困難ゆえに、負傷兵たちが独自に集団で生産・生活を営む「新村」もしばしば選ばれた手法で、江西省との省境に近い広東省内のある地点に、第四戦区栄誉軍人管理処が設けることを計画した「栄誉軍人新村」も、その一つである。すなわち、障碍を持つ負傷兵とその家族を集め、稲・麦・雑穀・野菜・果物を植え、牛・羊・鶏・兎・魚を飼い、紙・皮革・砂糖の製造や裁縫・修理などを行なう一方で、補習学校や合作社・講堂・劇場を設けるというものであった[121]。国家・民族を防衛する使命を担うべく「父母・妻子を捨てた」負傷兵に家庭生活を回復させるため、このような新村に離散した負傷兵の家族を可能な限り招き、あるいは故郷の状況が不明であったり、そもそも未婚であったりすれば、当局が結婚相手を紹介することも、しばしば提案された[122]。実際に福建省邵武では一九四一年一月一〇日に開墾区が設けられ、省当局が経費措置や技術指導、そして土地・道具の提供の任を負い、臨時教養院から二八〇人の負傷兵が参加したというが、彼らの家族に関する状況は明らかでない[123]。いずれにせよ、これらは負傷兵独自の共同体を作ることにより、一般社会とはある程度切り離された場所で、民衆との間に生じうる摩擦を避けつつ、彼らの私的「生」の日常性を回復・創出する試みであったと言えよう。

表３　栄誉軍人職業協導会第６期会計教室受講者名簿

原階級	姓　名	年齢	籍　貫	障碍状況	学　歴	可能職業
少尉小隊長	魏天経	30	四川潼南	右目失明	潼南県立初級中学卒業	会計
同上	龍騎亜	35	湖北黄崗	同上	初級中学在学	会計簿記
同上	張裕	32	浙江浦江	右上腕切除	軍校一七期卒業	会計
一等兵	楊紫鍾	31	四川成都	右脚行動不便	初級中学在学	会計庶務
中尉小隊長	廖奎鏞	31	四川岳池	右腕貫通	嘉陵高級中学在学	同上
大尉中隊長	谷雲鵬	35	湖南耒陽	右脚切除	中学在学	会計
少尉小隊長	張雄輝	31	広西邕寧	右腕骨折 右足負傷	広西省立第三中学卒業	同上
伍長小隊長	韓歩洲	31	河北涞源	右脚機能障碍	初級中学卒業	同上
曹長小隊長	何世鍾	33	河北蜜雲	右目失明	盛新中学在学	会計 政治訓練
少尉小隊長	羅典国	32	四川開県	右足障碍	高級中学卒業	会計
上等兵	張敬臣	31	四川簡陽	左腕切除	私塾八年	同上
同上	范経宗	22	河南密県	右手切除	中学卒業	同上
同上	朱心耘	31	湖北黄陂	左腕貫通	初級中学在学	同上
伍長分隊長	林全旺	31	福建南靖	左手機能障碍	同上	同上
少尉小隊長	耿興曽	31	河北阜平	右脚切除	育徳中学在学	庶務
軍曹分隊長	張仙志	32	安徽渦陽	左脚切除	初級中学卒業	社会部に 紹介済み
大尉中隊長	朱逢春	24	湖北黄崗	右手指切除	同上	紹介済み
同上	黄敬	34	湖南安化	右脚骨折	同上	会計
伍長測量	呉映昆	31	湖南長沙	右腕骨折	同上	同上
中隊属員	蔡指南	36	湖北黄崗	右足貫通	同上	同上
上等兵	倪映田	33	江蘇江都	左腕切除	小学程度	伝達
不詳	葛培基	25	安徽蒙城	右手機能障碍	識字	伝達保管
上等兵	潘光臣	29	江蘇東台	右目失明	ほぼ識字	受領発送 伝達
上等兵	石振興	26	河南唐県	右脚切除	初級中学在学	同上
同上	蒋太玉	21	湖南衡陽	右脚銃創	高級小学	受領発送保管
軍曹分隊長	陳鎔	33	四川青県	右腕貫通人差し指切除	同上	同上
同上	馬全徳	38	山東単県	右手機能障碍 左目失明	同上	同上
上等兵	戴光明	21	河南正陽	左脚機能障碍	初級中学在学	事務保管
一等兵	張正明	26	湖北沔陽	右指が伸びぬ	高級小学	受領発送伝達
上等兵	崔治明	27	陝西武功	右脚切断	同上	同上
同上	黎振勳	28	湖北深沢	右脚切除	同上	伝達看守

4　民衆の反応

では傷兵之友社の活動を通じて、民衆と負傷兵との関係になんらかの改善が見られたのだろうか。後方の民衆に「傷兵之友」運動への協力が求められたことは、先に述べた通りである。葉楚傖は国民が負傷兵に遭遇したら、次のように考えるべきだと説く。

(一) われわれはまず自省すべきだ。負傷兵は私の同胞であり、私とこの負傷した同胞とは、同様に兵役に服する義務を負っている。

(二) 兵役の義務は国民が共同で負うもので、この義務は人民一人ひとりの国家に対する義務であるが、また人民相互間の義務でもある。国家の独立を保障することは、個人の生存を保護することでもあるからだ。

(三) 対外戦争のため、民族の生存を勝ち取るために戦場で負傷することは、国民の最大の栄誉である。

(四) 後方にいる同胞は皆、いつでも前線に赴く必要があり、またいつでも負傷する可能性がある。

(五) われわれに先んじて負傷した同胞は、すでにわれわれのためにその最大の職務を尽くし、われわれの生存のためにその身体の一部を犠牲にしてくれた。われわれは相応の返礼をすべきであり、負傷した同胞の生存を守るため、自分の職務を尽くすべきだ。

(六) われわれは民族全体の共同の生命を考慮し、同胞の負傷をわれわれ自身の負傷と同様に見なすべきであり、自分も負傷しようという決心を持ってこそ、国家を防衛するというわれわれの義務をまっとうすることができる。(124)

これは、兵役義務の公平・平等な負担という原則を前提に、身体の供出を免れた者が身体を供出した者に対して、破壊・損傷を被った彼らの身体を癒やす義務を負うことを意味する。換言すれば、負担の不公平・不平等な状態を座視する「ただ乗り」が、道義的に非難されているのである。「全ての国民には兵役に服する義務があり、言い換えれば皆が直接に国家を防衛し、敵を殺して仇を討つ責任があるのだから、われわれも未来の負傷兵であるかもしれず、われわれが今日彼らを慰労すれば、やがて同様にわれわれを慰労してくれる者が現れるかもしれないのだ」という主張も、これと同じ趣旨だと言える。[125]

ある論者は、国家・民族の命運や同胞の生命・財産を守るため、将兵たちが自身の父母・兄弟と離れ、身体に傷を負って病床に伏せていることを、「われわれの表門から強盗が押し入ってきた時に、現れて強盗を追い払ってくれた勇士が怪我をした」ことに例え、「このわれわれを守るために傷を負った勇士に、心からの労わりで報いぬことがありえようか」と問いかけ、さらに次のように唱える。

今回の抗戦は、わが民族・国家の存亡がかかっているだけでなく、未来に対してはわが子孫が生存できるか否かの瀬戸際であり、過去に対してはわが祖先の祭祀が存続できるか否かの瀬戸際でもある。われわれの数千年の民族精神は、後代に対しては慈、先人に対しては孝であるよう求めるものである。負傷した兄弟たちは、まさにわれわれの慈と孝のために彼らの精力を最大限に尽くし、彼らの健全な肉体を犠牲にしたのだ。この多くのわれわれが家庭において賢明で慈愛に満ちた父母となり、孝行で賢明な子孫となりうるためには、この多くの忠実かつ勇敢な負傷将兵にできる限り恩返しをするべきで、そうしてこそわれわれの祖先や後世の子孫に対して恥じぬことになるのだ。[126]

これが、民族を家族になぞらえることで、民衆に負傷兵への道義的同情を抱かせようとした言説であることは、言うまでもない。しかし、両者の間の溝を埋めることは、やはり困難であったようだ。すなわち後方に難を避けている民衆が、抗戦によって生活が暗転することもなく、相変わらず「たっぷり食べてぐっすり眠り」、「妻子とともにいることで慰めや喜びを享受している」だけでなく、あるいは酒色に溺れ、あるいは飲食・結婚や昇進・蓄財に夢中になっており、前方の将兵が日々「雨・雪・風・霜や硝煙・砲火の中で、飢え凍えながら転戦している」ことに思いを致さないと指摘されているのである(127)。

そして、このような生活条件の格差がもたらす身体の格差こそが、依然として両者の間に否定的感情を生じさせていた。軍閥時期と異なって「今日の軍隊は完全に国家・民族や自身の生命・財産を守ってくれる偉大な恩人であるのだから、たとえ彼らの外見がどれほど汚くボロボロであっても、誠意をもって親しみ慰め、救護業務に参加することにより、後方の民衆として当然の任務と良心とを尽くすべきだ」と唱えられたが(128)、ある時、三民主義青年団の幹部訓練班修了式で上演された次のような寸劇は、きわめて象徴的な意味を持つ。それは、食堂で負傷兵と遭遇したモダンガールが、その臭気に耐えかねて鼻を覆いながら、「ここは負傷兵病院じゃないのよ」と言うと、負傷兵が「ここはダンスホールじゃないぞ」と言い返すという内容である(129)。民衆が建前としては負傷兵を救済する意義を認めていたとしても、彼らの日常的生活空間に負傷兵が入ってくることは、その身体的「醜悪」ゆえに必ずしも望んでいなかった本音がうかがわれる。

確かに傷兵之友社は少なからぬ社員を集めたが、わずか数元・数角の寄付金を支払うのみの者も少なくなかったらしく、声望のある者が社員を集めて服務隊を組織し、洗濯・掃除・裁縫・代筆・娯楽といった奉仕活動に参加することにより、真の「高尚で純粋な」友情を表すことが提唱されたのは(130)、逆に「官製」の大衆動員運動に対する、その場しのぎの参加者が多かった実情を示すものであろう。そして、前線に復帰する負傷兵の部隊は「栄誉大隊」などと称され、彼らを歓送する活動が栄誉軍人管理処や傷兵之友社により行なわれたが[131]、これに参加した民衆には幾分か「厄介払い」の思いもあったのではないか。このような感情は民衆のみならず地方当局にも共有されていたようで、江西省から湖南省へ六〇〇人の負傷兵が移転させられることになった際、湖南省当局は彼らの紀律が良くないことを懸念して、一度は受け入れを拒否したという[132]。

このような地方当局・住民と負傷兵との間の摩擦が、極限にまで達する事件が発生している。浙江省遂昌に第一六臨時教養分院が設けられることになると、同県農会など七八団体が連名で第三戦区司令長官に反対を申し入れ、開設後も収容人数はわずか五〇人余りであったにもかかわらず、浙江省政府と浙江省党部とが相次いで、同院を福建省へ移転させるよう司令長官に要請したのである。遂昌県政府も「確実な証拠がある少数の事件を列挙して」、同院の責任者を処罰するよう長官に求めたというので、収容された負傷兵には確かになんらかの不祥事があったのだろう。しかし同院は、障碍を負った兵士たちを生産事業に従事させるため鉄鉱採掘の合作社を組織し、軍政部や遂昌県政府にも報告して協力を求め、地域社会に負傷兵の生活基盤を築こうとしていた。これは、県城から三〇里の雲峰郷上市地方で分隊長の葛華が率いる負傷兵が砂鉄を採掘し、また上市から二〇里の九盤嶺地方で分隊長の曹炳貴が率いる負傷兵が、溶鉱炉を設けて炭を焼き砂鉄を精錬しようという計画である。

ところが一九四一年六月二八日、負傷兵を装った者を葛華が捕縛したため（詳細な経緯は不詳）、雲峰郷の保長である鄭法祥と衝突し、彼を上市の負傷兵駐屯地に監禁すると、項火余という「暴民」が刀を持って駆けつけ、負傷兵の鄒体和を七度も切りつけて殺害した。そして、負傷兵たちが鄭法祥を殺しただけでなく、貯水池を破壊して田畑を台無しにするという謡言が流れたため、郷公所や各保では銅鑼を鳴らして一〇〇〇人余りの群集を集め、各保の保長が指揮して三か所に集合した後、それぞれ武器を持って上市・九盤嶺の負傷兵駐屯地を包囲し、曹炳貴と七人の負傷兵を殺害して遺体を隠匿したのである。それから数日間、群集は解散せず共同倉庫を開いて貯蔵食料を食べ、昼夜を問わず交差点に歩哨を立て、高地には見張りを置いて警戒を解かなかった。これは、負傷兵が報復に来るという謡言が流れたためで、また調査人員の進入を防ぐためでもあったという。

しかし、遂昌県政府から事件の報告を受けた第三戦区栄誉軍人管理処は、浙江省政府・軍管区司令部や遂昌県政府・党部とともに現地を調査し、一部の遺体を発見した。その後、各機関と第一六臨時教養分院との協議により、現地の党部・政府が死亡者の本籍地当局を通じて弔慰金を遺族に支給することや、追悼大会を開くとともに同院の負傷兵を慰労すること、また事件発生地点に記念碑を建立するか、県城附近に共同墓地を建立することなどを決めた。そして、捕縛され犯行を自供した項火余は銃殺刑に処されたのだが、他の重要犯人を逮捕するために遂昌県政府は、わずか二名の警官を雲峰郷に派遣しただけで、しかも同郷の甲長が彼らは不在であることを受け合うと、それ以上は追及せずうやむやにしてしまったため、むしろ犯人に情報を伝え逃亡を助けてしまったのは、県長に重大な責任があると指摘されており、現地当局・有力者が捜査に消極的であったことがうかがわれる。また、附和雷同したのみの群集は罪を問わず、逃亡犯や未発見遺体の所在を通報するよう求められたのだが、その際に匿名の密告でもよいと強調されたのは、犯人に同情的な住民が多数派であったためだろう。負傷兵たちが同地の当局からも民衆からも歓迎されていなかったことは、ほぼ間違いないと思われる。

第三戦区司令長官の顧祝同に派遣されて、現地を調査した栄誉軍人管理処の馮剣飛処長は、住民宛てに次のような布告を発している。

今次の民族解放を勝ち取る神聖な戦争の中で、数多くの前線の将兵が血を浴びて奮闘し、敵の狂ったような砲火の破壊により、不幸にも障碍を負ってしまった。国家は彼らの勲功に心を動かされたからこそ、後方の各地に教養院を設け、彼らが戦後の余生において各種の生産事業に従事し、国家の抗戦建国の物資を豊かにするとともに、生計を立てる技術を学んで、彼ら自身の生活問題を解決させることにしたのである。事件の発端に遡れば、栄誉軍人は防衛救国を使命としていたのだが、傷を負ったために当地へやって来て、不案内な土地であるがゆえに、民衆との間に誤解が生じるのはもとより免れぬところで、たとえ彼らの行為に至らぬ点があったとしても、このように残忍な手段で報いる道理があろうか。人情と法理のいずれに照らしても、不合理なことである。彼らは全て民間の出身であり、敵軍の侵略に憤慨して万死をも辞さず国難を救おうとしたのだが、今は前線の銃弾の雨の中で死ぬのではなく、後方の生産に従事する場で死んでしまった。敵を殺す日々に死ぬのではなく、任務を離れた休息の時に死んでしまった。彼らは草葉の陰で、どうして瞑目できようか。(133)

本来ならば一致して侵略者に敵意を向けるべき負傷兵と地方当局・民衆とが、国家・民族という次元で共同意識を抱くことができず、むしろ日常生活空間において相容れぬ敵となってしまったのである。このように極端な事例は管見の限り、以後は発生していないようだ。しかし、大部分の民衆が負傷兵に対して固定観念を抱き、まったく同情を寄せないどころか、むしろ悪意を抱き敵対的・差別的態度を取っていることが、その後も幾度か指摘された。(134)そして抗戦末期に至っても、次のような短文が「傷兵之友」運動の機関誌に掲載されている。

新聞によると、陝西街で一人の脚を失った栄誉軍人が、膝で歩くことしかできずにいたところ、一群の子供たちが彼の後から、「チビ、チビ」とあざ笑ったという。憐れな子供たちは、「栄誉軍人」が何ゆえに栄誉があるのかさえ知らないのだ。憐れな教育は、子供たちに少しも「栄誉」の観念を教え込むことができないのだ！(135)

一九四七年三月一六日に開かれた傷兵之友社総社の第七次理事会は、同社の活動を終了して三月末に職員を解雇し、「雖残不廃」運動事業を栄誉軍人生産合作事業委員会に委ねることを決議したが、この決議案には次のような一節が含まれている。

先進各国は社会の傷痍軍人に対する奉仕に、いずれも全力を挙げて取り組んでおり、数年間で義肢の装着や心理矯正や職業紹介など、たいへん大きな進歩を遂げている。わが国社会の人々を顧みると、この事に対してまったく無関心で、傷痍軍人に遭遇しても蔑むか憐れむかのいずれかだが、どちらも合理的な態度ではなく、広範に気風を変える必要がある。(136)

「傷兵之友」運動は結局、負傷兵と民衆との和解・融和という所期の目的を、ついに達成できなかったのではなかろうか。

おわりに

第二次大戦中、米国航空部隊を指揮して中国戦線で日本軍と戦ったクレア・シェノールト(Claire Lee Chennault)は、親友であった湖南省政府主席の薛岳が率いる中国軍に関して、「軍隊にはまったく医療設備がない。重傷を負った者は、ほとんどが処置を受けられずに死んだ」と記している。(137) 大戦末期に中国で米国軍を指揮したアルバート・ウェデマイヤー(Albert Coady Wedemeyer)も、「多くの場合、負傷した兵士は戦場に遺棄されて、腐って死ぬまでほうっておかれた」と述べる。(138) また、ある在華米軍の報告書は、中国人に一般的に見られる人命の軽視、すなわち傷病兵を救うよりも新兵を招集した方が安上がりだという、何世紀にもわたって培われた中国人の観念を、米国人が完全に改めさせることは不可能だと結論づけている[139]。実際に前線で負傷した兵士のうち、後方へ送られて治療・看護を受けられた者が、どれくらいの割合を占めたのかは明らかでなく、これらの記述が現実の正確な反映であるのか、それとも偏見に満ちた誤解にすぎないのかは不明である。

だが、前線から後方へ戻った負傷兵、特に障碍を負った者の処遇は、米国においてすら実は困難な課題であった。すでにピルグリム＝ファーザーズ時代の一六三六年、障碍を負った兵士を植民地当局が支援すべきことが法律で定められ、独立後も一七八九年に連邦議会が、障碍を負った退役軍人に年金を支給する法案を可決し、南北戦争が戦われた一九世紀になると、傷痍軍人の収容施設が各州に数多く設けられた。二〇世紀に入ると第一次大戦への参戦に際して、連邦議会は障碍補償や職業訓練を含む制度を定めたが、四七〇万人が動員され一〇万人以上が戦闘や病気で命を落とした戦争は、二〇万人以上の傷痍軍人をも生み出す。戦後の不況の中で彼らは職探しに難渋し、財政が悪化した政府も十分な援助を与えることができず、しかも退役軍人に関する業務の担当が幾つもの部局に分かれており、縦割り行政の非効率や書類手続きの煩雑さゆえに、満足な医療看護・職業訓練を受けることのできない傷痍軍人が多かったという。そのため、一九二〇年に彼らの主張を政府に伝えるべく、米国世界戦争傷痍軍人会（Disabled American Veterans of the World War）が組織され、その要求を受けて翌年に退役軍人局（Veterans' Bureau）が設置される。なお、傷痍軍人会は一九二一年に第一回全国大会をミシガン州デトロイトで開催しており、翌年にカリフォルニア州サンフランシスコで第二回全国大会を開いた際は、デトロイトに本拠を置くフォード自動車が参加者の輸送に協力し、以後も同社は傷痍軍人会の有力な支援者となった[140]。ちょうどこの頃、黄仁霖・徐維廉・汪伯平がデトロイトのフォード社で研修を受けており、その際の見聞が本章で検討したような彼らの活動に、なんらかの影響を与えた可能性がある。

日本の場合、ドイツで衛生学を学んで帰国した陸軍軍医の森林太郎（筆名鷗外）が、一八八九年に著した「陸軍衛生教程」において、「廃兵」「傷病兵ノ看護」の二編で、負傷兵収容施設の建築・設備・衛生を論じている[141]。日露戦争が終結し多数の傷痍軍人が復員すると、一九〇六年に「廃兵院法」が公布され、それに基づいて翌年には東京に陸軍省管轄の廃兵院が設けられ、障碍を負った復員軍人を収容した。一九二八年に同院は内務省に移管され、一九三四年に「傷兵院法」が制定されると廃兵院は傷兵院と改称され、一九三六年には小田原に移転する。一九三八年には厚生省の設置にともなって傷兵院は同省に移管され、また同年に財団法人大日本傷痍軍人会が成立している[142]。

戦争とは相互に身体を破壊しあう集団的暴力であり、国民総動員の総力戦となる近代戦争においても、身体が損傷を被る確率は前線と後方とで大きく異なる。だからこそ、身体の徴発の不均等が社会の分裂を惹起せぬよう、国家は徴兵制度の公平・公正に努めるとともに、負傷兵に対しては身体の供出の代償として、さまざまな福祉施策を提供する。また、そのような施策を正当化するために、負傷兵の失われた身体は「国家に捧げられた」という物語が、社会に広く受け入れられる必要がある。

抗戦期中国の負傷兵問題が米国・日本の場合と異なるのは、自国領土が戦場となったため前線と後方とが近接し、戦時下の地域社会で負傷兵と民衆とが接触する機会が多かった点であろう。また、近代国民国家においては国軍編制のために、国民全体が公平・平等に負担すべき身体供出の義務が、中華民国の場合は徴兵制度の不備ゆえに、もっぱら最下層の民衆に押しつけられていた。それゆえ、破壊・損傷を被った身体をめぐる軍民乖離・矛盾が深刻な問題となり、戦争の遂行を妨げることが懸念されたからこそ、その対策として「傷兵之友」運動という上からの大衆動員が実施されたのである。

しかし、この運動は戦争に必要な人的資源として不公平・不平等な徴発に遭い、前線で傷つき後方へ送り返された下層民衆の身体的不快・苦痛を癒やすことにより、彼らが社会秩序の攪乱要因とならぬよう慰撫する、いわば事後的・弥縫的な措置であった。そのために必要な資源の供出を社会に求めるべく、国家が負傷兵を「栄誉軍人」と美化・聖化すると、これに後方の民衆もある程度は応えたのだが、はたして彼らが身体の徴発を免れた国民として、その道義的責任を積極的に果たそうとしたのか、あるいはその場しのぎのお付き合い——「面従腹背」に終始したのかを判断することは容易でない。

いずれにせよ、「傷兵之友」運動は社会構造や民衆意識の転換により、「均質に国民化された身体」を創出し（それは新生活運動が実現しえなかった目標である）、負傷兵問題を根本的に解決することを目指したものではなかった。真の国軍を構築しえぬまま近代戦争を戦わざるをえなかった中華民国において、愛国主義・民族主義を高唱する官製大衆運動は、むしろ中国社会に潜在する亀裂・格差の追認・隠蔽を含意したのではあるまいか。

（1）一九四二年元旦に衡陽県城とその近郊の八郷鎮が衡陽市に指定され、その人口は二四万九七〇〇人であったが、日本軍に占領された華北・沿海各地から多くの企業が避難してきたため、城内だけで人口が四五万人にまで急増したという。衡陽市地方志編纂委員会編『衡陽市志』湖南人民出版社、一九九八年、中冊、一二三六頁。

（2）「新運総会傷兵之友社総社四年来工作報告」中国第二歴史档案館、五八七／五／五二、一頁。J. L. Huang, "A Memoir of Modern China," Hoover Institution Archives, Stanford University, chap. 5, pp. 5-6. 李秘「広西傷兵之友社的発軔」（『傷兵之友月刊』第九期、一九四〇年）八〜九頁。同「踴躍参加傷兵之友運動」（『傷兵之友月刊』第一二期、一九四〇年）九頁。『傷兵之友通訊』創刊号、一九四四年「毎月人物」一三〜一四頁。『傷兵之友通訊』第三期、一九四五年「記衡陽傷兵之友社」一五頁。『傷兵之友通訊』第六期、一九四五年「本社史話」一一頁。昌黎県地方志編纂委員会編『昌黎県志』中国国際広播出版社、一九九二年、五一〇・六五一〜六五二頁。

（3）『中央日報』一九四〇年二月一九日、第二版。

（４）荀興朝「論新聞媒体在〃傷兵之友〃運動中的作用」（『西南交通大学学報（社会科学版）』二〇〇八年第三期）六三～六四頁。

（５）荀興朝「抗戦時期海外的〃傷兵之友〃運動」（『西南交通大学学報（社会科学版）』二〇〇六年第二期）。同「抗戦時期成都的〃傷兵之友〃運動」（『文史雑誌』二〇〇六年第三期）。同「抗戦時期的〃雖残不廃〃運動」（『文史雑誌』二〇〇七年第五期）。なお、宋美齢が「第一夫人」として負傷兵救済活動を推進したことも指摘されている。崔節栄「宋美齢与抗戦期間的傷兵救助」（『史学月刊』二〇〇八年第六期）。

（６）新生活運動に関する著作でも、この運動はごく簡単に概要が紹介されているにすぎない。関志鋼『新生活運動研究』海天出版社、一九九九年、一八二頁。段瑞聡『蔣介石と新生活運動』慶應義塾大学出版会、二〇〇六年、二二二～二二三頁。なお新生活運動を筆者は、日常生活の規律化・清潔化によって中国人民を勤勉かつ健康な近代国民へと馴致し、中国の国力を増強して国際的地位を向上させることを図るものであったと考える。深町英夫「林檎の後味―身体美学・公共意識・新生活運動」『中央大学論集』第二四号、二〇〇三年。同「近代中国の職業観―新生活運動の中の店員と農民」『中央大学経済研究所年報』第三四号、二〇〇四年。同「日常生活の改良／統制―新生活運動における検閲活動」（中央大学人文科学研究所編『民国後期中国国民党政権の研究』中央大学出版部、二〇〇五年）。同（崔恩珍訳）「新生活運動의系派背景」『中国近現代史研究』第三〇輯、二〇〇六年。同「贅沢な用心棒？―抗戦期在華米国軍人の日常生活」（服部龍二・土田哲夫・後藤春美編『戦間期の東アジア国際政治』中央大学出版部、二〇〇七年）。同「身体美学、公共意識与新生活運動」（中国社会科学院近代史研究所編『中華民国史研究三十年（1972-2002）』社会科学文献出版社、二〇〇八年、中巻）。同「敵か？　友か？―日本人が見た蔣介石の新生活運動」斎藤道彦編『日中関係史の諸問題』中央大学出版部、二〇〇九年）。同「師か？　敵か？―蔣介石・閻錫山の留日経験と近代化政策」（貴志俊彦・谷垣真理子・深町英夫編『模索する近代日中関係―対話と競存の時代』東京大学出版会、二〇〇九年）。

（７）黄俠生「関於防止栄誉軍人滋事的研究」（『傷兵之友』曲江、第七期、一九四一年）一二頁。

（８）羅宏才「陝西民国時期文物大案（六）―〃傷兵友〃滋擾興隆巷考古発掘肇事案」（『文博』二〇〇〇年第二期）七四～七五頁。

(9) 秦曼「栄誉軍人政治教育面面観」（『傷兵之友』曲江、創刊号、一九四〇年）六頁。
(10) 葉潤石「傷兵心理的改造」（『軍人魂月刊』創刊号、一九四〇年）二五頁。
(11) 楊天石「蔣孔関係探微―読孔祥熙致蔣介石書」（『民国档案』一九九二年第四期）一一五～一一六頁。
(12) 張天一「傷兵問題的研究」『傷兵陣地』第二期、一九三九年、無頁数。
(13) 倪弼「慰労将士的意義和方法」（『軍人魂月刊』創刊号、一九四〇年）二二頁。
(14) 范栄堂「漫談傷兵問題　研討傷兵問題意見之一」（『軍人魂月刊』第六期、一九四〇年）五頁。
(15) 喩誓章「為両個可憐的傷兵呼冤」（『傷兵陣地』第五期、一九三九年）九頁。
(16) 徐子平「如何管訓傷兵」（『傷兵陣地』第二期、一九三九年）無頁数。葉潤石　前掲文、二六頁。兪昌時「傷兵的管訓問題之商討」（『軍人魂月刊』第二期、一九四〇年）八～九頁。潮潜「栄誉軍人心理的考察及其反省」（『軍人魂月刊』第一期、一九四〇年）三頁。仲夷「傷兵生活与教育」（『傷兵之友半月刊』第三期、一九四〇年）五～六頁。剪「如何撫慰傷兵」（『傷兵之友』曲江、第五期、一九四一年）九頁。李伝蓮「如何預防栄誉軍人的滋事」（『傷兵之友』曲江、第八期、一九四二年）九頁。
(17) 『傷兵陣地』新号、一九三九年「本刊新号与已往芸談的検討」無頁数。張天一　前掲文、無頁数。鶴林「充実各院傷兵倶楽部」（『傷兵之友』吉安、第四〇期、一九三九年）二頁。
(18) 邵仲宣「民衆敬愛傷兵問題的研討」（『軍人魂月刊』第五期、一九四〇年）一二頁。
(19) 夏一粟「向傷兵致敬―小学生南子的日記」（『傷兵之友』吉安、第三九期、一九三九年）七頁。
(20) 『傷兵之友』吉安、第四四期、一九三九年「一三七後院提倡光頭運動」六頁。
(21) 顧鈞「残廃軍人応（有）的認識」（『軍人魂月刊』第六期、一九四〇年）四頁。范栄堂　前掲文、五頁。梁中暹「傷兵和民衆応該打成一片」（『傷兵之友半月刊』第五・六期、一九四〇年）一七頁。馮剣飛「第×戦区栄誉軍人管理処　馮処長対第六重傷医院栄誉軍人暨編制官兵訓詞」（『軍人魂月刊』第一一・一二期、一九四一年）五頁。休平「傷兵教管者的自我検討」（『傷兵之友』曲江、第三期、一九四一年）七頁。晨「漫談軍民合作（随感）」（『傷兵之友』曲江、第六期、一九四一年）九頁。李伝蓮　前掲文、九頁。ジェローム＝チェン（北村稔・岩井茂樹・江田憲治訳）『軍紳政権　軍閥支配下の中国』岩波書店、一九八四年、第六章。
(22) 笠原十九司「国民政府軍の構造と作戦―上海・南京戦を事例に」(中央大学人文科学研究所編　前掲書) 二七四～二七八頁。ハンス＝ヴァン＝デ＝ヴェン (潘亮訳)「中国軍事史の文脈から見る日中戦争」(波多野澄雄・戸部良一編『日中戦争の軍事的展開』慶應義塾大学出版会、二〇〇六年) 四二五～四三一頁。笹川裕史・奥村哲『銃後の中国社会―日中戦争下の総動員と農村』岩波書店、二〇〇七年、第Ⅱ部。
(23) 張天一　前掲文、無頁数。王耀庭「政府対栄軍管教実施及善後計画」(『残不廃月刊』第一巻、第二期、一九四七年) 一頁。
(24) J. L. Huang, op. cit., chap. 9, p. 1.『傷兵之友通訊』創刊号、一九四四年「毎月人物」一二頁。『傷兵之友通訊』第四期、一九四五年「我們的友軍」九頁。
(25) J. L. Huang, op. cit., chap. 5, p. 7.『傷兵之友通訊』第六期、一九四五年「本社史話」一二頁。
(26)『中央日報』一九三九年一月二五日、第二版。李秘　前掲「広西傷兵之友社的発軔」九頁。『傷兵之友通訊』第六期、一九四五年「記広西傷兵之友社」一六頁。以下、人物の職位は特にことわらぬ限り、次の各書による。秦孝儀主編『中国現代史辞典』近代中国出版社、一九八五年。郭卿友主編『中華民国時期軍政職官誌』甘粛人民出版社、一九九〇年。劉維開編『中国国民党職名録』近代中国出版社、一九九四年。劉寿林・万仁元・王玉文・孔慶秦編『民国職官年表』中華書局、一九九五年。山田辰雄編『近代中国人名辞典』霞山会、一九九五年。劉国銘主編『中国国民党百年人物全書』団結出版社、二〇〇五年。徐友春編『民国人物大辞典（増訂本）』河北人民出版社。二〇〇七年。
(27)『傷兵之友通訊』第六期、一九四五年「本社史話」一二頁。
(28)『傷兵之友通訊』第二期、一九四四年「毎月人物」一二～一三頁、「湖北傷兵之友社」一五頁。
(29)『中央日報』一九四〇年一月二三日、第三版。
(30) 鍾煥全「傷兵之友社業務之報道」(『軍人魂月刊』創刊号、一九四〇年) 六～七頁。
(31)『傷兵之友通訊』第六期、一九四五年「本社史話」一二頁。
(32)『中央日報』一九四〇年一月一九日、第三版。『傷兵之友半月刊』第二期、一九四〇年「全国人民尊敬負傷将士辦法」

三頁。『傷兵之友』曲江、第二期、一九四〇年「全国人民尊敬負傷将士辦法」二〇頁。
(33)『中央日報』一九四〇年一月二四日、第二版。
(34)『中央日報』一九四〇年一月一一日、第三版、一月二一日、第三版。
(35)『中央日報』一九四〇年二月六日、第三版。
(36)「函寄本校附中主任楊春洲傷兵之友社辦法由」雲南省档案館、一〇一六／一〇／九八九／二所収「新生活運動六週年紀念『傷兵之友社』拡大徴求社友辦法」。
(37)「新生活運動六週年紀念『傷兵之友』拡大徴求社友党務隊須知」重慶市档案館、〇〇五一／二／六六四／一六。
(38)『中央日報』一九四〇年二月七日、第三版。
(39)『中央日報』一九四〇年二月一九日、第二版。
(40)風「拡大徴求『傷兵之友』与加強婦女組織」(『中央日報』一九四〇年二月一九日、第四版)。
(41)『中央日報』一九四〇年二月二〇日、第一版。
(42)『中央日報』一九四〇年二月二二日、第二版。
(43)葉楚傖「努力為傷兵之友」(『中央日報』一九四〇年二月二二日、第四版)。
(44)『中央日報』一九四〇年二月二二日、第三版。洪蘭友「重慶市党員挨戸徴求傷兵之友的意義」(『中央日報』一九四〇年二月二二日、第四版)。
(45)程朱渓「万戸争作傷兵之友―参加挨戸徴募経過」(『中央日報』一九四〇年二月二三日、第三版)。
(46)『中央日報』一九四〇年二月二五日、第三版、二九日、第三版。
(47)『中央日報』一九四〇年三月三日、第三版、一〇日、第三版、二〇日、第三版。累計数に一部誤りがあるので、これを引用に際して訂正した。
(48)「新運総会傷兵之友社総社二十九年度報告」中国第二歴史档案館、五八七／五／五一、六～七頁。
(49)『中央日報』一九四〇年四月一九日、第三版、二〇日、第三版、五月一五日、第三版。なお、同年一二月一五日時点で加入者は、七〇万人を超えている。前掲「新運総会傷兵之友社総社二十九年度報告」五頁。

(50) 前掲「新運総会傷兵之友社総社二十九年度報告」一〜二頁。
(51)「新運総会傷兵之友社総社　工作報告　三十一年度」中国第二歴史档案館、五八七/五/五、六頁。前掲「新運総会傷兵之友社総社四年来工作報告」三頁。克然「記今年的理事会」(『傷兵之友通訊』第五期、一九四五年)六頁。『残不廃月刊』第一巻、第六期、一九四七年「祝上海傷残重建服務処成立」一頁。
(52)『傷兵之友通訊』創刊号、一九四四年「総社動態」七頁。『傷兵之友通訊』第四期、一九四五年「我們的友軍」九頁、「毎月人物」一四頁。
(53)『傷兵之友通訊』第三期、一九四五年「毎月人物」一二〜一四頁。
(54) 前掲「新運総会傷兵之友社総社二十九年度報告」一〇〜一一頁。
(55) 前掲「新運総会傷兵之友社総社二十九年度報告」二〜四頁。前掲「新運総会傷兵之友社総社　工作報告　三十一年度」二六〜二九頁。米州・東南アジアなどの海外組織もあるが、ここでは省略する。
(56) 李君諾「広東傷兵之友社工作報告」(『傷兵之友』曲江、創刊号、一九四〇年)一二頁。
(57)『中央日報』一九四〇年三月一四日、第二版。辛淼「万人争為傷兵友　代発刊詞」(『傷兵之友』曲江、創刊号、一九四〇年)三頁。
(58) 呉鼎新「『傷兵之友』応負之責任」(『傷兵之友』曲江、創刊号、一九四〇年)五頁。
(59) 李君諾　前掲文、一二頁。社員の呼称が総社と異なるのは、地方組織の自律性を示すものだろう。
(60) 乳源瑤族自治県地方志編纂委員会編『乳源瑤族自治県志』広東人民出版社、一九九七年、四八二・五一一・七九四頁。
(61) 番禺市地方志辦公室編『番禺県志』広東人民出版社、一九九五年、五八五頁。
(62) 河源県地方志編纂委員会編『河源県志』広東人民出版社、二〇〇〇年、七四二頁。
(63) 陽江市地方志編纂委員会編『陽江県志』広東人民出版社、二〇〇〇年、六五七・七二四・一二七五頁。
(64) 封開県地方志編纂委員会編『封開県志』広東人民出版社、一九九八年、六一五・九二三頁。
(65) 潮州市地方志編纂委員会編『潮州市志』広東人民出版社、一九九五年、一一九五・一三三〇頁。

(66) 化州市地方志編纂委員会編『化州県志』広東人民出版社、一九九六年、六三六・六六九頁。
(67) 黎超駿が県党部書記長に就任したのは翌年である。南雄県地方志編纂委員会編『南雄県志』広東人民出版社、一九九一年、四九七・五二七頁。
(68)『傷兵之友』曲江、第二期、一九四〇年「各県分社活動概況」一二～一五頁。
(69) 黄魯慧「広東青年争為『傷兵之友』」(『傷兵之友』曲江、第二期、一九四〇年) 七頁。
(70)『傷兵之友』曲江、第三期、一九四一年「本社一年来幾項工作統計」二一頁。
(71) 秦曼　前掲文、七頁。張叔秀「関於推広傷兵之友運動的幾個問題」(『傷兵之友』曲江、第二期、一九四〇年) 一〇頁。
(72) 李漢魂「拡大「傷兵之友」運動―新運七週年広播詞―」(『傷兵之友』曲江、第三期、一九四一年) 四頁。
(73)『傷兵之友』曲江、第三期、一九四一年「短論」三頁。『傷兵之友』曲江、第五期、一九四一年「社務動態」一一頁。
(74) 一九四〇年六月から一二月までは、広東省政府の指示を受けた同省振済会が、毎月二〇〇元を援助していた。『傷兵之友』曲江、第六期、一九四一年「社務簡訊」一〇頁。
(75)『傷兵之友』曲江、第八期、一九四二年「社務動態」二一頁。
(76) 前年の募集運動に際して中央の総社も同時に各省・市で社員を集めており、広東省の公務員は多くが寄付金を中央に納めてしまっていた。『傷兵之友』曲江、第七期、一九四一年「社務動態」二三頁。『傷兵之友』曲江、第八期、一九四二年「社務動態」二一頁。
(77)『傷病之友』曲江、第九期、一九四三年「社務動態」二三頁、「広東省傷兵之友社第三次徴友徴信録」二四～二五頁。
(78)『傷兵之友』吉安、第七五期、一九四一年「江西栄誉軍人管理処二十九年工作概況」二頁。
(79) 葉競民「贛南傷兵之友社成立感言」(『傷兵之友半月刊』第二期、一九四〇年) 三頁。
(80) 蒋経国「傷兵之友工作的第二階段」(『傷兵之友半月刊』第二期、一九四〇年) 二頁。
(81) 柳昕「踴躍為『傷兵之友』」(『傷兵之友月刊』第一四期、一九四一年) 二頁。『傷兵之友月刊』第一四期、一九四一年「傷運簡訊」一三頁。

(82)『傷兵之友月刊』第一四期、一九四一年「『贛南傷兵之友社』第二期徴友運動辦法」一四頁。
(83)『傷兵之友通訊』創刊號、一九四四年「記贛南傷兵之友社」一五頁。
(84)『傷兵之友通訊』第二期、一九四四年「毎月人物」一三頁、「湖北傷兵之友社」一五頁。
(85)『傷兵之友通訊』第五期、一九四五年「陝西傷兵之友社」四頁。
(86)『傷兵之友通訊』第三期、一九四五年「記衡陽傷兵之友社」一五頁。衡陽市地方志編纂委員会　前掲書、上冊、五四九頁。
(87)前掲「新運総会傷兵之友社総社二十九年度報告」一〇～一三頁。『傷兵之友通訊』第四期、一九四五年「我們的友軍」九頁。
(88)前掲「新運総会傷兵之友社総社二十九年度報告」一二～一七頁。『中央日報』一九四〇年五月三〇日、第三版。
(89)前掲「新運総会傷兵之友社総社　工作報告　三十一年度」四八～五一頁。
(90)前掲「新運総会傷兵之友社総社　工作報告　三十一年度」四四～四七頁。前掲「新運総会傷兵之友社総社四年来工作報告」一七～一九頁。J. L. Huang, op. cit., chap. 5, pp. 6-7.『傷兵之友通訊』第七期、一九四五年「傷友服務隊員須知」四～五頁。
(91)楊宗禹「如何做栄誉軍人招待工作」(『軍人魂月刊』第二六期、一九四二年)八頁。
(92)新生活運動促進総会傷病之友社総社編『傷兵之友服務手冊（新運総社第二十種）』中国第二歴史档案館、五八七／五／六〇、一～二頁。
(93)潘起「慰問」(『傷兵之友通訊』第二期、一九四四年)一〇頁。
(94)前掲「新運総会傷兵之友社総社　工作報告　三十一年度」五四～五五頁。
(95)『傷兵之友通訊』第三期、一九四五年「自給自足問題」四頁。
(96)前掲「新運総会傷兵之友社総社　工作報告　三十一年度」四六頁。
(97)徐維廉「去年一年」(『傷兵之友通訊』第五期、一九四五年)二～三頁。
(98)『傷病之友』曲江、第九期、一九四三年「小智識」二六頁。王耀庭　前掲文、一頁。

(99) 鍾煥丹「傷病官兵与新生活運動」（『軍人魂月刊』創刊号、一九四〇年）二八頁。

(100) 亦萍「贈給負傷同志幾点（続）」（『傷兵之友』吉安、第七九・八〇期、一九四一年）六頁。許国天「告忠勇而光栄的受傷将士」（『傷兵之友』吉安、第九三・九四・九五期、一九四二年）一九頁。

(101) 今明「怎様保持我們的『栄誉』」（『傷兵之友月刊』第一三期、一九四一年）一三頁。

(102) 倪弼　前掲文、二一頁。鍾煥全「七七三週年告栄誉将士」（『軍人魂月刊』第七期、一九四〇年）五頁。丁永存「我們的生活」（『傷兵之友半月刊』第五・六期、一九四〇年）一九頁。江俊生「傷残是日本軍閥賜給我們的」（『傷兵之友』曲江、第八期、一九四二年）一五頁。

(103) 陸九疇「防止住院栄誉軍人逃亡的我見」（『軍人魂月刊』第二一・二二期、一九四一年）一一～一四頁。

(104) 「残廃」は身体障碍を意味する中国語だが、差別的語感が強いという理由で、近年では「残疾」の語に取って代わられている。

(105) 『傷兵之友』吉安、第五一期、一九三九年「六残院的生産工作」六頁。

(106) 正明「関於組織残廃軍人手工業合作社底幾句話」（『傷兵摯友』二、一九三九年）三頁。

(107) 杰林「広東栄誉軍人教養院剪影」（『傷兵之友』曲江、第八期、一九四二年）一一頁。

(108) 『中央日報』一九四〇年五月九日、第三版、一二日、第三版、一三日、第三版。郇瘦梅「栄誉軍人職業協会之過去及将来」（『残不廃月刊』第一巻、第五期、一九四七年）一頁。

(109) 前掲「新運総会傷兵之友社総社二十九年度報告」一七～一八頁。前掲「新運総会傷兵之友社総社　工作報告　三十一年度」六〇～六一頁。前掲「新運総会傷兵之友社総社四年来工作報告」一九～二〇頁。栄誉軍人生産合作事業委員会の成立は、同年六月であったともいう。徐維廉「栄誉軍人生産事業委員会概況」（『残不廃月刊』第一巻、第一期、一九四七年）二頁。

(110) 「新運総会傷兵之友社会議紀録及一九四三年度辦公費支付預算書、経済報告」中国第二歴史档案館、五八七／五／三所収「傷友総社経済審核委員会会議紀録」・「新運総会傷兵之友社総社第三届理事会提案」。前掲「新運総会傷兵之友社総社四年来工作報告」四頁。「為転発新生活運動会傷兵之友社徴求社員及其它辦法六份請為宣伝電昆明中央日報社」雲南省档案館、一〇四六／四／七／三所収「新運総会傷兵之友社総社拡大徴求社友辦法」。『残不廃月刊』第二巻、第一八期、一九四八年「雖残不廃計画書」二六〜二八頁。
(111) 徐梓楠「処理残廃機障栄誉軍人之我見」(『軍人魂月刊』第二一・二二期、一九四一年) 七頁。競亜「為残廃栄誉軍人生活而発的呼声」(『軍人魂月刊』第二三・二四・二五期、一九四一年) 七二頁。
(112) 李伯鳴「栄誉軍人的教養問題」(『傷兵之友』曲江、第二期、一九四〇年) 二〜三頁。劉畏一「栄誉軍人自力更生問題之研討」(『軍人魂月刊』第一四期、一九四一年) 一頁。許蟠雲「栄誉軍人的職業準備問題」(『軍人魂月刊』第二三・二四・二五期、一九四一年) 二一頁。
(113) 宣中「傷兵的教育和娯楽」(『傷兵之友半月刊』第三期、一九四〇年) 四頁。
(114) 『傷兵之友』曲江、第六期、一九四一年「栄誉軍人福音」一九頁。『残不廃月刊』第二巻第一八期、一九四八年「栄誉軍人就学公立中等以上学校辦法」三二〜三三頁。
(115) 鳳千「栄誉軍人服務問題」(『軍人魂季刊』第三・四期、一九四三年) 二〜三頁。
(116) 珊耳「教育傷兵的先決問題」(『傷兵之友半月刊』第三期、一九四〇年) 三頁。
(117) 彭育和「栄誉軍人的出路」(『傷兵之友』吉安、第九九期、一九四二年) 三頁。
(118) 『傷兵之友』曲江、第九期、一九四三年「栄誉軍人福音（二）」一七頁。
(119) 『傷兵之友』曲江、第九期、一九四三年「栄誉軍人福音（二）」一九頁。
(120) 「新生活運動促進総会傷兵之友社総社工作概況」重慶市档案館、〇〇八四／一／三七七所収「栄誉軍人職業協導会第六期会計班応徴学員名冊」。
(121) 『傷兵之友』曲江、第六期、一九四一年「栄誉軍人福音」一九頁。
(122) 陸九疇「栄誉軍人与生産建設」(『軍人魂月刊』第一九・二〇期、一九四一年) 一六頁。錫範「安置残障栄誉軍人芻議」(『軍人魂季刊』第一・二期、一九四三年) 三六〜三七頁。翰亭「怎様開展栄軍生産事業」(『軍人魂季刊』第三・四期、一九四三年) 五頁。
(123) 周蔚然「栄誉軍人的楽園　邵武墾区素描」(『軍人魂季刊』第一・二期、一九四三年) 四八〜五一頁。

(124) 葉楚傖「如何拡大傷兵之友的運動」(『傷兵之友半月刊』第二期、一九四〇年)七頁。
(125) 周洪濤「慰労傷兵的意義」(『傷兵之友』曲江、第二期、一九四〇年)六頁。
(126) 嘯「努力為傷兵之友」(『傷兵之友』吉安、第九三・九四・九五期、一九四二年)一五～一六頁。
(127) 陳憶君「傷兵之友的意義及其重要性」(『傷兵之友半月刊』第二期、一九四〇年)一一～一二頁。
(128) 傭人「怎樣促進栄誉軍人与民衆的合作」(『傷兵之友』曲江、第四期、一九四一年)一〇頁。
(129) 梁中遲　前掲文、一八頁。
(130) 『傷兵之友』曲江、第二期、一九四〇年「広泛推行傷兵之友服務運動」三頁。
(131) 『傷兵之友』吉安、第七五期、一九四一年「江西栄誉軍人管理処二十九年工作概況」七頁。潮潜「第十臨時教養院栄誉軍人的動態」(『軍人魂月刊』第一六期、一九四一年)二二頁。国雄「栄誉聚餐紀」(『傷兵之友』曲江、第五期、一九四一年)一七頁。『傷兵之友』曲江、第六期、一九四一年「栄誉的栄誉」一七頁。『傷兵之友』曲江、第八期、一九四二年「社務動態」二三頁。『傷兵之友通訊』第三期、一九四五年「記衡陽傷兵之友社」一五頁。
(132) 姚永安「勗勉転送第十四臨教院残廃員兵詞」(『傷兵之友』吉安、第九九期、一九四二年)二頁。
(133) 『軍人魂月刊』第一九・二〇期、一九四一年「遂昌雲峰郷六二八事件之始末」六二～六五頁。遂昌県志編纂委員会編『遂昌県志』浙江人民出版社、一九九六年、二八・七四六頁。
(134) 嘯「怎様慰労傷兵」(『傷兵之友』吉安、第九〇・九一・九二期、一九四一年)一九頁。篆良「做傷兵之友的新認識」(『傷病之友』曲江、第九期、一九四三年)七頁。
(135) 『傷兵之友通訊』第三期、一九四五年「可憐的教育」五頁。
(136) 徐維廉「倡辦傷残服務第一年」『残不廃月刊』第二巻、第一三期、一九四八年、一頁。
(137) Claire Lee Chennault, *Way of a Fighter: The Memoirs of Claire Lee Chennault*, G. P. Putnam's Sons, 1949, p. 263.
(138) Albert Coady Wedemeyer, *Wedemeyer Reports!* Henry Holt & Co., 1958, p. 336 (アルバート＝C＝ウェデマイヤー／妹尾作太男訳『第二次大戦に勝者なし　ウェデマイヤー回想録』講談社、一九九七年(下)二一七～二一八頁)。
(139) "Notes on Problems Connected with Our Mission in China," Joseph Warren Stilwell Papers, Hoover Institution

Archives, Stanford University, Box 23, Folder 7, File 24, table H.

(140) United States Department of Veterans Affairs Official Website (http://www1.va.gov/opa/feature/history/index.asp), 11/01/2009 ; Disabled American Veterans Official Website (http://www.dav.org/about/History.aspx), 11/01/2009.

(141) 森鷗外『鷗外全集』岩波書店、一九七一～七五年、第二八巻「陸軍衛生教程」三三四～三三七頁。

(142) 中央社会事業協会社会事業研究所『軍事扶助制度の発生』中央社会事業協会社会事業研究所、一九三八年、一～三頁。しょうけい館（戦傷病者史料館、東京都千代田区九段南一～五～一三）展示（二〇〇九年六月五日）。

第三章　国民政府のヤルタ「密約」への対応とモンゴル問題

吉田豊子

はじめに

ヨーロッパの戦場で勝利が確実になるにつれて、戦後を見据えたソ連の東アジア政策、特に中国政策も本格化していった。中国に関してはヤルタ「密約」を具体化した「中ソ友好同盟条約」に結実する。それは何よりもソ連の極東地区における安全保障の具体化であって、モンゴルへの執着はいち早く看取される(1)。

ところで、ソ連の目標達成のやり方は、直接あるいは間接的に中国ないし米英に態度を示し、相手の反応を探り、そのうえで政策立案をするもので、ヤルタ会談の前の冷え切った中ソ関係はその結果であったと言えよう。ソ連は戦後において、アジアでの米ソ合作についてはアメリカの中国政策、即ち国民政府が指導する中国を支持することに同調するとしながら、中ソ関係の改善におけるアメリカの役割については、中ソ間で意思の疎通を図ることに限定し、仲介は望まないという姿勢を示した。そして来る中ソ交渉における最大の争点の一つである戦後のモンゴルの国際的な地位に関する態度を、すでに一九四四年春のアルタイ事件において中国と世界、特にアメリカに対して示していた。つまり、ソ連はモンゴルを独立国家として扱うということである。日本を早期に打ち負かすためにも、連合国間の矛盾を憂慮したアメリカは、副大統領ウォレス（Henry A. Wallace）を団長とする使節団の派遣によって事態の沈静化を図った。そしてアメリカの建議を受けて、中国側はソ連との関係改善のために、外交部長宋子文をモスクワに派遣することを提案した。[2]

このように、カイロ会談・テヘラン会談後も、中ソ関係をめぐって中ソ米の間で大きな動きがあったのである。とすれば、これら一連の動きをヤルタ会談、そして中ソ友好同盟条約の締結という流れの中で位置づけることが当然求められよう。そのため、本章では、大きな変動が見られた一九四四年春から夏までの中ソ関係を明らかにした前稿[3]の続きとして、まずヤルタ「密約」の締結までの中ソ米間の動きを明らかにする。次いで、ヤルタ「密約」をめぐる重慶中ソ交渉とそれに至る過程を取り扱う[4]。米ソ両大国の政治に拘束されて、中ソ友好同盟条約の締結とその後の中ソ関係においても、国民政府は基本的には受身的立場であったが、だからといって、一方的にソ連側が提出した条件を受け入れるだけでもなかったことも、また歴史の一面である[5]。このような問題関心にたって振り返ると、「弱い国」である中国を主体とする中ソ外交の研究は、不十分であると言わざるをえない。本章は近年公開された中国語史料やロシア語史料[6]を用いることによって、従来の研究にほとんど見られないソ連の動きをできるだけ明らかにしつつ、「弱国」中国の主体的な対ソ外交を明らかにすることを主要な課題とする。

自らの立場を強くするために、蔣介石がどのように対ソ外交を考え、そして行動していたのかを中心的な課題とする際、特に妥協案として何を考えていたのかについて考えてみたい。具体的に言えば、中ソのモスクワ交渉で最大の争点だと言われるモンゴル問題について、従来の研究では、中国がモスクワ交渉までソ連の真の意図を知らず、その結果受身的にモンゴルを手放さざるをえなかったという捉え方をしている[7]。しかし、国民政府とアメリカがソ連の最大の意図はモンゴルの独立承認にあることを思い知らされたのは、一九四四年春の時点であることを、筆者はすでに明らかにしている。本章では、その後国民政府はこの最悪のシナリオをなるべく避けたいと思いながらも、早くから対ソ交渉案全体において、モンゴル問題を妥協の対象として考えていたことを示したい。言い換えれば、モスクワ中ソ交渉における中国の最大の政策決定、つまりモンゴルの独立承認を、ソ連が共産党を支持せず、東北・新疆の領土・主権を保全するための取引材料とすることは、決して唐突なものではないと考える。このような結論は、中ソ間の懸案事項である東北問題・新疆問題・モンゴル問題、そして共産党問題を、個別にではなく、総体として把握する必要がある、という視点に由来するものである(8)。

一　ソ連の態度表示からヤルタ「密約」まで

1　アルタイ事件

一九四三年一〇月のモスクワ外相会議、一一月のカイロ会談とそれに続くテヘラン会談では、戦後の平和のための国際秩序の再編における米ソの話し合いが進み、またソ連の対日参戦も確実になる中で、中国の主権・利権に関するモンゴル・新疆・東北という中ソ間の「三大歴史懸案」をめぐる問題、そして中国の内政における共産党問題とソ連との関係という議題が、ソ連により示されるようになった。この中には、すでに独ソ戦で劣勢にあった時期に乗じて、反ソに転じて国民政府に帰順した、新疆の盛世才政権との関係も含まれる。

一九四三年二月、スターリングラード攻防戦でドイツ軍が降伏したことによって、最大の危機を乗り越えたソ連は、ドイツに対して防衛から攻勢へと転じるとともに、再び極東へ目を向けるようになる。

新疆問題がいち早く取り上げられたようである。一九四三年五月四日、ソ連共産党中央委員会政治局会議は、忘恩無恥の盛世才を取り除き、代わりに「ソ連に忠実な新疆土着民の代表が組織する政府が省内の権力を握る」

ようにする、という新疆に関する政策決定を行ない、同時にその指導機関として、内務部と国家安全部の下に「行動小委員会」を成立させた。[9]この事実からしても、後のクルジャ（伊寧）事件とソ連との関係が深いことがうかがえよう。そのクルジャ事件より先に、このソ連の新疆政策と深い関わりがあるだけではなく、モンゴルの国際法上の地位に関するソ連の態度を中国そして国際社会、特にアメリカに示した、アルタイ事件が起こっていたのである。このアルタイ事件は中ソ関係、そしてアメリカの関わりを捉えるうえで欠かせないものであるので、以下では筆者の論考を紹介しつつ、[10]ソ連が駐ソ大使や軍事顧問を全員引き上げたことに象徴されるように、事件をきっかけに中ソ関係が冷え切った過程と、アメリカの斡旋もあって、関係の改善のために、一九四四年、蔣介石が自身の代わりに外交部長宋子文をモスクワに派遣する決定をした経緯を明らかにする。

中国戦区の指導権や共産党問題をめぐって、国民政府が頼りとするアメリカとの関係もギクシャクしていた頃に、アルタイ事件（一九四四年春）が起こったのである。その後、日本の「大陸打通作戦」（一号作戦）により、国民政府は軍事的に壊滅的な打撃を受けるようになっていく。

事件の発生地は、新疆省とモンゴルの間で境界認識が一致していない所であり、直接のきっかけは、新疆の盛世才の統治に対するアルタイ区のオスマンを首領とするカザフ族の反乱であった。事件を新疆問題に矮小化できないのは、反乱を討伐する部隊に対して、ソ連の飛行機とモンゴルの軍隊が「越境」してオスマン側を支援したからである。

すでに早い時点でソ連はオスマンの情報を得ており、モンゴルを通して接触していたようである。蔣介石は事件をソ連の盛世才に対する報復であり、その目的は共産党に対して寛大な態度をとるよう迫ること、または国民政府に盛世才の更迭を暗示すること、ないしモンゴル・カザフ族を通して新疆を占領させようとすることだと捉えたが、「ソ連に対してはしばらく緩和・忍耐の方針をとり、これを盛世才個人に対する報復の行動だとして、中央は決裂せず、ソ連に選択する余地を与える」、という方針をとった。

対ソ外交の方針を決定した後、蔣介石はローズヴェルト（Franklin D. Roosevelt）大統領に秘密電報を打ち、事件を知らせると同時に、戦争の発展と密接な関係があり、ソ連の極東政策の重要な兆候である、という見方を示した。しかしローズヴェルトは局地的な紛争とみるべきであり、また必ず延安へアメリカの軍事使節団を派遣する、と返電してきた。[11]

中国外交部駐新疆特派員がソ連領事に提出した抗議に対して、三月三一日に、ソ連側は駐華大使パニューシキンを通して国民政府に対して、事件は新疆の軍隊によるモンゴル人民共和国の国境を破壊する行為であり、ソ連は一九三六年のソ蒙互助条約によって援助する義務がある、という声明を出した。周知のように、一九三六年のソ蒙条約が締結された際、国民政府はただちにそれがモンゴルに対する中国の主権を認めている一九二四年の中ソ条約に反すると否認していた。このように、中ソ間のモンゴルをめぐる争点、即ちモンゴルの法的地位の問題を、ソ連はあえて持ち出してきたのである。ソ連の声明に対して衝撃を受けた中国が、細心の注意を払って最低限の反駁にとどめる返答文を起草し終えた頃、ソ連は先の声明文をタス通信によって世界に報道する挙に出た。

タス通信の報道は、国民政府にさらに強烈な衝撃を与えただけではなく、アメリカにとっても無視できない事態となった。何よりも、これは連合国内部の矛盾の公表であるからである。国民政府は中ソ関係の悪化に対する深刻な懸念から、最終的にはソ連との正面衝突を避ける対策をとった。中央社を通して、タス通信の報道は中国側が把握している情報と違うとしただけである。ローズヴェルトは事態を憂慮しながら、対日戦の勝利という大きな目標、そして世界の全局のために、中国に問題を棚上げするよう自制を求めた。他方、米国務長官ハルは「中・米・英・ソ四カ国が団結・協力することが、アメリカの外交の基本原則である」と公言し、事態の鎮静化を図った。だが、国民政府の慎重な行動にもかかわらず、ソ連側が大使を召還し、さらに中国にいる軍事顧問も全員同時召還するという、国民政府が最も恐れた事態が生じた。

こうした中、一九四四年半ば、アメリカはソ連・中国の協力関係を強化するために、副大統領ウォレスを団長とする使節団を派遣した。重慶におけるウォレスと蔣介石の会談は、中ソ関係・国共関係・太平洋問題の前途が主要な内容であり、要点は次の通りだという。

（一）中ソの国交の改善について、ソ連はアメリカが間で疎通をはかることは願うが、アメリカが仲裁の立場に立つことは願わない。

（二）アメリカ政府はソ連に対して、中米の国交はその極東政策の礎石であり、かつ蔣委員長が指導する政府を最後まで援助する、と表明した。

（三）ソ連がアメリカの駐ソ大使に説明したことの概略。

（1）わが国民政府に対して不満の意を表明した。

（2）中共については、理論的な立場がなく、決して真の共産主義者ではなく、ソ連とはそれほど関係はない、と明言した。

（3）ソ連は中国内部が団結して抗戦することを希望するが、その意味はつまりわれわれが共産党の力を受け入れて共同で抗戦すべきだということを指す[12]。

以上を再度要約すれば、アメリカが中ソ関係の改善を望んだのに対し、ソ連はアメリカの役割について、間で意思の疎通を図ることのみで、仲裁は望まないとした。だが、蔣介石を指導者とする中国を支援するというアメリカの極東政策の基軸に対しては、基本的に賛成すると表示した。

注目すべきは会談以外の場で、モンゴル問題がしばしば議論されたことである。蔣介石は使節団団員のラティモア（Owen Lattimore）に対して、戦争後、中国はチベットや外モンゴルについて、イギリスがその統治国に与えそうなものより、もっと広汎で有利な自治権を与えると述べた。またワシントンでは、ローズヴェルトにアルタイ事件について聞かれた孔祥熙は、モンゴルに対する中国側の法的立場を説明した後、中国政府は将来外モンゴルに相当な自治権を与えることを解決案としていると言った。ローズヴェルトは大変妥当だとし、またテヘラン会談でスターリンと極東の問題を話し合った時、スターリンはソ連が外モンゴルに野心がないと述べたことについて、非常に意外だったと語ったという。ともかくこのように、中国は将来モンゴルに対してかなり高度の自治を認めると、アメリカに対して意思表示したのである。ウォレス使節団についてさらに注目すべきは、中国からの帰路にモンゴルにも立ち寄ったことである。中ソ間の斡旋を行なったその直後に、その懸案地域であるモンゴルに行ったのは、状況把握のためと思われるが、残念ながら、これ以上のことはわかっていない[13]。

2　宋子文訪ソの延期

さて、ウォレスは中国を離れる前に、戦後になると一層困難になるのを避けるために、対ソ外交は積極的に行なうべきであると、宋子文を通して蔣介石に伝えさせた。これを受けて、蔣介石・王世杰らは中ソ関係の改善をはかるべく模索する。蔣介石は宋子文を代表としてソ連を訪問したい旨をソ連に伝えたが、ソ連は一貫して冷淡であった。その理由は、ソ連は諸問題をヤルタで総合的に解決しようとしたからであろうが、しかし先に見てきたように、米中ソの間で問題がすでに動いていたのであり、このことは近年公開された史料によっていっそう明らかとなる。以下では具体的な動きを追いながら、ヤルタ会談との関連を検討してみたい。

国民政府が宋子文の訪ソをソ連に提案することを決めたのは、一九四四年九月のようである。宋は一四日、駐ソ大使傅秉常に対して、政府は自分を外交部長という地位で、蔣介石の代理としてソ連を訪問し、スターリンやモロトフとじかにいろいろと相談させたいので、ソ連政府に打診するよう打電している。[14] さらに一一月二一日に傅に対して、なんとか日程を確認せよという電報を出した。[15] 二六日の傅大使の宋宛電報によれば、二五日にモロトフがクレムリン宮殿で傅を接見し、ソ連側の戦局の緊張により、宋の訪ソは翌一九四五年二月末ないし三月がベストだとした。[16] これに対して宋は三〇日に、必ず二月末に訪ソするとソ連に伝えるよう傅に打電した。[17] ソ連の日程の按配は、明らかにヤルタ会談後である。

この時期、米英ソ三か国はすでにヤルタ会談に向かう水面下の交渉をしていた。一九四四年一二月一四日、米駐ソ大使ハリマン（Averel Harriman）は、ソ連の対日参戦に際しての政治的問題を尋ねると、スターリンは地図を指しながら、千島列島およびサハリン島南部は必ずソ連に返すこと、日本はウラジオストックへの通路を制御しており、ソ連はこの重要な港への交通線を守るべきであり、なぜなら「太平洋へのあらゆる出口は全部封鎖されているか、占拠されている」からである、とした。そして、遼東半島に一本の線を引いたうえ、旅順・大連という二つの港およびその周辺の地区を租借したいと言った。これに対してハリマンは、テヘラン会談の時にローズヴェルトの方から先にソ連は太平洋において不凍港が必要であると提起したが、それは国際的な自由港ということであり、ソ連が租借するということではないこと、また国際自由港という方式がソ連に必要な保証を与えることができるし、同様な問題を処理する国際的な観念にも符合するとしていた、と言った。スターリンは「この問題は討論によって解決できる」とした。そしてスターリンは続けて、中東鉄道を租借したいと言い、最後に、ソ連の対日参戦の条件の内、テヘランで唯一言及しなかったのは、外モンゴルの現状の再確認、即ち、独立した実体としてのモンゴル人民共和国の維持である（the recognition of the status quo in Outer Mongolia—the maintenance of the Republic of Outer Mongolia as an independent identity）、とした。このようなソ連のモンゴルに関する態度について、ハリマンはローズヴェルトへの報告で、ソ連の長い南シベリア国境の防衛という願望からして驚くことではないとしている(18)。

以上のように、ソ連はアメリカの中国政策の基本に同調する意思表示をしつつ、モンゴルを含む中国の主権・利権に関することを対日参戦の政治的条件として、アメリカに提示していた。それは太平洋への出口として旅順・大連という二つの港、そして中東鉄道を租借したいということである。租借という方法について、アメリカは自由港とする案だったと異論を出したが、スターリンは相談できるとした。さらに重要な問題は、スターリンよりモンゴルに関する態度を明示されたことである。外モンゴルの現状の再確認（recognition）、つまり独立した実体としてのモンゴル人民共和国の現状維持であった。

他方、ソ連は中国側の議題をも探っていたのである。一九四五年一月五日、ソ連外務人民委員会第一極東課課長補佐サヴェリエフは外務人民委員代理ロゾフスキー宛に、次のような文書を出している。

ソ連第一極東課が掌握している資料から、宋子文がモスクワを訪問するにつき、中国側は下記の問題を準備していると推測できる。

一、一〇～二〇年間の相互不可侵条約の締結。

二、中ソ間の軍事協力。

三、武器の購入。

四、ソ連経由の中国物資の輸送。

五、新疆問題。

a　西北地下資源の開発へのソ連の参加。

б　航空機工場の建設。
в　新疆の石油工業に必要な設備の購入。
г　航空会社「ハミアタ」の業務について。
д　新疆・ソ連間の貿易の再開。

六、モンゴル問題。

宋子文は他の問題に触れる可能性もあるし、あるいは逆に、上記の問題がまったく取り上げられない可能性もある。それゆえ同志スクヴォルツォフを通じて、この一連の問題を確認するのが望ましい。すなわち彼に、これらの問題を直に宋子文に問い質すよう要請したい。

宋子文がいかなる返答をするにせよ、それはわれわれの準備作業にとって重要な意義があるものと思われる。なお確認のため、同志スクヴォルツォフ宛電文を添付しておく。(19)

ここで新疆に関する項目だけが詳しいのは、実は一九四四年一一月に勃発したクルジャ事件のために、国民政府はすでに新疆における中ソ経済合作をソ連に提案することによって、事態の緩和を図ろうとしていたからである。これに対してソ連側は、中国側に具体案の提出を要求する一方で、正式に交渉に応じようとする姿勢は見せず、(20)またスクヴォルツォフは宋子文や蔣経国に対して、宋が訪ソする際の中国側の議題の詳細を示してほしいとしていた。(21)

ソ連が提案した宋子文の訪ソの日程が近づく中、一九四五年二月一日、蔣介石は中国側の対ソ交渉の議題について、以下のようにまとめた。

一、ソ連が対日戦争に参加することを歓迎すること。
二、東北の鉄道交通と大連の自由港の問題。
三、中ソ経済合作の問題は、新疆をその中に含むこと。
四、中ソの新疆辺境の共同防衛および犯罪者交換の旧条約の履行。
五、外モンゴル問題。
六、改めて相互不可侵あるいは同盟の協定を締結すること。
七、朝鮮問題。
八、戦後の対日処理の方針。

このうち、五・六・七は提出すべきかどうか、どんな利害があるのかを慎重に考えるべきである、としており[22]、具体的な状況の中で判断するということであろう。

しかし、翌二月二日、アメリカ政府の協力と建議に期待して、蔣介石・宋子文が米駐華大使ハーレー（Patrick J. Hurley）に対して、中国側の暫定的な議題として、以下のような五項目を提出した。

一、中ソ間は一層密接で一層協調的な関係を樹立すること。
二、ヨーロッパで勝利した後、ソ連がただちに対日戦争に参加するよう建議すること。
三、戦後の朝鮮の地位に関する問題、およびソ連の東北の港を利用する問題を友好的に討論すること。
四、中ソの戦後の経済関係。
五、中ソ双方の辺境における平和の維持を保障する方案の討論[23]。

一日の「八項目」と二日の「五項目」の最大の違いは、後者では辺疆問題、特に争点であるモンゴル問題については提出しないか、少なくとも暫時棚上げにする方針ということであろう。ハーレーは、二月四日、米国務長官ステッティニアス（E. R. Stettinius）にこの「五項目」を伝えている。他方、二月五日、ロゾフスキーに対して、前日のモロトフの指示に基づいて中国駐ソ傅秉常大使に対して、宋子文の訪ソの日程を四月下旬ないし五月に延期すると伝えた。理由は独ソ戦の軍事行動のために、スターリンがモスクワを離れており、しかも長く前線に滞在する必要があるから、ということであった[24]。明らかにこれは口実にすぎない。ヤルタ会談は四日に始まっていたからである。

六日に、米代理国務長官グルー（Joseph C. Grew）はハーレーに対して、アメリカの最大の問題関心はソ連の国共問題への態度であり、中国は米が中ソ間で調停することを期待すべきではないこと、そしてソ連の対日参戦に関する第二項目は賢明ではないと返電した[25]。中国側のソ連への対処について、軍事委員会参事室主任王世杰（兼宣伝部長・国防最高委員会法律委員会主任・国民参政会秘書）は日記で次のように記している。

目下は如何なる具体的な問題についても明白に提出すべきではない。……ただ、……若干の具体的な問題については、なお案を準備し、ソ連に行った時にその指導者と会談した後で、その時の状況とソ連側の態度を観察して提出を考えるべきである（中ソ同盟問題・東三省および大連・旅順・中東鉄道などの問題、中共、新疆問題などは、こちらはすべて内定した態度あるいは案を持つべきである）[26]。

ここにモンゴルが入っていない点に特に注目したい。アルタイ事件をめぐる経過でも明らかなように、国民政府はできればこの問題は避けたかったのである。

3　ヤルタ「密約」

では、ヤルタではモンゴルをめぐる議論はどうなったのだろうか。二月四日、ローズヴェルトとその顧問たちとの会議があり、その際、ハリマンがスターリンはソ連の対日参戦の政治的条件、即ち、サハリン島南部および千島列島を獲得すること、外モンゴルの現状維持を求めていること、大連への鉄道を制御する権利を獲得すること、を提出する可能性があるというと、ローズヴェルトはその他の問題については直接談判を行ないたいが、しかし外モンゴルの現状については討論する前に蔣介石の意見をまず聞きたいと言っている[27]。中国の対ソ交渉の議題案にはモンゴルが入っていないことは先に見てきた通りであり、ローズヴェルトも把握していたはずである。

ソ連の対日参戦問題に関する会談が二月八日に行なわれた。正式会談の後、スターリンはハリマンに対して、協議の項目に関して修正したいと申し出た。それは大連を国際的に共同管理する自由港とすることに同意するが、しかし旅順港はソ連の海軍基地となるので、租借を求める、ということである。ハリマンはただちにローズヴェルトと直接協議するよう建議したが、結局ローズヴェルトはスターリンの意見を受け入れると表明した。またスターリンは、東北の鉄道は中ソが共同で管理することについて適切であるとし、蔣介石の同意が必要であることにも賛成するとしたうえで、「蔣介石は外モンゴルの現状に対しても同意すべきである」と言った[28]。ここでは、米ソの間で大連（国際的共同管理下の自由港）・旅順（海軍基地としてソ連が租借すること）・東北の鉄道（中ソの共同管理）に関する合意が確認できるが、しかしモンゴルに関しては、この正式会談以外の場でのスターリンの言及しかなかったようである。

二月一〇日、モロトフがハリマンに対して八日のスターリンとローズヴェルトの会談に基づく、ヤルタ「密約」草稿を提出した。そこでは、モンゴル問題に関しては一九四四年一二月一四日にスターリンがハリマンに対して主張したことよりは曖昧な表現であるが、第一項目に挙げられている。即ち、「外モンゴル（モンゴル人民共和国）の現状は維持されるべきである（Status quo in the Outer Mongolia (the Mongolian Peoples Republic) should be preserved)」と。[29]そして、翌二月一一日の最終稿では、「モンゴルの現状（モンゴル人民共和国）は維持されるであろう」（Status quo in Outer Mongolia (the Mongolian Peoples Republic) shall be preserved）となった。[30]

当時のアメリカのモンゴルに関する態度を知るうえで、次の二つの文献が重要と思われる。「アメリカの中国に対する長期の目標および政策綱要」（日付不詳。ヤルタの前の文書であるはず）の政治の部分では、「c．中ソ合作は極東の平和と安全の必要な条件である。中ソ間の相互不信の一掃に尽力すべきである」こと、「g．中国の領土の保全を尊重すべきである。中には、チベット・外モンゴルなどの辺疆地区に対する主権の要求を含む。しかし中国がその他の関係国家の政府と平和的な談判を経て得たこれらの領土に関するいかなる建議に関しても、われわれは反対しないであろう。われわれは、中国政府は現地の住民が希求する地方自治の願望に同意するよう希望する」、[31]としている。また二月八日、米国務省中国事務主任ヴィンセント（John C. Vincent）が米国務長官ステッティニアスに対して、ソ連は外モンゴルに対する宗主権を承認しているが、実際には外モンゴルはソ連の保護下の「独立国家」であるとしている。[32]モンゴル問題に関しては、アメリカは中ソの直接的な話し合いに委ね、少なくとも中国が宗主権を持つことを期待していたようである。

二　ヤルタ「密約」の情報と妥協案の模索

1　「密約」の疑惑

二月一三日、蔣介石は外交部の電話により、ヤルタ会談では国際平和機構の設立が決まったということを知って、朗報だとしていた。[33]しかし翌一四日、ヤルタ会談から帰ってきた米軍将校に会った蔣介石は、ヤルタ会談では「中国を売る密約が成立したのではないか」と大変憂慮している[34]。駐ソ大使傅秉常が米英駐ソ大使から得た情報に接すると、蔣介石の憂慮がいっそう強まった。一五日付けの傅秉常電報では米駐ソ大使ハリマンからの情報を伝えている。要点は次の通りである。（一）宋子文が訪ソすることについて、スターリンはすでにローズヴェルトとチャーチルに報告しており、モロトフはサンフランシスコ会議に出席する予定。（二）極東に関するスターリンとローズヴェルトの話でのスターリンの表示は、中国は蔣介石の指導の下でこそ統一ができること、中国が強国になるためにはアメリカの援助が必要であること、友好的な中国を期待していること。またハリマン自身はヨーロッパの終戦の前に、中国が統一を達成することを希望する。（三）日本問題についてはヨーロッパ戦争が終了する前に、何らかの表示をするのは都合が悪い[35]。また傅秉常は翌一六日付けの電報では、ハリマンのヤルタ会談の公報に対する解釈を伝えている[36]。そして二一日付け電報において、傅秉常が英駐ソ大使から得た情報を伝え、サンフランシスコ会議の日程は日ソ中立条約の満期とは関係がなく、ヨーロッパ戦争終結後、ソ連はきっと対日作戦を行なう、と言っている[37]。

二月二一日、傅秉常からの電報を閲覧した蔣介石は、日記で次のように記している。

> 傅秉常大使の来電を閲覧した。米の駐ソ大使が彼に知らせたローズヴェルトとスターリンの談話の概略によって、ロシアのスターリンの対華方針はここに至って完全に明瞭になった。その中にきっと言いにくい内容があるはずである。われわれに完全に告げなかったことは顧維鈞大使が言ったことと照らしてみると、ソ連の東北と旅順・大連に対する特権の要求は作り話ではなかったのか。だから、危険極まりないと思う[38]。

ここで言う顧維鈞情報とは、特に旅順問題を指している。すでに一九四四年一〇月一四日・一一月九日付けの電報で、米参謀総長リーヒー（William D. Leahy）から得た情報として、ソ連は旅順の獲得を対日参戦の条件の一つとすることを暗示しており、またソ連国内では最近数か月は旅順港に非常に注目しており、それを自国領土とする雑誌論文や専門書が多い、と伝えていたからである。[39]

他方、ヤルタ宣言が発表された後、共産党がサンフランシスコ会議に代表を派遣すると主張したので、国民「党内・党外は驚いて腰を抜かしそうであった」[40]。この状況によって、蔣介石はヤルタではスターリンとローズヴェルトの間では、中ソ合作を実現させるために、「先に共産党を政府に加入させる（即ち、いわゆる統一である）」、という話があったと推測している。[41]

このように、蔣介石は早くから中国に関する密約があったのではないかと疑っていた。まずスターリンが共産党の国民政府への加入を中ソ合作の前提的な条件とした可能性、またソ連は旅順・大連に対して特権的な要求をした可能性があるとしながら、共産党問題を重視していたようである。[42] ヤルタ会談後、アメリカは駐華大使ハーレーとウェデマイヤーを召還することになっていた。帰国前のハーレー大使に対して、蔣介石はソ連は共産党を支持しないだろうという認識を伝えるよう希望している。[43]

蔣介石はヤルタでソ連の対日参戦が決まった可能性が高いと判断したからであろう、対ソ外交の手順を考え、まず息子の蔣経国にソ連代理大使スクヴォルツォフと接触させて、ソ連の態度を探ろうとした。二月二六日、スクヴォルツォフに会った蔣経国は、まずヤルタで極東に関する討論の有無を聞いてみたが、ないと返答された。次に中ソ経済合作への意思を示すが、これに対しては具体案を提出すべきだと言われた。最後に、蔣経国は共産党問題について、四月二五日に合意する予定だと言っている。[44] 同日、蔣介石は具体的な問題は共産党問題のみの対ソ方針・政策を起草した。対ソ方針の原則を、共産党は国民政府へ統合すること、軍令・政令の統一だとしたうえ、条約の性質は互助協定ではなく、対日同盟であるとしている。そして、米ソの間でバランスをとる政策を維持するとしている。即ち、アメリカの了解のもとでソ連と合作するが、同時に英米の反ソ基地にならないことによって、ソ連に疑われないようにするということである。さらに、ソ連が非公式に相談したいなら、蔣経国を派遣してもよいとしている。[45]三月一日、蔣介石から命令を受けて、蔣経国がスクヴォルツォフに対して、ソ連政府がいう宋子文の訪ソの時期とは、具体的にはサンフランシスコ会議の前後のどちらかをはっきりさせてほしいと言うと、スクヴォルツォフはソ連政府に伝えると答えた。[46]

2　ローズヴェルト情報

宋子文がサンフランシスコ会議に参加する日程が迫ってくる中、米ソが中ソ交渉のために動き出し、蔣介石は米ソの動きに注目しながら、対ソ交渉案を具体化していかねばならなかった。三月一二日、ローズヴェルト大統領は中国駐米大使魏道明に対して、ヤルタの内容を明かしている。以下に魏道明大使の電報を引用する。

次に私は、ヤルタでスターリンと語った情勢と関わる事柄の内容がどのようなものか、尋ねた。大統領は、次のように語った。正式にこのことに言及するのは避けて、敵に注目されないようにするが、スターリンの極東の戦争に対する態度はテヘランの時より肯定的で、極東問題について、スターリンは三点を挙げた。一、外モンゴルの現状を維持すること。二、南満鉄路の所有権は中国に属するが、業務の管理はある種の委託制度があるべきこと。三、ソ連はウラジオストック以南において、たとえば旅順あるいはその付近の港のような、一つの不凍港の軍港を獲得することを希望していること。ローズヴェルト大統領の意見は次のとおりである。一、外モンゴルの現状を維持し、主権は依然中国に属することで、問題ないと思われる。二、満州鉄道は、主権は中国に属するが、業務管理は効率を増進しなければならない、と。私〔魏道明〕が委託制度というのはどのようなものかを尋ねると、彼〔ローズヴェルト〕は、大体三者が組織し、一は中国代表、二はソ連代表、三はあるいはアメリカ代表で、いずれも鉄道の専門家であるべきだ、と答えた。第三点の軍港問題については、彼は次のように語った。これは完全に新しい問題で、先に語った大連のやり方の外にあり、彼はスターリンに、これは将来の問題で、あまり急ぐべきではなく、彼が閣下〔蔣介石〕と相談してもよく、中国の態度はずっときわめて合理的で、適切な解決を得るのは難しくないはずだと思うと答えた、と。彼はまた、宋部長がモスクワに行こうとしていると聞くが、これと先に話をしてもよいようだ云々と言った。(47)

そしてローズヴェルトは、「機が熟すれば、ソ連は対日参戦する」と伝え、上記の中ソ交渉の問題がソ連の対日参戦と密接な関係があることをほのめかした。

魏道明からの電報は一四日夜に重慶に届き、蔣介石がそれを見たのは翌一五日である。これにより、蔣介石はヤルタ会談でソ連の対日参戦が確定したと判断し、また中ソ問題の内、「旅順の租借」を最も重視したようである。同日の夜、ソ連は蔣経国に対して、宋子文の訪ソの日程はサンフランシスコ会議後にしたい、というソ連政府の返電の内容を伝えた。

一、ソ連の対華友好政策は始終変わらない。
二、中国の進歩を希望するが、しかし現在とっている改革の方法はあまりにも緩慢すぎる感じがする。
三、今日は民主世界である。
四、宋子文部長はサンフランシスコ会議の後に、ソ連に行くのがベストである。(48)

明らかに、第一～三項目は、ソ連はヤルタでアメリカの中国統一政策（国民政府のもとの統一中国）に同調したという表示である。

ローズヴェルトの話が大きな拠り所であるに違いないが、三月一七日、蔣介石は日記の「先週反省録」において、ヤルタの内容を次のように想定した。

（甲）外モンゴルはわが国に帰還できない。

（乙）東北の鉄道は共同管理する。

（丙）旅順は無条件かつ長期的にソ連に租借させる。

（丁）新疆問題はまだ言及していない。(49)

ここでは何よりもモンゴル問題をトップに挙げながら、「帰還できない」という、あきらめにも似た表現をし、しかもこの後一言もコメントしていないことに注意すべきである。ここには交渉により変更させるという強い意志は見られない。逆に強い意志を示したのは、旅順問題である。「現実的に考えるならば、二〇年の建設の時間を獲得するようにするためには、アメリカの政策に順応すべきである。しかし決してそんなにたやすいことではな」く、「もしアメリカがすでにソ連にわれわれからの租借を許したならば、旅順問題は今後二〇年間において、米ソの問題であり、極東の災いは終わりがないことになる」(50)としている。ここでは、さらに（丁）にあるように、ソ連は新疆でも何か要求するのではないかと疑っていたことがわかる。そして四月三日には、旅順問題の研究とアメリカへの返答案を次のようにまとめている。即ち、旅順を租借させることはできず、理由は「もしそうなってしまったら、中国人民のソ連に対する恨みとなるだけではなく、第三次世界大戦の起因ともなる」として、朝鮮の港から一つを指定して代案とし、旅順は国際機関の海軍基地あるいは中・米・ソの共同使用とし、中国の行政・主権を侵害しない、という二つの対案をまとめた[51]。

この後、国民政府は一層対ソ外交に切迫させられる。三月二九日、ソ連は新任駐華大使の派遣について中国の同意を求め、そして四月三日、ペトロフを駐華大使に任命した。またソ連は、四月五日、日ソ中立協定を破棄することを宣言した。蔣介石はこれを世界の政局における一大転換だとし、ソ連はサンフランシスコ会議の開催日の前に対日参戦する可能性があるとも推測していた[52]。否応なしに、対ソ外交に追われた蔣介石は、四月一三日、ソ連に対して積極的に親善を行なうこととし、一六日、対ソ談話の要領の準備として、甲、相互不可侵ないし同盟協定。乙、旅大問題。丙、辺疆問題。丁、共産党問題は提出しないことを主とする、としている[53]。具体的な問題の内、旅順・大連問題については、旅順の租借が重大問題であり、対案を考えていたことは先に見た通りである。共産党問題を提出しないことについては、大枠に関してすでに米中ソ三者の合意事項に等しいからではなかろうか。

では、この時点で辺疆問題、特にモンゴルについてどのように考えていたのだろうか。

四月一七日、蔣介石はソ連が中ソ互助協定を提出した時に備えるための、「注意すべき事項と不変の方針」を記している。まず、対ソ外交は米中関係を破壊するようなことがあってはならず、アメリカの援助が断絶したら致命的な問題となるとしている（甲～丙）。そのうえで、注意すべきこととして以下の項目を挙げている。

丁、協定の精神

子、国際安全機構の信約を遵守すること。

丑、カイロ会議の宣言を承認すること。

寅、相互の内政不干渉。
卯、新疆と東三省の主権・領土・行政の保全。
辰、われわれは自主的に外モンゴルの自治を承認する。
戊、あらかじめ英米に知らせて諒解を得ること、これが不変の方針である。
己、彼我の地位。(54)

ここで初めて、モンゴル問題に関する具体案を出しているが、その位置に注目すべきであろう。その前の項目の子〜卯が主にソ連側に求めるものであるのに対して、辰のモンゴル問題は中国側の行動の提示である。つまり、モンゴル問題はソ連側の要求に対応した中国側の譲歩案だと思われる。主体的に行なうという意味の「自主的に」という表現に特に注目してよかろう。そしてここでは単に「自治を承認する」としか記されていないが、先述のように、「モンゴルは中国に帰還できない」ことがわかっていたのだから、通常の自治ではありえない。この点は以後の展開でより明確になる。

3　アメリカの態度

さて、これより先の四月一二日、ローズヴェルトが突然死去した。ローズヴェルトによってソ連に派遣されていた米駐華大使ハーレーが重慶に戻った後、四月二九日、ヤルタ「密約」の内蒋介石の同意を得る必要がある事項を詳細に報告した。その要点は、スターリンは朝鮮の独立を承認すると言っていること、東北に関しては一九〇四年以前の旅順と南満鉄道・東清鉄道の特権の回復を要求していること、外モンゴルの現状を変えないことである。これを聞いた蒋介石は、三月中旬の魏道明大使の報告との違いについて、「満州鉄道は中・米・ソの三か国が共同で管理するという議案がなかった」と記したうえで、「数か月以来抱いてきた疑問はここにきて初めて明瞭になった」[55]としている。ソ連の本当の意図とアメリカの態度を知ったということであろう。ここでも外モンゴルについて、一言もコメントしていないことに注目すべきであることを、強調しておきたい。

当時同席していた唯一の人物である王世杰によれば、ハーレーは自分がモスクワに行った目的は、ローズヴェルトの命令を受けてスターリンとヤルタ協定を話し合うためだった、と言ったという。ハーレーに意見を求められると、蔣介石は「租借地」という方法は非常によくないので、詳細に考慮させてくれと答え、それ以外については具体的な返答はしなかった。ハーレーはまた、当面九〇日以内に完成せねばならないことがあると建議した。即ち、(一)、ソ連がある事件の発生後に中共を承認する口実にすることを避けるために、中共を中央政府に参加させること。(二)ソ連と協定を成立させて、上述の問題を解決すること。[56]これは、明らかに中国に対して、ソ連が三か月以内に対日参戦する予定であり、その前に共産党問題を含め、中ソ間でヤルタ「密約」を内容とする協定を締結するよう促しているのである。

この時点で蔣介石は、ヤルタ「密約」をめぐる中ソ交渉に介入せず、中ソの直接交渉に委ねるという、アメリカの方針を認識できたと言えよう。アメリカの態度が明確になったと考えた蔣介石は、四月二〇日の日記では、「東北問題は、ソ連がすでにアメリカと直接話したからには、米中関係を離間させる危険は少なくなり、ソ連とも比較的誠意をもって相談できる」[57]とし、五月の「今月大事予定表」では、「アメリカの東アジアに対する戦略と政策は、大体明瞭になった。だから、私はすべてを決定することができる」[58]としている。

自身の利益を保障する新たな中ソ条約の締結に向けたソ連のやり方は、アメリカを通して中国に押し付けることであり、アメリカに対してはあくまで中ソ間で意思の疎通を図るだけで、その仲裁は望まなかった。これに対して、中国は少しでも自分に有利になるように、自主性をもってソ連との接触を図るしかなかったし、もはやアメリカの意向を考慮する必要もなくなったのである。ローズヴェルトからの情報によってヤルタ「密約」をほぼつかんだ蔣介石は、ソ連側に妥協を迫る必要から、自らの妥協案も具体化しなければならなかった。共産党問題と新疆問題がほぼ後景に退いた後は、東北問題とモンゴル問題を天秤にかけるだけであるが、その軽重は歴然としている。こうして実質的には「中国に帰還できない」モンゴルが中国側の取引材料になるのであり、後はどれだけ名目を稼ぐかという問題であった。

三　ヤルタ「密約」をめぐる重慶中ソ交渉（一）

１　蔣経国・ペトロフ会談

蔣介石はすぐに対ソ外交の行動を始めることにしたようである。五月一日、蔣経国がペトロフ大使の話を聞いており、要点は次の通りである。

甲、ソ連は中国と互助協定を締結したい。
乙、中ソ関係は他の国の仲介あるいは参加を要しない。
丙、蔣経国が宋子文より先に訪ソすることを希望する。そしてそのア秘書(59)を同行させるつもりである。(60)

即ち、ソ連が望んでいる条約の性質は互助であり、アメリカの仲介ないし参加を望まないこと、宋子文の訪ソの前に蔣経国の訪ソを望んでいること、である。そして、五月八日のドイツ降伏後には、ソ連の方が中ソ協定の締結を急ぐようになる。一二日、ソ連大使は蔣経国と談話を行なった。蔣介石は次のようにまとめ、感想を記している。


甲、宋部長の訪ソの前に、中ソ合作の条件は先に具体的な相談と諒解が必要である。

乙、ソ連は一三年〔一九二四年〕の時の関係を回復したいと表示した。

丙、決して内政干渉をしないという話。

丁、対日戦争は（東北においては）中ソ両国で解決する（他の国を参加させないという意味）。

戊、私が訪米することを疑っており（阻止しようとしている）、極力止めさせようとしている。

己、私が訪ソしてスターリンに直接会って話し、さもなければ、〔蔣〕経国に代行させて会うことを企図している。

庚、特に中国との関係は今月のうちに決めるべきであると言っている。この話は明らかに恫喝であり、……今月末に訪米することを防ぎながら、一面では私にソ連と今月のうちに、東北問題を交渉するよう要求している。総じて言えば、国際安全機構はすでに成立し、ソ連は近いうちにおいて、公約を守らねばならず、アメリカのソ連に対する態度も強くなった。ゆえにソ連は我々に対する態度を変えて修好せねばならないのではなかろうか。(61)


要するに、ソ連は宋子文の訪ソの前に、中ソ合作の条件（ヤルタ「密約」）について具体的に相談したいと申し出たこと（甲）、条約の精神は、一九二四年の中ソ条約と同じであること（乙）、共産党問題は中国の内政問題でソ連は干渉しないこと（丙）、東北での戦争にはアメリカを参加させないこと（丁）、スターリンはモスクワで蔣介石と直接話し合うことを望んでおり、できない場合は蔣経国に代行させたいこと（己）、である。これらの内容によって、ソ連が相当慌しくなっていることが確認でき、五月中に中ソ関係を決めるべきであるとさえ言っている。特に東北問題については、今まで「租借」という形が問題になっていたが、一九二四年の中ソ条約を基準とするのであれば、少なくとも形式上の不平等は取り除かれる可能性がある。つまり、ソ連は「租借」という形に拘らないことを中国に示したのではないだろうか。となれば、残る最大の問題は中国側の妥協案、つまりモンゴル問題となる。蔣介石は、中ソ条約を受け入れる国内環境づくりのために、中ソ親善政策を採択しながら、問題を国内に認識させていった。

2　国民党六全大会

戦後を見据えるために、国共両党はそれぞれ重慶（五月五日～二一日）と延安（四月二三日～六月一一日）で党大会を開いた。国民党第六回全国代表大会（六全大会）では、「中ソ親善を実行して抗戦建国という大業に利する案」という文書を採択した。中ソ合作、そして条約を締結する必要性と方法について、次のようにまとめている。

理由

一、ソ連は今回の枢軸を撃破する力であり、今後国際情勢における地位は決定的である。世界の平和にはソ連の連携がなければならず、盟邦の措置にソ連の合作がなければならず、中国が今日の世界で優越した地位を獲得し、東アジアで強固な地位を保持しようとすれば、必ず中ソ親善を実行せねばならない。

二、中国は抗戦の初めに、まずソ連の援助を獲得した。今ソ連は日本に対してすでに条約の廃止を宣言した。日本侵略者を撃破し、世界戦争を終結させるために、極東の平和を打建てるために、中ソ両国は確かにいっそう合作する必要がある。

三、中ソ国境は万里にわたって隣接しており、各民族には両国に跨っている者が多い。中ソ親善関係の樹立は、確かにわれわれの辺疆を安定させ、各民族を団結させる重要な条件である。

四、戦後の中国は建設が必要で、ソ連は三回の五か年計画の成果があり、我々の参考とするには十分であり、いっそうソ連の物資と技術の援助を獲得すべきである。

方法

一、中ソ両国の利益に基づき、そして実際の情況を参考にして、迅速に中ソ両国の一切の懸案を解決する。

二、中ソ軍事同盟の関係を打建て、共同で日本を撃破し、中国のアジアにおける地位を固め、両国の長久な安全を保障する。

三、総理の遺訓を遵守し、民族平等の政策を実行し、辺疆各族に高度の自治権を与える。

四、中ソの戦後の経済合作の条約を相談して決め、ともに両国の経済の繁栄を図る。

五、訪問団体を交換派遣し、両国の文化を交流させ、両国人民の友好を増進する。妥当かどうか、謹んで公決をお願いする。(62)

もう一つ注目すべき点は、六全大会の民族問題に関する方針の規定である。「本党政策政綱案」(63)では、「民族主義」の「現段階の中心的要求は、勝利を加速し、国の基礎を強固にし、辺疆民族を援助して、独立・自由の統一国家を築き、国際的な合作を強化して、世界の平和を維持し擁護する責任を分担することである」とし、「カイロ会議の宣言を実現し、努めて国家の領土・主権および行政の保全を図り、ならびに朝鮮の独立を援助する」(第二項)、「蒙蔵各民族の高度の自治を実現し、ならびに辺疆各族の経済・文化の平衡的な発展を援助して、自由統一の中華民国の基礎を築く」（第六項）とする。大会宣言では「外蒙・西蔵に高度の自治の権利を与える」、としている[64]。このように、「高度の自治」を与えるとしながら、まだ一般的な規定に留まっているのは、明らかにヤルタ「密約」のモンゴルに関する項目がまだ合意しておらず、そしてそれがチベットと連動する問題であると位置づけているからである。また内容は確認できないが、この六全大会決議に基づき、翌六月、蒙蔵委員会は「外蒙自治実施綱要」・「各省区蒙古自治概要草案」を起草しており[65]、準備工作を進めていたのである。

六全大会が終わった直後の五月二二・二三日、蔣介石・王世杰はサンフランシスコ会議参加のため滞米中の宋子文らにハーレーからの情報を知らせ、ソ連の東北・外モンゴルに対する意図を研究すること、また宋子文に速やかに帰国するよう命令した[66]。東北問題については、二六日、宋子文は蔣介石宛の電報で、なるべく引き延ばすこと、また第三国のアメリカに参加させることを考えること、という個人的意見を述べた。また宋は、ソ連参戦の確約を求めるためトルーマンによってモスクワに派遣されたホプキンス（Harry Hopkins）の帰国後、トルーマンは宋にソ連の本当の意図を伝える予定であることを米国務長官から聞いている、と言った[67]。他方、二三日、ハーレー大使はペトロフ大使に対して、アメリカは旅順問題については中国の主権・行政の保全を守る一貫した政策をとると表示した[68]。

四　ヤルタ「密約」をめぐる重慶中ソ交渉（二）

1　蔣介石・ペトロフ会談（1）

しかし蔣介石は早くも、アメリカに期待できずソ連との話し合いは引き延ばせないと判断した[69]。ソ連が新聞で国民党の六全大会と政治・軍事を批判していたからである[70]。六月三日、蔣介石はソ連大使と談話を行なった。蔣介石の話の概略は、次の通りである。中ソ間で解決すべき問題は、日本・朝鮮と中国の東三省問題である。事前に相談したいことは、東三省の領土・主権・行政の保全と行政の独立であり、不平等条約・領事裁判権・租界などは中国人民にとって屈辱である。この点にさえ問題がなければ、東三省の鉄道・商業の港は、ソ連に便宜を提供するし、軍港の需要があれば、ソ連との共同使用も可能である、と。そして「東三省問題は中ソ合作の第二のチャンスである」と言った。これに対して、ペトロフは婉曲的ながら、租借という名義の問題は解決できる可能性を示したと思われる。即ち、「ソ連は中国の独立を援助し、不平等条約を放棄し、かつて一九二四年の『中ソ懸案解決の大綱協定』では、ソ連は中国の独立・自由を勝ち取るための闘争について、精神的・物質的な援助を与えた。私はソ連政府の一貫した中国を友好的に援助する政策は、変更がないと信じている」[71]、と。

六月九日、蔣介石は、旅順問題について、トルーマンと相談するよう宋子文に指示した。即ち、①旅順は国際安全機構に渡して国際海軍の基地としたい。②中・米・ソ共同使用。この二案について、ソ連が依然反対するなら、③少なくとも中ソ共同使用とすること。さらに、米軍の将来朝鮮ないし南満沿岸で上陸する計画の有無をはっきり問いただすこと。もしトルーマンが返答しにくければ、マーシャルとの面談の仲介をお願いしていいかどうかを聞くこと、これは中国の対ソ交渉方針と非常に関係があるからだとしている[72]。アメリカの協力を引き出そうとしたと思われるが、蔣介石は国共談判の再開の方法を検討し、そして六月一〇日、ウェデマイヤーの延安視察を許可したのである。また三人軍事委員会のことで、毛沢東の考えをさらに探るよう決定した[73]。

訪ソしていたホプキンスが帰国した後の六月九日、トルーマンは宋子文に密約の全文を見せた。宋子文は文書を発表しないように求め、特にモンゴル問題については、暫時棚上げするように要求した。理由は「現状」は異なる解釈の可能性があるからだとしている[74]。「異なる解釈」について明示してはいないが、アメリカの解釈とは異なる可能性がある、ということであろう。とすれば、宋子文は独立承認という最悪の事態を強く懸念した可能性が高いように思われる。ソ連の最大の狙いもまさにそれであった。

2　ソ連側の「先決的条件」

重慶では、六月一〇日、ハーレーが蔣介石にソ連が提出した方案と説明を行ない、翌一一日、蔣介石はハーレー・ウェデマイヤーと、ウェデマイヤーが延安に行く際の態度・方針を相談している。(75)同日、ソ連大使は蔣介石との面会を求め、翌六月一二日、蔣介石はペトロフ大使を召見した。ペトロフ大使は口頭で、「中ソ互助条約締結の先決的条件」を伝えたのである。蔣介石が外交部亜西司長卜道明にロシア語でメモさせ、ペトロフにも照合させたものは次の通りである。

一、旅順軍港の租借を回復し、ソ連海軍の根拠地を建設する。
二、大連商港を国際化し、ソ連の該港における優越権を保証する。
三、ソ連と租借港との連携を保障するために、中国東三省の主権の保全を保持するという条件の下で、中ソ合弁会社を組織し、中東鉄道と南満鉄道を共同使用する。
四、モンゴル人民共和国問題に関して、現状を維持すべきである。即ち、モンゴル人民共和国を一つの独立国家とする。
五、サハリン南部、およびそれと接する諸島および千島列島はソ連に帰すべきである。もし主席が上述の基本的条件に同意すれば、ソ連は中ソ友好互助条約の締結の談判をただちに開始したい。(76)

これに対し蔣介石は、旅順問題については、租借という名義を使わず、最大限でも共同使用とするとした。そして二一日に重慶に戻ってくる予定の宋子文と相談してから、再度ペトロフと相談すると回答した。ここでもモンゴル問題に反応がないことに注意すべきである。また旅順についての蔣介石の意図は、一方では「租借」という用語を峻拒し、他方では自主的に共同使用とすることによって、ソ連を安心させることであった(77)。それは同時にソ連に対して、アメリカとは相談しておらず、中国の誠意のある考えだと率直に表明するものでもあった(78)。

ところで、条約の性格について、六月一二日のペトロフ大使は「互助」協定と言っているが、最終的に同盟条約になったのは、宋子文の役割が大きいようである。六月一三日、蔣介石は宋子文に打電して、この点を相談している。蔣介石が、もし中ソが本当に互助協定を締結するなら、最大限でもその同盟者との共同使用の程度を超えてはならない(79)という考えを示したのに対して、宋子文は米政府に友好同盟条約を建議し、また多国間条約締結の可能性を尋ねたとしている。共同対日作戦はアメリカの利益に関係することであり、だから可能性があるということであった(80)。宋子文は形式上でも、アメリカを引き込もうとしていたのである。

六月一五日朝、ハーレーは蔣介石にヤルタ「密約」の備忘録を正式に提出した。注意すべきは、「ソ連政府の了解事項」が付加されていることである。即ち、

一　蔣介石の指導下に統一を促進するために全力を尽くす。

二　蔣の指導は戦後継続されるべきである。

三　統一・安定した中国を望み、中国が統一し、中国の一部として全満州を支配することを望む。

四　中国に対して領土的要求を持たないし、ソ連の軍隊が対日戦に進撃する全域で中国の主権を尊重する。

五　満州における中国行政機関の設置を容易にするために、蔣の代表が在満ソ連軍に同行することを歓迎す

る。

六　アメリカの中国における「門戸開放」政策に同意する。

七　朝鮮を中・英・ソ・米の信託統治下に置くことに同意する。(81)

これらの項目は、アメリカの東アジア政策でもあり、中国に関して言えば、中ソ条約に関するアメリカの「保障」は、蔣介石政権を支持すること（一～三）・東北における中国の領土・主権を尊重すること（四～五）、である。ハーレーが伝えてきた、ソ連が起草した中ソ互助友好協定という草案を見た蔣介石は、次のように記している。「これに対して疑いと不安が同時にやってきた。しかし、気持ちが逆に安定してきた」(82)、と。

3　対ソ交渉方針

宋子文が重慶に戻った後、中国側は対ソ方針全体の検討とまとめに入る。ソ連は明らかに先に重慶で意見交換を行ない、それから宋子文を訪ソさせる方針であるが、宋子文は重慶では討論せず、ソ連に到着してから討論する、と主張した。蔣介石もこの宋子文の考えに賛成した。(83)

宋子文がホプキンスから聞いた話を報告したことにより、蔣介石には中ソ交渉に介入しないアメリカの姿勢がいっそうはっきりし、同時にハーレー大使は、ローズヴェルトはソ連の要求にすでに完全に賛成だと明言していた、という米政府の返電を伝えてきた。これに対して、蔣介石は、ソ連は第三国の参加を希望していないことは「当然のことであるが、しかし私はアメリカに対してこの手続きをとらねばならない」としている。(84)蔣介石は六月二三日、日記の「先週反省録」において、次のように記している。

一、ソ連がわれわれに希望している条件、アメリカの極東政策、およびソ連のわれわれの東北問題に対する主張は、完全に明らかになったと言えよう。

一、対ソ方針の研究が終わり、決心が決まったからには、鉄道の交渉は緩めることができるが、しかし旅順の租借は必ず峻拒せねばならず、共同使用に達し、行政主権を失わない、という方針に達するようにすること。

一、宋子文には、第三国、あるいは国際関係をもってソ連と交渉してはならず、中ソ両国が自主的に解決し、ソ連に誤解させないように、と命令した。(85)

ここでもモンゴル問題にまったく触れていないが、国民政府はモンゴル問題について、どのように考えていたのであろうか。今までの議論では、ベストは棚上げであり、あるいは具体性を欠く「高度の自治」の承認という妥協案があったが、これらが簡単にソ連の条件づけを満足させられるものではないことは、改めて強調するまでもない。これに関して、立法院院長孫科はモンゴル問題は提出せざるをえないとし、モンゴルを連邦の一国とする案を出した。即ち、中国を連邦国として、モンゴルをその一国とし、中央政府とは形式上会議で連携するが、その政治は全てその自主に帰するようにする、というのである。(86)二三日の呉鼎昌・熊式輝との話し合い、さらに二四日の呉鼎昌との話し合いを経て、蔣介石は同二四日、交渉方針十か条を起草した。要点は次の通り。

甲、旧日の遼東半島を租借地の範囲としてはならない。

乙、行政権が利を失わなければ、技術人員はソ連人の助理を招聘してよい。

丙、中共問題は必ず明白に提出しなければならない。もしその軍・政権を返還したら、政府への参加を許可してもよい。さもなければ反乱の軍隊と見なすべきで、いかなる方面においても支援しない。

丁、新疆問題もまた提出する必要がある。伊寧・イリについてはソ連は反乱部隊にさらに武器の支援をしてはならず、そうすれば新疆の経済はソ連と完全に合作できる。

戊、東北の鉄道。ソ連が兵隊を運ぶ時は必ず先に相談して決めるべきであり、しかも途中下車して滞在してはならない。

己、必ず帝政時代に定めたすでに期限切れの条約（しかも効力を失った）とその精神をなくして、一九二四年の北京新約に基づいて新約を協商する。

庚、外モンゴルは高度の自治を与え、中国の宗主権のもとで自治政府を成立させてよい。その権限はソ連憲法で規定されている各ソヴィエト〔共和国〕の権限と同じでよい[87]。


以上の内、まず条約の精神について、一九二四年の中ソ条約とすること（己）については、五月一二日、六月三日のソ連大使も主張しているので、争点にならないはずである。注目すべき点は、共産党問題（丙）・新疆問題（丁）を提出せねばならないとしていることであろう。特に新疆問題はソ連側条件にないものである。また逆に言えば、これまで中ソ間での意見交換はもっぱら東北問題に限るものであったことが、再確認できよう。

そして何よりも、注目すべきは、モンゴルに関する項目（庚）である。即ち、中国が宗主権を持つという前提のもとで、外モンゴルにソ連憲法で規定されている各ソヴィエト共和国の権限に相当する「高度の自治」を与えるというプランを出している。東北・新疆・共産党問題で妥協を迫り、代わりにモンゴル問題で妥協しようとする姿勢がいっそうはっきりしている。蔣介石はソ連の要求が東北とモンゴルであり、新疆と共産党はソ連の対中交渉のカードである可能性を十分に認識できたはずだからである。六月二六日午前、蔣介石は対ソ交渉方針に修正を行ない、下記の九項目となったが、これは取引材料としてのモンゴルをいっそう明確にするものであろう。

一、ソ連の対日参戦後の軍事上の便宜のために、旅順軍港は中国がソ連との共同使用を許可する。ただし主権と行政は必ず中国に帰さなければならず、軍港の技術と管理方法については別に定める。軍港の範囲は古い軍港を限度とし、附属地があってはならない。即ち、昔の所謂遼東半島の連金州・復州などの地方が中に含まれることは決してできない。

二、大連の商港は、中国は開いて自由港としたい。一切の規定は普通の自由港の例に倣って施行する。ただし行政は自ら中国の独立自主によらねばならない。

三、中東鉄道および大連・旅順に至る南満鉄道は、中国はソ連と会社を組織することを許可し、資金と株権は別に定める。ソ連が中東鉄道を日本に売って得た資金は、中国の所有に帰すべきである。ソ連は戦時において、中東・南満両鉄道で、満州里からハルビン経由でウラジオストックと旅順港まで、軍隊を輸送することができるが、途中に滞在してはならない。また、この二つの鉄道は鉄道の業務の他に、附属およびその他のいわゆる採掘権という特権をもってはならず、この二つの鉄道の全部の主権と土地は全て中国に帰属する。会社の営業期限および中国に還す年限については、また明確な規定がなければならない。中東と南満の両幹線鉄道の他に、その他の満州域内の各支線鉄道は全て中国の所有に帰する。

四、民国一三年以前に中国と帝政ロシアが締結した東三省に関する一切の条約は、ソ連の宣言に照らして一律排除すべきであり、民国一三年の北京条約の精神に照らして新たに新条約を締結する。

五、外モンゴル地方は、中国はそれを自治領として中国の宗主権の下にあり、自治政府を樹立することを許可したい。その権限は、ソ連の憲法で規定されている各ソヴィエト〔共和国〕の権限と同じでよい。即ち、軍事・外交の自主権を与えることである。

六、中国は新疆省において、ソ連と経済上さらに密接な合作を図るが、しかし新疆各民族の待遇の問題に対しては、自分で解決を求めるべきで、新疆の西北部で叛乱が頻発していることについては、その地区は全てソ連の辺境と連接しており、しかもソ連域内の民族と関係があり、以前の協定に基づき、中ソ国境の沿辺の匪賊は共同で討伐し、双方は相手側の反乱者を収容してはならないことを約束すべきで、さらに武器と弾薬を売ってはならない。伊寧・イリおよびアルタイ各区のすでに叛乱部隊に占領された区域は、中ソ国境の交通および両国辺境の安寧に利するために、必ず中国が回復しなければならない。

七、中国は国家の統一を求めるために、全国の軍令・政令を必ず徹底的に統一せねばならず、武力を持つ政党——共産党に、政党という名義を借りて、武力割拠を掩護し、国家の統一と抗戦の勝利を妨害させない。ソ連は中国の統一を希望するために、今日なお武力割拠して中国の統一を妨害している中国共産党に対して、いかなる国際世論上、政治上、物質上の支持もせず、また中共に武力を中央に帰し、統一指揮して、対日戦争に有利にするよう、手立てを講じて勧告するよう願う（たとえば、ソ連の各新聞・雑誌は中共のために宣伝をして我々の中央を攻撃しており、延安に直接顧問あるいは助理員を派遣するようなことは、一律に停止すべきである）。

八、中国政府は民主憲政を実現することを決定する。およそ法律に依拠する政党は等しく一律に平等の待遇を与えるべきで、これによって中共がひとたび武力を還し、軍令・政令が政府の統一に帰した時には、政府は必ず中共に一般政党と同等の待遇を与え、決して差別はしない。

九、交渉の注意・精神と態度

甲、中ソ双方が互いに友好の面から始めさえすれば、外交形式を超えて、率直な政治協商となる。

乙、今後、両国は国際的ないかなる場合においても密接に合作し、政治上の発言は相互に尊重すべきである。

丙、今後、両国の国境は防衛を設置しなくてよい。

丁、今後、両国の経済はさらに密接な互助になってよい。

戊、ソ連軍は東三省においては対日戦争が終結する、即ち日本が降伏条約を締結した日から、三か月から半年以内に撤退を完了すべきである。

己、ソ連が対日参戦する時に、中ソ両国は連合参謀団を組織し、共同作戦の計画を協商するか、あるいは中国が参謀団を派遣してソ連軍司令部に駐在させて、連絡に資するようにする。

庚、中国政府は連合政府に改組することはできないが、もし中共が軍令・政令を中央の統一に帰した時には、政府は将来中共党員に部長・会長あるいは委員の職を委ねる。(88)

4　蔣介石・ペトロフ会談（2）

同日、蔣介石は「ソ連人の態度の変化は無常である」としながら、下記の方針を示すべきだとして、ペトロフ大使を召見した。

甲、アメリカが備忘録の全文を転送してきたことを告げ、アメリカ大統領はソ連の条件に同意することを声明しており、宋子文に七月一日以前にソ連の首都に行ってスターリンと直接相談するよう催促している、と明白に告げること。

乙、本案は範囲が広く、しかも時間が差し迫っているので、重慶でゆっくりと相談できず、必ずソ連の首都に行かなければ解決できないこと。

丙、およそ中国に関する条件は、必ず中国自身で決定しなければならず、その他のいかなる国家も我々に代わって決めることができないこと。

丁、中国の今後のいかなる対外条約の中にも、租借地と特権という字句があってはならないこと。

戊、もしソ連がどうしても先に旅順の租借を許さなければソ連に行く必要はないという態度をとれば、交渉を拒否した責任はソ連にあること。(89)


蔣介石は、予定通り、まずアメリカの備忘録を見せたうえ、旅順について「租借」という名義を使ってはならないと強調した。ペトロフが旅順以外の項目については、ソ連側と大きな出入りはないということかと確認すると、蔣介石は次のように語った。

外モンゴル問題に関しては、ソ連は一九二四年に条約の中で、外モンゴルの領土と主権は中国に属すべきものであると承認していた。われわれは決して清朝時代のように武力的な政策で外モンゴルを圧制しない。私の外モンゴル問題を解決する方針は、外モンゴルに高度の自治を与えることである。即ち、外交・軍事は全て独立してよいが、宗主権は中国に属すべきである。しかし、これは将来のことであり、現在、外モンゴル問題については最もよいのは提出しないことである。同時にソ連の誤解を招くことを避けるために、一九二四年の中ソ条約も提出しない。同時に、外モンゴル問題はチベット問題と相互に連関する関係があるので、目下外モンゴル問題について最もよいのは提出しないことである。(90)

また同日の蔣介石日記では、次のように記述している。

外モンゴルは中国を離脱してはならず、中国もまたその宗主権を放棄してはならない。さもなければ、中ソ両国の将来の紛争の悪因となってしまう。しかし、われわれの中央政府は外モンゴルに高度の自治を与えることができる、と明確に告げる。[91]

モンゴルの独立、即ち、「中国からの離脱」は認めないが、モンゴルに対する宗主権を持つという前提で、モンゴルに高度の自治を与えることを主張する、と。

重慶交渉で、争点は旅順問題・モンゴル問題の二つであることが明らかとなった。前者について、ソ連が軍港として「租借」することを要求するのに対して、蔣介石は断固として「租借」という名義を使わない方針であった。列強との不平等条約をようやく撤廃した蔣介石にとって、新たな不平等条約を結んだことになる「租借」は、絶対に認められなかったことがわかる。他方、モンゴルについて、ソ連がはっきりと独立を要求すると主張したのに対して、蔣介石はそれを十分知っていながら、中国はモンゴルに対する宗主権を主張し、そして具体的には「高度の自治を与える」という案を出してみた。最大の争点は明らかにモンゴルであることは、双方にとっては暗黙の了解であったはずで、蔣介石も最悪の事態への対処をずっと考えていたはずである。

五　モスクワ交渉における中国の最大の政策決定

重慶の中ソ交渉で残った二つの争点が、モスクワではすぐ議題となった。[92] スターリンは旅順問題では譲歩するが、モンゴルの独立を堅持するということについては、中国が譲歩しなければ協定は成立できないと宋子文に迫り、結局、蔣介石はモンゴルの独立を認めざるをえなかった。しかし、強調せねばならないことは、それはソ連との取引条件であったことである。それに至る政策決定の過程は、従来の研究では非常に不十分であるので、以下では蔣介石の日記を中心に明らかにする。

中ソの本格的な談判は七月二日の第二回会談から始まる。この時、ソ連はモンゴルの独立を堅持し、会談が難航した。宋子文は中国の方針は棚上げであり、中国政府は人民に対して領土の保全を主張しているし、現実的な問題としてチベット問題への影響を避けたい、と理解を求めた。スターリンは、外モンゴルはソ連の極東の国防において重要な戦略的な位置を占めているので、モンゴルの独立を堅持し、ソ連は旅順問題で譲歩したから中国はモンゴル問題で譲歩しなければならない、と主張した。(93) 以下は当日の会談に関する宋子文から蔣介石宛の電報である。

外モンゴルの件でさらに以下のように補充する。（1）スターリンはソ連が旅順の租借の件で譲歩するので、中国もまた外モンゴルの件で譲歩することを望んでいる。外モンゴルが独立すれば、ソ連の軍隊は外モンゴルを通して日本を制御することができる。（2）外モンゴルには物産がない。（3）外モンゴルでは若干の人々が内モンゴルと結んでモンゴル人区域を結成しようとしており、中国の北部にとって脅威となるかもしれない、などと。第三点はわざと脅かしているようである。今日、ハリマンに会って話をした。ハリマンが言うには、（1）ローズヴェルト大統領はいままで外モンゴル問題を考えたことがなく、ただ中国が内政のために外モンゴルの独立を承認できないことを知らなかっただけだ。……。(94)

蔣介石は七月五日の日記では、外モンゴルの独立について、「主義と道義においてはともに問題ない。しかし今日のソ連の要求は外モンゴルの真の独立ではないことである」としている。同日の午後、蔣介石は戴季陶と対ソ交渉方針を相談しているが、モンゴル問題が中心であったに違いない。そしてその日、蔣介石は中ソ交渉における中国の最大の政策決定を決心した。即ち、東北・新疆・中共問題の交換条件として、外モンゴルは戦後において投票でその独立問題を解決すること、ということである。当日の日記の記述が最も詳しいので、以下に引用する。

宋子文の冬亥〔七月五日〕の報告電報を受け取り、スターリンは外モンゴルに対して独立という要求を堅持しており、さもなければ、協定は成立しようもないという表示があったことを知った。ソ連の外モンゴルに対する要求は必ず獲得するということであり、いかなる高度の自治あるいは駐兵を許可する方式でもその欲望を満足させることはできないことを、私は再三考慮した。もし求めたものが許されなければ、東北と新疆の各種の行政の保全は交渉しようもなく、共産党問題はさらに解決が難しくなるものである。しかも、外モンゴルは事実上すでにソ連に占有されており、虚名のために実際の災いを受けることになったら、決して国のために図る道ではない。もし苦痛を忍んで、外モンゴルという不毛の土地を犠牲にすることによって、東北と新疆さらには全国の統一と交換できるとしたら。しかも、統一の方略は絶対にこうでなければならない。そこで、外モンゴルは戦後において投票でその独立問題を解決することを許し、東北・新疆と中共問題を交換条件とすることをソ連と相談することを決心したのである。(95)

翌七月六日、蔣介石は党政軍幹部会議を招集して、上述した対ソ交渉方針を相談した。陳立夫・陳誠らからは、モンゴルの独立を承認したら東北・新疆もソ連の支配下に入る恐れがあるという反対意見もあったが、最終的には蔣介石の提案によって、中国が自主的にモンゴルは戦後において独立するという方案を提出することを決定したのである(96)。

七月七日、蔣介石は宋子文に二通の電報を送り、中国の最大の政治的決断を指示した。蔣介石は当日、日記の「先週反省録」において、この間の政策決定の内容と理由を次のように記述している。

対ソ交渉。ソ連は外モンゴルの独立の要求を堅持しているので、私は東三省・新疆の領土・主権および行政の保全、さらにはもはや中共を支援してはならないことを要求することを条件としたのである。

陳立夫・〔陳〕辞修〔陳誠〕らは、外モンゴルがソ連の掌中に入ってしまったら、東北と新疆はすべてその懐に入ってしまうことを憂慮した。私は東北と新疆の主権と行政の保全さえできれば、外モンゴルの情勢は依然中国が支配することになると思う。しかも事実、すでにソ連に占領されており、またこれをその東方の命綱とみなしており、どうしても獲ろうとしている。故に、外モンゴルの独立を許可するが、しかし必ず戦後になってからその実施を許可すると決心した。

ハーレーはこの決定は実に偉大で開明的な政治家によるものである、と言った。しかも国際的には必ず私への同情が増えるので、もしソ連が我々の要求を許さないのであれば、決裂の責任はすべてソ連にあることになる。これがわが国の政策における最大の決定であり、深思熟慮してほとんど寝食を忘れていた(97)。

おわりに

以上、前後の時期にも視野を広げながら、ヤルタ「密約」をめぐる重慶中ソ交渉の過程を重点的に取り上げてきた。ここでは得られた知見の要点を若干整理しながら、今後の課題を提示しておきたい。

第一に、ソ連の極東、特に中国政策はすでに早いうちに動いていたことである。アルタイ事件をめぐるソ連の政策から、その戦略性がかなりうかがえる。今後、課題に掲げたクルジャ事件をめぐる中ソ交渉をこの視点で検討すれば、本研究をさらに充足させることができるだけではなく、中ソ関係における中国辺疆の位置づけがいっそう明らかとなろう。まだ不十分であるが、ヤルタ「密約」締結後からモスクワ中ソ交渉までのソ連の動きを少しでも把握できたことも成果であろう。この点は、今後のロシア側史料の公開によって、さらに検証し補足していかねばならない。

第二に、米ソ合作という第二次世界大戦末期の国際政治に強く拘束された中国の対ソ政策について、「弱国無外交」という先入観にとらわれずに、中国の主体的な動きに着目することによって、見えてきたことである。国力など客観的な環境においてソ連との差が歴然としており、ヤルタ「密約」があり、国連が成立したとはいえ、ソ連の共産党支援、東北占領など不測の事態への強い恐れを抱きながらも、蔣介石率いる国民政府はぎりぎりの所まで中国の利益を守るために対策を講じていたが、その戦略の特徴は主体性である。アメリカによるソ連の牽制がほとんど期待できない中、ソ連の意図・アメリカの態度を把握しながら、主体性を持って行動することによって、中国の立場を少しでも強めようとしていたのであり、その際、対米主体性も決してなかったわけではないことである。この点を強調しておきたいのは、「弱国」は、外交の舞台においてあまり主体性を持ちえないという先入観を克服しなければならないと考えるからである。

第三に、国民政府の対ソ外交全体において、モンゴル問題は早い時点から取引材料として位置づけられていたという新たな見解を提示したことである。ただ、独立承認の時期を含めモンゴル問題は、その後の中ソ交渉においても重要であり、この研究での視点によって新たに検討しなおすことも今後の課題である。

（1）石井明『中ソ関係史の研究　一九四五～一九五〇』東京大学出版会、一九九〇年、四頁。横手慎二「スターリンの日本認識―一九四五年」（『法学研究』七五巻五号、二〇〇二年）。ロイ・メドヴェジェフ著（佐々木洋対談・評注、海野幸男訳）『スターリンと日本』現代思潮新社、二〇〇七年。Max Beloff, *Soviet Policy in the Far East, 1944-1951* (London: Oxford University Press, 1953). 邦訳、石川忠雄・小谷秀次郎訳『ソヴィエトのアジア政策』日本外政学会、一九五七年。オーフノイ・バトサイハン（橘誠訳）「モンゴル独立とИ・スターリン」（『早稲田大学モンゴル学研究所紀要』第三号、二〇〇六年三月）。Christopher P. Atwood, "Sino-Soviet Diplomacy and the Second Partition of Mongolia, 1945-1946," Stephen Kotkin and Bruce A. Elleman ed., *Mongolia in the Twentieth Century: Landlocked Cosmopolitan*, M. E. Sharpe, 1999.

（2）拙稿「第二次世界大戦末期の中ソ関係―アルタイ事件をめぐる中ソ交渉を中心に」（中央大学人文科学研究所『民国後期中国国民党政権の研究』中央大学出版部、二〇〇五年）。なお、中国をめぐる国際関係については、西村成雄編『中国外交と国連の成立』（法律文化社、二〇〇四年）を参照。

（3）前掲、拙稿。

（4）陳立文氏はこの点を若干意識しているが、正面から扱っておらず、またソ連の国民政府へのアプローチについては視野にない（陳立文『宋子文与戦時外交』第五章「折衝中、米、蘇之間」台北、国史館、一九九〇年）。香島明雄氏は中ソの直接交渉について、一九四五年六月一二日のペトロフ大使による蔣介石への条件提出を起点だとしている（香島明雄『中ソ外交史の研究　一九三七～一九四六』世界思想社、一九九〇年）。なお、アメリカの関わりについては、山極

晃「ヤルタ協定と中ソ友好同盟条約」上・中・下、『共産主義と国際政治』第七巻第一号（一九八二年四～六月）、同第三号（一九八二年一〇月～一二月）、同第四号（一九八三年一～三月）、日本国際問題研究所。呉景平「美国与一九四五年的中蘇会談」『歴史研究』北京、一九九〇年、第一期。

（5）石井明「第二次世界大戦終結期の中ソ関係—旅順・大連問題を中心に」（江夏由樹・中見立夫・西村成雄・山本有造編『近代中国東北地域史研究の新視角』山川出版社、二〇〇五年）。

（6）主なものは次の通り。『蔣介石日記』米スタンフォード大学フーバー研究所所蔵。T. V. Soong Archive, Box 58, Folder 2, 米スタンフォード大学フーバー研究所所蔵（以下、宋子文檔案、と略記）。『蔣中正総統檔案—事略稿本』台北・国史館所蔵（以下、『事略稿本』と略記）。Русско-китайские отношения в XX веке. Т. IV: Советско-китайские отношения. 1937-1945 гг. (РКО в XX Т. IV), Кн. 1, М., 2000. Русско-китайские отношения в XX веке. Т. IV: Советско-китайские отношения. 1937-1945 гг. (РКО в XX Т. IV), Кн. 2, М., 2000.

（7）ほとんどの研究がそうであるので、詳細を省く。

（8）前掲論文の他、下記の拙稿もある。「国民政府の対ソ認識—北塔山事件への対処を通して」（姫田光義編著『戦後中国国民政府史の研究　一九四五～一九四九』中央大学出版部、二〇〇一年）。「国民政府対蘇政策与北塔山事件」（中国社会科学院近代史研究所編『民国人物与民国政治』社会科学文献出版社、二〇〇九年）。なお、今日においてもさまざまな示唆に富む坂本是忠氏の研究について、『辺疆をめぐる中ソ関係史』（アジア経済研究所、一九七四年）の他、英修道・入江啓四郎監修『中国をめぐる国境紛争』（巌南堂書店、一九六七年）所収の氏の諸論考も参照されたい。

（9）薛衛天『中蘇関係史　一九四五～一九四九年』四川人民出版社、一九一頁。同「試論民族因素対蘇聯調停三区革命的影響」（『中共党史研究』二〇〇三年、第一期、七四頁。

（10）注2の拙稿。

（11）牛軍『従赫爾利到馬歇爾—美国調処国共矛盾始末』（福建人民出版社、一九九二年）を参照。楊奎松『国民党的「聯共」与「反共」』社会科学文献出版社、二〇〇八年。

（12）『事略稿本』一九四四六月二四日。

(13) 注2の拙稿。
(14) 宋子文檔案。
(15) 同右。
(16) 同右。
(17) 同右。
(18) Department of state, *Foreign Relations of the United States*（以下、このシリーズを*FRUS*と略記）, *The Conference at Malta and Yalta' 1945*, Washington, D. C., 1955, pp. 378-379.
(19) РКО в ХХ Т. IV, Кн. 2, No. 598.
(20) この過程については、別稿に譲る。ソ連側史料の欠如によって、クルジャ事件へのソ連の関与や意図について未だに定説はないが、後の展開からして、この時点では経済的関心よりも、来る中ソ交渉において新疆を中国に対するカードとする方により大きな意図があったと見られる。沈志華氏は、新疆はソ連の対ソ交渉のコマであるという説である（「中蘇結盟与蘇連対新疆政策的変化（一九四四～一九五〇）」『近代史研究』、一九九三年第三期）。毛里和子「辺境からみた地域・民族・国家」（中見立夫編『境界を超えて—東アジアの周縁から』山川出版社、二〇〇二年）での紹介なども参照されたい。
(21) РКО в ХХ Т. IV, Кн. 1, No. 597.
(22) 『蔣介石日記』、一九四五年二月一日。
(23) *FRUS, 1945, Vol.7*, pp. 851-852.
(24) РКО в ХХ Т. IV, Кн. 2, No. 604. РКО в ХХ Т. IV, Кн. 2, No. 605. 宋子文档案。
(25) *FRUS, 1945, Vol.7*, pp. 852-853.
(26) 中央研究院近代史研究所『王世杰日記（手稿本）』第五冊、一九四五年二月六日。
(27) *FRUS, The Conference at Malta and Yalta, 1945*, Washington, D. C., 1955, p.567.
(28) *FRUS, op. cit.*, pp. 894-895.

(29) *FRUS, op. cit.*, p. 896.

(30) なお、全ての「should be」が「shall be」に書き直された。FRUS, op. cit., p. 984.

(31) *FRUS, op. cit.*, pp. 356-357.

(32) *FRUS, Vol.7*, pp. 853-855.

(33) 『蔣介石日記』一九四五二月一三日（以下、特に断らない限り、全て一九四五年）。

(34) 『蔣介石日記』二月一四日。

(35) 『事略稿本』二月二一日。宋子文檔案、二月一九、二〇日。

(36) 『事略稿本』二月二一日。

(37) 『事略稿本』二月二一日。

(38) 『蔣介石日記』二月二一日。

(39) 『中華民国重要史料初編—対日抗戦時期』第三編『戦時外交』(二)（以下、『戦時外交』と略記）、中国国民党中央党史委員会、一九八一年、五三九—五四〇頁。

(40) 『蔣介石日記』二月二〇日。

(41) 『蔣介石日記』二月二一日。

(42) 『蔣介石日記』二月二一日。

(43) 『蔣介石日記』二月一八日。

(44) РКО в ХХ Т. IV, Кн. 2, No. 610. 『蔣介石日記』二月二六日。

(45) 『蔣介石日記』一九四五年「雑録」二月二六日。『蔣介石日記』三月五日。

(46) РКО в ХХ Т. IV, Кн. 2, No. 611.

(47) 『蔣中正総統檔案—領袖特交文電専案整理　俄帝陰謀部分編案紀要初稿及参考資料　壱　雅爾塔密約与中蘇協定』台北、国史館所蔵。

(48) 『蔣介石日記』三月一六日。

(49)『蔣蒋介石日記』三月一八日。
(50)『蔣介石日記』三月一七日。
(51)『事略稿本』四月三日。
(52)『蔣介石日記』四月六日。
(53)『蔣介石日記』四月一三、一六日。
(54)『蔣介石日記』四月一七日。
(55)『蔣介石日記』四月二九日。
(56)『王世杰日記』四月三〇日。
(57)『蔣介石日記』四月三〇日。
(58)『蔣介石日記』五月「今月大事予定表」。
(59)『蔣介石日記』によると、ソ連大使館ア秘書が蔣経国と密接に接触していたようである。なお、このア秘書は在中ソ連大使館第一書記官N・アナニエフのことと思われる。
(60)『蔣介石日記』五月一日。
(61)『蔣介石日記』五月一二日。
(62)国防最高委員会档案、国防〇〇三―三二〇四（付一―二）改善中蘇邦交以固東亜大局案（一九四五年八月）（付一：擬請展開中蘇邦交以固東亜大局以利世界和平案、付二：実行中蘇親善以利抗戦大業案）、台北、党史館所蔵。五月一六日、蔣経国がペトロフ大使に対して、五月一四日の孫文記念例会における蔣介石発言では、中ソ間の友好関係を強調したこと、ソ連が対日参戦したら満州と朝鮮を占領し満州を中国に返すことを拒否し、朝鮮の独立を拒否することになる、という社会と政府内部に存在する見方を批判したことを紹介した。また五月二〇日に、蔣介石はペトロフと非公式の会談を行なう予定であると伝えたという（РКО в XX Т. IV, Кн. 2, No. 632）。
(63)『中国国民党党章政綱集』（『革命文献』第七〇集、増訂本）、五九五頁。
(64)『中央対蒙蔵重要政策彙編』蒙蔵委員会編印、一九五六年、三七頁。

(65) 烏蘭少布「中国国民党対蒙政策（一九二八～一九四九年）」『内蒙古近代史論叢』第三輯、内蒙古大学出版社、一九八七年、二一九六頁。
(66)『蔣介石日記』五月二二、二三日。『王世杰日記』、五月二四日。宋子文檔案。
(67) 宋子文檔案。
(68)『蔣介石日記』五月二四日。
(69)『蔣介石日記』六月一日。
(70)『蔣介石日記』六月七日。
(71)『事略稿本』一九四五年六月三日。
(72)『事略稿本』六月九日。
(73)『蔣介石日記』六月一〇日。
(74) 六月九日、宋子文とトルーマン大統領・リーヒー・代理国務長官グルーと会談（『戦時外交』、五五五～五五七頁）。六月一一日、宋子文とグルーと会談（*FRUS, Vol. 7*, pp. 898-900）。
(75)『蔣介石日記』六月一一、一二日。
(76)『事略稿本』六月一二日。
(77)『蔣介石日記』六月九日、「今週予定工作科目」。
(78)『蔣介石日記』六月一二、一四日。
(79)『戦時外交』五六二～五六三頁。
(80)『戦時外交』五六四頁。
(81)『事略稿本』六月一五日。
(82)『蔣介石日記』六月一七日、「先週反省録」。
(83)『蔣介石日記』六月二一日。
(84)『蔣介石日記』六月二三日。

(85)『蔣介石日記』六月二三日。
(86)『蔣介石日記』六月二一日。
(87)『蔣介石日記』六月二四日。
(88)『事略稿本』六月二六日。
(89)『蔣介石日記』六月二六日。
(90)『事略稿本』六月二六日。
(91)『蔣介石日記』六月二六日。
(92)談判記録を参照（『事略稿本』七月三日。『戦時外交』五七六～五九〇頁。PKO в XX T. IV, Кн. 2, No. 657.
(93)『戦時外交』五九一頁。
(94)『事略稿本』七月三日。
(95)『蔣介石日記』七月五日。
(96)『蔣介石日記』七月六日。
(97)『蔣介石日記』七月七日。

付記　本章は、京都産業大学平成二一年度総合研究支援による研究成果の一部である。

第四章　戦後国共内戦起因考

斎藤道彦

はじめに

中国国民党（以下、国民党と略称）と中国共産党（以下、中共と略称）は、日中戦争中にも部分的な軍事衝突を行なっていたが、一九四五年八月、日本という共通の敵が消滅すると対立が急速に拡大し、まもなく全面戦争を行なうに至った。しかし、一九四五～一九四九年内戦についての双方の言い分は異なり、国民党は中共が攻撃を加えてきたと主張し、中共は国民党が攻撃を加えてきたと主張している。日中戦争中は連合したとはいえ、元々双方はお互いに相手を不倶戴天の敵と見なしていた。国民党側は、戦後も日中戦争中同様に中共・中共軍を国民政府の下に置いておこうとしたと見られるが、中共側は国民党を打倒して革命を達成するという意思を放棄したことはなかった。

日本では、これまで中国革命史・中国共産党史の影響が強かったので、一九四五～一九四九年の国共内戦過程については、おおむね中共側の「第三次国内革命戦争」論に基づいて、国民党側が解放区に攻撃を加えたため発生したと受けとめられてきた。

中共側からの国民革命軍（以下、国革軍と略称）に関する研究書であり戦史でもある寧凌・慶山編著『国民党治軍檔案』（中共党史出版社、二〇〇三年三月。以下、『治軍』と略称）は、「全面内戦時期（一九四五〜一九四九）」について次のように述べている。

抗日戦争勝利後、中国共産党指導下の人民革命の力量は空前の発展をとげ、全国の人民も平和民主建国を切望したが、国民党蒋介石統治集団はアメリカの援助の下で、軍を派遣し、反共反人民の反革命内戦の準備を進めた。一九四五年八月から一九四六年六月まで、国民党蒋介石は一方で中共と平和的交渉をしながら、一方で日本軍の投降受理の名目で軍を集中し、共産党八路軍の解放区に進攻した。中国共産党指導下の八路軍は奮起して国民党の軍事進攻に反撃し、国内平和をかちとった。一九四六年六月、国民党蒋介石は中原解放区に進攻するよう命令し、全国内戦は全面的に爆発した。一九四九年一〇月、毛沢東は天安門城楼上で中華人民共和国の成立を宣言した。全面内戦は三年余にわたって続き、国民党軍は人民解放軍によって八〇七万余人が殲滅された。そのうち捕虜四五八万余人、死傷者一七一万余人、投降六三万人、起義（寝返り）および人民解放軍への改編を受け入れた者一一三万余人だった。（五〇五頁）

日中戦争終了後の国共内戦、中共側の名称で「第三次国内革命戦争」は、中共の言うように蒋介石が解放区の消滅を目指して攻撃をしかけたことによって起こったものなのか、それとも中共側の攻撃に求められるべきなのか、あるいは双方が同時に他方を攻撃することによって始まったものであったのだろうか。

国共内戦には、アメリカ・ソ連との国際関係が深く関わっているので、その政治過程についても視野におさめなければなるまい。第二次世界大戦終了後、米ソはすでに対立を開始していたが、国民政府・アメリカはかなら(1)

ずしも一体ではなく、また反共一本槍でもなかった。ソ連と中共の関係も一体とは言えない。それぞれが自己の政治目的と利益を追求しており、国民政府は対中共政策・対米政策・対ソ政策を、中共は対国民政府政策・対米政策・対ソ政策を、アメリカは対国民政府政策・対中共政策・対ソ政策を、そしてソ連も対国民政府政策・対米政策・対中共政策を、それぞれ関連性においてとらえ、利害を調整していたのだった。

国民党側の主張であれ、中共側の主張であれ、双方の資料の突き合わせなどよって事実確定ができるもの以外は、それぞれの主張として相対化して位置づけられるべきことは言うまでもない。

一　日中戦争の終結と米ソ

国民党と中共は、日中戦争開始以前は中共によるソヴェート革命戦争と国民党による囲剿戦という血で血を洗う軍事抗争を行なっていたが、一九三六年一二月の西安事変、一九三七年七月の日中戦争開始をうけ、同年九月、中共軍が国民党・国民政府の下に国革軍に編入され、一九四五年の日中戦争終了まで基本的に協力関係にあった。その間、一九四〇年九月二三日、日独伊三国同盟が締結され、一九四一年四月一三日、日ソ中立条約が締結され、日本軍は同年一二月八日、ハワイの真珠湾を攻撃し、対米太平洋戦争を開始するとともに、同時にマレー半島に上陸して、東南アジアから南アジアへ向かう戦線を拡大し、連合軍との抗争が開始された。

日本による対米宣戦布告は、順調に送達されず、真珠湾攻撃の少し後に伝えられたという。アメリカは一二月八日（ワシントン現地時間）、対日宣戦布告を決定し、それをうけて中華民国政府は一二月九日、初めて日本に対する宣戦布告を決定した。(2) 一九四一年の東アジア太平洋戦争開始以前には、ソ連のみが国民政府に対して軍事支援を行なっていたが、(3) 東アジア太平洋戦争開始以後はアメリカも軍事支援を行なうようになった。中華民国は、東アジア太平洋戦争の開始によって対日戦争を連合国と協同で行なうことが可能となった。翌一九四二年一月二日、蔣介石は連合軍中国戦区総司令官に就任した。国民政府は一九四三年、新疆を統治下に置き、ソ連と緊張関係に入った（張玉法四三〇頁）。

一九四四年、国民政府主席・連合軍中国戦区総司令官蔣介石は、中国・ビルマ・インド戦場の統帥権をめぐり連合軍中国戦区参謀長ジョセフ・W・スティルウェルと衝突し、アメリカは国革軍の戦闘力に不信を表明した。ソ連は、中共の力がまだ不十分であることから、国民政府を通じて中国における権益を追求するとともに、国民政府がアメリカ一辺倒とならないようにすることをねらい、国民政府は中共の急速な発展、ソ連の中国への介入を警戒し、中ソの交渉が行なわれた（張玉法四三〇～四三一頁）。

米英ソ三国は一九四五年二月一一日、ヤルタ協定でソ連の対日参戦を決定した。ソ連は四月五日、日ソ中立条約不延長を日本に通告した。イタリアは一九四三年九月八日、ドイツは一九四五年五月七日、連合国に降伏した。連合国は七月二六日、ポツダム宣言を発し、日本に無条件降伏を迫った。日本は八月一〇日、連合国に対し、降伏の照会文書を発し、八月一四日、ポツダム宣言を受諾し、八月一五日、昭和天皇の「玉音放送」で敗戦を国民に告げた。連合軍に対する日本の降伏調印式は一九四五年九月二日九時、東京湾に停泊した米艦ミズーリにおいて行なわれた。

１　「中ソ友好同盟条約」

ソ連と国民政府は、日本がポツダム宣言を受諾した同年八月一四日、モスクワで「中ソ友好同盟条約」を締結・署名し、両国とも八月二五日にこれを批准した。両国はこれによって、①対日作戦で協力する、②ソ連は国民党に軍事援助を行なう、③ソ連は中国の東三省における主権を尊重する、④ソ連は新疆問題で中国の内政に干渉しないことを約す、⑤中国政府は外モンゴルが投票によって独立願望を証明するなら独立を承認し、ソ連も外モンゴルの政治的独立を尊重する、⑥中国長春鉄路（中東路および南満鉄路）は三〇年間、中ソ共有共営とする、⑦大連は三〇年間、各国に開放された自由港とし、政権は中国に属し、港務長はソ連の人員が担当する、⑧中ソ旅順協定は三〇年有効とし、旅順口は中ソ共同使用の海軍根拠地とし、民政は中国が管理する、⑨ソ連の東三省進入後、国民政府は東三省に行政機構を設置し、軍事代表団を派遣する、⑩ソ連は日本降伏後、三週間以内に撤兵を開始し、三か月以内に全軍を撤退させる、などを取り決めた(4)。

中ソ両国は、満州（満洲）／東北地区問題および新疆問題を解決するルールを定めたのである。国民政府は反共一本槍というわけではなく、ソ連も国民政府との交渉を通じてそれなりの国益を追求したのだった。ただし、ソ連の対中政策は国民政府と中共の双方に二股をかけていた。

張玉法は、この条約をうけて「ソ連は中国国民政府支持を表明し、それと引き替えに中国東北および外モンゴルの特権を確保した」と論じている（四二九頁）。しかし、外モンゴル問題については、国民政府主席蔣介石は一九四五年八月二四日、国防最高委員会・中央常務委員会連席会議で、「民族主権を完成させ、国際平和を擁護しよう」と題する演説を行なっており、そのなかで一九二四年国民党第一回全国代表大会の民族自決原則を確認し、外モンゴルは一九二二年にすでに独立しており、「兄弟の邦」であること、外モンゴル・チベットについて、「もしもわれわれが民族の平等・自由の意思をないがしろにし、その独立・自治の発展を抑えつけるならば、わが国民革命の精神に反する」ことを確認している（45・8・25中）。蔣介石は孫文同様、大中華主義者であるとともに、必要に応じ、時には「民族自決権」原則を承認していたのだった。また、当時の国民党機関誌『中央日報』もこの条約を「歴史的文献」と評価し、一切批判はしていなかった（45・8・27中）。

2　八月一〇日朱徳命令と八月一一日軍事委員会命令

中共の第一八集団軍総司令朱徳は八月一〇日、各解放区全部隊に各解放区付近の「敵の軍隊と指導機関」に対して、「わが作戦部隊に武器装備の全部を引き渡すように」との命令を発し、延安の総司令部は八月一一日、「山西・綏遠」「山西・チャハル」「河北・熱河・遼寧」解放区の部隊に対し、「内モンゴルと東北地方に向かって進軍」し、「敵の占拠するいっさいの交通の要路に積極的な攻撃を展開し、日本軍・偽軍（日本協力軍、日訳『毛選四上』は「傀儡軍」と訳出）に投降を促すよう」命じた(5)。

これに対し、軍事委員会委員長蔣介石は八月一一日、全国各軍部隊および国革軍第一八集団軍（中共軍）に対し、日本軍の武装解除・捕虜の収容、偽軍の処理、日本軍占領地収復とその地区の秩序回復および政権の行使などは軍事委員会の命令に従い、勝手な行動をとることのないよう命じた（45・8・11中）。

3　国革軍による日本軍武装解除・被占領地の収復

中国陸軍総司令部参謀長蕭毅粛は八月二一日、支那派遣軍総司令官岡村寧次の代理・副総参謀長今井武夫に対し、中国陸軍総司令何応欽の備忘録を渡した。そこには中国を「一六地区」に分けた各地区の中国軍責任者と接収地域が示されており、第一二戦区(6)司令長官傅作義が熱河・チャハル（蒙古連合自治政府支配ト）を接収するとあり、すでにソ連軍が大部分を占領していた満州／東北地区（熱河を除く）は一六地区には含まれていなかった（45・8・22中）。

中共側の国革軍研究書、曹剣浪『国民党軍簡史』（解放軍出版社、二〇〇四年一月。以下、『党軍』と略称）によれば、軍事委員会は八月一八日、日本軍の降伏受理地区を「一五」に分け、その責任者には全て国民党軍人を任命し、中共軍には一切降伏受理権限を与えず、「日本軍一〇〇余万人のうち、一・三七万人、偽軍三八・五万人」

が中共軍によって殲滅されただけで、その他は全て国革軍に投降し、国革軍統帥部の発表によれば、国革軍は「日本軍一二七万二〇二三人、朝鮮人捕虜一万二四二七人、台湾人捕虜一万七一二四人、計一三〇万一五七五人の投降」を受理し、このほか「中国在住日本人七七万九八七一人」を送還し、「偽軍一四六万余人」を吸収改編した。また、「各種銃六九万四〇九〇丁、各種火砲一万〇三六九門、戦車四六二輌、飛行機一〇六八機（使用可能機二九一機）、砲艦一五八八艘」を押収し、中国国産の武器よりも性能のよいこれらの日本軍装備によって半数以上の国革軍は装備を交換し、国革軍の戦力を大々的に増強した、という（九〇九頁）。ところが『党軍』は、中共軍がソ連軍から得た武器援助、ソ連による国民政府援助については何も語っていない。

『中央日報』によれば、八月二一日、日本軍代表・副参謀長今井武夫少将が中国陸軍総司令部参謀長蕭毅粛に引き渡した日本軍の在中国兵力配置地図では、「華北方面約三〇万人、第六方面軍約三五万人、第六・第一三両軍約三四万人、第二三軍約一〇万人、計約一〇九万人」で、このほか台湾に約五個師団、ベトナム北緯一六度以北に約二個師団、香港に防御隊がいた（45・8・24中）。ここには、関東軍は含まれていない。

中国戦区では九月九日、南京の中国陸軍総司令部で日本軍の降伏式が執り行なわれた。中国軍代表は、中国陸軍総司令何応欽上将、日本軍側は支那派遣軍総司令官岡村寧次ら七名だった（45・9・10中）。このほか、さらに各地で日本軍降伏式が執り行なわれ、日本軍の武装解除、武器・装備の押収が進められていった。北平での降伏式は一〇月一〇日だったが、市民一〇万人が参加した（45・10・11中）。

中国で降伏した日本軍軍人はおおむね「一二八万余名」とされ、捕虜収容所に収容され、軍人の一部は処刑・処罰された。満州で捕虜になりソ連に抑留された日本軍兵士は「五七万五〇〇〇人」に及んだが、その後、ほとんどの人々はシベリア抑留の後日本に返還され、残った約三〇〇〇名はソ連から一九四九年に成立した中華人民共和国に送還された。ここで、彼らは「捕虜」から「戦犯」になり、撫順戦犯管理所に収容されて「犯罪認識教育」を受け、朝鮮戦争終了後の一九五四年三月から彼らの戦争犯罪の取り調べが開始された。東アジア各地では、中国各地・シンガポール・シベリアなどで日本軍人に対する裁判が行なわれ、九三四名が死刑に処された。

このほか戦時中、中国に在留していた日本人民間人は戦争終了時に「一八〇万名」おり、中国各地の港から続々日本に引き揚げていったが、一部の技術者は「留用」され、中国の経済建設などに活用された[7]。

国革軍は、日本の降伏をうけて被占領地域の収復を進めていった。八月一七日、北平に、一九日、開封に進入し、二三日、南京対岸の江浦を収復（45・8・29中）、二六日、洛陽に進入（45・9・5中）、二九日、厦門で日本軍の投降を受理（45・8・31中）、同日、衡陽に進入し（45・8・30中）、三〇日、武漢に到着（45・8・31中）、同日、太原、三一日、広州（45・9・2中）に進入した。

九月一日には、宜昌（45・9・2中）・大同（45・9・5中）、三日、包頭（45・9・2中）・杭州（45・9・5中）、五日、九江、六日、南昌（45・9・10中）、一三日、青島（45・9・25中）、一六日、済南（45・9・22中）・信陽（45・9・23中）、二一日、徐州（45・9・22中）に進入した。

国革軍は、さらに空輸によって九月三日、北平（45・9・5中）に代表のみ、五日、上海（45・9・5中）に到着した。何応欽は八日、大型機・美齢号で南京に到着、中国陸軍総司令部前方司令部を設置した（45・9・9中）。南京は、元々中華民国の首都であり、これは国民政府にとって象徴的な意味を持ったにちがいない。何応欽は九月八日、記者の質問に答え、日本軍の武装解除には約三か月かかるとの見通しを語った（45・9・9中）。『中央日報』の報道では、九月二一日には平漢路・粤漢路も接収し、北平から広州に至る輸送線も収復したとされるが（45・9・23中）、後述のように一〇月には国共間で邯鄲戦役が起こっており、実は国革軍は平漢路の打通には成功していないと見られる。

国革軍は一〇月五日、海南島（45・10・14中）、一五日、石家荘（45・10・17中）などに進入し、各地を収復していった。

しかし『党軍』は、蔣介石が第一〇戦区李品仙部に対し徐州・済南に進入して津浦路を打通すること、第一一戦区孫連仲部に対し鄭州に進入して平漢路を打通すること、第二戦区閻錫山部に対し同蒲路を打通すること、山西省東南長治地区に進入し、第一一戦区に協同して平漢路を打通すること、第一二戦区傅作義部に対し綏西から東進して帰綏（現フフホト）・張家口を占領すること、第一戦区胡宗南部に対し陝甘寧（陝西・甘粛・寧夏）解放区を包囲しつつ、潼関に入り、第一一戦区と協同して隴海路を掌握し、第二戦区と協同して同蒲路を打通することを命じ、「全面内戦」の準備を進めた、とする（九一一頁）。

国革軍の一〇月一七日の記者会見によれば、「日本軍約八五万人の武装解除」が行なわれ、収復地点は次の通りであった。天津・北平・保定・石家荘・九江・南昌・蚌埠・固鎮・□州・南京・許昌・汕頭・衡陽・湘潭・株州・長沙・岳陽・漢口・武昌・漢陽・天門・当陽・徐州・広州・上海・青島・寧波・杭州・金門・安慶・鼓浪嶼など。このほか、台湾・澎湖およびベトナム北緯一六度線以北などで武装解除中であった（45・10・18中）。国革軍は一〇月二一日、海南島の日本軍第一五警備隊を武装解除した（45・10・31中）。国民政府・国革軍は、一〇月下旬までに満州／東北地区を除いて主要都市の大部分を収復したと言ってよいだろう。国革軍は、一〇月末までにベトナム北緯一六度線以北の日本軍の武装解除を完了した（45・11・1中）。

4　東北九省設置

国民政府は八月三一日、東三省（遼寧・吉林・黒竜江）を九省（遼寧・安東・遼北・吉林・松江・合汀・黒竜江・嫩江・興安）に分け、長春に東北行営を設置することとし、熊式輝を主任に任命した（45・9・1中）。これは、「中ソ友好同盟条約」の⑨に基づくものであったと言えよう。国民政府内政部は一九四七年六月五日、九省の区画を確定した（47・6・7中）。

５　兵員削減

日中戦争終了後、国革軍は六〇〇余万人であったが、国民政府は軍事費節減のため、ただちに兵員の削減を進めてゆき、一九四五年末には四八〇万余人になっていた（『党軍』九一〇頁）。これは、国民党がこれから中共軍の殲滅にとりかかろうという体制とは考えにくい。

二　アメリカの国民政府援助と国共対立の調停

１　国共対立の調停

アメリカは一九四四年八月一八日、パトリック・J・ハーレー将軍を中国に派遣し、蔣介石との調停にあたらせた。アメリカは、参謀長をアルバート・C・ウェデマイヤー（正しくはウェディマイアー）に交代させた。ハーレーは一九四四年一〇月末、①国共双方は国民政府主席蔣介石の統一指導を承認する、②国民政府は中共および其の他の党派に平等・合法的地位を与える、③中共軍は国民政府による編制を受け入れるなど五項目の国共調停案を提示した。

張玉法によれば、毛沢東は一一月、国民政府を改組して「連合政府」を樹立するよう要求したが、蔣介石はこれを拒否した。周恩来は一二月二八日、①辺区封鎖の取り消し、②政治犯の釈放など四項目要求を発表した（四三三頁）。周恩来は一九四五年三月九日、蔣介石が国民大会開催を決定したので、国共談判は決裂したと宣言した（四二九頁）。

2　重慶談判

いわゆる「重慶談判」（重慶交渉）[8]は、米英ソが内戦に反対していたという国際的プレッシャーと国内の世論が平和を希望するという条件の下で行なわれた。毛沢東も「国民党と平和交渉を行なうことについての中共中央の通知」[9]（一九四五年八月二六日）で、「現在、ソ米英三国は中国の内戦に賛成していない」（『毛選四』一一五二頁）と述べている。

日本が八月一四日、ポツダム宣言を受諾すると、国民政府主席蔣介石はただちに同日および二〇日、二三日と中共の毛沢東に電報を三回打ち重慶に招いた。アメリカ大使ハーレーは二七日、延安を訪れ、毛沢東・周恩来・王若飛はハーレーとともに二八日、重慶に到着した。国民政府と中共は協議を開始し、四三日間にわたる交渉の結果、双十節の一〇月一〇日、「政府と中共代表の会談紀要」が発表された。政府側代表は、王世杰・張群・張治中・邵力子、中共側代表は周恩来・王若飛であった。

その前に中共は「現在の時局についての中共中央の宣言」[10]（一九四五年八月二五日）で、国民党が「その日本のご主人様の指示を忠実に実行し」、「引き続き内戦を挑発」しようとしているとし、国民政府に対し、①「中国解放区の民選政府と抗日軍隊を承認し、解放区に対する包囲・進攻している軍隊を撤退させること」、②「八路軍・新四軍・華南抗日縦隊が日本軍の投降を受理する地区を線引き」すること、③「漢奸の厳罰、偽軍の解散」を要求し、④「公平・合理的な軍隊の整編」、⑤「各党派の合法的地位の承認」、「人民の集会・結社・言論・出版の自由」を妨げる法令の廃止、「特務機関」の廃止、「政治犯の釈放」。「漢奸以外の政治犯」の釈放、⑥「訓政を終了させ、挙国一致の民主的連合政府を成立させ、普通選挙の国民大会を準備する」という六項目の要求を発表していた（八月二五日延安『解放日報』、『重慶談判』四頁）。

八月二八日延安『解放日報』社論（社説）は、中共が抗日戦争で「六九％の敵軍、九五％の偽軍を包囲し、一億人の国土を解放し、二〇〇以上の県城を収復した」(『重慶談判』六〜七頁)と述べ、中共に日本軍の投降受理にあたる権利があると主張している。

「政府と中共代表の会談紀要」(「双十協定」、一〇月一〇日)は、次の一二項目からなっている。

① 「平和建国の基本方針」。双方は、「平和・民主・団結・統一を基礎とし、蔣主席の指導の下で長期に合作し、断乎として内戦を避け、徹底的に三民主義を実行する。双方はまた、蔣主席の唱道する政治の民主化・軍隊の国家化および党派の平等・合法が、平和建国に到達するためのかならず通らなければならない道であることに同意する。」

② 「政治の民主化」。「迅速に訓政を終了させ、憲政を実施する」。政治協商会議を開く。

③ 「国民大会」。「中共側は国民大会代表を選挙し直し、国民大会の招集期日を延期し、国民大会組織法・選挙法および『五五憲法草案』[11]の修正を主張した。政府側は、国民大会のすでに選出された代表は有効であり、『五五憲法草案はすでに各回の検討を経て修正されている』というもので、第三項目は合意が「成立しなかった」ので、「政治協商会議」に委ねることになった。

④ 「人民の自由」。「身体・信仰・言論・出版・集会・結社の自由」を保障し、「現行法令」は「廃止あるいは修正する」ことに双方は合意した。

⑤ 「党派の合法」。「中共側は、政府が国民党・共産党およびすべての党派の平等、合法的地位を承認することを要求し」、政府側は「いまただちに承認する」とした。

⑥ 「特務機関」。「双方は、政府が司法と警察以外の機関による人民の逮捕・尋問・処罰を厳禁することに同意した。」

⑦「政治犯の釈放」。中共側は、「漢奸以外の政治犯」の釈放を要求し、政府側はこれに同意した。
⑧「地方自治」。「双方は、各地が積極的に地方自治を推進することに同意した」。
⑨「軍隊の国家化」。「中共側は、政府が公平・合理的に全国の軍隊を整編」することを要求し、中共の軍隊を削減したいとし、「政府側は、全国の整編計画は現在進行中」と回答、駐屯地問題は中共側が案を出し、討論によって決定するとした。中共側軍人の人事については、政府側は任用を保障するとした。中共側は、「解放区の民兵」を「地方自衛隊」とすることを要求し、政府側は考慮するとし、第九項の具体的問題について、「三人小組（軍令部・軍政部・第一八集団軍）」を設置することになった。第九項も合意は成立せず、「軍隊の国家化」まで議論は進まなかったが、決裂ではなかった。
⑩「解放区地方政府」。中共側は、政府に「解放区各級民選政府の合法的地位の承認」を要求し、政府側は「解放区という名詞」は日本が降伏したのちは「過去のもの」であり、中共の行政人事要求は「全国の軍令・政令が統一されたのち」、考慮すると答えた。中共側は一八解放区を新たに省区・行政区とすることを要求し、政府側は省区の変更は「変化が大きすぎる」と答えた。中共側は第二案・第三案・第四案を出し、第四案では「解放区はしばらく現状を変更せず、憲法の民選省級政府規定が実施されたのち解決する」とした。第一〇項も、合意は成立しなかった。
⑪「漢奸・偽軍」。中共側は、「漢奸の厳罰、偽軍の解散」を要求し、政府側は「原則的に問題はない」と答えた。
⑫「投降受理」。中共側は、「投降受理地区の線引きのし直し」を要求し、政府側は「投降受理工作への参加は、中央の命令を受け入れたのち、考慮できる」と答えた（45・10・12中、同日重慶『新華日報』、『重慶談判』二五〇～二五四頁）。この第一二項がもっとも重要だったのだが、合意は成立しなかった。

このように、第三・九・一〇・一二項を除いては国共間に合意が成立したのだが、その一方で双方の軍事抗争は次第に拡大していった。一〇月一一日、毛沢東は延安に帰った。「中共軍は東北・華北で軍事行動を継続していった」（張玉法四三四頁）。

3　米軍による国革軍輸送

張玉法によれば、在中国米軍は日中戦争終了時、六万名だった。アメリカは九月、国民政府による投降日本軍の接収、捕虜の移送を援助するため、海軍陸戦隊（海兵隊）五万五〇〇〇名を青島・塘沽・秦皇島などに上陸させた（四三九頁）。アメリカは、国民政府に協力し、国革軍を華中・華北に輸送した。一九四五年九月五日には第六軍を南京に空輸し、九月六日には第三方面軍の一部を上海に空輸し、九月一五日には第九二軍の一部を北平に空輸し、九月一六日には第九四軍の一部を天津に空輸した（四四六頁）。空輸に頼ったのは、陸路では中共軍による襲撃が予想されたためであろう。

『中央日報』によれば、米艦隊は九月一六日に青島に到着した（45・9・23中）。米特種混合艦隊一万八〇〇〇人は九月三〇日、塘沽に到着し、国革軍による日本軍投降受理の援助にあたった（45・10・1中）。米軍の青島上陸は一〇月一〇日だったともされる（45・10・11中）。張玉法は、米軍の青島上陸は「一〇月九日」としている（四四六頁）。米軍は一〇月七日、秦皇島に上陸し、国革軍による日本軍投降受理を援助した（張玉法四四七頁）。

張玉法によれば、上陸した米軍は一九四五年一〇月時点で合計一〇余万人に達した（四四六頁）。しかし、在中国米軍は一九四六年二月には四万五〇〇〇名に削減され、四月には在中国米軍司令部は撤収され（四三九頁）、一二月には一万二〇〇〇名になり、一九四七年一月には四〇〇〇余名に削減された（四三九～四四〇頁）。米軍は一九四五年九月から一一月にかけて、国革軍が華北・東北に進入するのを援助し、中共軍は天津・煙台などで米軍と衝突した（四四三頁）。ハーレーは一九四五年一一月二七日、駐中国大使を辞任し、彼による国共調停は終了した。トルーマンは前参謀総長ジョージ・C・マーシャル将軍を大使相当特別代表に任命し、国共対立の調停にあたらせた（四三四頁）。中共は、マーシャルの支持をとりつけるため、初めはマーシャルに友好的だった（四三五頁）。

一九四六年一月五日、マーシャルの要求により、「三人小組」（国民党代表張群・共産党代表周恩来・米代表マーシャル）が設立された。三人小組は一月一〇日、停戦命令を発し、一月一三日、停戦命令は発効した。一月一三日には北平に軍事調処執行部が設置され、「三人小組」（国革軍代表鄭介民・中共軍代表葉剣英・米大使館代理大使ウォルター・S・ロバートソン）が設置された。一月一〇日、政治協商会議が重慶で開催され、一月三一日までに、国民大会の開催、憲法の制定などの合意が成立した（張玉法四三四～四三五頁）。

『党軍』は、蔣介石が停戦に応じたのは四回にわたる国共間の戦役の敗北により国民党が「準備不足を認識」したためと説明し、そこで国共は一九四六年一月一〇日、停戦協定を結び、一三日、双方とも全面停戦したのだとする（九一三頁）。

張玉法によれば、一九四六年一月一〇日には、国共は華中・華北地区で停戦したが、一週間後には営口で衝突が発生し、中共は「停戦小組」（「三人小組」か？）による調停を要求し、東北地区における中共の存在を国民党に認めさせようとしたが、蔣介石はこれを拒否したという（四四八頁）。アメリカは、一九四六年六月までに国革軍五四万人を大西南から東北・華北・華東へ輸送する援助を行なった（四三八頁）。

4　アメリカの国民政府への軍事援助

張玉法によれば、駐中国米陸海軍代表は一九四六年六月一二日、上海で会議を開き、駆逐艦四艘、その他の艦艇四〇艘を中国海軍に引き渡すことを決定した。六月一四日、アメリカ国務院は議会に「対中国軍事援助法案」を提出し、六月二九日、中国が飛行機総数九三六機の空軍を建設することに協力することを決定した。その総装備・訓練費用は約三億ドルだった（四五〇頁）。アメリカは、日本の降伏から一九四六年六月までに国民政府に八億ドルを援助した（四三八頁）。

一九四六年七月一六日、アメリカ議会は「中国海軍援助法案」を可決し、大統領に艦船二七一艘を無償で中国に引き渡す権限を与えた。八月三〇日、米中は上海で「米中剰余物資購買契約」を締結し、この契約に基づき、アメリカはインド・中国・西太平洋一七島嶼の剰余物資、総額六億米ドルを中国に譲渡した。アメリカは、中共に対しては軍備・物資の援助は行なわなかった（四五〇頁）。アメリカ中央情報局は一九四七年一〇月、一年後には中共が勝利するとホワイトハウスに報告した（四四一頁）。米軍は、一九四九年には撤退を開始した（四三九〜四四〇頁）。

以上の経過から、アメリカは国民政府を支援したものの、中共による政権掌握を絶対に阻止するという方針は持っていなかったものと見られる。

三　ソ連の対日参戦と中共軍支援

1　ソ連軍の満州／東北地区進入

ソ連軍の対日参戦・満州進入は、中共軍が日中戦争終了後に満州（満洲）／東北地区への進入を順調に実現できた条件として決定的に重要であった。米軍による一九四五年八月六日八時一五分の広島への原爆投下に続き、翌八日、ソ連はヤルタ協定に基づき、広島への原爆投下の「五二時間後」（45・8・9中）に日本に宣戦布告し、翌九日午前０時、満州に進入を開始した[12]。同日九日、米軍は長崎に原爆を投下した。八月一〇日には、モンゴル政府が日本に宣戦布告した。

毛沢東は「抗日戦争勝利後の時局とわれわれの方針[13]」（一九四五年八月一三日）で、「原子爆弾を二発おとしても日本はまだ降伏しなかったのに、ソ連が出兵するとたちまち降伏した」（八月一三日、『毛選四』一一三二頁）と述べ、時間的順序を転倒させて八日のソ連軍の対日宣戦、九日の参戦と六日、九日の米軍による原爆投下について、〃原爆投下の役割の小ささ〃とソ連参戦の〃決定的重要性〃を強調している。

朱徳は八月一〇日、一一日、中共軍に内モンゴル・東北地区でソ連に協力し、日本軍・日本協力軍に攻撃を加えるよう命じた（張玉法四四四頁）。

毛沢東は「抗日戦争勝利後の時局とわれわれの方針」で、「日本降伏の決定的な要因はソ連の参戦である」（『毛選四』一一二三頁）、東北地区に「ソ連が出兵した。赤軍は、中国人民が侵略者をおっぱらうのを助けにきてくれた」（『毛選四』一一三三頁）、とソ連の対日参戦を歓迎した。

日本は、中国・朝鮮・東北地区に約二〇〇万の兵を配置していたが、その内約七五万が東北地区に配置されていた。これに対し、ソ連は一〇〇万の兵を投入し、ソ連軍は「東西二方から」満州になだれこみ（45・8・10中）、一〇日には朝鮮にも進入した。ソ連・モンゴル連合軍は、内モンゴルから熱河・チャハルに進入した。張玉法が「中国・ロシア・モンゴルの国境から三手に分かれて南下した」（四四四頁）としているのは、ソ連・モンゴル連合軍の内モンゴルからの進入を加えているのである。関東軍は、なすすべもなく崩壊していった。

ソ連軍左翼兵団は、中長鉄路沿いに長春・瀋陽に進み、その後、二手に分かれ、一手は大連・旅順に進み、一手は山海関に進んだが、その途中、熱河の承徳に進入した。右翼兵団は、チャハル・張家口に進入した（張玉法四四四頁）。

日本がポツダム宣言を受諾した八月一四日の九日後の八月二三日、ソ連のスターリン委員長は、ソ連軍は全満州・南樺太（サハリン）・千島（クリル）列島の幌筵（パラムシル）島を全て占領したと発表した（45・8・24中）。ソ連軍は八月二三日、張家口・承徳地区で北上してきた中共軍と合流した（張玉法四四四頁）。ソ連軍は八月二九日、満州南端の大連に進入した（45・8・30中）。

満州国時期における満州での中共の活動については、『東北抗日連軍闘争史』編写組『東北抗日連軍闘争史』（人民出版社、一九九一年二月）によれば、一九三一年九月には中共満州省委員会が存在し、同年一〇月には「東北民衆自衛軍」、一九三二年一月には「吉林自衛軍」などが設立され、中共の支持と援助の下に「東北抗日義勇軍」（最多時三〇万人）が結成され、中共の直接指導の下で、南満・東満・吉東・北満に十数の「反日遊撃隊」が結成された。一九三二年三月、満州国の成立後、琿春・和竜県・寧安などに「抗日遊撃根拠地」が設けられた。しかし、「反日遊撃隊」は一九三三年に挫折し、一九三六年に「東北人民革命軍」が結成され、一月、中共満州省委員会は廃止されてハルビン特委が設置され、二月、「東北抗日連軍」が編制され、一九三七年には中共吉東省委員会などが設置された。「東北抗日連軍」は、一九三九〜一九四〇年にはソ連領内で軍事訓練を受けた。ソ連軍による満州占領後の一九四五年九月、中共東北局が瀋陽に設置され、一〇月、「東北抗日連軍」は「東北人民自衛軍」と改称され、一一月、「東北人民自衛軍」および東北に到達した八路軍・新四軍は「東北人民自治軍」とされ、一九四六年一月、「東北民主連軍」と改称されたとのことである。これによれば、中共は満州国建国前後以来、満州で活動してきたとされている。

しかし張玉法は、中共軍は日本の降伏以前には東北に根拠地は持っていなかったとする（四四八頁）。毛沢東も「強固な東北根拠地を築こう」[14]（一九四五年一二月二八日）で、「わが党の東北における現在の任務は、根拠地を築くことであり、東満・北満・西満に強固な軍事的政治的根拠地を築くことである」（『毛選四』一一七七頁）、「わが党は現在、東北で一つの主観上の困難に突きあたっている。それはすなわち、多数の幹部と軍隊が初めて東北に来て、地理や民情に暗いということである」（『毛選四』一一七八頁）と述べている。つまり、中共軍の東北進入以前には、ゲリラ的活動はあったが、いわゆる「根拠地」は存在していなかったのだと見るべきだろう。後出『毛選四』の言う「一九根拠地」にも満州／東北地区は含まれていない。

一九四五年八月三〇日、中共冀熱遼（河北・熱河・遼寧）一六軍分区曾克林部は山海関でソ連軍と合流し、その後、北寧路に沿って沿線の興城・錦州・黒山など一五県市を接収し、九月五日、瀋陽に到着し、ソ連軍と協議の上、「東北人民自治軍」の名義で瀋陽を接収した（張玉法四四四頁）。

丸山鋼二[15]は、オ・ベ・ボリソフ（一九七六年、一九八一年）、エス・エリ・チフビンスキー（一九七六年）、陳雲（一九八四年）、聶栄臻（一九八四年）、伍修権（一九八四年）、徐志（一九八七年）、朱建華（一九八七年）、徐文才・王占徳（一九九一年）、楊奎松（一九九二年、二〇〇一年）、曾克林（一九九二年）、彭真（二〇〇二年）、沈志華（二〇〇三年）、劉統（二〇〇四年）、張明遠（二〇〇四年）など、ソ連・中共側資料を駆使し、張玉法は参照していないものの、張玉法の指摘をほぼ全面的に裏づけている。

2　中共軍東北進入へのソ連軍の協力

中共軍晋察冀辺区部隊は一九四五年八月一七日、張北（チャハル省、現・河北省）で初めてソ連・モンゴル連軍と接触し、中共軍冀熱遼軍区司令員李運昌の部隊が九月七日、山海関に進駐すると、ソ連軍は車を出してこれを出迎えた（丸山三〇五頁）。

一九四五年九月、アメリカが国革軍の東北接収への協力を準備している時、駐東北ソ連軍最高長官マリノフスキーは延安に人を派遣し、中共に対し、①中共軍が東北に進入するさい、八路軍の名義を用いてはならない、

②中共軍は大都市から撤退し、農村でのみ活動してよい、③中共軍は山海関から錦州に至る沿線鉄道地区を掌握し、冀熱遼から東北に進入する通路としてよい、④中共軍は葫蘆島・営口を掌握し、海上から東北に進入する通路としてよい、と通知した（張玉法四四五頁）。

つまり張玉法によれば、ソ連軍は中共軍の山海関〜錦州・葫蘆島・営口への進出に便宜を図ったのであった。中共軍冀熱遼第一六軍分区曾克林部三〇〇〇人の瀋陽進駐は九月一〇日、ソ連の手配した列車で行なわれた（丸山三〇五頁）。林彪は、二万名の幹部、一一万の軍隊を東北に進入させ、三年以内に中共第四野戦軍を一〇〇万名規模に発展させた（張玉法四四五頁）(16)。

一九四五年九月一一日〜一〇月二日、米・ソ・英・中・仏はロンドン会議において平和条約の締結、対日占領政策について協議した（張玉法四四五頁）。

瀋陽に駐屯していたソ連軍は、曾克林部の瀋陽進駐を許可し、「東北人民自治軍」の名義で瀋陽衛戍司令部（司令員：曾克林）の設立を許可した（丸山三〇五〜三〇六頁）。中共冀熱遼軍区司令李運昌は一九四五年九月一四日、瀋陽に進入し、ソ連軍の同意を得て遼寧行署主任および瀋陽市長を任命した（張玉法四四四頁）。中共は一〇月一〇日、瀋陽特別市政府を設立し、一〇月一二日、遼寧省工作委員会・安東省工作委員会・瀋陽市委員会・東北軍区軍事鉱業部を設立した（丸山三一五〜三一六頁）。

張玉法は、中共が九月一九日、「北方に発展し、南方を防御する」戦略を決定したとしている（四四六頁）。それは、華中辺区・中原辺区を左右の前哨とし、山東辺区・晋冀魯豫（山西・河北・山東・華南）辺区を基本戦場とし、陝甘寧辺区・晋綏（山西・綏遠）辺区・晋察冀（山西・チャハル・河北）辺区を拠り所とし、東北四省を後盾とするというものだった（張玉法四五三頁）。丸山によれば、「中共中央政治局は東北奪取の決意を固め、九月一五日、いわゆる『北進南防』方針を決定した」（三〇五頁）。

中共はこの戦略に基づき、①冀東を除く晋察冀と晋綏両区は現有勢力によってチャハル全域・綏遠の大部分・山西北部および河北の一部を確保し、張家口を中心とする基本戦略根拠地の一つとする、②山東の主力と大部分の幹部は速やかに冀東および東北に出動し、まず冀熱遼軍区に協力し、完全に冀東・錦州・熱河を掌握し、さらに三万名の兵力を追加して東北に発展する、③華中から三万五〇〇〇名を山東に移動させ、華東新四軍は八万名を調達し、山東・冀東に向かわせ、浙江東部の新四軍は江蘇南部に撤退させ、江蘇南部・安徽南部の主力は江北に撤退させる、④晋冀魯豫軍区は三万名を冀東・東北に移動させる、との配置を決定した（張玉法四四六頁）。

中共がこの「北方に発展し、南方を防御する」戦略を決定したさい、毛沢東は重慶で国民党と談判を行なっていた。中共は、自主的に広東・浙江・蘇南・皖南・湖南・湖北・河南などの八省区の根拠地を放棄し、これらの地区の中共軍は北方へ移動すると申し出た。それは、「譲歩と見えた」が、中共の「ソ連に依拠する」という戦略にほかならなかった、と張玉法は指摘する（四四六頁）。

満州／東北地区におけるソ連による中共軍への便宜供与は、中ソ友好同盟条約に禁止規定はないとはいえ、同条約③の、ソ連による「中国」（すなわち国民政府）の東三省に対する主権の承認、⑨の、国民政府が東三省に行政機構を設置する権限の承認に抵触していた。しかし、ソ連は国民政府が親米政策をとっていることに不満があり、国民政府と中共に二股をかけていた。それと同時に中ソ友好同盟条約によるしばりも意識せざるをえず、中共に対する援助もそれによって制約されざるをえなかった。それは、中共にとっては不満要素となったので、中共軍の満州での行動が「ソ連軍の制約と排斥」を受けたという受けとめ方が中共側にあったのだった。

3　ソ連の対中共便宜供与

曾克林部・李運昌部が瀋陽に進入した前後に山東から海を渡った中共軍も、大連でソ連軍と合流した（張玉法四四四頁）。それだけではなく、中共東北局は、葫蘆島・営口・荘河等の港を利用して船で山東・竜口の中共軍山東部隊にも武器・弾薬を輸送した（丸山三一〇頁）。ソ連軍は、中共軍の農村部での活動に干渉しないと表明、中共「東北抗日連軍」はソ連軍に協力して各地で偽軍残存部隊を掃討し、ソ連軍が東北各地に設置した軍事行政機関に参加した。ソ連軍は、小豊満電廠の発電機、撫順の錬鋼爐、長春の放送機器などをソ連に運んだほか、その他の戦利品は全て中共軍に引き渡し、瀋陽・長春・ハルビンを中共軍に接収させた（張玉法四四四～四四五頁）。

4　ソ連の対中共武器援助

張玉法は、ソ連軍から中共軍への関東軍の武器の引き渡しについて、次のように三か所で述べている。①ソ連軍は一九四五年一〇月四日、中共東北局に対し、関東軍から没収して瀋陽・本渓・四平街・吉林・長春・安東・ハルビン・チチハルに保管してある全ての武器・弾薬・装備を中共に引き渡すと通知した（四四六頁）。②ソ連軍は一九四五年、日本の関東軍から押収した歩兵銃七〇万丁、軽機銃一万一〇〇〇丁、重機銃三〇〇〇丁、大砲一八〇〇門、迫撃砲二五〇〇門、戦車七〇〇輌、飛行機九〇〇機を中共軍に引き渡した（四四四～四四五頁）。③ソ連軍は、一九四六年四月初めより東北から撤退を開始し、日本軍・満州国軍の武器・装備を中共軍に引き渡した（四三五頁）。

丸山は、日中戦争終了後、中共軍の「一九四六年五月までの戦闘に使われた武器装備は主として関東軍の武器装備」（三〇三頁）であり、中共軍が得た関東軍の武器装備は「ソ連軍が獲得したものを引き渡されたり、あるいはソ連軍が管理する軍需倉庫を提供してもらったもの」（三〇四頁）であり、戦後、ソ連軍が初期段階に中共に無償で提供したのは、「ソビエト軍の三つの東方戦線の二つ（外バイカル方面軍と極東第一方面軍）だけで、三七〇〇門以上の大砲・迫撃砲・擲弾筒、六〇〇台の戦車、八六一機の飛行機、歩兵銃約七〇万丁、約一万二〇〇〇挺の機関銃、約六八〇の倉庫、および松花江河川艦隊の軍艦数隻」とするボリソフの研究を紹介している（三〇四～三〇五頁）。

戦後国共内戦は、国革軍が武装解除した日本軍の武器・装備によって戦力を向上させ、中共軍もソ連軍から提供された関東軍の武器・装備によって戦力を向上させて互いに戦火を交えたのだということになる。

国民党機関紙である『中央日報』は、東北地区のソ連軍がすでに数日前に撤退を開始しており、一一月末までに撤退を完了するとのモスクワ九月二九日ロイター電を報じている（45・10・1）。だが、ソ連軍はまだ撤退していない。

張玉法・丸山らの記述によれば、ソ連軍はまず満州／東北地区を占領し、そこに中共軍が進入し、中共軍はソ連軍に引き渡された関東軍・満州国軍の武器で装備し、ソ連軍の協力の下に満州／東北支配の基盤をつくりあげていった、ということになる。中共軍は、ソ連の協力を利用できたので、東北地区への進出において国民政府に先手をとることができたのだった。

しかし、すでに述べたように、それは明らかに中ソ友好同盟条約に抵触するものであったので、ソ連の対中共協力は、対国民政府・対米関係をにらみながら、時には積極的に行なわれ、時には消極化することもあった。そのため、中共は時にはソ連に対して不満を募らせることもあったのだった。ソ連軍の中共軍に対する姿勢の変化について、丸山は、①一九四五年八月中旬から九月中旬にかけての「協調」、②九月中旬から九月末までの「非協力」、③一〇月初めから一一月中旬にかけての「積極」姿勢、④一一月下旬から一九四六年二月にかけての「排斥的」姿勢、⑤三月から五月にかけての「大胆支援」に時期区分している（三一九頁）。

三頁)。

5　ソ連・中共貿易

ソ連は中共に対して、関東軍から没収した武器・装備を与えたほか、東北地区での中共との貿易という方式での援助を行なった(張玉法四五〇頁)。中共軍は一九四六年後半から東北地区で対ソ貿易を模索し始めた(丸山三〇三頁)。

ソ連軍は、東北地区に進入したのち、中ソ友好同盟条約協議のさい、国民政府に対して東北地区鉱工業合弁要求を出したが、蔣介石は交渉代表宋子文に対し、東北の各種工業およびその機器は全て中国の所有に帰し、日本の中国に対する戦債償還の一部分とすると指示し、宋子文がその旨ソ連側に伝えると、スターリンは満州の各企業の内特権会社に属するものはソ連の所有に帰し、戦利品とすべきであり、日本人私人のものは中国に引き渡し、中国人民の戦争被害の賠償としてよいと回答した。ソ連は、協議の中で中ソ経済協力を求め、国民政府は東北経済の接収が完了した後協力関係を話しあうと主張し、スターリンは合弁企業の具体的方法はソ連軍の撤退以前にまとめるべきと主張した。一九四六年一月、蔣介石がソ連の要求をマーシャルに伝えたところ、マーシャルはいかなる状況の下でも中国は合弁企業問題でソ連と合意すべきではなく、合意すればソ連軍の満州からの撤退を遅らせることになると述べた。アメリカ政府は一九四六年二月九日および一一日、東北鉱工業問題について、ソ連と国民政府に対し別々に照会を発し、中ソ両国が満州工業合弁問題で何らかの合意を行なえば、「門戸開放」原則に反し、アメリカの商業的利益を差別することになると主張した。こうして中ソ経済協議は不成立に終わり、その結果、ソ連は中共支持を強めた(張玉法四五〇～四五一頁)。

中共軍は、一九四六年後半から東北地区で対ソ貿易を模索し始めた(丸山三〇三頁)。ソ連は一九四六年一二月二一日、中共と貿易契約を締結し、この貿易を通じて東北地区の中共支配地域では、一九四六年一二月以降の一年間にソ連から布三〇〇〇万匹(一匹＝四〇ヤール)、米・綿糸五六〇トン、ガソリン三三〇〇トン、トラック五〇〇台、爆薬七〇〇トンなどが輸入された。一九四八年二月二七日、ソ連は中共と第二次貿易契約を、一九四九年七月三一日には第三次契約を交わし、東北地区中共支配地域における対ソ貿易総額は一九四七年〇・九三億ルーブル、一九四八年一・五一億ルーブル、一九四九年二・〇五億ルーブルであった（張玉法四五一頁）。

ソ連軍による満州占領なくして中共軍の満州進出はありえず、また中華人民共和国の成立もありえなかったと言っても過言ではあるまい。しかし、国民党機関紙『中央日報』は、満州／東北地区におけるソ連軍・中共軍の連携活動についてまったく報道していないのである。知らなかったと見るべきなのだろうか。知っていたとすれば、当然抗議すべき筋合の問題であった。

四　国共軍事衝突の経緯(17)

日中戦争中、国民党と中共の関係は共通の敵、日本を前にして基本的には協力関係にあり、中共軍は国革軍に組みこまれていたが、部分的な軍事抗争は発生していた。菊池一隆(18)によれば、国民政府軍事委員会は一九三九年一一月から一九四一年一〇月までの間だけで中共軍が計三九五回、国革軍を襲撃したと非難しているという。

1　皖南事変（一九四一年一月）

日中戦争中の国共軍事衝突の代表例は、皖南（安徽省南部）事変であるが、この事変の原因・経過に関する両者の説明は食い違っている。胡華（芝寛訳）『中国新民主主義革命史』（大月書店、一九五六年一月。以下、胡華と略称）は、日中戦争では「八路軍・新四軍・華南抗日縦隊は抗戦の主力だった」（二四六頁）とし、皖南事変について次のように書いている。

一九四〇年一〇月一九日、何応欽、白崇禧は、「黄河以南の新四軍と八路軍を、一カ月以内に、すべて黄河以北に集結するよう命じ」、朱徳・彭徳懐・葉挺・項英は「江南の部隊を北に移動さすことに応ずることを決定」し、「一九四一年一月四日、葉挺、項英にひきいられた新四軍一万人の部隊は、蔣介石に指定された路線にしたがって、北方への移動を開始し」、「一月五日、安徽省南部の涇県、太平の間の茂林村に到着したとき、顧祝同は、蔣介石の『一網打尽にして、葉挺・項英をいけどりにせよ』という密命を受け、まちぶせしていた八万余の部隊を指揮して、突然、新四軍の部隊を包囲した」。新四軍は一四日、一〇〇〇人あまりが包囲を突破したのみで、大部分は壮烈な戦死をとげた。(二四九〜二五〇頁)

しかし張玉法によれば、その前に中共軍による国革軍攻撃があった。

2　泰興・泰州戦（一九四〇年七月〜九月／一〇月）

新四軍江南指揮部は一九四〇年「七月、長江を渡って北上し、泰興・泰州一帯で江蘇省政府主席兼魯蘇戦区副総司令韓徳勤部と衝突し」、「九月、山東省西部から南下した第一八集団軍が新四軍を支援し、韓部は敗れた」(四二二〜四二三頁)。

張玉法によれば、参謀総長何応欽・副参謀総長白崇禧は、蘇浙皖地区の国共の衝突を避けるため、くりかえし新四軍と黄河以南の第一八集団軍に対し黄河以北の作戦に赴くよう命じたが、共産軍は命令に従わ」なかった。「華中地区の共産軍が命令に従わなかったので、国革軍は一九四一年一月四日、安徽省南部・涇県で新四軍第四〇師と衝突し、軍長葉挺を逮捕した」という(四二三頁)。

つまり張玉法によれば、泰興・泰州戦と皖南事変は連動していたというのである。王真「皖南事変とソ連の対華政策」[19]は、泰興・泰州戦については触れていないが、蘇北新四軍が一九四〇年一〇月四日から六日にかけて黄橋で国革軍韓徳勤部の主力一万余人を殲滅したと述べている。皖南事件については、三好章[20]が詳細な経緯を明らかにしており、それによれば、皖南事件は劉少奇ら中共側が根拠地拡大の強硬路線をとり、蘇北根拠地を築き始めたために起こったものであり、新四軍副軍長項英は国革軍によってではなく、自分の護衛によって殺害されたという（三三三～三八一頁）。王真によれば、皖南事変は、国共合作関係の重大な曲がり角となったが、ソ連が国共両党関係を調停し、国共双方に対し対日抗戦を堅持するよう求め、国共双方はソ連の要求に従った。その結果、国共両党は決裂せず、一致して日本と戦うこととなったが、それはソ連西部戦線でナチス・ドイツ軍と戦っているソ連の国益にかなっていた。

3　中共軍、淳化県等攻撃（一九四五年七月）

日中戦争最終局面でも、胡宗南第一戦区司令長官の一九四五年七月二四日戌時電によれば、第一八集団軍は七月初め、陝西省淳化県通潤鎮に駐防していた陝西省保安隊第二団第一営および方里鎮の保安三団第三営に対し、反乱を煽り、「七月一五日」、第一八集団軍朱部の保八団新四旅および保安総隊第一団が辺区から三手に分かれ淳化を襲撃し、その晩、方里鎮を占領した。一六日、淳化城・通潤鎮など三重要城鎮を占領し、続いて涇水北岸を進犯した。朱徳総司令に対し攻撃を停止するよう急電したが、返事がなかった。そこで、駐西安の□（暫？）編第五九師の二団を派遣し、二一日、方里鎮・淳化県を奪回し、二四日、通潤鎮なども奪回した。傷亡官兵は一〇〇余名に達した（45・8・3中）。

中共重慶駐在責任者徐冰は七月二五日、参政会に邵秘書長を訪ね、陝北辺区で中共軍と中央軍の間に衝突事件が発生したので、「それぞれが原地にもどる」よう要望した。これに対し、邵秘書長は「本日」、今回の衝突事件は、「七月一六日夜」、中共軍が陝北区辺界（辺区境界）から遠く突出し、淳化県を占領したために起こったものであり、中共軍が辺界にもどればこうしたことは起こらないと回答した（45・7・27中）。

これについては、『毛選四』は、「抗日戦争勝利後の時局とわれわれの方針」の注釈〔6〕において、「一九四五年七月二一日、国民党第一戦区司令長官胡宗南麾下の臨時編成第五九師団と騎兵第二師団は、突如わが陝西・甘粛・寧夏辺区の関中分区にある淳化県の爺台山を攻撃してきた。二三日にはまた、予備第三師団を攻撃に参加させた。わが軍は、七月二七日、主動的に爺台山とその西の四一の村落から撤退した。国民党軍はさらに進んで栒邑、耀県などの地方を襲撃した。わが軍は八月八日、国民党の侵入部隊に反撃を加え、爺台山地区をとりもどした」（『毛選四』一一三五頁。日訳『毛選4上』では注9、二九頁）と述べている。

『毛選四』注は、胡宗南七月二四日電の言う七月一六日までの経緯に触れておらず、『中央日報』は『毛選四』注の言う七月二七日～八月八日の経緯をその後、報道していない。

4　中共軍による第五戦区国革軍攻撃（一九四五年七月三〇日～一一月）

第五戦区司令長官劉峙は一九四五年一一月二日、次の発表を行なった。豫（河南）東方面：中共軍は一九四五年七月三〇日、鄢陵、八月八日、扶溝、八月二四日、通許、八月二七日、西華、八月三〇日、東県、「五月」（月がとんでいるので「九月」の誤植と思われる）二五日、太康を攻略した。九月下旬には、国革軍接防部隊の前進を阻止した。豫南方面：八月下旬、泌陽東北の良楼、舞陽以南の武功鎮で開封に向かう国革軍を二度にわたって攻撃した。一〇月二〇日、桐柏を攻略、二二日、新城の国革軍を包囲攻撃した。豫西方面：八月一八日、密県、八月二四日、登封を攻略した。八月下旬には、数度にわたって夷宝・陝県・禹県・魯山を攻撃し、臨汝・伊陽などの県を犯した。鄂豫辺区方面：一〇月下旬、桐柏・大洪山の間を占領した。一〇月二八日、棗陽を攻略し、現在なお唐河・泌陽・襄樊を犯している（45・11・5中。なお、鄂豫辺区については、後出の豫南・鄂北作戦の記述と重複がある）。

以上は、同年一一月五日の報道である。

5 「一九四五年八月〜一九四六年六月」時期について

一九四五年八月〜一九四六年六月の期間は、国共間に衝突はあったが、全面戦争にはならなかった。その原因は、張玉法によれば、次の三つであった（四五三頁）。①アメリカが国民党を制約し、ソ連が中共を制約し、国共が武力による決着をつけず、連合政府をつくることを希望した（同前）。②アメリカが調停していた当初、国共双方は自制し、政治協商会議を開催し、三人軍事小組を設置した（四五四頁）。③中共は、日中戦争に勝利した国民党の勢いに鑑み、米軍による接収への協力もあり、東北地区でソ連軍による庇護を受け、華北・華中では退却防衛方針をとっていた（同前）。だが実は、日本軍の降伏後、国共間の本格的軍事対立・衝突はただちに始まっていた。

6 「内戦準備」・「自衛戦争」

毛沢東は、すでに日中戦争中の一九四五年四月二四日、「連合政府論」(21)において、「国民党の主要な統治集団」は、「こそこそと内戦の準備を進めている」（一〇五二頁）と言っており、日中戦争終了前後の頃には、国民党が「内戦」をやろうとしている、あるいはしかけてきたので中共は「自衛戦争」を行なうのだと再三主張していた。

毛沢東は、延安の幹部会議での演説「抗日戦争勝利後の時局とわれわれの方針」（一九四五年八月一三日）で、中共の方針は「断乎として内戦に反対すること」であり、「蔣介石の方針は、内戦をやること」であると述べている（『毛選四』一一二五頁）。

毛沢東「蔣介石のスポークスマンの談話を評す」(22)（一九四五年八月一六日）も、蔣介石のスポークスマンが八月一五日の記者会見で、中共が八月一一日軍事委員会命令に違反したと述べたことについて、これは蔣介石による「全面内戦の信号」であると称し（『毛選四』一一四七頁）、「蔣介石は、中国人民が敵が占領している大都市を解放するのを禁止し、彼らが敵と偽軍の武装を解除して民主政治を打ち立てることを禁止し、彼自身がこれらの大都市に行って日本軍・偽軍による統治を『世襲』（であって破壊ではない）しようとしている」とまで言っている（『毛選四』一一四九頁）。

国民党と日本の関係について、国民党が日本軍占領地を「世襲」するという論評は、すでに見た「現在の時局についての中共中央の宣言」（一九四五年八月二五日）で毛沢東が日本は国民党の「ご主人様」であるとした断定とともに革命的歪曲と言うべきだろうか。それでは、中共が抗日戦争中に国民党と合作したことと矛盾するだろう。

7　第一二戦区抗争（一九四五年八月一一～二五日）

第一二戦区司令長官傅作義が一九四五年一〇月二四日、毛沢東あてに送った電報によれば、国革軍第一二戦区部隊は日本の降伏をうけ、綏遠省（現・内モンゴル自治区の一部）の包頭・帰綏・集寧・豊鎮を接収したが、傅作義が「八月一一日、和清行政専員郭長清部に託し、日本軍撤退後、淮水河に進駐させたところ、ただちに貴方軍隊から攻撃されて退却したが、郭部董団の死傷は三〇〇余名であった。このほか、平綏路沿線の畢克斉・平地泉・聚楽堡等の地点の鉄道がことごとく貴方によって破壊されており、復員工作を妨げ」ている。「八月二七日、国革軍が大同に進入したさい、ラジオ放送により、貴方軍隊が二五日、張垣を占領したことを知った」、「九月一二日、貴方軍隊は興和を攻撃し、県長を追い出した」、「本月一六日、貴方軍隊は大挙して山西北部・綏遠東部に集中し、その数一〇万に達し、一七日には陽高・天鎮・豊鎮・隆盛荘および涼城などに向かい、また進攻してきた。私は内戦の責任を明示するため、部隊に対し、さらに避け、さらに譲るよう命じ、涼城・隆盛荘・集寧などの守備軍は（貴方と）接触するやただちに撤退し、豊鎮の駐留軍は一発も撃たず、撤退した」と述べ、中共軍の行動を非難している（45・10・26中）。

日本軍が撤退した後、河清（45・10・26中では「和清」）行政専員郭長清が八月一一日、清水河城に進入すると、中共軍は清水河城に進攻し、郭長清部は死傷者三〇〇余人を出して撤退した。これは、日本軍降伏意思表明後、中共軍による第一二戦区国革軍への最初の攻撃であった。

国革軍は八月一五日、包頭・畢克斉駅に進入したが、畢克斉駅は中共軍に破壊されており、国革軍は阻止されて前進できなかった。中共軍の一部は一八日、帰綏城に進入し、「偽蒙軍」と激戦になった。国革軍が河清敵後の遊撃隊兼行政□（区？）専員郭長清部を帰綏城に進入させると、中共軍は撤退し、「偽蒙軍」は郭長清部に降伏した。

国革軍蘇義□（和？）部は八月二一日、集寧県長粟興漢および行政人員とともに集寧県城に進入したが、中共軍に攻撃されて退却した。中共軍は五日間、県城を占拠し、二五日、東方へ移動し、国革軍は再び集寧に進入した（45・10・29中、45・11・4中）。国革軍が集寧を撤退したあと、中共軍は一〇余万人の大軍をもって攻撃してきた（45・10・31中）。

国革軍は九月中旬、綏遠の帰綏・集寧などの都市を占領し、チャハルの張家口に兵を進め、太原と上党地区の五都市、河南の洛陽・鄭州・開封、江蘇の徐州を占領し、北平・天津を通過して東北に進むことを目指した。中共の華北・華中辺区は包囲され、孤立し、東北のみが発展できる地域となった（張玉法四五三頁）。

8　中共解放区

この時期、国民政府統治下の地域のほかに中共支配下の解放区が存在していた。胡華によれば、中共軍は一九四四年には計七七万九〇〇〇余人に成長し（二八〇頁）、「一九の解放区」があり「解放区は、日本の降伏までに、一〇〇万の正規軍と二二〇万の民兵を擁し」ていたとする（二八二頁）。なお、「解放区」数については、毛沢東「第一八集団軍総司令から蔣介石にあてた二通の電報」[23]（一九四五年八月）では、「一九省に一九の解放区」があるとしており、その注釈〔2〕に「一九の解放区」とは「陝甘寧、晋綏、晋察冀、冀熱遼、晋冀豫、冀魯豫、山東、蘇北、蘇中、蘇南、淮北、淮南、皖中、浙江、広東、瓊崖、湘鄂贛、鄂豫皖、河南」であるとしている（『毛選四』一一四六頁）が、『重慶談判』では「一八解放区」（二五二頁）となっている。

中共は、一〇万の幹部と部隊を熱河・華北・山東などから東北に進入させると、東北局を設置し、彭真が責任者となった。中共軍は、それとほぼ同時に熱河・チャハル両省、河北・山西・綏遠の大部分、山東・安徽・蘇北の広大な地域を占領し、北寧路・膠済路および平漢路・津浦路北段を制圧し、国革軍を鉄道で東北に輸送するのを妨げた（張玉法四五三頁）。

9　上党戦役（一九四五年九月一〇日～一〇月一二日）

『党軍』によれば、山西省東南長治地区（古称で上党郡。『史記』参照）は、もと閻錫山の統治下にあったが、閻錫山軍は日中戦争初期に山西省西部・呂梁地区に逃れ、その後、中共の晋東南抗日根拠地になっていた（九一四～九一五頁）。『治軍』によれば、国革軍第二戦区司令長官閻錫山部は一九四五年八月中旬、日偽軍が応接する下で山西省太原と同蒲鉄路（大同～風陵渡）沿線の城鎮を接収したのち、第一九軍軍長史沢波指揮下の四個歩兵師および一個挺進縦隊（師に相当）が、吸収改編した長治地区の偽軍一万七〇〇〇余人とともに、八路軍晋冀魯豫軍区部隊が日偽軍に大反攻を行なっているさいに乗じて、長治およびその周囲の地区に進攻し、築造工事を行ない、守備を強化した。この部隊は、三個師の主力と砲兵の一部、計一万余人を率いて長治を守備し、その余の部隊および地方団隊は襄垣・長子・屯留・潞城・壺関などに配置され、白（圭）晋（城）鉄路を打通し、山西東南全部に占領を広げ、国革軍第一・第一一戦区部隊が正太路・平漢路に沿って「石家荘・北平などに前進」するのに呼応しようとした（五一九頁）。

中共中央軍事委員会は八月下旬、晋冀魯豫軍区に対し国民党の軍事進攻に「自衛反撃」し、まず長治地区の国革軍を殲滅し、失地を修復し、主力を平漢路（北平～漢口）に用いて国革軍の北進を阻止するよう指示した。八路軍晋冀魯豫軍区司令員劉伯承・政治委員鄧小平は、太行軍区・太岳軍区・冀南軍区から各一個縦隊、地方武装部隊の計三万一〇〇〇余人および民兵五万人を動員し、九月一日、襄垣、一二日、屯留、一七日、潞城、一九日、長子・壺関を落とし、国革軍は一〇月八日、長治から逃走した。この戦役で、国革軍第二戦区三万五〇〇〇人が殲滅され、中共軍の死傷は約四〇〇〇人だった（『党軍』九一五頁によれば「四〇〇〇人」）。『治軍』は、この戦役が「重慶平和談判における中共の地位を強化した」と評価している（五一九～五二二頁）。

『治軍』、『党軍』の言うことが事実であるとすれば、これはすでに小競り合いなどではなく、兵力数万対数万の本格的な戦闘の開始である。『治軍』の記述によれば、国革軍が上党地区に入ったさい、中共軍との間に戦闘はなかったようであり、攻撃をしかけたのは中共軍だということになる。上党戦役の詳しい経緯はこれだけの記述ではよくわからない点もあるが、国民政府・国革軍側は中国を代表する政府・軍として日本軍の投降を受理し、管理するのは当然と考え、行動したのに対し、中共軍は国革軍側の行動を「中共支配地区に対する侵略」と称し、支配地区の陣取り合戦として位置づけていたと見られる。

10　ソ連・国民政府間交渉

中共が大量の軍を東北に派遣すると、ソ連大使は一九四五年九月、国民政府に対し、ソ連軍は一〇月上旬に東北から撤兵すると通知し、国民政府が一〇月一〇日以前に長春でマリノフスキーと協議するよう求めた（張玉法四四六頁）。国民政府外交部は一〇月一日、中国哲学史研究者でもあるソ連駐中国大使A・A・ペトロフに対し、東北行営主任熊式輝を長春に派遣し、国革軍は一〇月一〇日以前に九竜から大連に兵を運び、上陸させると通知したが、ソ連は一〇月六日、大連が軍港ではないことを理由に国革軍の大連上陸を拒否した（張玉法四四六頁）。時間を引き延ばすねらいと見られる。

国民政府は一〇月一〇日、もと満州国長春市長官部門前に中華民国国旗を掲げた（45・10・15中）。

11　綏遠戦役（一九四五年一〇月一八日～一二月一四日）

『党軍』によれば、日中戦争終了後、綏遠省西部の第一二戦区（司令長官・傅作義）は蒋介石の指示に基づき、包頭・帰綏等の城鎮を占拠し、六万余の部隊を結集して豊鎮から帰綏鉄路沿線および涼城・陶林などにまで至り、張家口を攻略し、平綏鉄路を掌握しようとした（九一五頁）。

中共軍晋察冀軍区と晋綏軍区計五万三〇〇〇人は、聶栄臻・賀竜の指揮の下に一〇月一八日、綏遠戦役を発動し、まず綏遠東部の城鎮を攻略し、傅作義軍主力の第三五軍と騎兵第五縦隊の各一部を殲滅した。傅作義は、集寧・豊鎮から卓資山に退却させたが、中共軍はこれを追い、卓資山地区で国革軍第六七軍の一部四〇〇〇余人を殲滅した。国革軍は帰綏・包頭に撤退して防御し、中共軍はながく帰綏を攻めたが、落とせず、一一月上旬、包囲に切り替え、兵力の一部を包頭攻撃に向けたが、やはり落とせず、一二月四日と一四日に包頭・帰綏の包囲を解除した。この戦役で国革軍は一万二〇〇〇人を失い、中共軍の死傷者は七〇〇〇余人だった（九一五～九一六頁）。

12　**津浦路戦役**（一九四五年一〇月一八日～一九四六年一月一三日）

『党軍』によれば、「国革軍は一九四五年一〇月、日本軍・偽軍の呼応体制の下で津浦路済南から徐州段に至る各主要城鎮と戦略的要地を占領し、この段の鉄道路線を支配」した。中共軍は、「鉄道路線を打通し、兵員を輸送して北上するという国革軍の企図を阻止するために」、陳毅の指揮の下に一〇月一八日、山東軍区・山東野戦軍・華中野戦軍の各一部、計七万余人を動員し、津浦路戦役を起こし、鄒県・代汶口などを攻略し、界河地区で待ち伏せし、国革軍騎兵第二軍第二師を殲滅し、津浦路を切断した。中共軍はその後、韓荘・滕県地区で日本軍・偽軍四〇〇〇余人を殲滅した。中共軍は一二月一五日、滕県城を攻略し、国革軍九〇〇〇余人を殲滅し、国革軍が吸収改編した偽軍郝鵬挙部一万余人を起義させた。この戦役は、一九四六年一月一三日に終結し、国革軍は兵力一五万余人を投入し、二万八〇〇〇人が殲滅され、中共軍の死傷は六〇〇〇余人だった（九一六頁）。

この内、一九四六年一月一三日とは国共両党が「停戦」に合意した日である。なお、一九四五年一〇月に日本軍が山東省で戦闘に加わっていたというのは、疑問であるが、国革軍によるいわゆる「留用」が行なわれていたのかもしれない。

ここでは、「国革軍による解放区攻撃」という理由はなく、もっぱら「国革軍による鉄道路線打通、兵員輸送企図の阻止」が挙げられている点が注目される。

13　**豫南・鄂北作戦**（一九四五年一〇月二〇日～一一月）

豫（河南）南・査牙山の中共軍・皮定軍部、四望山の李先念部など一万五〇〇〇余人は一〇月二〇日、桐柏、二一日、平氏を攻略し、二三日、唐河を侵犯し、同日、平氏を発して新城を攻撃した。同日、別に八〇〇〇余人がさらに天河口、青苔鎮を経て新城を猛攻し、新城は陥落した。その後、中共軍は棗陽・樊城に向かった（45・11・5中）

李先念の率いる中共軍二万余は一〇月二八日、棗陽を攻略し、二九日、三〇日、双溝・呂□に進出、一万余が三〇日、鄂（湖北）北の重鎮・襄樊に進攻した。中共軍は一一月二日、唐河を包囲し、新野付近に中共軍四〇〇〇～五〇〇〇が現れ、随県・南天・河口・高城・新城一帯の中共軍は三万余人が集結している。（45・11・5中）

14　邯鄲戦役（平漢路戦役とも呼ばれる。一九四五年一〇月二〇日～一一月一日）

一九四五年一一月七日軍事委員会発表によれば、第一一戦区所轄国革軍は日本軍投降後、投降受理のため、北平・天津地区へ向かった。国革軍の高樹勛は新第八軍を率い、馬法五は第四〇軍を率い、河南省北部の新郷一帯から平漢路に沿って北上し、一〇月二五日、河北省南部の邯鄲以南の地区に至ると、突然、中共軍劉伯承（「劉伯承」の誤り）部数万人に襲撃された。国革軍は突然のことに部隊を集結できず、一〇月三〇日夜、高樹勛は磁県以北の馬頭鎮で、馬法五は□城営（馬頭鎮東北）で捕虜となり、国革軍新第八軍・第四〇軍は漳河以南に撤退した。馬法五は自殺し、高樹勛らは拘束されているとのことである（45・11・8中）。

これが事実なら、国民党・国民政府・国革軍は、中共の革命戦略を認識せず、作戦目的を予期せずに行動し、その結果、不意打ちを受けたのだということになる。中共軍の攻撃を予測していなかったとすれば、信じられないほどおめでたい話である。国革軍の発表は、邯鄲戦役以後一か月以上たってからのものであり、ショックの大きさを示したものとも見られる。

『治軍』によれば、国民政府は一九四五年九月、三六個軍七三個師を動員し、四手に分かれて平綏路・同蒲路・平漢路・津浦路などの鉄道沿線に沿って華北の「八路軍解放区に進攻」してきた。その内平漢路の部隊が主力で、目標は「北平・天津の占拠」だった。国革軍第一一戦区副司令長官馬法五（兼第四〇軍軍長）、高樹勛（兼新編第八軍軍長）は一〇月中旬、第三〇軍・第四〇軍・新編第八軍等計四万余人を指揮して新郷地区から出発し、平漢路およびその東側に沿って北進し、第三二軍および吸収改編された偽軍の一部がその後について行き、中共の「晋冀魯豫解放区の首府」・河北省邯鄲を占領し、平漢路を把握しようとした（五二三〜五二四頁）。

中共中央軍事委員会は晋冀魯豫軍区に対し、一部の兵力によって同蒲路を北進する第一戦区部隊を阻止する以外、主力を集中して平漢路に沿って北進する国革軍に「反撃」し、殲滅するよう指示した。八路軍晋冀魯豫軍区司令員劉伯承・政治委員鄧小平は、第四縦隊と太岳軍区部隊を同蒲路沿線の作戦に投入し、第一・第二・第三縦隊および冀南軍区・冀魯豫軍区・太行軍区の部隊計六万余人と民兵一〇万人を動員して平漢路沿いに北進する国革軍を漳河以北・邯鄲以南の滏陽河の湾曲部多砂地帯に誘いこみ殲滅するとともに、第一一戦区副司令長官・高樹勛らが蔣介石に不満を抱いていることに鑑み、打撃を与えるとともに起義を促すこととした（五二四頁）。

国革軍の先頭三個軍は一〇月二〇日、漳河南岸の岳鎮・豊楽鎮線に進んだ。晋冀魯豫軍区第一縦隊は二一日、これを襲撃し、その前進を滞らせた。国革軍主力は二二日、漳河を北渡し、前進した。第一縦隊は、国革軍の邯鄲進入を阻止した。二八日、晋冀魯豫軍区の参戦部隊は全て到着し、三〇日、国革軍第四〇軍第一〇六師の大部分を殲滅し、第三〇軍に打撃を与え、高樹勛は新編第八軍および華北民軍約一万人を率いて馬頭鎮で起義した（五二三〜五二六頁）。中共はこの後、国革軍部隊に起義を促す「高樹勛運動」に取り組んだ。

一一月一日、国革軍は大部分殲滅された。この戦役で、八路軍の死傷者は四七〇〇余人で、国革軍「三万余人」を殲滅した。その内死傷者三〇〇〇余人、戦区副司令長官馬法五以下一万七〇〇〇人が捕虜となった。『治軍』は、「この戦役は国民党軍が平漢鉄路沿いに北進するのを遅らせ、解放区部隊が東北に進軍し、国内の平和を勝ち取る闘争を擁護することに重要な役割を果たした」と評価している（五二六〜五二七頁）。

国民党・国民政府・国革軍としては、邯鄲の掌握は兵員を北に輸送するための当然の打通作戦と考えていたであろうし、中共側はそれを「解放区への攻撃」としているが、上党戦役も津浦路戦役・邯鄲戦役も、中共側戦史である『治軍』の記述によっても『党軍』の記述によっても、中共軍側が国民党に先に攻撃をしかけている。そればかりではなく、中共側は国民政府が「北平・天津」を収復する権限を持っていることをはなから認めていないし、「鉄道輸送による国革軍の北上を阻止」するという作戦目的を明確に示している。

15　帰綏・大同作戦（一九四五年一〇月二五日〜一一月）

中共軍約六〇〇〇は一〇月二五日、□陶林□を攻撃した。四子王府および百霊廟などの中共軍約四〇〇〇が同二五日、帰綏方面に前進中で、大同の国革軍が中共軍約二万余に攻撃されている。涼城北面の中共軍約二万人および賀竜指揮下の一万余人が一〇月二七日、西進し、帰綏から三〇華里の白塔付近に到着し、国革軍部隊に進攻した。これらの中共軍の総計は約一〇余万である（中央社）。中共軍は、すでに帰綏省会近郊に侵入、一〇月三一日、第一二戦区駐防部隊を襲撃した（中央社綏西三一日電）。中共軍は一〇月三一日、賀竜の指揮の下に歩騎兵三師をもって帰綏城北に迫り、鉄道駅を攻撃したが、国革軍の反撃により、大青山麓に退却し、払暁まで戦闘が続いたが、中共軍約三〇〇〇が東南方面から旧城正関を進犯し、引き続き増援中である（中央社綏西一日電）（以上、45・11・2中）。帰綏城郊東面の中共軍徐先達部は、一一月四日朝から午後にかけて旧城を攻撃したが、成功せず、午後三時、蕭克部約四五〇〇人が新城・旧城間の駅方向に猛攻を加えた。（45・11・5中）。

すでに見たように、大同は一九四五年八月二七日（45・9・2中では「九月一日」）、国革軍によって収復されていた。『中央日報』は、上党戦役、綏遠戦役、津浦路戦役についてはなぜか一切報道していないが、帰綏・大同作戦に関する一九四五年一一月二日の記事以降は中共軍の動向を積極的に報道してゆくので、一つの転換点となっている。

16　葫蘆島からの射撃（一九四五年一〇月二七日）

張玉法によれば、東北行営主任熊式輝は一九四五年一〇月「一三日」、長春に到着してマリノフスキーと面会し、国革軍の葫蘆島・営口上陸計画を伝えたという（四四七頁）。丸山によれば、国民政府は一〇月二五日、ソ連大使に国革軍が二九日より営口と葫蘆島に上陸予定であることを通知した（三一六～三一七頁）。『中央日報』によれば、東北行営主任熊式輝と東北保安司令長官杜聿明らは一〇月「二六日」、空路、長春に入り、東北国革軍は海路、葫蘆島・営口から上陸することになった（45・10・27中）とのことであり、熊式輝の長春到着日については、張玉法と日付に食い違いがあるが、『中央日報』が正しいと思われる。国革軍は一〇月「二七日」、葫蘆島に上陸しようとしたが、陸上から中共軍李運昌部による射撃を受け、上陸地点を秦皇島に変更した（張玉法四四七頁）。一一月一日『中央日報』は、東北ソ連軍が一一月二日から三期に分けて撤退を開始することになり、国革軍は各港口から上陸する予定と伝えている。

17　鉄道破壊

一九四五年一〇月二七日『中央日報』は、初めて収復区の鉄道が破壊されていることを伝えている。それによれば、平漢路・津浦路・隴海路・膠済路・同浦路・北寧路・平綏路・粤漢路は、橋梁・電線が完全に破壊されていたり、レール・枕木がなくなっていたり、基礎が掘られていたりし、その多くは海や鉱区に通ずる路線で、補修費用は一〇〇〇万元とし、原因については「抗戦の軍事的影響や土匪による破壊」としているが、破壊時期については「抗日戦争終了後に破壊」としている。中共を名指しすることを避けたのだろうか。国革軍は一〇月二七、二八両日、天津に到着し、北寧路の一部の警備にあたった（45・10・29中）。

18　何応欽記者会見（一九四五年一〇月三〇日）

中国戦区陸軍総司令何応欽は一九四五年一〇月三〇日、北平で行なわれた記者会見で、①内戦・交通問題について、「まだ大規模な戦闘は発生しておらず、中共は各地で鉄道を破壊し、国革軍北進を阻止しようとしている」と答えている。②東北接収問題については、「ソ連の撤退は一一月一日に始まる」、「ソ連軍当局は、中華民国政府が認可した軍隊でなければ東北への進入を許さないし、もし進入すれば武装解除すると表明している」とし、中ソの友好的関係を強調している。（45・11・2中）。しかし実態は、ソ連軍は中共軍の東北進入に協力していたのだった。

19　中共軍、長春進入（一九四五年一一月一一日～一二日）

熊式輝は一一月五日、マリノフスキーから「葫蘆島・営口はすでに中共軍が占領しており、ソ連軍は一一月一〇日に北方へ撤退する」との通知を受け取った。中共軍は一一月一一～一二日に長春に進入し、東北行営は山海関方面に撤退した（張玉法四四七頁）。国民政府主席蔣介石は一一月一七日、アメリカ大統領トルーマンに電報を打ち、ソ連政府が中ソ友好同盟条約の条文をないがしろにして、まず中国軍の大連上陸を拒絶し、続いて中共軍に営口・葫蘆島などの港湾を占領させ、最後に中共軍に長春を占領させたと述べた（張玉法四四七頁）。

20　国革軍、山海関・葫蘆島・錦州に進駐（一九四五年一一月一六日～二六日）

国革軍は、大連・営口・葫蘆島に上陸することができず、東北保安司令長官・杜聿明（一〇月二八日着任）は一一月一六日、山海関から陸路北上し、二二日、葫蘆島に進駐、二六日、錦州に進駐した。その前後、ソ連は一度軟化し、東北からの撤退を速めて米軍が東北に進入しないよう求め、他方、中共軍が都市部・鉄道沿線から撤退するよう求めた。東北駐留ソ連軍は一一月一九日、中共軍が鉄道沿線から五〇キロメートル以外に撤退するよう求め、中共軍はそれに従って郷村区に撤退し、ソ連軍の承認の下に党組織・宣伝機構を都市部に残した（張玉法四四七頁）。張玉法は、その理由について、ソ連は米軍が国革軍の東北回収に協力することにより、「中ソ友好同盟条約によって得られた権利」に影響することをおそれたためと見ている（四四七頁）。

21　錦山戦役（一九四五年一一月一日～一二月一日）

『党軍』によれば、「関内の国革軍は北進を阻止されたので、中共軍は大挙東北に進軍した」（九一七頁）。国革軍は一九四五年一〇月二七日、東北を奪取するため、アメリカの支持の下にアメリカ軍艦を利用し、杜聿明を司令長官とする東北司令長官部およびその所轄する米軍装備の第一三軍・第五二軍を秦皇島に上陸させ、一一月一日、山海関を防衛していた中共軍を攻撃し、北寧線を占領し、瀋陽に攻め入る道を開こうとした。

山海関の中共軍は、国革軍一二〇〇余人を殲滅したが、その後、国革軍は一部の主力が中共軍の両翼の末端から突撃し側背にまわったので、中共軍は一一月一六日、山海関を放棄し、錦州方面に撤退した。国革軍は追撃し、綏中・興城・錦西を落とし、錦州に迫った。中共軍は疲労し、守備軍も組織されたばかりの部隊だった。山東・蘇北から送られてきた主力部隊は、山海関がすでに失われていたので、長城の狭隘な出入り口から出関するしかなく、新たな防衛戦をはれなかった。二四日、双方は錦州以南の女児河一帯で五時間激戦したが、中共軍は国革軍の進攻を阻止できず、守備部隊は二五日、錦州から撤退した。それと同時に、国革軍と並行して出関した山東・蘇北の主力部隊は錦州付近に到着し、国革軍の両翼の末端から突撃したが、部隊は過度に疲労していたため、義県方面に撤退した。途中、中共軍は追尾してきた国革軍を撃破した。この戦役で、国革軍は三〇〇〇余人が殲滅された（九一七〜九一八頁）。

張玉法によれば、「関内の国革軍が北進を阻止される」以前に、中共軍の東北進入は始められていた。この戦役は、一九四五年の戦闘のうち唯一、国革軍の勝利、中共軍の敗北である。『党軍』は、この戦役での中共軍の死傷者数に触れていない。この戦役は、国民政府から見れば、日本軍による被占領地だった満州／東北地区の収復のための行動であり、中共軍はそれを阻止しようとしたのである。

22　国革軍、瀋陽・長春・ハルビン・営口に進入（一九四五年一二月一三日〜一九四六年一月九日）

国革軍は一二月一三日、瀋陽に進入し、一四日には軍を長春に空輸した。一九四六年一月一日には国民政府はハルビン市政を接収し、一月九日には営口に進入した（張玉法四四七頁）。

23　熱河進攻戦役（一九四六年一月四日〜一〇月九日）

『党軍』によれば、中共軍はこの戦役を「熱河防衛戦役」と呼ぶ。国革軍は一九四六年一月四日、東北と華北の中共軍を切断するため、第一三軍・第五二軍を主力として錦承線沿いに熱河（現在の河北・遼寧・内モンゴルの各一部）の中共軍に大挙進攻し、承徳・赤峰などの重要地点を奪取しようとし、華北国革軍と呼応し熱河省全体を占領しようとした。国革軍は一月一三日、平泉・古山地区で阻止され、二〇〇〇余人が殲滅された。その後、国革軍は第九四軍を加え、兵を三手に分けて進攻した。二月二六日、左路第九四軍第五師は中共軍に包囲され、激戦二日で大部分殲滅されたが、軍調処が仲介し、同師の余部は帰還できた。その後、第五二軍と第九四軍は戦区を離れた。中共軍冀熱遼軍区部隊は五月、国革軍第一三軍に反撃し、錦承・北寧・葉赤の三鉄路線を切断した。国革軍は八月下旬、承徳に第三回進攻をかけ、承徳を占領し、錦承・北寧の鉄路線を打通した。国革軍は九月上旬、赤峰に進攻し、一〇〇〇余名の代価を払った後、一〇月九日、赤峰を占領した。この戦役で、国革軍は合計三万余人を失った（九一八頁）。

24　古北口戦役（一九四六年一月一〇日～一四日）

『党軍』によれば、中共軍はこの戦役を「古北口防衛戦役」と呼ぶ。国革軍北平行営は、停戦協定が発効する前に河北・熱河を連絡する古北口（現・北京市密雲県）地区を占領するために、第一六軍と第九二軍の各一部および吸収改編された「偽治安軍」の一部、計四師で平承鉄路を北進させ、古北口を攻略し、熱河の省会・承徳を取り、東北の国革軍と連絡しようとした。中共軍は、一月一〇日から西南地区で激烈な争奪戦を展開した。国革軍は、空軍による爆撃の援護の下で毎日一～二師を突撃梯隊とし、中共軍陣地を猛烈に攻撃し、一度は古北口付近の南台・賈家峪などの地区まで進入したが、四師は一つひとつ撃破された。中共軍は一三日午後、反撃し、一四日、国革軍は支えきれず、石匣地区に撤退した。この戦役で、国革軍の死傷者は三〇〇〇余人だった（九一九頁）。

『党軍』によれば、一九四五年九月から一九四六年一月までに華北・華東地区で大規模な交戦が四回（上党・平漢・津浦・平綏）あり、中共軍は国革軍が内戦に投入した一〇〇余万人の一〇パーセント強にあたる一一万人を殲滅したという（九一三頁）。一九四五年一一月以降の熱河進攻戦役・古北口戦役は、すでに双方が相手の排除を目指した軍事行動だったと見られる。

五　中共の革命の論理

1　国共両党の戦後政府構想

国共内戦の主たる起因についての解答は、『毛沢東選集』の中に示されている。国共両党の戦後政府構想については、国民党は訓政から憲政への移行を進め、中共を含む「中華民国憲法」下の政権づくりを目指した。それに対して中共は、毛沢東の「連合政府論」（一九四五年四月二四日）で、「中国の国家制度は大地主・大ブルジョアジー独裁の封建的、ファッショ的、反人民的な国家制度であってはならない」、国民政府の一八年にわたる支配は「完全に破産」しているとし、「労働者階級の指導する統一戦線の民主的同盟の国家制度を樹立する」ことを掲げ、これを「新民主主義の国家制度」と名づけた（『毛選三』一〇五六頁）。「連合」とは、国民党と中共の連合ではなく、中共と「すべての抗日的な民主的政党」との連合なのである。これは、中共が国民党を打倒して革命政府を樹立するという目的を明確にしたものである。毛沢東は、この戦略的目標を示した上で、さらに「国民党一党独裁を終結させる」ための「第一歩」は「各党各派と無党無派の代表的人物の協議により、臨時連合政府を設立すること」であり、「第二歩」は「自由で無拘束の選挙により、国民大会を開催し、正式の連合政府を設立すること」（『毛選三』一〇六九頁）と戦術目標を提示している。

毛沢東「蔣介石は内戦を挑発している」に対する『毛選四』注釈〔1〕によれば、一九四五年八月一一日、延安総部は、晋綏（山西・綏遠）解放区の賀竜部隊、晋察冀（山西・チャハル・河北）解放区聶栄臻部隊、冀熱遼（河北・熱河・遼寧）解放区部隊が「内モンゴルと東北に進軍」し、山西解放区部隊が「同浦路沿線と汾河流域」の日本軍・偽軍を掃討し、各解放区の部隊が全ての敵が占領している重要交通網に積極的に進攻し、日本軍・偽軍を投降させる」よう命令した（一一四〇頁）。

毛沢東は「抗日戦争勝利後の時局とわれわれの方針」（一九四五年八月一三日）で、「蔣介石は、人民に対してはわずかな権利もかならず奪い、わずかな利益もかならず取る。われわれの方針は、これとまっこうから対決し、寸土もかならず争うのである」（『毛選四』一一二六頁）と支配地争奪方針を示している。そして、「抗日戦争の果実」は「当然人民のもの」と言い、「上海、南京、杭州などといった大都市は、蔣介石に奪いさられることになろう」が、「太原以北の同蒲路、平綏路の中部区間、北寧路、鄭州以北の平漢路、正太路、白晋路、徳石路、津浦路、膠済路、鄭州以北の隴海路、こういった地方の中小都市は必争の地」と作戦目標を明示しており、さらに「まちがいなく人民の手にはいるところはないだろうか」と問いかけ、「ある。河北、チャハル、熱河、山西の大部分、山東、江蘇北部がそれである」（『毛選四』一一二九頁）と答えている。

毛沢東は同じ八月一三日、「蔣介石は内戦を挑発している」で、「解放区の抗日部隊」は「広大な領土と一億以上の人民を解放し、日本の中国侵略部隊の五六パーセントと偽軍の九五パーセントを相手にたたかった」との理由で、「日本軍・偽軍」の「降伏を受理する権利を持っているのは、解放区の抗日部隊だけである」、「中国人民は要求する。中国解放区の抗日部隊は朱徳総司令の指揮の下で直接彼の代表を派遣し四大連合国に参加し日本の降伏を受理し、日本を軍事管理する権利があり、将来の講和会議に参加する権利がある、と」（『毛選四』一一三九頁）と言っている。

毛沢東は「第一八集団軍総司令から蔣介石にあてた二通の電報」（一九四五年八月）では、蔣介石は八月一一日命令に反発し、なぜ「日本軍と戦ってはならないのか」（『毛選四』一一四一頁）、「断乎としてこの命令を拒否する」（八月一三日電報、『毛選四』一一四二頁）と表明し、八月一六日電報では、中共軍は日本軍と戦ってきたが、国革軍は日本軍と戦わなかったと述べた上で、次の六項目を通告している。①日本軍・偽軍の投降を受理し、降伏受理後の一切の協定・条約を締結するさいには、事前に「われわれと相談し、意見の一致をはかるよう要求する」。②中共は、「われわれが包囲している日本軍・偽軍の投降を受理し、その武器・資材を取り上げる」権限を持っている。「わたし」（朱徳名）は八月一五日、日本軍最高指揮官岡村寧次に投降を命じた。③中共軍は、代表を派遣し、連合国が日本軍の降伏を受理し、日本降伏後の工作に参加する権限がある。④中共は、日本の処理に関する平和会議・連合国会議に代表団を参加させる権限がある。⑤「内戦を制止されたい。」その方法は、中共軍が包囲している日本軍・偽軍は中共軍が投降を受理し、国革軍が包囲している日本軍・偽軍は国革軍が投降を受理するということである。⑥「ただちに一党独裁を廃止し、各党派会議を開催し、民主的連合政府を設立されたい」（『毛選四』一一四三～一一四五頁）。

八月一〇日朱徳命令、八月一三日毛沢東「蔣介石は内戦を挑発している」は、国民政府・国革軍に日本軍の投降を統一的に受理する権限があることを否定し、解放区周辺では中共軍が日本軍の投降を受理すること、そのためには国革軍と争う意思があることを示したものである。それに対し、八月一一日軍事委員会命令は、国民政府・国革軍に日本軍の投降を統一的に受理する権限があることを主張したものである。すなわち、中共は毛沢東の「連合政府論」でも見られたように、国民党の憲政構想を否定し、戦争を通じての革命という論理に立っており、日本軍の投降を受け入れ、武装解除、被占領地の収復を国民政府・国革軍と争う意思を持っていることを示している。

先に見た「蔣介石のスポークスマンの談話を評す」（八月一六日）で、毛沢東が日本軍被占領地を国民政府が収復することを日本からの「世襲」と表現していることは、中共が国民政府を日本軍と同列に置き、打倒・革命の対象と位置づけていることを示すものである。

毛沢東は「国民党と平和交渉を行なうことについての中共中央の通知」（一九四五年八月二六日）で、「蔣介石が降伏受理の権利を独占したので、大都市・主要交通路はしばらく（一定段階の間）われわれのものになる見込みはない。しかし、華北方面では、われわれはがんばり、獲得できるものはすべて全力で争わなければならない」とし、「この二週間に大小五九都市と広大な農村を収復し、以前から所有していたものと合わせて一七五都市を所有した」、「華北方面では、威海衛・烟台・竜口・益都・淄川・楊柳青・畢克斉・博愛・張家口・集寧・豊鎮などを収復しており、新四軍は南京・太湖・天目山の間の多くの県城と長江・淮河の間の多くの県城を占領し、山東では膠東半島の全部を占領し山西・綏遠では平綏路の南北の多くの都市を占領している」と成果を示し、「長江北部、淮河北部、山東・河北・山西・綏遠の大部分、熱河・チャハル両省の全部と遼寧の一部を押さえる」（『毛選四』一一五一頁）可能性があると言い、今後は「平綏線・同蒲北段・正太路・徳石路・白晋路・道清路を奪取し、北寧・平漢・津浦・膠済・隴海・滬寧の各路を切断」するという目標を掲げている（『毛選四』一一五二頁）。

戦後政府構想については、中共内部に意見の相違があったかもしれないが、以上に見た毛沢東の言論は、明らかに日本軍占領地を国民党・国民政府・国革軍と軍事的手段によって争う方針であることを示すものであり、中共軍に対する国革軍への攻撃命令である。その点から見ると、〝国革軍による解放区攻撃への反撃〟とは、国革軍を攻撃するための単なる大義名分・口実であったと見ざるをえまい。

おわりに――主因と副因

国共両軍の衝突の過程を一見すると、国民政府が「日中戦争の終了による戦後処理としての、日本軍占領地域の収復」と位置づけている行動を、中共側は「国民党による解放区への進攻」と位置づけ、説明しているという食い違いが存在し、それが国共軍事衝突の理由であるかのように見える。しかし、戦後国共内戦の起因は両者の〝認識の違い、誤解〟に求めるべきなのだろうか。〝中共側は国民党・国民政府・国革軍が解放区と中共軍を殲滅しようとしていると思ったから反撃した〟のだろうか。明らかにそうではない。

戦後国共内戦の経過・起因を検討するには、日中戦争開始以前の両者の軍事抗争、日中戦争開始後の中共軍の国革軍への編入、国民党と中共の戦後政府構想、一九四五年八月一〇日朱徳命令と八月一一日軍事委員会命令、「中ソ友好同盟条約」（八月一四日）、国民政府・国革軍による日本軍占領地収復行動とそれに対する中共側の戦略などの諸要素を総合的に観察する必要がある。わたしの現在の段階での不十分な検討による結論は、次の通りである。

1　革命の論理と統治の論理

戦後国共内戦は、国共両党が引き起こしたものであり、戦後国共内戦とは中共側の革命の論理と国民党側の統治の論理の激突であったと言えようが、主として内戦をしかけたのは中共側であったと見られる。戦後国共内戦は、日本軍の降伏受理、日本軍占領地の収復をめぐる争いであり、とりわけ東北地区の争奪戦として開始された。

中共は、重慶会談で「蔣主席の指導の下で長期に合作」することに合意しているが、毛沢東は、「蔣介石は内戦を挑発している」（一九四五年八月一三日）で蔣介石を「中国のファシストの親玉・暴君・人民の敵」（『毛選四』一一三七頁）と呼んでいるのだから、この合意はその場しのぎの革命的二枚舌にすぎなかったと見ざるをえない。中共にとっての重慶談判とは、米ソからの平和的解決圧力の下で都市市民・農民の平和要求を取りこみつつ、日中戦争中の国共合作関係から国民政府打倒の革命局面に移行する過渡的段階と位置づけられるだろう。中共側には和平交渉を平和最優先でまとめようという意思はまったくなかったものと思われる。

2 主因

①毛沢東は「連合政府論」（一九四五年四月）で、階級論的革命の論理に立ち、戦後政府構想として国民政府を打倒し、「労働者階級の指導する統一戦線の民主的同盟の国家制度」の樹立を目指しており、国民政府の憲政構想を拒否していた、②毛沢東は「抗日戦争勝利後の時局とわれわれの方針」（一九四五年八月）で、中共軍は降伏した日本軍と日本軍占領地の接収を国革軍と争い、「寸土を争う」、とりわけ国革軍の北上を阻止して東北地域を確保することを戦略的に追求した、③一九四五年一〇月までの上党戦役・綏遠戦役・津浦路戦役・邯鄲戦役などでは、中共軍は国革軍の北上阻止を目的とし、中共側資料から見ても、中共軍が先に国革軍に攻撃を開始している。その目的は、毛沢東の言の通り、日本軍占領地を国革軍と争うことであり、「鉄道を利用した国革軍の北方への兵員輸送の阻止」であった。これらの点から、中共側には国革軍に対し積極的に戦争をしかける動機があったと見られる。

したがって、日中戦争後の国共内戦の主な起因は、〟国民党が解放区に攻めてきたので中共軍はこれに反撃した〟などということではなく、国革軍が「解放区を攻撃してきたので反撃した」という中共側の説明は、中共軍による国革軍への攻撃を正当化するための大義名分・口実にすぎなかったのである。戦後国共内戦は、主として中共が国民政府・国革軍による日本軍占領地、特に満州／東北地区の収復を認めず、それを阻止し、積極的に満州／東北地区の確保を目指したために発生した抗争であり、戦後国共内戦の主因は中共にあったと見られる。

3　副　因

①日中戦争開始時に中共軍が国革軍に編入されており、②蔣介石は太平洋戦争発生後、連合軍中国戦区総司令官として国際的に承認された地位にあり、国民政府は自らを中国の正統政権であると認識しており、③日中戦争終了後、日本軍は連合軍・国民政府に対して降伏したなどの点から、国民政府側は日本軍の降伏受理と日本軍占領地の接収は当然、国民政府・国革軍によって行なわれるべきものと意識していたに違いない。

内戦の動機の有無という点では、①国民党・国民政府の戦後政府構想は憲政の実現であり、中共にも参加を求めていたこと、②日中戦争終了後、ただちに兵員の削減を実施していたことなどから、「解放区」の軍事的粉砕を目指していたとは考えにくく、国民党・国民政府・国革軍が中共軍の消滅を目指して戦争をしかけたとは考えにくい。③国革軍が積極的に中共軍に攻勢をかけるのは、一九四五年一一月の錦山戦役以降であると見られる。

国民党・国民政府・国革軍が中共の国民党打倒革命をめざす戦略を知らなかったはずはなかろうが、どのように認識していたかの実態は、『中央日報』、張玉法、『治軍』、『党軍』などの記述からはまったく明らかではない。しかし、国共両党の会談によって日本軍占領地の収復、武装解除の地域区分に関する合意が成立しない限り、軍事対決は不可避という構造になっていたのであり、その中で国民党・国民政府・国革軍が被占領地の収復に向けての行動を進めれば、中共軍との軍事衝突は避けられないものであった。そうした合意が成立しない中での国革軍による日本軍の降伏受理、武装解除目的の出動は国共内戦の起因の一部を構成していたことは否定できない。しかし大局的に見て、国民党要因は国共内戦勃発の副次的な要因、副因と位置づけられよう。

（1）　山極晃『米中関係の歴史的展開一九四一〜一九七九年』（研文出版、一九九七年四月）参照。

（2）土田哲夫「中国抗戦の展開と宣戦問題」（斎藤道彦編『日中関係史の諸問題』所収、中央大学出版部、二〇〇九年二月）。

（3）張玉法『中華民国史稿』（四三〇頁、連経出版事業公司、一九九八年六月。以下、張玉法と略称）。

（4）一九四五年八月二七日『中央日報』（江蘇出版社・上海書店出版社一九九四年九月影印版による。以下、「45・8・27中」のように略称）。同条約については、本書所収吉田豊子論文を参照されたい。

（5）毛沢東「蔣介石在挑発内戦」注釈〔1〕（「蔣介石は内戦を挑発している」『毛沢東選集』第四巻一一四〇頁、人民出版社、一九六〇年九月。以下、『毛選四』のように略称）。初出との異同については、竹内実監修『毛沢東集　第二版　第九巻』（蒼蒼社、一九八三年八月）を参照。ここでの引用は『毛選』による。以下、同じ。邦訳には、日本共産党中央委員会出版部毛沢東選集翻訳委員会『毛沢東選集　4上』、新日本出版社、一九六二年五月。以下、日訳『毛選4上』のように略称）その他がある。

（6）戦区については、拙稿「戦区―中華民国軍事機構」（『中央大学論集』第二七号、二〇〇六年三月）参照。

（7）鹿錫俊「戦後国民政府による日本人技術者『留用』の一考察」（前掲『日中関係史の諸問題』所収）参照。

（8）「重慶談判」（重慶交渉）については、中共代表団梅園新村紀念館編『国共談判文献史料選輯（増訂本）』（江蘇人民出版社、一九八〇年七月）、中共重慶市委党史工作委員会・重慶市政協文史資料研究委員会・紅岩革命記念館編『重慶談判紀実（一九四五年八月～一〇月）』（重慶出版社、一九八三年一一月。以下、『重慶談判』と略称）参照。

（9）毛沢東「中共中央関於同国民党進行和平談判的通知」。

（10）毛沢東「中共中央対目前時局的宣言」。

（11）拙稿「孫文、蔣介石の三民主義建国論」（中央大学人文科学研究所編『民国後期国民党政権の研究』所収、中央大学出版部、二〇〇五年三月）参照。

（12）張玉法（四二八頁、四四四頁、四五三頁）は、「ソ連の対日宣戦」を「八月九日」としているが、八月九日は「対日宣戦」ではなく、「対日参戦」である。

（13）毛沢東「抗日戦争勝利後的時局和我們的方針」。

(14) 毛沢東「建立鞏固的東北根拠地」。

(15) 丸山鋼二「戦後満洲における中共軍の武器調達―ソ連軍の『暗黙の協力』をめぐって」(江夏・中見・西村・山本編『近代中国東北地域史研究の新視角』所収、山川出版社、二〇〇五年一〇月。以下、丸山と略称)参照。なお、同論文の存在は味岡徹氏のご教示を得た。記して感謝する。

(16) 林彪および中共軍の満州における活動については、姫田光義『林彪春秋』(中央大学出版部、二〇〇九年七月)が発表された。

(17) この項、拙稿「戦後国共内戦・一九四五年」(中央大学『人文研紀要』68号、二〇一〇年三月)を合わせて参照されたい。

(18) 菊池一隆『中国抗日軍事史　一九三七～一九四五』有志舎、二〇〇九年三月、一〇八頁(以下、菊池と略称)。菊池は、以下の、中共軍による国革軍襲撃について何応欽『八年抗戦之経過』所収「附　中国共産党破壊抗日史実」によっているが、わたしが参照した何応欽本には「附」がついておらず、確認できていない。

(19) 王真「皖南事変与蘇連対華政策」(『中共党史研究』二〇〇九年第一期)。

(20) 三好章『摩擦と合作―新四軍　一九三七～一九四一』創土社、二〇〇三年。

(21) 毛沢東「論連合政府」(『毛選三』人民出版社、一九五三年二月)。

(22) 毛沢東「評蔣介石発言人談話」。

(23) 毛沢東「第一八集団軍総司令給蔣介石的両個電報」。

付記　本章は、二〇〇八年度中央大学特定課題研究費の助成を受けた。

第五章　戦後内戦とキリスト教
――雑誌『天風』記事の考察――

石川照子

はじめに

「中国の宣教活動と政府の政策は未だかつて直接的な関係を持ったことがなく、宣教の経費もすべて一般の海外のキリスト教徒と教会の教友が喜んで捧げた献金によるものであることを、われわれは非常に明確に了解しており、また肯定的に言うことができる。宣教師が中国に来たのは、愛の福音を宣教し、中国人民の必要に奉仕するためであり、それ以外の目的はまったくなかった。」(1) これは一九四九年一一月に、江長川、呉貽芳ら一九名の著名なキリスト者たちが連名で、英米の教会の宣教部に対して発した公開書簡の文面の一部である。

人民共和国が成立すると、キリスト教と帝国主義との密接な歴史的関係に対する批判・糾弾の声は一段と強まっていったのであるが、この書簡からうかがえるように中国のキリスト教界内部には、海外のキリスト教会と外国人宣教師が中国の教会と宣教に果たした貢献を高く評価する声が、なお根強く存在していた。しかしその後、五一年一月ごろから外国人宣教師の追放が始まり、さらに同年七月二四日には米国ミッションとの関係断絶と教会学校の接収と変容を迫る、「米国の援助を受けているキリスト教団体に対する処理方法」(2)が公布された。やがて五四年には中国基督教三自愛国運動委員会（プロテスタント教会）が成立して、キリスト教界の統合は一つの頂点に達することとなったのである。

こうして外国教会は中国から一掃され、朝鮮戦争の展開の中での新国家建設の課題を背景として、帝国主義批判の声がますます激しくなってゆく中で、キリスト教会の中国化もまた一段と拍車がかかってゆくこととなったのであった。

しかしこのような社会主義新国家建設のための社会統合は、目的こそ戦争遂行という違いはあるものの、人民共和国成立直前に展開された国共内戦の時期においても同様に重要な課題であった。日中戦争終結後から一年もたたない一九四六年七月に国共内戦が全面化すると、国共両党は各方面において戦争遂行のための人々の動員、統合に取り組み、宗教界に対してもそれは例外ではなかった。とりわけ共産党にとってそれらの政策は、後に中華人民共和国で施行された宗教政策の先駆け・試行的な意味を持つものであった。

それでは、この戦後国共内戦の時期において国民党と共産党はキリスト教とキリスト教会に対して、どのような対応・政策を行なったのだろうか。そして一方キリスト教界側は、それらに対していかなる反応・動向を示したのだろうか。これらについては拙稿の一部でも取り上げているが(3)、本章では特にキリスト教界側の反応・動向についての詳細な検討を試みたい。その際、当時の代表的なプロテスタント系キリスト教雑誌である『天風』の報道とその論調を考察の主な対象とし、併せて新聞資料なども使用することとする。

近代中国とキリスト教に関する研究は、中国においてはキリスト教が帝国主義との密接な関係から否定的に評価されてきたため、研究自体も長い間周辺化されてきた。しかし八〇年代以降キリスト教再評価が始まり、その後キリスト教の歴史的役割を再検討する気運が高まって、現在では研究機関もテーマも拡充、拡大しつつある。[4]研究テーマについて述べると、宣教師の役割、教会大学の意義、印刷・出版や慈善活動など社会事業の展開、あるいは政府ないし政党側の宗教政策とその内容などについては、すでに多くの成果が上梓されている。しかしながらその中で、当事者であるキリスト者自身の意識とその変遷を追った研究は未だ多いとは言えない。本章は特に戦後内戦期という中国現代史の激動の時期を取り上げ、その中ではたしてキリスト者自身はどう考え模索、苦悩していたのかその軌跡を追うことによって、こうした研究の不十分な部分を埋めてゆくことができるのではないかと考えている。

一　内戦の展開とキリスト教界

1　内戦の開始と社会統合

一九四六年七月、日中戦争の終結から一年に満たずに国共内戦は全面化に至った。そして最終的には共産党が軍事的勝利を収めて、四九年一〇月一日に中華人民共和国の成立が宣言され、一方蔣介石は一二月一〇日、五〇万の軍隊とともに台湾に逃亡した。

この共産党の勝利の理由として、戦後の財政経済再建に失敗した国民政府の失政と、憲政実施をめぐる強硬策が拍車をかけた同政府の政治的孤立化を背景に、共産党が政府批判勢力を総結集したこと、さらに農村における土地革命がある程度の成果を収め、農民の支持と兵士の確保に成功したこと、そして軍事的にはソ連の擁護の下、早期に東北を制圧して正規軍部隊を整備できたことが指摘されている。[5]この三つの中でも特に本章との関わりから重要な第一の原因を中心に、以下簡単に内戦の展開を整理してみたい。

日中戦争終結直前の一九四五年八月一四日、国民政府はソ連との間で中ソ友好同盟条約を結んだが、これは国民政府を唯一の正統政府と承認するもので、戦後復興と国内統一回復のための各国からの支持獲得を目指した政府にとっては、重要な意味を持っていた。しかし一方国内では、九月から大都市へ戻ってきた国民党の軍隊と官僚たちが工場や物資の接収によって利権を手中に収めて腐敗現象も起こると、やがて「官僚資本」という批判もあびて人々の失望を招いていた。人々が強く望んでいたのは戦後の平和と民主化の実現であり、一一月には各界反内戦連合会が中国民主同盟（民盟）の沈鈞儒・黄炎培らによって結成された。

アメリカ政府もまた国民党統治下の安定・統一された中国を求めて国共両党の調停に乗り出した結果、八月から一〇月まで重慶で国共会談が実現し、一〇月一〇日には「双十」協定（「政府と中共代表の会談紀要」）が発表された[6]。そして翌四六年一月一〇日には国共停戦協定が成立し、続いて政治協商会議が重慶で開催された。同会議では「和平建国綱領」「憲法草案」など「五項決議」が採択されたが、その間も国共両党の抗争は続いていて内戦全面化への懸念は強まっていた。そして二月の政協祝賀大会に参加していた郭沫若・李公樸・馬寅初らが国民党特務らに襲撃されて負傷し、六月には上海民衆の国民政府に対する「内戦反対請願団」が南京で暴徒に襲われるといった事件が頻発し、ついに七月には国民党批判を続けていた民主同盟指導者の李公樸と聞一多が暗殺される事態に至り、外為市場の開放と貿易自由化政策の失敗も災いして、国民党の政治的孤立化は徐々に深まっていった。

やがて内戦は全面化し、最初の一年はアメリカの軍事的支援を受けた国民党軍が圧倒的に有利に戦いを進めていたが、深刻な金融難と不況、すさまじいインフレが中国を襲っていた。四六年一一月に調印された中米友好通商航海条約も中国全体がアメリカの独占市場と化すものと非難され、さらに一二月に北平の女子学生が米兵に強姦されるという事件が起こると反米デモが全国に拡大していったが[7]、こうした民衆のアメリカへの不満は、親米政策を採る国民政府の立場を脅かすこととなった。一一月に強行された憲法制定国民大会も、国民党、青年党、民主社会党のみが出席して、一方的に中華民国憲法の採択公布が取り決められた（翌四七年一月一日公布）。[8] そして四七年五月には南京、上海などで反内戦・反飢餓・反迫害を訴える「五・二〇学生運動」（「五・二〇事件」）が展開され、それは国民党一党独裁を批判する民主化運動と軌を一にすることとなったのだが、国民政府はこれを「社会秩序維持弁法」（同年五月）によって強圧的に抑え込もうとした。

一方の共産党は戦後、「減租減息」政策、「清算闘争」を推進し、やがて徹底的な土地均分を規定した「中国土地法大綱」（四七年一〇月）に至る土地革命を本格化させることによって、その急進的なやり方は問題を残したものの、農村での支持基盤を徐々に強固なものとしていった。また、前述した反内戦・民主化要求の民衆運動と連携する姿勢を示すことによって、国民党をさらに劣勢に追い込むことに成功していったのである。

内戦は一九四七年六月になって人民解放軍の攻勢が強まり、九月には国民党軍に対する総反攻が宣言された。四八年に入ると形勢は明らかに逆転して、同年九月から始まる「三大戦役」を経て、ついに四九年一月三一日に人民解放軍は北京に無血入城を果たした。そして四月の国共和平交渉が決裂すると同月二〇日に総進撃命令が下され、人民解放軍は翌日には長江渡河作戦を敢行して二四日には首都南京を占領し、続けて五月二七日には中国最大の都市上海を占領、さらに南下を続けるのだった。

こうして共産党の軍事的勝利が確実となった状況の中で、八月五日アメリカは『中国白書』を発表して、中国内戦への本格的な軍事介入の意志のないことを明らかにした。そして共産党は九月に国内の民主派勢力を結集させた中国人民政治協商会議を開催し、来るべき「新中国」の構想を検討することとなったのであった。

2　国共両党とキリスト教

以上のように、内戦遂行のために国共両党はそれぞれのやり方で人々の動員、統合に力を注ぎ、一方はそれに成功し、一方はそれに失敗したことが内戦の雌雄を決したということが言えよう。それではそうした中で、国民党と共産党はキリスト教とキリスト教会に対して、どのような対応・政策を行なったのだろうか。

まず国民党について見ると、一九二七年の南京政府成立以降宗教事務を管轄していたのは、国民党中央民衆運動指導委員会と、政府機構の内政部であった。そして多民族中国における多様な宗教信仰の現実を勘案して、一九一二年に中華民国臨時約法で謳われた宗教の平等は、南京国民政府でも継承されて、三一年の中華民国訓政時期約法と四七年の中華民国憲法において宗教信仰の自由が想定された[9]。

そして多くの宗教の中でも、キリスト教と国民党との結びつきは大変密接であったことが指摘できる。国民党は内戦期においては教会やその関係者を慈善救済活動や政治宣伝に動員する政策をとっていた。実際バチカン政庁は国民党の側を支持していたし、国内のプロテスタント教会でも国民党政権に支持ないし同情を寄せていた指導者は少なくなかった。

また、中国のキリスト教界は二〇世紀以降とりわけアメリカの教会・教団と、人的にも資金的にも深い関係を保持していたのだが、政府もまた抗戦期から内戦期にわたって、軍事援助等を通じてアメリカとの親密な関係を続けていた。たとえば一九四八年二月に上海で開催されたカトリック教会系の全国公教教育会議（バチカン公使のリベリが提唱し、全国天主教教務協進委員会が組織・招集した）に、国民政府教育部社会教育司司長の英千里（カトリック教徒）、上海市市長代表、上海市教育局局長ら政府代表とともに、アメリカ大使館秘書が出席して、米中の当面の重要な任務は共産主義を打倒することであり、政治上、軍事上のみならず、とりわけ文化教育面における努力が必要であるとの講演を行なっていた[10]。実際アメリカ側は宣教師たちに反共宣伝の役割を担わせ、そして国民政府側はこうしたアメリカとの関係を通して、反共宣伝と自身への支援を得て、民衆を統合して内戦を有利に進めようとしたのだった。

そもそも国民政府指導者の蔣介石自身もキリスト教との強い個人的関係を備えており[11]、三〇年代の新生活運動もまたキリスト教との関係が指摘されている。そして妻の宋美齢との関係からのみならず、蔣介石もまたアメリカと公私ともに深いつながりを保持していた。それは特に内戦期に駐中国大使を務めたスチュアートとの関係に見ることができる。

スチュアート（John Leighton Stuart 一八七六～一九六二年）は、中国の杭州でアメリカ人宣教師の家庭に生まれた[12]。一一歳の時にアメリカに帰国し、後にニューヨークのユニオン神学校で学んだが、結婚直後の一九〇四年には再び中国へ戻ってきた。そして南京の金陵神学院で教鞭を取るなどしていたが、北京で教会大学である燕京大学の創設に貢献して校長を務めることとなった。日中戦争中スチュアートは重慶の蔣介石とたびたび会っていたが[13]、その後日本軍によって、アジア太平洋戦争後まで三年八か月余り軟禁（あるいは監禁）状態に置かれた。

そして戦後は一九四六年七月に、マーシャル将軍の推薦を受けてトルーマン大統領によって中国大使に任命されている。スチュアートは大使就任直後から蔣介石と会談を重ね、また共産党の周恩来をアメリカ大使館に招いて国共間の政治的解決の道を模索した[14]。しかし最終的には、スチュアートは蔣介石の内戦敢行を支持・支援することとなったのである[15]。

それでは共産党の内戦期における宗教政策とキリスト教への対応とは、いかなるものであったのだろうか。

共産党は日中戦争終結直後から支配地域であった各「解放区」が、宗教信仰の自由という政策の継続を表明した。そしてそれらは、四九年九月の中国人民政治協商会議で採択された「共同綱領」第五条に、「中華人民共和国の人民は、思想、言論、出版、集会、結社、通信、身体、居住、移転、宗教信仰およびデモの自由の権利を持つ」[16]と明記されるに至った。これはその後施行された憲法の宗教規定の基準を形作るものとなったのである。

そしてキリスト教に対しては、その活動において重要な役割を果たしていた外国人宣教師について、共産党は四六年に「外国〔人〕が我が区において宣教および文化活動を行なうことについては、政府の法令を遵守すればそれは自由に行なうことが許され、各国の財産もまた返還されなければならない」（「解放区外交方針に関する中央の指示」）[17]と規定した。

そして四八年二月には外国人が管轄する宗教機関に対して、「帝国主義の性格に属するか否かにかかわらず、一般には排除あるいは没収の政策は採らない。……〔教会堂は〕没収、破壊してはならない」（「在華外国人に関する政策の中央の指示」）[18]という方針を打ち出している。

以上のような宗教信仰の自由の保障、そして外国人宣教師・教会の保護もまた、内戦遂行のための民衆動員と社会統合の実現を意図したものであると言えるだろう。であるからこそ、共産党の内戦勝利が確実なものになりつつあった四九年一月になると、「〔外国人宣教師は〕すでに我が解放区にいる者は継続して居住し業務を執行することを許可する」ものの、「新たに来る者はしばらく認めない」（「外交工作に関する中共中央の指示」）[19]という、キリスト教会の中国化の方向が提示されることとなるのであった。そして人民共和国建国後は「はじめに」で述べたように、キリスト教会の外国勢力は中国から完全に駆逐されてゆくのであった。このように内戦期の共産党の宗教政策は、後の中華人民共和国の宗教政策の先駆けとしてとらえられ、両者の間にその連続性を見出すことができるのである。

3　キリスト教界の動向

それでは、こうした国民党と共産党のキリスト教界に対する対応・反応に対するキリスト教界側の動きはどのようなものだったのだろうか。言説からうかがえる反応については次節以降で詳しく見てゆくが、ここではカトリックとプロテスタント双方の動向の概要について述べてみたい。

中国カトリック教会の動向は、バチカン政庁の意向が決定的に重要な意味を持っていた。戦後の東西対立の中、フランスやイタリアの共産党勢力の拡大という事態などに対峙して、反共傾向を備えるようになった当時の法王のピウス（ピオ）一二世により、内戦直前の四六年七月四日、バチカンと南京国民政府は正式な外交関係を樹立した。さらに上海に天主教中華全国教務協進委員会を設立して、蔣介石の内戦発動政策に対する支持を表明している。[20]

こうして中国の内戦に際して、バチカン政庁側は蔣介石の国民政府支持の姿勢を鮮明にしたのだった。そして内戦末期の一九四九年六月三〇日にはバチカン政庁の聖職省が、「共産主義は唯物論に立脚したもので、反キリスト教的であるために共産党への入党や支持をしてはならない」とする、明確に共産主義に反対する法令を公布している。[21]

後に人民共和国が成立してから共産党とバチカンとの緊張関係が高まってゆくのであるが、その源はこの内戦期に辿ることができよう。そしてプロテスタントと違い、ローマ法王の元に一元化されたカトリック教会において、中国のカトリック信徒たちもまたバチカンの意向に忠実な姿勢を保持していた。そのため建国初期の共産党の政権下においては、同じキリスト教ながらカトリック教会はプロテスタントより厳しい状況に直面させられることになるのであった。[22]

一方のプロテスタント側の動きを見てみると、カトリック教会とは違って元々多くの宗派に分かれて独自の活動をしていたこともあり、そこには教会およびキリスト者における分化の現象が現われていたのであった。

中国のプロテスタント系の教会・教団はアメリカの教会・教団との関係が深く、中国のプロテスタント側の動向は、米中関係の推移に大きな影響を受けていた。後に朝鮮戦争が勃発して帝国主義とアメリカへの激しい批判がなされる中で、中国の教会がアメリカとの関係を断絶するよう迫られるのも、こうした文脈の中で理解しなくてはならない。

中華全国基督教協進会[23]は、日中戦争後から親米反共の立場を強めていたのだが、一九四七年に会の代表団が蔣介石と宋美齢夫妻に会見した際に、宋美齢からの無条件で〔国民党〕政府の立場を支持せよという要求に答えて、蔣介石政権への支持を表明している[24]。さらに協進会は内戦がほぼ決着を見た四九年八月の段階においても、「共産主義とは実現できないユートピアである」と規定し、「キリスト教」の立場を強調する「全国の信徒への書」を公表したのだった[25]。

しかしプロテスタント教界内にはこうした動きとは対照的に、国民党に対する批判の声も強まっていた。それは後述する雑誌『天風』の記事の中にも見ることができるが、その代表的人物が呉耀宗である。日中戦争前後に抗日救国運動に参加して、共産党と頻繁な接触を持った呉は、建国後は三自愛国運動の発起人や主席を務めるなど、正に社会主義中国を代表するキリスト者の一人に数えられることとなった[26]。

呉耀宗は内戦反対請願代表団の一人として南京へ赴いた際に、特務の襲撃に遭って殴打された経験などから、しだいに国民党への批判を強めていった[27]。四八年四月には雑誌『天風』上に「キリスト教の時代的悲劇」という文章を掲載して、中国のキリスト教がアメリカの大きな影響を受けた結果、帝国主義の思想と文化侵略の道具へと変貌していったと明確に述べている[28]。呉耀宗が指摘したこの「帝国主義批判」という言説は、後の人民共和国建国初期においてキリスト教の中国化を導く理論的テーゼとして重要な意味を持つことになり、たとえば先ほど触れた朝鮮戦争の際の状況に端的にそれが現出していたことが理解できるのである。

そして四九年六月の中国人民政治協商会議準備会議には、プロテスタント代表として呉耀宗と鄧裕志（ＹＷＣ

A全国協会労工部主任幹事）が政協会議準備委員として出席し、さらに同年九月の中国人民政治協商会議第一期全体会議には、宗教界からの八人の代表の内、キリスト教界からは呉耀宗、鄧裕志、張雪岩、趙紫宸、劉良模の計五人が参加して、「共同綱領」草案作成に関与した。(29) そして会議後代表たちは、政協会議が統一戦線を表現したものであること、現在のキリスト教は中国化したキリスト教であると説明して、共産党政権とその政策への支持を鮮明に体現したのであった。

二　『天風』の報道（1）

1　『天風』の概要

本節および次節では、以上見てきた内戦期のキリスト教界の動向を、さらに雑誌『天風』の記事を考察することによって、その詳細を検討してみたい。

『天風』は一九四五年二月に、呉耀宗たちキリスト者が政治、社会、時事に対する自分たちの考えを表現するために、成都で刊行されたプロテスタント系の週刊誌である。(30) 資金は宣教師たちの献金で賄い、当初は基督教連合出版社（United Christian Publisher）から発行されたが、後に呉耀宗が社長を務める天風社が設立されるとそこから刊行されるようになった。

その誌面構成も時事、論文、宗教、文芸など多彩な内容を備えていたが、とりわけ日中戦争末期から内戦期にかけては、激変する国際状況と国内状況に関する記事や論文が増えてゆき、この一週間に起こった国内外の出来事について報じた「時事述評」というページが、毎号掲載されるようになっていった。そして時局の現段階を検証する中で、自分たちキリスト者や教会がどうあるべきかについて論じた文章が多数見られるようになったのである。執筆者は教会関係の教職員の他、著名人も少なくなかった。

一九四六年上半期には上海に移って刊行を継続し、そして建国後の五一年にはいったん社長の座を退いていた呉耀宗が天風社主席に就任した。さらに五四年に中国基督教三自愛国運動委員会が成立すると、『天風』は正式に同全国委員会の機関誌となったのであった。

その後文化大革命が始まると『天風』は停刊に追い込まれたが、一九八〇年に復刊し、八五年一月からは月刊誌に形を変えて今日に至っている。九九年の発行部数は一三万部を数えている。

そもそもプロテスタントはローマ法王の元に一元化されたカトリック教会とは異なり、数多くの宗派や教会に分かれて、それぞれ独自の教えや活動を展開していた。そのため同じプロテスタントといっても、キリスト教の教義、信仰の解釈にも幅があり、また現実の社会や政治に対する考え方や立場も一律ではなかった。しかし、キリスト教信仰に基づく主張・編集をしつつも、「無党無派の自由主義の刊行物であり、内容は完全に公開されるものである」(31)と謳い、「いかなる宗派の思想にも拘束されない」(32)という姿勢を主張していたことは、『天風』の大きな特色として指摘できるのである。

しかしながら現実の政治の激変に対し、しだいにキリスト者自身もそれらと無関係ではいられなくなる中で、前述したように自身の立場や行動についての模索が始まり、意見の分化が見られるようになるのであるが、それについては後に述べることとする。

2　民主・平和実現、内戦反対

次に、日中戦争終結から全面的内戦までの時期における『天風』の記事を見てみたい。

この時期の報道の特色として指摘できるのは、日中戦争終結後の早期の平和実現への強い想いと、にもかかわらず懸念される国共内戦全面化への危機感、そしてそれゆえの国共会談と「双十」協定への期待感である。国民政府への期待の想いは、抗戦終結直前の一九四五年八月一四日に締結された中ソ友好同盟条約から見られた。この条約は前述したように国民政府を唯一の正統政府と承認するものであり、また戦後共産党勢力に対抗して、国民政府はソ連側に譲歩する代わりに東北における国民政府側の主権を確保しようとしたものであると指摘されているが[33]、『天風』はこの条約の平和実現に対する強い期待を表明していた。

「この中ソ友好条約の締結は始まりにすぎないものの、新中国の復興と建設のための有力な保障（原文は保証。以下同様）であり、さらに極東の長期安定の転機でもある……我々は極東の長期にわたる安全保障となる中ソ友好条約を結ぶことによって、建国の困難な途上におけるソ連の協力と援助を必ずや得ることができるものと信じている」[34]と述べ、この条約の意義を東アジア大陸における両国の協力による中ソの安全の保障となること、ソ連が中国の内政に干渉せず中国の領土主権を尊重することを重ねて声明したこと、アメリカに次ぐ第二の国力を持つソ連という先進産業国の支持は、遅れた中国の今後の発展に正に必要であることという三つにまとめられている[35]。

このように極東の安全保障の実現という国際関係上の意義と、中国の主権保持と復興建設への支援[36]という国内的な意義を『天風』はこの条約に見出しているのであるが、そこには中国の主権執行の中心としての国民党へ大きな期待をかけていたことが想像できる。この期待は「政協での民主化プロセスに関する合意を修正し、国民党の一党独裁体制を維持しようとする諸決議が採択された」[37]といわれる、一九四六年三月の国民党第六期第二回中央委員会に対しても顕著に表れていた[38]。

しかし政府に対する要望がまったくなかったわけではなく、それは完全な言論の自由の要求という形で表現されている。

日中戦争終結直後に戦争を理由に設けられていた検査制度を批判し、原稿審査を拒絶するという連合声明を発表した東方雑誌など重慶の通信社と雑誌社に対して、『天風』を含めた成都の一七の文化団体がその行動を強く支持する書簡を公開したのだが、『天風』はその書簡を第一七期の巻頭に掲載した。書簡は「(この検査制は)中国人民の言論の自由を厳重にふみにじり、中国の文化新聞界の尊厳と信用を損なうものである。現在戦争はすでに終わり、言論の自由を規制する全ての戦時法令は完全に存在根拠を失った。政府はもはやその措置を採ることはできず、われわれは中国人民の言論の自由を守るために、検査制度の死亡通告を自ら行う理由があるのである」[39]と強く訴えたものだった。

戦後中国の最大の課題は復興と建国の事業であったが、どのような国家を建設するのかということについてのさまざまな模索と錯誤がなされる中で、『天風』自身は建国の先決条件としてまず「民主政治の実施が必須である」[40]ととらえていた。そしてその基礎として全ての出版発行の特許制度の申請登記の方法への変更、新聞図書雑誌の検査制度の取り消し、郵便電信検査の撤廃、印刷出版発行の独占傾向の変更、民営文化事業回復に対する政府の公平な協力援助、敵に降伏し祖国に背いた文化人の懲罰、文化人の人身の自由の保障の七つを主張している。[41]

このような観点から、『天風』は言論の自由の要求を重視して、その主張を繰り返していた。[42] そして政府がついに一九四五年一〇月一日に、新聞図書雑誌の検査制度を取り消すというニュースがもたらされた後も、実際に取り消されるのはわずかな部分だけであると冷静にとらえて、さらに完全な言論の自由を求めた。[43]

こうした言論の自由に象徴される、戦後建国における民主の実現への強い期待は、年に一度行なわれていたアメリカ東部の中国人クリスチャン学生のサマーキャンプの様子を伝えた記事からもうかがえよう。その記事は、学生たちが中国には各党派および無党派によって組織した連合政府が必要であり、普通選挙によって構成された議院が、憲法を制定し正式の民主政府を組織することが必要であると指摘したと述べているが[44]、学生たちの期待の中に『天風』自身の想いを見ることができるだろう。しかし、こうした政府による民主実現への熱い期待は前節で述べたように、四六年に内戦が本格化するまでには大きく裏切られてゆくことになるのであった。

最後に、平和実現への希求と内戦全面化への危機への懸念と不安について取り上げた記事について見てみたい。

和平に対する強い願いは、重慶での国共会談が始まる直前の記事に端的に見ることができる。

国内のこの時期勝利が迫っている中で、国内各党派の団結の問題は、国民と世界の友人たちにとっての関心の中心となっている。四月二七日の延安の共産党第七回全国代表大会、五月五日の重慶の国民党第六回全国代表大会、そして七月七日の第四回国民参政会は、民主の実施による国内団結の問題の解決について、みな等しく言及していた。道理に従い、各党派は国を愛し民を愛するという大原則に立ち、協調を求め協力を強化して、ともに豊かで安定した新中国を建設することで、大変な苦しみの中で喘いでいる人々を救いだし、そして世界の平和と民主の主流に適応しなくてはならない。しかし国共の話し合いが行きづまりに陥ってからは、国民が久しく叫んできた国共団結の問題は依然として軽視できない問題となり、人々が久しく渇望してきた平和は、依然として望みながらも達成できない理想となってしまったのである[45]。

国民を救う団結の主体として国共両党に均しく期待を寄せる姿勢と同時に、思うように進まない現実への不安が読み取れるのだが、であるからこそ、四五年八月から一〇月に開催された国共会談に対して、『天風』は大きな期待を寄せていた。「平和建国は民主団結を基礎としなくてはならないという今回の会談の基本方針に、我々は完全に賛成する」[46]。

そして会談を終えてもなお去らない内戦全面化の危機に対しては、「我々は国共双方が人々の意志を尊重し、政治協商によってこの当面の重大な問題を解決し、武力によって既成事実を作りだし甚だしきに至っては内戦を促進するようなことのないよう希望する」[47]と、同じく均しく両党に対して自重を求めている。また「〔日中〕戦争が終結してから、全国の人々の注意はみな打ち破った日本の問題から内戦防止の問題へと移っている。理由は簡単だ。中国の民衆は本当に苦しんでいるのだから。……中国の人々は内戦の下での苦しみを十分受け、敵と傀儡組織の統治の下でも十分喘いできた。人々のためを思うなら、再び内戦を起こさず、日本の侵略者が再び自分たちの同胞を虐殺しないことを希望する。われわれは断固として内戦に反対する。誰が〔内戦の〕首謀者になろうと徹底的に反対する」[48]という文章には、内戦反対の並々ならぬ決意が示されていた。

そして第二三期では、前節で述べた中国民主同盟の黄炎培らの動向を含む、内戦反対の声の高まりと人々の実際の行動について、六頁にわたって特集して報道したのだった[49]。このような『天風』の論調は、戦後社会の中で同様に民主的な国家を構想した民主同盟を始めとするリベラル派知識人たちの、内戦反対と検査制度反対に象徴される言論の自由の主張と大きく重なるものであった。そしてどちらも国民党への期待と批判的視点を持ち、国共両党双方への断固とした内戦反対の立場を堅持していたのであった。

三　『天風』の報道（2）

1　全国的内戦の開始

『天風』の平和実現と内戦反対の強い想いにもかかわらず、一九四六年七月には国共間の抗争は、全面戦争へと突入した。それでは、内戦が進行しやがて四九年一〇月に中華人民共和国が建国され、中国が社会主義体制として新たな歴史の段階を迎えるまでの、この期間における『天風』の報道と主張はどのようなものだったのだろうか。

内戦の前線がしだいに拡大する中でも、『天風』には戦況を伝える記事とともに平和を求める主張を見ることができる。そして民主の実現についても引き続き報道されていた。まず民主に関しての報道から見てみたい。

民主的で安定した社会実現への希望は、一九四六年一一～一二月に開催された憲法制定国民大会と、深刻なインフレに見舞われた中国経済とそれに対する政府の政策についての記事の中に、集中的に表現されていた。民主的社会実現の第一歩としての憲政実施を決定する、国民大会とそこでの憲法策定への関心は、一九四六年八月には現れていた[50]。そしてキリスト者として、軍事敵対的行為の終結・政権開放と訓政終結・人々の基本的自由の保障・三民主義の政策の実施・社会風紀と官吏心得の整備を、速やかに実施することを求めている[51]。さらに三五回目の双十節を迎えるに当たっても、再度民主的で平和で独立した中国が希求されていた[52]。

『天風』の民主的社会実現への熱い想いは、当然ながらそれを脅かすものに対しては強い反発となって現れたが、その好例が李公樸と聞一多の暗殺と台湾の二・二八事件についての報道であった。同じ一九四六年七月に特務によって暗殺された、民主同盟指導者の李公樸と西南連合大学教授の聞一多について、『天風』はそれぞれ追悼する文章を掲載している[53]。特に李公樸らへの文章では、「戦後のこの新しい世界の中で、人類は遍く平和と民主―天国の降臨を求めている。けれども天国が近づけば近づくほど悪魔の阻止する力も強くなり、キリスト教徒の任務もさらに困難なものとなる。われわれの先覚者―劉湛恩と彼の学生の李公樸は、相次いで魔手にかかり倒れた。彼らが辿った十字架の道を歩み、神の天国の降臨まで前進してゆくということを、われわれに伝え残して」として、志半ばで亡くなった二人の遺志を継いでゆくことを表明している（なお、民主同盟は四七年一〇月に、国民政府内政部によって非合法化された）。また二・二八事件についても、運動に参加した民衆への理解を求めて、当局が彼らを「暴徒」ととらえないことを訴えた[54]。

そして、一九四六年一一月一五日に南京で憲法制定国民大会が始まる前後から閉幕するまで、その大会の動向は『天風』の毎号に掲載された。民主社会実現の第一歩となるべき憲法制定の国民大会に対して、本来なら大きな期待が寄せられるはずであったのだが、記事は共産党と民主同盟が不参加となったことで、この大会が真の「統一」という目的を果たせなかったと指摘した[55]。憲法草案の検討についても、それがきわめて短期間の内になされたこと[56]、首都所在地や国体、大会の職権などをめぐって議論が紛糾したことが指摘されており[57]、その結果「（国体、大会の職権に関する）憲法草案の修正については、それが政協会議の憲法草案の精神を破壊し、一党独裁の実質を引き延ばすこととなったとして、一般の人の大部分はそれを支持していない[58]」と結論づけている。そして「国民大会と内戦が同時に進行していることは、現在の局面におけるおかしな現象ではないということは、よもやあるまい[59]」と、この「国民大会」の不完全さを再度指摘した上で、言論・出版・結社・学術・思想・信仰・人身の自由の擁護や、内戦・腐敗・汚職・欺瞞・奪取への反対などを、自身のなすべきこととして挙げている[60]。

この言論の自由などの民衆的権利を求める訴えは、内戦の形勢が共産党へ有利に傾いてゆく中でも続けられ、一九四八年に南京の『新民報』の停刊に対しては新憲法に則って新聞・国民・国家の自由を要求し[61]、内戦下で再び実施されるようになった雑誌などの検査[62]とともに、人権保障案の立法院での否決に対しても「憲政が正に始まるというのに、憲法はすでにその尊厳を失ってしまったことは、一体どんな道理だというのか！[63]」と強く批判している。

次に、内戦下の深刻な中国経済と政府の政策についての報道を見てみたい。日々悪化の一途を辿った経済状況についての報道は一九四七年九月ごろから現れ、翌四八年にはその量を増していったのであるが、それは内戦がしだいに共産党軍に有利な形勢へと変わってゆく時期と軌を同じくしていた。そして人々の生活を脅かす物価の上昇はインフレと物不足に起因し、それは内戦の続行によりさらに悪化を招いているとして、内戦と経済の苦境との密接な関わりを認識していた[64]。確かに、四七年末には開戦前に比べて物価が一四万五〇〇〇倍となり、民族商工業の倒産や失業者が続出する状況は人々を苦境に追い込んでいたのである[65]。

そして一九四八年に入って内戦の形勢がはっきりと逆転してゆく中で、『天風』は四八年上半期の国家予算案で赤字が四〇万億元に達するという予想を伝え[66]、さらに戦後復興しつつあった日本からの製品の流入による経済圧迫に対する警戒を訴えた[67]。また、中国の汚職にまみれた無能な政府をアメリカが支持しているという、アメリカ国内の批判の声を伝えて[68]、八月の新通貨への切替え政策も失敗して狂乱物価がおさまらない事態に至り、「このたびの幣制改革の最大の失敗は、民心を失ったことである」と指摘し[69]、「表面上は経済の問題だが、実際には戦局の変化なのである」[70]として、国民政府への批判と内戦の経済への影響を明言している。

続いて、進行する内戦についての報道はどのようなものだったのか見てみたい。内戦が全面化した後に呉高梓[71]ら一二名のキリスト者が連名で発表した、内戦に反対し思想・言論などの自由を訴える時局宣言を、『天風』はいち早く掲載し[72]、政治協商による解決を訴えていた[73]。そして停戦より改組問題を優先している政府に対して、「今民衆が求めているのは第一に停戦、第二に停戦、第三も停戦なのである」[74]と再度停戦を主張した。

一方でアメリカの調停による停戦実現への期待も大きく、中国へ派遣されたマーシャル特使とスチュアート米大使の共同声明や、中国国内の協力と外国の不干渉を求めるウォレス国務長官の演説を報道していた[75]。しかしながら、頻発する中国駐留の米軍の暴行事件に対しては、「駐在米軍は中国の主権を侵し、中国に大きな恥辱を与えている……みな声を揃えて『中国から出て行け』と叫んでいるのである」[76]と厳しいまなざしを向けている。

そして一〇月の国共会談へ期待する記事も見られるものの[77]、一九四七年になると戦況を詳しく伝える記事が増えていった。また、引き続きアメリカの調停工作や援助に関する報道[78]とともに、アメリカ製品ボイコットを訴える百貨店労働者たちの集会に暴徒が乱入して、一人の犠牲者を出すという「二・九惨案」についても大きく報道され[79]、和平とともに自強の重要性が同時に主張されていた[80]。

さらに停戦和平への期待は政治協商による解決を求める訴えとして表現され[81]、キリスト者としての内戦反対の理由として、民意に違反していること、飢餓を生み出していること、国体を損なっていること、自由を剝奪していることの四つを挙げている[82]。

一九四八年に入ると、継続する内戦の東北、中原、華北などの戦況、熱河や徐州の激戦が詳細に報道され、また四月にはアメリカ議会で四億六三〇〇万ドルの対中国援助を含んだ対外援助法が可決されたという記事も掲載された[83]。しかし内戦が続行され、戦況が共産党有利に大きく傾いてゆくこの段階になると、『天風』の報道はもはや内戦停止の主張ではなく、現実に進行してゆく戦争の事実報道自体にその中心は移っていったのであった。

一九四九年を迎え、「三大戦役」を経て内戦の共産党勝利がほぼ確実な状況となってゆく中で、『天風』は国民党を批判し共産党へ期待を寄せるアメリカ人研究者の文章を転載した[84]。さらに四月一日から始まった国共和平交渉が難航していることを伝える中で、毛沢東が李宗仁に宛てた書簡を紹介し、人民解放軍の動向が全中国解放の合図となっているとした[85]。そして共産軍の四月一日の長江渡河と、さらに南下の動向が伝えられるのだった。こうして『天風』は言論統制、内戦の継続とそれに起因する経済政策の失敗、そしてアメリカへの期待と批判を通して、しだいに国民政府への批判的姿勢を強めていったのである。

2　「新中国」へ向けての模索

以上見てきたように、進行する内戦の中で、『天風』は停戦と民主実現を目指して報道を続けてきた。そして即時停戦を願いつつもそれが叶わぬ現実の中で、キリスト者としての自身の立場となすべきことを模索していった。ここでは戦争の雌雄が決してゆく段階で、来るべき共産党政権に対して『天風』はどのような展望と見解を抱いていたのかを中心に見ていきたい。

『天風』編集部は内戦が全面化してまもなく、現在多くの人々が意見を交わすことが必要なテーマであるとして、キリスト者としての取るべき政治的姿勢についての主張を掲載した(86)。それらの観点や結論は全てが同じではなかったが、みなキリスト者としてどう考えるかという点は一致しており、そこから慈悲を忘れず人を断罪しないという態度が求められたり(87)、キリスト教の団結や先知と犠牲の精神の必要が説かれたのだった(88)。

さらに戦争が続く中で、現実への対応についての模索が重ねられ(89)、教会やキリスト教団体が政党に参加することは戒めなければならないとするものの、「キリスト者個人が自身の考えと主張に基づいて、政治的組織や活動に参加してその宗教信仰を政治生活の中に反映させることは許される。なぜなら自身はキリスト者であるだけでなく公民でもあるからであり、人としての責任だけでなく社会的責任もまた負っているからである」(90)と説いている。このように『天風』は信者たちが単にキリスト者としての信仰を堅く持ち続けるだけに留まらず、自身の意に反して内戦で分裂する現実社会の中で、自らの政治的立場を選択し活動してゆくことを許容する立場を表明するようになっていった。

そして内戦が徐々に共産党優勢へと傾いてゆく一九四七年の年末になると、目の前に迫る共産主義や共産党を冷静にみつめる見解も見られるようになった(91)。前述のキリスト者の政治参加を認める呉耀宗は、自身も内戦反対などの活動にも関わる中で、「私はキリスト教と唯物論が衝突するものではなく、衝突しないばかりか互いに補うことができるところがあるということを発見した」(92)として、共産党への理解を示す見解を記していた。こうした背景として、経済政策の失敗などによる国民政府への批判が、一方の共産党への関心を生じさせたことが推察できるのである。

一九四八年に入って最初の期となる次号でも、呉耀宗は続いて「しかしわれわれはさらに大胆に、われわれは「偏向」を恐れない、「偏向」すべきなのであると言うことができる。真理とは「偏向」しているものであり、真と偽の間に中立はなく、是と非の間にも中立はないのである」[93]として、分裂する政治状況の中での中立的立場がありえないという考えを示した。しかし次号で呉高梓は、「『天風』はキリスト教の刊行物であり、いかなる政治派閥的背景も持たない。『天風』は全国信徒の共有の刊行物であるが、いかなる宗派の思想の拘束も受けない」[94]と、むしろ中立性を強調する見解を述べており、この段階における『天風』の立場と主張に関して、その内部に大きな相違が生まれていたことが考察できるのである。

しかしその後の号では、呉耀宗の見方を反映するような記事が多く見られ、基督教協進会の教会が政党に関わることはできないが、信徒が個人の立場で政治に参加することはできるという見解が報道され[95]、また、救国救世の活動のためにキリスト教徒が集団で政治に参加しようという主張もなされている[96]。そして呉耀宗自身は一九四八年四月号に、第一節でも触れた「キリスト教の時代的悲劇」という文章の中で、中国のキリスト教は歴史的にアメリカとの密接な関係を持ってきたと認識しつつ、第二次世界大戦後のアメリカの帝国主義的姿勢を批判して、次のように述べた。「日本の復興もまたアメリカの援助と支援のもとに推し進められている。多くの人々の眼には、アメリカはすでに新たな帝国主義国家へと変貌したように映る。この歴史的悲劇が上演される最中、キリスト教は預言者の精神を抱いて抗議の声を張り上げることもなく、逆にこの反動的な計画とほぼ和合一体化してしまっている。これは遺憾に堪えない。[97]」呉は、中国のキリスト教がアメリカ帝国主義の影響によって大きく変貌して、その手先と化してしまっていると明言するに至ったのである。

『天風』はさらに共産党支配区における宗教の自由の有無をめぐる、見解の異なる二篇の外国人による文章を転載して共産党への関心を示し[98]、教会は現実に対して沈黙してはならないと訴えた[99]。こうして『天風』は現実社会への強い関心を抱く姿勢を取り続けたのであるが、呉耀宗自身は「キリスト教の時代的悲劇」が宣教師たちの強烈な反感を招いた結果、五月一九日には天風社社長の座を辞任せざるをえなくなり[100]、後任の社長には呉高梓が、副社長に江文漢ら[101]が就任した[102]。

しかし、「三大戦役」を経て共産党の内戦勝利が濃厚となってゆく状況を迎えて、『天風』は共産主義に対する認識を述べ[103]、さらにわれわれは政党の活動には参加しないが、「われわれは中立を守ったり中間の路線を行くことは決してできない。なぜなら是非の間には中間の道はなく、「是は是であり、是でないものは是ではない」という正しい原則があるだけなのだから[104]」として、現実政治における立場の選択の必要を主張するのだった[105]。

一九四九年に入り内戦の大勢がほぼ決してゆく中で、『天風』は社会主義の潮流は誰にも阻止できないものであると認識し[106]、中共軍の長江南下を目前にして冷静さを呼びかけた[107]。しかし新しい時代の段階を目前にして、しだいに自身の刷新を説く記事が数を増してゆく[108]。そして教会は人民に奉仕し[109]、自養自立しなくてはならないと主張し[110]、呉耀宗は「封建勢力と帝国主義こそが、正に今日の中国の二つの主要な敵であり、いわゆる「翻身」といわゆる「解放」こそがこの二つの敵を倒し、中国人民に平等で自由な新中国を創り出すのである[111]」として、改めて帝国主義批判を打ち出したのだった。この帝国主義批判というモチーフは前述した通り、後に人民共和国建国後のキリスト教の中国化の重要な理論的テーゼとなってゆくのである。

さらに具体的に教会が現在抱えている弱点として、徹底的でなく、協力的でなく、虚心でなく、革命的でないという四点が指摘され[112]、キリスト教徒が取るべき態度は、時代の奔流に身を委ね、協力して時代の使命を完成させることであるとされた[113]。このように内戦の共産党勝利が確実となってゆく段階に至って、『天風』は現実の状況にキリスト教会をどう対応させてゆくのか探る努力を続けた。そして八月一一日に共産党の董必武が教会に向けて行った講話[114]を受けて、階級問題など、虚心に共産主義に学ばなければならないと呼びかけ[115]、教会の中の反動的傾向の粉砕を訴えている[116]。

まもなく中華人民共和国が成立すると、『天風』は新しい歴史の時代の基礎を話し合った政治協商会議と採択された綱領について伝え、それらを学ぶことを呼びかけるのだった[117]。

おわりに

本章を通して、戦後国共内戦期における国民党と共産党のキリスト教・キリスト教会への対応・政策と、キリスト教界側の反応・動向について、雑誌『天風』の考察を通してキリスト者自身の意識とその変遷を検討してきた。そして「はじめに」でも指摘した、人民共和国建国後の社会統合の問題は、本章で考察対象とした国共内戦期においても一様に重要な課題であったことが確認された。以下、本章の要点を簡単にまとめてみたい。

キリスト教と国民党との密接な関係は、内戦期においても国民党が教会や関係者を政治宣伝などに動員していたことや、バチカン政庁の支持を獲得していたことなどに見ることができた。とりわけ教会との関係を通して、国民党はアメリカとの関係を深めていたのであるが、それは指導者である蔣介石とスチュアート中国大使との関係に端的に表れていた。

共産党においても戦争遂行のための民衆動員は大きな課題であり、宗教信仰の自由の保障もその文脈から規定されていた。そしてそれは後の中華人民共和国において展開された宗教政策の先駆け的な性格のものであった。

このような国民党と共産党の対応・政策に対するキリスト教界側の動きはさまざまであった。カトリック教界は相変わらずバチカンとの密接な関係を保持していたが、プロテスタント教界では分化現象が現れて、国民党支持を示す者がいる一方、帝国主義への批判も強まっていた。そして後者は、後の人民共和国におけるキリスト教の中国化のための理論的テーゼとしての意味を持つことになるのであった。

このキリスト者自身の意識とその変遷を雑誌『天風』に見てみると、内戦全面化までの時期における報道の特色は、早期の平和実現への強い想いと国共内戦全面化への危機感、そして言論の自由に象徴される戦後建国における民主の実現への強い期待であることがわかった。内戦全面化後も戦況報道とともに、民主の実現についての記事が引き続き掲載された。しかし内戦が続行し戦況が共産党有利に大きく傾いてゆく段階になると、『天風』の報道の中心は内戦停止の主張から戦争の事実報道自体へと移っていったのだった。

そして内戦が進行する中で、『天風』はキリスト者としての自身の立場となすべきこと、とりわけ政治姿勢についての模索を続けた。現実への対応を探る中で内戦が共産党優勢へと傾いてゆくようになると、共産主義や共産党に対しての見解も現れた。呉耀宗は「偏向」を恐れないとし、帝国主義批判を打ち出したが、『天風』全体としても現実政治における立場の選択の必要を主張するようになる。そして共産党勝利が確実となった内戦の最終段階を迎えると、『天風』は現実の状況に対するキリスト教界の対応を模索する努力を続けるのだった。

こうして『天風』は激動の内戦期において内戦停止と民主実現を訴え続け、それが困難な状況に直面すると自身のとるべき立場と行動とを模索していった。やがてその中で国民政府への期待がしだいに批判へと変わってゆくのと裏腹に、共産党への反発・不安は積極的関心へと変化していった。それは内戦がしだいに共産党有利に推移してゆく中での現実的対応であると同時に、『天風』がその現実を直視する中で共産党の中に時代の使命を担ってゆく姿を見てとっていった、と言えるのではないだろうか。ただし『天風』内部の見解の対立、さらにキリスト教界全体の異なる立場と考えは人民共和国建国後も存在したのであった。

しかし、人民共和国の下で一連の政治運動を通して共産党による民衆動員が図られると、宗教政策もその中で規定されていった。そして一九五四年七月に中国基督教三自愛国運動委員会が成立して、プロテスタント教界の統合と一元化が達成され、遅れてカトリックも五七年八月に中国天主教友愛国会の誕生によって、同様に統合と一元化に至った。

中国のキリスト教はのちに文化大革命で厳しい試練を経験することになる。けれども改革開放の三〇年を経て中国の人々の中にキリスト教信仰は存在し続け、その信者の数を増しているという。また、非公認教会も困難な状況にもかかわらず活動を続けている。中国における統合、社会動員の問題を考える時、こうした現象は私たちに何を語りかけているのだろうか。キリスト教そして宗教の問題は、現代中国とこれからの中国を考えていく際の、重要な課題であると言えよう。

（1）「給国外宣教部一封公開信」（『天風』第一八七期、一九四九年一一月五日）。日本語は、富坂キリスト教センター編『原典現代中国キリスト教資料集―プロテスタント教会と中国政府の重要文献　一九五〇―二〇〇〇』（新教出版社、二〇〇八年）一三五頁による。

（2）『人民日報』一九五一年七月二七日。

（3）石川照子「宗教政策と都市社会の変容―建国前後のキリスト教界を中心に」（日本上海史研究会編『建国前後の上海』研文出版、二〇〇九年）。

（4）近代中国とキリスト教に関する代表的研究として、顧長声『伝教士与近代中国』（上海人民出版社、一九八一年）、顧衛民『基督教与近代中国』（上海科学院出版、一九九五年）、陶飛亜『辺縁的歴史―基督教与中国近代』（上海古籍出版社、二〇〇五年）などの著作がある。

宗教政策については、陳金龍『中国共産党与中国的宗教問題―関於党的宗教政策的歴史考察』（広東人民出版社、二〇〇六年）、張践、斉経軒『中国歴代民族宗教政策』（首都師範大学出版社、一九九九年）、富坂キリスト教センター編、前掲書などがある。また、国家機関の研究部門として中国社会科学院世界宗教研究所にキリスト教研究センターが置かれており、さらに武漢の華中師範大学には中国教会大学史研究センターが設立されるなど、キリスト教研究を担う諸機関が誕生している。研究史の詳細については、前掲の拙稿と、同「近現代中国におけるキリスト教と女性―鄧裕志の生涯を事例として」(『中国二一』第二八巻、二〇〇七年一二月)を参照。

(5) 久保亨・土田哲夫・高田幸男・井上久士『現代中国の歴史―両岸三地一〇〇年のあゆみ』東京大学出版会、二〇〇八年、一四一～一四二頁。以下の記述は同書に多くを依る。なお、内戦については本書所収の斎藤論文も参照されたい。

(6) 協定の内容自体は、国民党の指導性を承認し、共産党独自の武装を否定するなど、国民党の優位を示すものであった(同右、一三二頁)。

(7) この米軍暴行抗議運動は三か月以上にわたって展開されて、運動に直接参加した学生も五〇万人を超え、その地域も北平・天津・上海・南京・重慶・広州・香港・台湾、そして海外にまで及んだ。一方、この運動が戦後の共産党の反米イデオロギー形成に利用されたという指摘もある(「国際民主婦人連盟・米軍暴行抗議運動―戦後世界体制のなかで」中国女性史研究会編『中国女性の一〇〇年―史料にみる歩み』青木書店、二〇〇四年、一八一～一八二頁)。

(8) この憲法自体は、国民党の優位性を認めず、三権分立の方向性を明示するなど、憲政運動と世論の動向を反映して、議会制民主主義を強化させた内容のものとなっていた(久保亨他、前掲書、一三三頁)。なお、本書所収の中村論文も参照されたい。

(9) 張践・斉経軒、前掲書、二八九～二九一頁。任傑・梁凌『中国的宗教政策―従古代到当代』民族出版社、二〇〇六年、三四五頁。

(10) 『上海宗教志』編纂委員会編『上海宗教志』上海社会科学出版社、二〇〇一年、三八三頁。

(11) 蔣介石は一九二七年に、父親が元宣教師でアメリカ留学を経験し流暢に英語を話した、富裕な家庭出身のキリスト教徒である宋美齢と結婚し、三〇年に江長川から洗礼を受けていた。

(12) 以下の記述の多くは、佟洵・汪開雲「美国伝教士与燕京大学」『基督宗教研究』第八輯、二〇〇五年一一月に依る。またスチュアート自身の回顧録も中国語に翻訳されている(司徒雷登著、程宗家訳『在華五十年―司徒雷登回憶録』北京出版社、一九八二年）。

(13) 池田鮮『曇り日の虹―上海日本人YMCA四〇年史』教文館、一九九五年、三四九頁。なお、著者の池田鮮（元上海日本人YMCA会員）は、アジア太平洋戦争勃発後に北京で軟禁されていたスチュアートに、国会議員で東京YMCA理事長をしていた田川大吉郎と共に面会しており、田川は日中和平の可能性をさぐることを目的としていたらしいと書いている。

(14) 『中央日報』の「司徒雷登昨抵牯」（一九四六年七月二八日）、「司徒大使康復今日晋謁主席」（同年八月一日）、「平郊美軍被襲事件、中美双方均極重視―司徒大使昨謁主席長談」（同年八月二日）の各記事。

(15) 阮仁沢・高振農主編『上海宗教史』上海人民出版社、一九九二年、一〇一一頁。

(16) 中央人民政府法制委員会編『中央人民政府法令匯編（一九四九～一九五〇）』法律出版社、一九八二年、一一八頁。

(17) 中央檔案館編『中共中央文献選集　第一六冊』中共中央党校出版社、一九八七年、三九七頁。

(18) 中央檔案館編『中共中央文献選集　第一七冊』中共中央党校出版社、一九九二年、二三頁。

(19) 中央檔案館編『中共中央文献選集　第一八冊』中共中央党校出版社、一九九二年、五一五頁。

(20) 陳金龍、前掲書、一一五頁。

(21) 富坂キリスト教センター編、前掲書、七〇七頁。

(22) たとえば人民共和国成立後の上海での宗教団体の登記に関して、プロテスタントは三自革新運動（三自愛国運動の前身）以来、帝国主義との関係を断ち、政治態度も進歩へと向かっていて政府の呼びかけにも応じることが可能となっているとしたのに対し、カトリックはその内部は潜伏している帝国主義者によって掌握されて、政府の政策に対して破壊と抵抗を行っていると報告されている（上海市檔案館所蔵檔案　B一六八―一―八〇二―五二「上海人民政府民政局関於上海市宗教団体的登記計画」）。

(23) プロテスタント系の教会・教団が、一九一三年に超党派で結成した連合組織で、中国プロテスタント系団体の代表的組織である。

(24) 姚民権『上海基督教史（一八四三～一九四九）』上海市基督教三自愛国運動委員会・上海市基督教教務委員会、

一九九四年、二二七頁。陳金龍、前掲書、一一六頁。
(25) 姚民権、同右書、二二七頁。陳金龍、同右書、一一六〜一一七頁。阮仁沢・高振農主編、前掲書、一〇二二頁。
(26) 『上海宗教志』編纂委員会編、前掲書、七三二〜七三三頁。呉耀宗の詳細については、前掲の拙稿「宗教政策と都市社会の変容—建国前後のキリスト教界を中心に」の他に、中国基督教三自愛国運動委員会編『呉先生逝世十周年紀念文集』(中国基督教三自愛国運動委員会、一九八九年)、同編『呉耀宗生平与思想研討』(同、一九九五年)、段琦「呉耀宗実践的神学」(趙士林・段琦主編『基督教在中国—処境化的智慧』(下冊)、宗教文化出版社、二〇〇九年)を参照。
(27) 姚民権、前掲書、二三〇〜二三二頁。陳金龍、前掲書、一二一〜一二二頁。
(28) 『天風』第一一六期、一九四八年四月一〇日。
(29) 鄧裕志「建設中国化的教会—宗教界在一届政協会議上」(『人民政協報』一九八九年八月二五日)。
(30) 以下の記述は、『上海宗教志』編纂委員会編、前掲書、五二〇〜五二一頁を参照。なお、刊行初年度の一九四五年は、ほぼ月三回の発行だった。その他、何凱立著、陳建明・王再興訳『基督教在華出版事業(一九一二〜一九四九)』(四川大学出版社、二〇〇四年)二四四〜二四七頁を参照。
(31) 「誠懇的請求」(『天風』第三七期、一九四六年九月七日)。
(32) 呉高梓「歳首話『天風』」(『天風』第一〇四期、一九四八年一月一〇日)。
(33) 久保亨他、前掲書、一三八頁。
(34) 「中ソ友好条約的重要性」(『天風』第一六期、一九四五年九月八日)。
(35) 「中ソ友好条約与世界和平」(『天風』第一八期、一九四五年九月二八日)。
(36) 「ソ連政府は中国への道義上および軍需品、その他の物資の援助に同意する」という、ソ連の具体的な支援内容についても言及されている(同右)。
(37) 久保亨他、前掲書、一三二頁。
(38) 「祝国民党二中全会之成功」(『天風』第三二期、一九四六年三月二五日)。
(39) 「言論自由的大旗—成都一七文化団体致重慶雑誌界的一封公開信」(『天風』第一七期、一九四五年九月一八日)。

(40)「我們対「発表自由」的主張」(同右)。
(41) 同右。
(42) たとえば、「言論自由与不虞匱乏自由」(『天風』第一八期、一九四五年九月二八日)。
(43) 薄玉珍「写在検査制度取消以後」(『天風』第二一期、一九四五年一一月二日)。
(44) 梁穆「憲法民主与民生(美東中国基徒学生夏令会通訊之一)」(『天風』第二三期、一九四五年一一月二二日)。同「中国基督徒学生夏令主張　組織各党派連合政府(中国基督徒学生夏令会通訊之二)」(『天風』第二四期、一九四五年一二月六日)も参照。
(45)「人民需要徹底的和平」(『天風』第一五期、一九四五年八月二三日)。
(46)「民主団結之路」(『天風』第二〇期、一九四五年一〇月二二日)。
(47) 天頑「内戦的危機」(『天風』第二二期、一九四五年一一月一二日)。
(48) 秋沙「為中国人民着想」(同右)。
(49)「反対内戦的呼声」(『天風』第二三期、一九四五年一一月二二日)。
(50) 沈体蘭「民主的憲政　在成都民主憲政促進会講演全文」(『天風』第三三期、一九四六年八月一〇日)。同会は、各階層の「連合専政」という連合政府と、民主憲政の実施を要求していた。
(51) 林永俣「基督教与民主」(『天風』第三四期、一九四六年八月一七日)。
(52)「双十節紀念」(『天風』第四一期、一九四六年一〇月五日)。
(53) 沈体蘭「追悼李公樸陶行知両先生」(『天風』第三四期、一九四六年八月一七日)。陸佳士「基督的同志聞一多」(『天風』第五〇期、一九四六年一二月七日)。
(54) 楼雲門「怎様処理台湾事件?」(『天風』第六三期、一九四七年三月一五日)。
(55)「(時事述評)国民大会開幕」(『天風』第四八期、一九四六年一一月二三日)。「(同)国大正式大会」(『天風』第四九期、一九四六年一一月三〇日)。
(56)「(時事述評)憲草与和談」(『天風』第五二期、一九四六年一二月二一日)。

(57)「(時事述評) 国大継続評論憲草」(『天風』第五一期、一九四六年一二月一四日)。「(時事述評) 波乱起伏之国大」(『天風』第五三期、一九四六年一二月二八日)。
(58) 同右「(時事述評) 波乱起伏之国大」。
(59) 前掲「(時事述評) 国大継続評論憲草」。
(60) 陸幹臣「我們起来建造罷」(『天風』第五五期、一九四七年一月一一日)。
(61) 胡曄「(一週時事総述) 南京新民報被停刊」(『天風』第一三一期、一九四八年七月二四日)。
(62) 同「(同) 報章雑誌必須検査」(『天風』第一三三期、一九四八年八月一四日)。
(63) 同「(一週時事総述) 保障人権案否決」(『天風』第一三一期、一九四八年七月二四日)。
(64) 王季深「物価、通貨与物資的連鎖性」(『天風』第九四期、一九四七年一一月一日)。
(65) 小島晋治・丸山松幸『中国近現代史』岩波書店、一九八六年、一九〇〜一九一頁。
(66) 志「(両週時事総述) 半年赤字卅余万億」(『天風』第一〇九期、一九四八年二月二一日)。
(67) 胡曄「(一週時事総述) 日貨滾滾来」「(同) 抵制日輪来華」(『天風』第一三三期、一九四八年八月一四日)。
(68) 同「(一週時事総述) 華莱士論美国援華」(『天風』第一四二期、一九四八年一〇月一六日)。
(69) 冷石「(一週時事総述) 翁内閣総辞職」(『天風』第一四五期、一九四八年一一月六日)。
(70) 編者「(一週時事述評) 孫科的組閣与経済危機」(『天風』第一四九期、一九四八年一二月四日)。
(71) 燕京大学卒業後にアメリカに留学。帰国後は中華全国基督教協進会副総幹事、総幹事などを歴任。人民共和国建国後は、三自愛国運動委員会の指導者の一人となる(『上海宗教志』編纂委員会編、前掲書、七三五〜七三六頁)。
(72)「中国基督徒対時局的宣言」(『天風』第三四期、一九四六年八月一七日)。
(73)「政治協商与軍事解決」(『天風』第三五期、一九四六年八月二四日)。
(74)「無条件停戦与改組政府」(『天風』第三六期、一九四六年八月三一日)。
(75)「馬司二使連合声明」(『天風』第三四期、一九四六年八月一七日)。「華莱士的演説」(『天風』第三九期、一九四六年九月二一日)。「馬司再度声明」(『天風』第四二期、一九四六年一〇月一二日)。

(76)「退出中国！」(『天風』第四〇期、一九四六年九月二八日)。
(77)「和談之新段階」(『天風』第四四期、一九四六年一〇月二六日)。
(78)呉耀宗「従馬歇爾報告説到中国的現状」(『天風』第五六号、一九四七年一月一八日)。「(時事述評)所望於魏徳邁将軍者」(『天風』第八〇号、一九四七年七月一九日)。「(時事述評)魏徳邁将軍的言論」(『天風』第八五号、一九四七年八月三〇日)。
(79)呉耀宗「我們的憤怒」(『天風』第六一号、一九四七年三月一日)。
(80)「(時事述評)和平与自強」(『天風』第八四号、一九四七年八月二三日)。
(81)謝在田「回到政治協商之路」(『天風』第七七号、一九四七年六月二一日)。
(82)張雪岩「基督教与和平」(『天風』第八一号、一九四七年七月二六日)。
(83)志「(一週時事総述)美援華法案成立」(『天風』第一一六号、一九四八年四月一〇日)。
(84)Meribeth. E. Cameron「中国革命的運動—論美国対華外交的政策」(『天風』第一六三号、一九四九年三月一九日)。
(85)編者「(一週時事述評)和談与人民解放軍的動向」(『天風』第一六七号、一九四九年四月一六日)。
(86)治心「我也来談民主」、周継善「論現段階基督徒応有的政治風度」(『天風』第三六号、一九四六年八月三一日)。石默「関於基督徒的政治風土」(『天風』第四〇号、一九四六年九月二八日)。
(87)周継善「再論現段階基督徒応有的政治風度、兼答石默同志」(『天風』第四六号、一九四六年一一月九日)。
(88)呉耀宗「基督教与今日的中国」(『天風』第四五号、一九四六年一一月二日)。
(89)本刊同人「重申我們的立場」(『天風』第五八号、一九四七年二月八日)、愚堅「中国基督徒対於当前現実応有的態度与主張」(『天風』第八七号、一九四七年九月一三日)、王維明「基督徒与第三條路」(『天風』第九三号、一九四七年一〇月二五日)など。
(90)呉耀宗「基督教与政治—基督教講話之一二」(『天風』第五九号、一九四七年二月一五日)。
(91)呉耀宗「従基督教的観点看現実」(『天風』第九八号、一九四七年一一月二九日)。
(92)呉耀宗「一個基督教徒的自白—基督教与唯物論」(『天風』第一〇二号、一九四七年一二月二七日)。

(93) 呉耀宗「「天風」往那裏吹？」（『天風』第一〇三号、一九四八年一月三日）。呉耀宗はキリスト教と現実社会の接合に強い関心を抱いており（段琦、前掲論文参照）、世界や社会における不平等などに関する唯物論の見解も理解していた。
(94) 前掲「歳首話『天風』」。
(95) 「中華全国基督教協進会致全国信徒書」（『天風』第一一一号、一九四八年三月六日）。
(96) 李天鐸「現代的基督徒応集体参政」（『天風』第一一四号、一九四八年三月二七日）。
(97) 呉耀宗「基督教的時代悲劇」（『天風』第一一六号、一九四八年四月一〇日）。日本語は、富坂キリスト教センター編、前掲書、一三三頁。
(98) Kenneth Wood 著、葭水訳「共区容許宗教自由」、Francois Legrand 著、葭水訳「這就是共区的宗教自由嗎？」（『天風』第一二一号、一九四八年五月一五日）。
(99) 翌明「教会不応向現実緘黙」（『天風』第一四五号、一九四八年一一月六日）。
(100) 『上海宗教志』編纂委員会編、前掲書、五二二頁。
(101) コロンビア大学で哲学博士を取得し、一九四七年に中国ＹＭＣＡ全国協会副総幹事に就任した（同右書、七三三頁）。
(102) 「天風社重要消息」（『天風』第一四九号、一九四八年一二月四日）。
(103) 招観海「基督徒対共産主義応有的認識—寄致東北及華北信徒的一封公開信」（『天風』第一五〇号、一九四八年一二月一一日）。翌明「基督徒看共産主義」（『天風』第一五一号、一九四八年一二月一八日）。後者は、共産主義の暴力手段には反対であるという見解を述べている。
(104) 「読「我們対於時局的態度」有感」（『天風』第一五二号、一九四八年一二月二五日）。
(105) 一九四八年一〇月に開催された中華基督教会全国総会は、決議案の中で「教会は今日において自身の厳粛な立場を保持すべきであり、いかなる政治団体の活動にも参加しない」（『中華基督教会全国総会第五届総議会議録』蘇州斉門外江浙人材訓練院、一九四八年、一五頁）として、教会の立場を改めて強調しており、一九四八年終盤のこの段階において、キリスト教界内の現実状況に対する見解の分化状況を知ることができる。
(106) 滬江廃人「忘草堂随筆　論基督教与社会主義」（『天風』第一六六号、一九四九年四月九日）。

(107) 「我們仍旧工作下去」（『天風』第一七〇号、一九四九年五月七日）。同年二月には、バチカン政庁が教会関係者の中国からの部分的撤退を決定していた（顧衛民『中国与羅馬教廷関係史略』北京東方出版社、二〇〇〇年、一八八頁）。

(108) 「後進教会重要新作風」（『天風』第一七二号、一九四九年五月二一日）がその最初の記事である。八月にも編者「醞釀声中的中国教会改造」（『天風』第一七六号、一九四九年八月二〇日）が掲載された。

(109) 編者「争取服務人民的時機―中国教会当前的首要任務」（『天風』第一七五号、一九四九年八月一三日）。

(110) 王治心「関於教会自養的我見（上）」（同右）。

(111) 呉耀宗「人民民主専政下的基督教」（『天風』第一七六号、一九四九年八月二〇日）。

(112) 編者「中国教会走進新的階段―従人民来、到人民去」（『天風』第一七七号、一九四九年八月二七日）。

(113) 呉耀宗「人民民主専政下的基督教（続）」（同右）。

(114) 「中共当局対中国教会的一個号召　下郷　董必武先生講詞紀要」（『天風』第一七八号、一九四九年九月三日）。

(115) 編者「向共産主義学習以行動去実践理論」（同右）。

(116) 樊駿「革命的基督教―粉砕基督徒中反動傾向」（同右）。

(117) 編者「展開学習人民大憲章―向中国人民教会当局建議之一」（『天風』第一八四号、一九四九年一〇月一五日）。「人民大憲章学習提綱」（『天風』第一八五号、一九四九年一〇月二二日）。

あとがき

一九四九年に中華人民共和国が成立してから一九七〇年代末に至るまでの約三〇年に及ぶ日本および中国の中国近現代史研究は、中国革命史・中国共産党史であった。そこには、中国革命の成功への感動と期待がこめられていたのだった。しかし、文化大革命という失敗を経た後、一九八〇年代から「中華民国史」研究という課題が意識されるようになった。この課題に取り組んだ人々は、慶應義塾大学の山田辰雄氏らのグループをはじめ、次第に数を増していったが、その中で中央大学の民国史研究会はそれなりに重要な役割を果たしてきたと言ってよいだろう。

民国史研究とは、従来の中国共産党による革命を正当とする史観を批判的に見るのだが、その裏返しとして国民党が正当であったと主張したいわけではない。中共党史という限定された視座から中国近現代史研究を解き放ち、中華民国の総体を認識しようとする視座を確立することを目指しているのである。私たちが「民国史」という問題を設定してから二〇年、三〇年という年月がたち、研究は多角化し、蓄積もすでにかなり豊かになっている。ところが、研究対象が民国史であっても、視座は旧来の中共党史観を踏襲しているというものも、現状では少なくない。こうした状況は、おいおい克服されてゆくだろう。

この三〇年の積み重ねが、中国近現代史認識に新たな境地を切り開いてきたことは間違いないが、到達したこの地点から見ると、従来、中国近現代史研究を一色に染めてきた中共党史そのものの見直しが、次の大きな課題となってきているように思われる。本書も、おずおずとその課題に踏みこもうとしている。

なお、これまでに私たちの研究会では研究員・客員研究員以外にも、下記の方々にご報告いただいた（報告順、敬称略、所属は報告時のもの）。

須藤瑞代（中央大学）・黒沢文貴（東京女子大学）・吉川次郎（中央大学）・小笠原強（専修大学大学院）・張国剛（清華大学）・高田幸男（明治大学）・家近亮子（敬愛大学）・田中剛（神戸大学大学院）・島田美和（大阪大学大学院）・石黒亜維（大阪商業大学）・大澤武司（中央大学大学院）・金美花（中央大学）・李朝津（台北大学）・福士由紀（中央大学）・張憲文（南京大学）・張海鵬（中国社会科学院近代史研究所）・王奇生（同）・畢苑（同）・李細珠（同）・李薇（中国社会科学院外事局）。

また、私たちの研究活動は、中央大学研究所合同事務室の職員、特に新橋雅敏事務長と人文研担当の馬場美穂氏に支えられてきた。本書の出版にあたっては、中央大学出版部の菱山尚子氏にお世話になった。これら全ての方々にこの場を借りて、心よりお礼を申し上げる。

当論文集の刊行をもって、「国民党期中国研究」チームの活動は終了する。本書には至らぬ点が多々あろうが、大方のご叱正を仰ぎたい。

斎藤道彦
深町英夫

索　引

事項索引

あ行

か行

さ行

た行

な行

は行

ま行

や行

ら行

わ行

人名索引

あ行

か行

さ行

た行

は行

ま行

や行

ら行

執筆者紹介（執筆順）

深《ふか》町《まち》英《ひで》夫《お》　研　究　員　中央大学経済学部教授

光《みつ》田《た》剛《つよし》　客員研究員　成蹊大学法学部教授

中《なか》村《むら》元《もと》哉《や》　客員研究員　南山大学外国語学部准教授

味《あじ》岡《おか》徹《とおる》　客員研究員　聖心女子大学文学部教授

塩《しお》出《で》浩《ひろ》和《かず》　客員研究員　城西国際大学留学生別科助教

服《はっ》部《とり》龍《りゅう》二《じ》　研　究　員　中央大学総合政策学部准教授

吉《よし》田《だ》豊《とよ》子《こ》　客員研究員　京都産業大学外国語学部専任講師

斎《さい》藤《とう》道《みち》彦《ひこ》　研　究　員　中央大学経済学部教授

石《いし》川《かわ》照《てる》子《こ》　客員研究員　大妻女子大学比較文化学部教授

中華民国の模索と苦境　1928～1949
中央大学人文科学研究所研究叢書　48

2010年３月15日　第１刷発行

編　　者　中央大学人文科学研究所
発 行 者　中 央 大 学 出 版 部
代表者　玉　造　竹　彦

〒192-0393　東京都八王子市東中野742-1
発行所　中 央 大 学 出 版 部
電話　042(674)2351　FAX　042(674)2354
http://www2.chuo-u.ac.jp/up/

奥村印刷㈱

ISBN978-4-8057-4211-2

中央大学人文科学研究所研究叢書

36 現代中国文化の軌跡

文学や語学といった単一の領域にとどまらず、時間的にも領域的にも相互に隣接する複数の視点から、変貌著しい現代中国文化の混沌とした諸相を捉える。

A5判 三四四頁
定価 三九九〇円

37 アジア史における社会と国家

国家とは何か？ 社会とは何か？ 人間の活動を「国家」と「社会」という形で表現させてゆく史的システムの構造を、アジアを対象に分析する。

A5判 三五四頁
定価 三九九〇円

38 ケルト 口承文化の水脈

アイルランド、ウェールズ、ブルターニュの中世に源流を持つケルト口承文化——その持続的にして豊穣な水脈を追う共同研究の成果。

A5判 五二八頁
定価 六〇九〇円

39 ツェラーンを読むということ

詩集『誰でもない者の薔薇』研究と注釈

現代ヨーロッパの代表的詩人の代表的詩集全篇に注釈を施し、詩集全体を論じた日本で最初の試み。

A5判 五六八頁
定価 六三〇〇円

40 続 剣と愛と 中世ロマニアの文学

聖杯、アーサー王、武勲詩、中世ヨーロッパ文学を、ロマニアという共通の文学空間に解放する。

A5判 四八八頁
定価 五五六五円

41 モダニズム時代再考

ジョイス、ウルフなどにより、一九二〇年代に頂点に達した英国モダニズムとその周辺を再検討する。

A5判 二八〇頁
定価 三一五〇円

42 アルス・イノヴァティーヴァ

レッシングからミュージック・ヴィデォまで

科学技術や社会体制の変化がどのようなイノヴェーションを芸術に発生させてきたのかを近代以降の芸術の歴史において検証、近現代の芸術状況を再考する試み。

A5判 二五六頁
定価 二九四〇円